學習心理學

陳小異、王洲林 主編

學習應當貫穿於個體的一生中,樹立活到老、學到老的意識和信念。
學習更是一個「社會化」的過程,透過與他人的相互作用而進行學習。

崧燁文化

學習心理學
目錄

目錄

前言

第一章 緒論

第一節 學習心理學概述 11
一、什麼是學習 11
二、學生的學習 14
三、學習的作用 16
四、學習的分類 17
五、什麼是學習心理學 21

第二節 學習觀 24
一、學習觀 24
二、學習觀的轉變 25

第三節 學習心理學的研究方法與研究進展 32
一、學習心理學的研究方法 32
二、學習心理學的研究進展 34

第二章 學習理論

第一節 聯結派學習理論 43
一、試誤聯結學習理論 43
二、經典條件反射理論與華生的學習理論 45
三、操作性條件反射理論 48
四、社會學習理論 50

第二節 認知派學習理論 53
一、布魯納的認知發現學習理論 54
二、奧蘇貝爾的有意義學習理論 55

第三節 人本主義的學習理論 57
一、學習的目的 58

二、學習的類型 ... 58
　　三、學習的過程 ... 59
　　四、學習的原則 ... 60
　　五、以「學生為中心」的非指導性教學 ... 60
　第四節 建構主義學習理論 ... 63
　　一、建構主義的知識觀 ... 63
　　二、建構主義的學習觀 ... 64
　　三、建構主義的學生觀 ... 64
　　四、建構主義的教師觀 ... 65
　　五、建構主義的教學觀 ... 66

第三章 學習的生理基礎

　第一節 學習的腦機制 ... 73
　　一、神經元的結構與功能 ... 73
　　二、神經系統的結構與功能 ... 76
　　三、學習的神經機制 ... 81
　第二節 腦的特點與學習 ... 85
　　一、大腦半球的「單側化」 ... 85
　　二、腦發育及其關鍵期 ... 87
　　三、成人腦的可塑性 ... 89
　　四、有利於腦發展的措施 ... 91

第四章 感知與學習

　第一節 感知覺概述 ... 99
　　一、什麼是感知覺 ... 99
　　二、感知覺的分類 ... 100
　　三、感知覺的特徵 ... 101
　第二節 感知覺與學習 ... 108
　　一、觀察力的培養 ... 108

二、感覺統合訓練　114

　　三、青少年感知訓練　119

　　四、老年感知維護　121

第五章 注意與學習

　第一節 注意概述　127

　　一、什麼是注意　127

　　二、注意的種類　129

　　三、注意的一般規律　132

　第二節 如何培養良好的注意力　139

　　一、注意規律在教育中的應用　139

　　二、注意的穩定和培養　142

　　三、兒童注意力不足過動症及其治療　145

第六章 記憶與學習

　第一節 記憶概述　153

　　一、記憶　153

　　二、記憶的種類　154

　　三、記憶系統　155

　　四、遺忘　158

　第二節 記憶與學習　162

　　一、影響記憶的因素　162

　　二、增強記憶效果的措施　168

　　三、記憶術　169

第七章 思維與學習

　第一節 思維概述　185

　　一、思維的概念及特徵　185

　　二、思維的過程　187

　　三、思維的種類　188

第二節 思維與學習 190
　　　一、問題解決 190
　　　二、創造性思維的激發技術 199
　　　三、學生創造性思維的發展與培養 206

第八章 智力與學習

　　第一節 智力概述 217
　　　一、智力的性質 217
　　　二、智力理論 219
　　　三、智力測驗 223
　　　四、智力發展 229
　　第二節 智力與學習 235
　　　一、在學習中開發智力的基本模式 235
　　　二、教學中的智力開發 237
　　　三、特殊能力的學習與培養 241

第九章 想像與學習

　　第一節 想像概述 251
　　　一、什麼是想像 251
　　　二、想像的種類 252
　　　三、想像的功能 257
　　　四、想像的認知加工方式 258
　　第二節 想像與學習 259
　　　一、高想像力的優勢 260
　　　二、如何提高想像力 262
　　　三、想像規律在教學過程中的應用 266

第十章 動機與學習

　　第一節 動機概述 273
　　　一、動機和學習動機 273

二、學習動機理論 275

　第二節 動機與學習 282

　　一、學習中動機缺失的表現與原因 282

　　二、學習中如何提升動機 283

第十一章 情緒情感、意志與學習

　第一節 情緒情感與健康情緒情感的培養 297

　　一、情緒情感概述 297

　　二、情緒情感的區別 299

　　三、情緒情感對心理活動的影響 300

　　四、情緒情感的類型 303

　　五、情緒調節 306

　第二節 意志和良好意志品質的培養 310

　　一、意志的含義 310

　　二、意志的心理結構 311

　　三、意志品質 316

　　四、意志過程 320

　　五、良好意志品質的培養策略 322

第十二章 遷移與學習

　第一節 學習遷移概述 331

　　一、學習遷移的概念 331

　　二、學習遷移的類型 332

　　三、學習遷移的作用 334

　第二節 學習遷移的理論 335

　　一、學習遷移的傳統理論 336

　　二、學習遷移的當代理論 340

　第三節 促進學習遷移的條件與方法 348

　　一、學習遷移的影響因素 348

二、促進學習遷移的方法⋯⋯⋯⋯⋯⋯⋯⋯⋯⋯⋯⋯⋯⋯⋯⋯⋯352

第十三章 時間管理與學習

　第一節 時間管理概述⋯⋯⋯⋯⋯⋯⋯⋯⋯⋯⋯⋯⋯⋯⋯⋯⋯⋯⋯359
　　一、時間和時間管理⋯⋯⋯⋯⋯⋯⋯⋯⋯⋯⋯⋯⋯⋯⋯⋯⋯⋯⋯359
　　二、時間管理⋯⋯⋯⋯⋯⋯⋯⋯⋯⋯⋯⋯⋯⋯⋯⋯⋯⋯⋯⋯⋯⋯361
　第二節 時間管理方法與技巧⋯⋯⋯⋯⋯⋯⋯⋯⋯⋯⋯⋯⋯⋯⋯⋯⋯367
　　一、時間管理對於學習的影響⋯⋯⋯⋯⋯⋯⋯⋯⋯⋯⋯⋯⋯⋯⋯367
　　二、時間管理的自我管理⋯⋯⋯⋯⋯⋯⋯⋯⋯⋯⋯⋯⋯⋯⋯⋯⋯370
　　三、GTD時間管理策略及方法⋯⋯⋯⋯⋯⋯⋯⋯⋯⋯⋯⋯⋯⋯⋯372
　　四、其他時間管理的方法⋯⋯⋯⋯⋯⋯⋯⋯⋯⋯⋯⋯⋯⋯⋯⋯⋯374

第十四章 評估與學習

　第一節 學習評估概述⋯⋯⋯⋯⋯⋯⋯⋯⋯⋯⋯⋯⋯⋯⋯⋯⋯⋯⋯381
　　一、學習的自我評估的含義及功能⋯⋯⋯⋯⋯⋯⋯⋯⋯⋯⋯⋯⋯382
　　二、學生學習自我評價的理論依據⋯⋯⋯⋯⋯⋯⋯⋯⋯⋯⋯⋯⋯385
　　三、學習自我評估的特點和原則⋯⋯⋯⋯⋯⋯⋯⋯⋯⋯⋯⋯⋯⋯387
　第二節 學習的自我評估的內容和方法⋯⋯⋯⋯⋯⋯⋯⋯⋯⋯⋯⋯⋯392
　　一、學生學習自我評估的過程⋯⋯⋯⋯⋯⋯⋯⋯⋯⋯⋯⋯⋯⋯⋯392
　　二、學習的自我評估的內容⋯⋯⋯⋯⋯⋯⋯⋯⋯⋯⋯⋯⋯⋯⋯⋯395
　　三、學習的自我評估方法⋯⋯⋯⋯⋯⋯⋯⋯⋯⋯⋯⋯⋯⋯⋯⋯⋯397
　　四、如何看待評估⋯⋯⋯⋯⋯⋯⋯⋯⋯⋯⋯⋯⋯⋯⋯⋯⋯⋯⋯⋯401

複習鞏固參考答案

前言

　　面對迅速發展、瞬息萬變的科學技術和知識，究竟怎樣才能適應這種形勢，從而更好地學習？學習心理學怎樣為新時代的學習提供必要的幫助？傳統意義上的學習可能已經不能很好地適應現在學生的需要了！面對複雜多變的環境的學習，首先應當是觀念的轉變，即對學習本身的認識。

　　在傳統的學習過程中，人們對學習本身的認識存在較多的誤區。在「為什麼學」方面存在著過分功利、實用主義的認識侷限；從「學什麼」的角度看是片面的學習，主要將學習內容限制在科學文化知識和技能的學習上；而在「怎麼學」方面則是繼承的學習、被動的接受學習，是「教—學」的單向過程學習；並且多數人認為學習是只存在於一定年齡階段的個體化的學習。這些觀念，在很大程度上制約了個體適應現代快速發展的知識和多樣的、現代化的學習手段。

　　我們認為，現代的學習是以崇高理想為目的、避免使個體陷入狹隘心理中的學習；學習是全面的學習，學習的內容是廣泛而全面的，不僅包括知識、技能的學習，而且還應包括做事、做人、生存與發展等多方面內容的學習，特別是心智機能的如何完善；現代的學習是充分發揮學習者的主動性和積極性，是自主的學習，學習者把自己當成學習的主人，掌握學習的主動權，積極主動地進行學習，其實質是學習者自己主宰自己的學習；同時，學習作為建構的學習，是學習者積極主動地建構自己的知識體系的過程。學習也是終身的學習，學習應當貫穿於個體的一生中，樹立活到老、學到老的意識和信念。學習更是一個「社會化」的過程，透過與他人的相互作用而進行學習。

　　為此，我們以現代的學習觀為主線，以常見的心理現象及其機能的有效完善措施，以及如何協調好現代環境下可能影響學習的時間管理和學習評估等因素與學習的關係為中心，構建了《學習心理學》的基本框架，意在給讀者提供現代學習觀下的自身學習的內涵和發展途徑。

　　本書適合作為大學相關專業的通選課教材使用，也適合一般大眾（尤其是教育工作者和初高中及以上學生）閱讀。

學習心理學
前言

　　本書由陳小異和王洲林擔任主編，洪顯利、趙晨鷹擔任副主編。陳小異和王洲林擬定了全書的框架，經多次與本書寫作成員共同討論後確定相應內容，最後由陳小異和王洲林完成了初稿修訂和最終統稿工作。各章節的作者分別為：第一章「緒論」，張倩，張月；第二章「學習理論」，洪顯利，石娟；第三章「學習的生理基礎」，許毅，葉靜雯；第四章「感知與學習」，羅文建，王洲林；第五章「注意與學習」，李明蔚；第六章「記憶與學習」，王洲林；第七章「思維與學習」，郭婉婉，陳小異；第八章「智力與學習」，趙晨鷹，謝頎；第九章「想像與學習」，石春林，汪昱梅；第十章「動機與學習」，白椿霞，陳小異；第十一章「情緒情感、意志與學習」，陳小異；第十二章「遷移與學習」，石娟，洪顯利；第十三章「時間管理與學習」，侯海濱，王洲林；第十四章「評估與學習」，孫秀嵐，王洲林。

　　感謝出版社和編輯們為本書的出版付出的諸多努力！

　　本書參考了很多專家學者的研究成果，在此表示衷心的感謝！由於各位作者在學術和學識上存在諸多的不足，難免出現缺陷和瑕疵，懇請專家、同行、學者和讀者批評指正！

陳小異 王洲林

第一章 緒論

　　魯迅先生從小學習就很認真。他少年時，在江南水師學堂讀書，第一學期成績優異，學校獎給他一枚金質獎章。他立即拿到南京鼓樓街頭賣掉，然後買了幾本書和一串紅辣椒。每當晚上感到寒冷時，他便摘下一顆辣椒，放在嘴裡嚼著，直辣得額頭冒汗。他就用這種辦法驅寒，堅持讀書。由於對學習的熱愛和堅持，他後來成了中國著名的文學家。

　　是什麼讓個體得以成長，生活得以展開，人生得以豐富呢？答案是「學習」。學習是個體人生中最重要、最普遍的一種活動，它滋潤著人們的心靈，使人們臻於自我實現；而同時，學習本身又是令人快樂的，古時的大教育家孔子曾說：「學而時習之，不亦說乎」。本章著重介紹學習心理學的基礎知識，理解學習是什麼，學生學習的特點及學習的分類，瞭解各種學習心理學理論的概況，知道傳統學習觀的侷限以及與當今社會相適應的現代學習觀，瞭解學習心理學的基本研究方法及其研究進展。

第一節 學習心理學概述

一、什麼是學習

（一）廣義的學習

　　廣義的學習，指個體由於經驗而引起的心理和行為的相對持久的變化。我們可以從以下四個方面來理解這個概念。

1. 學習的結果是個體產生變化

　　由學習引起的變化有些是外顯的、可觀察的行為變化。有些是內隱的心理變化，如認知、態度、意志等，這類變化並不會立即表現在行為上，但可能會在以後的活動中表現出來。

2. 變化是由經驗引起的

經驗是經歷、體驗的意思，是個體與外界相互作用的過程。知識的增加、態度的形成或改變、技能的獲得等變化都必須是個體與外界相互作用才能發生。如兒童在與其他小朋友交往的過程中，學會如何去幫助他人的技能，形成樂於助人的良好的品質。除了經驗之外，成熟也能引起個體的變化，但這種變化不能稱之為學習。所謂成熟，是指發展上的、解剖學上的、生理學上的變化。這些變化建立在遺傳特徵的基礎上，隨著時間的推移而自然地發生。成熟遵循一定的發展順序且不受外在因素的影響。因此，由成熟所引發的變化是由機體生理功能的發展而引起的，這種變化不存在個體與外界的相互作用。一般來說，由成熟引起的變化，其改變速度較慢，而由經驗引起的變化，其改變速度相對較快。但成熟與學習之間也存在著一定的聯繫，有些學習任務在學習者的成熟水準未達到某一最低標準之前，將不可能完成，所以個體的成熟為其學習提供了可能性。格塞爾和湯普森（Gesell Thompson，1929）對同卵雙生子進行的爬梯訓練研究就說明了這一點。

3. 變化是相對持久的

有些個體的變化，如疲勞、機體創傷、服用藥物後的反應以及感覺適應等通常是暫時的，經過一段時間或情況改變就會恢復，這種短暫的變化不能稱為學習。學習必須是指個體相對持久的變化。這裡說變化是「相對」持久的，是因為個體經由學習而發生的變化有可能會隨著時間推移而改變，如在中學時背誦的課文可能會被逐漸遺忘，但不能因此而否認當時發生的學習。

4. 既包括人類的學習，也包括動物的學習

為了適應環境生存下去，動物需要學會逃避危險和攻擊，學會捕食。對於人類而言，不僅要適應環境，還要對環境進行改造，而這必須透過對知識、技能、態度和道德品質的學習才能實現。所以，廣義的學習與每個個體的生存息息相關，它廣泛地發生在每個個體的生命中。

（二）狹義的學習

狹義的學習是指人類的學習，是人在與他人交往的基礎上，以語言為中介，能動地掌握社會和個體經驗的過程。它具有下列三個特性：

1. 具有能動性

由於人類具有意識，因此人類的學習充滿了與動物的學習不同的能動性。從學習的過程來看，個人可以為學習設置一定的目標，選擇合適的學習方法和策略，對學習結果進行評價反思。從學習的目的來看，人不只是為了被動適應環境而學習，而是為了認識環境、改造環境。例如，被人們稱為「天府」樂土的成都平原之所以能夠如此富饒，很重要的一個原因是戰國時期秦國蜀郡太守李冰父子率眾建造都江堰水利工程，使成都平原從經常飽受岷江泛濫之災的洪區到美麗富庶的天府之土。從知識的發展來看，人不僅要主動地學習人類累積的知識經驗，還要能在繼承的基礎上，與客觀現實的實踐活動相結合，發展和創造出新的知識。庫恩在《科學革命的結構》中指出：知識的發展並不是簡單的量的增加過程，而是一個推陳出新的過程。從中國古代的四大發明到現代正負電子對撞機和宇宙飛船的發明創造，無不顯示出人類的探索精神和創新精神。

2. 以語言為中介

人類能以直接經驗的方式進行學習，但更多的學習是以語言為中介來獲取間接經驗。在人類漫長的社會歷史發展過程中，累積了豐富的精神財富，而語言的出現使得這些寶貴精神財富的傳承成為可能。馬克思和恩格斯認為語言是「思想的直接現實」，是「現實的意識」。高爾基則把語言看成是「思想的外衣」。相對於動物只以具體事物作為條件刺激建立起第一信號系統而言，人類擁有的第二信號系統，則是以語言作為條件刺激建立起來的條件反射系統，這也是人類以語言為中介進行學習的心理機制。透過第二信號系統的學習，擴大了人類掌握社會歷史經驗的範圍，使人不僅能掌握直接的、具體的經驗，還可以掌握間接的、抽象的經驗。

3. 具有社會性

人類的學習具有很強的社會性，這突出地體現在學習的過程中。學習的過程也就是個人在與教師的互動、成人的互動、同輩的互動中來掌握前人累積的知識經驗和社會經驗的過程。人們透過交往互動，一方面影響他人，另一方面也受到他人的影響。在這個過程中，人們相互溝通、學習，使自身的認知、情感、意志等方面得到發展。而且，與他人的交往互動，往往可以啟發思維，加快學習的進程。當然，還有部分學習發生在學習者個人自學的形式中。

由於社會性交互對學習促進作用的存在，自學者應注意到這一點，在充分發揮個人主動性的同時，還要注意與他人的交往和交流。「兩耳不聞窗外事，一心只讀聖賢書」的學習方法往往事倍功半，不能適應當前快速發展的社會。

二、學生的學習

學生的學習是人類學習的一種特殊形式，是在有指導的條件下，有組織、有計劃地掌握前人累積的間接經驗的一種活動，主要是為未來社會實踐做準備。學生的學習具有如下四個特點：

1. 以掌握間接經驗為主

在漫長的人類發展史中，人們發現並累積了大量的關於物質世界和精神世界的知識經驗。學生的學習就是系統地學習掌握這些經驗，並透過掌握這些間接經驗來認識世界。這與科學家主要是探索尚未發現的客觀真理的認識活動是不同的。學生在掌握這些間接經驗時，沒有必要、也不可能都去親身實踐體驗，或重新去探索發現它們，這在學習社會人文學科及自然學科的高級知識時尤其如此。當然，在學習現有知識經驗時，為了更深入地理解它們，可以輔以感性經驗的支持，可以讓學生透過一定的實踐去獲得直接經驗。但這種實踐大多是體驗性與驗證性的，且時間短，不同於將這些間接經驗發現並總結成形的漫長實踐過程。

在現代教育中提倡培養學生的創造力，而在培養創造力的活動中學生也可能有所發明創造，獲得直接經驗，但這主要是為了培養學生的創新能力。學生的學習主要還是去掌握已有的知識理論，變前人的知識經驗為自己的知識經驗。

2. 具有組織性和計劃性

學生的學習是在有組織、有計劃的條件下進行的。學習的時間是限定的，呈階段性，且相對集中。學生必須在規定的時間內完成規定的學習任務，達到社會的要求。學習的內容受國家人才需求的總體影響，由學校具體確定、安排。學習的形式是教師根據教育目標、學生心理特點，人為地、有計劃地組織和創設的。

3. 在有指導的條件下進行

在學生的學習中，教師的指導發揮非常重要的作用，這是學生進行高效率的系統學習的保障。由於教師對他所教授的學科有著豐富的知識經驗，清楚瞭解它的歷史、動態和發展趨勢，掌握知識的內在聯繫，而且有一定的治學經驗和學習心得，還瞭解學生的心理特點，因此能夠採用有效的方法，指導學生進行學習，幫助學生學會學習，讓學生在學習時避免盲目的探索所造成的時間浪費，減少因學習方法不當而走的彎路。唐代著名文學家韓愈曾在他的一篇著名的文章《師說》中寫道：「古之學者必有師」，這說明了教師的指導對學生學習的重要性。韓愈還在《師說》一文中把教師的作用概括為「傳道、授業、解惑」，點出了教師不僅指導學生知識的學習，還在學生的人生觀、世界觀、價值觀等思想觀念形成中發揮著重要作用。

4. 具有明確的目的性

學生的學習主要是為未來社會實踐做準備。對知識、技能、態度等內容的學習是為了適應將來環境，在學習結束後，能順利地參加社會生活實踐，並創造未來。因此教師要注意把學習內容和現實生活相聯繫，使學生真正領會知識內涵，在日後的生活中能靈活運用知識經驗，從而激發學生的學習動機，增加學習的主動性和積極性。

三、學習的作用

（一）學習是個體生存的基礎

學習的最基本的作用是維持個體的生存。人和動物與周圍的環境處於不斷的相互作用中，外界環境會不斷變化，個體必須透過學習獲得個體經驗去適應變化，才能生存下來。如果沒有學習，個體無法獲得新的行為，不能與生活環境取得動態平衡，也就不能在經常發生變化的環境中生存下來。

對於人和動物而言，學習的作用並不相同。相較人類而言，動物行為中先天成分所占較多，成熟在動物行為的展現中更重要，而學習的作用相對較小。而人類行為中絕大部分是後天習得行為，學習的作用更大。

（二）學習促進個體的發展

個體的發展包括生理的發展和心理的發展。學習對生理發展的促進作用主要體現在激發腦的潛力。在學習過程中，腦不斷接受新刺激，對這些刺激的加工分析會使大腦變得靈活，進而激發出大腦的潛能。如果沒有學習，缺乏新的刺激訊息，大腦得不到積極的使用，則會影響大腦機能的發展。據媒體報導，國外有研究發現，新生嬰兒的智力發育狀況與所處環境的色彩有密切關係。在色彩豐富的環境中，嬰兒的智力發育更好，反應也更靈敏。美國哈佛大學的研究人員將出生後的嬰兒放在用白布鋪蓋的嬰兒床上，結果嬰兒在出生後 2 個月開始發現自己有手，並且會用手觸摸物體；3 個月的時候，能夠用手去觸摸吊在頭上方的物體。研究人員又選出 15 個剛剛出生的嬰兒，把他們放在五顏六色的床上，床上還放著各種顏色的動物畫片，床的欄杆還用花紋圖案裝飾起來。實驗發現，躺在五顏六色床上的嬰兒只用一個半月的時間，就學會了用手去觸摸吊在自己頭上方的東西，比那些躺在白布鋪蓋床上的嬰兒快了一倍。這表明豐富的環境色彩可以刺激神經發育，影響嬰兒的智力。

心理發展涵蓋面較廣，包括認知發展、個性發展和社會性發展等方面。外界環境對個體的生存和發展提出了各種要求，個體需要透過接受系統的教

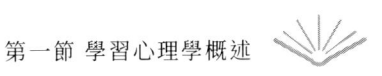

育或積極主動地進行自學，以達到適應環境，甚至改造外界環境的目的。這個學習的過程也是個體的認知、個性、社會性等心理內容不斷發展的過程。

（三）學習使人獲得快樂

孔子曾說過：「學而時習之，不亦說乎？」馬斯洛的需要層次理論中，在個體成長的過程中就有認知的需要，透過學習，個體的認知需要得到滿足，由此而生發出快樂感（張樂群，2007）。有人會認為學習並不是一件快樂的事情，而是一件辛苦的事。這可能是由於人們內在天然的好奇心、求知慾被其他的慾望，如玩樂的慾望所干擾，而忽略了學習過程中的快樂。在學習過程中充滿的各種快樂，可能是學習過程中對難題的豁然開朗，帶給個體快樂的感覺；可能是教師良好的教學技能和人格魅力使個體感到快樂；也可能是因為透過學習，解決了思想、情感、工作和生活等方面的問題，使人感到快樂。宋代教育家朱熹在《四時讀書樂》中說道：春季「讀書之樂何如，綠滿窗前草不鋤」；夏季「讀書之樂樂無窮，瑤琴一曲來薰風」；秋季「讀書之樂樂陶陶，起弄明月霜天高」；冬季「讀書之樂何處尋，數點梅花天地心」。這四種讀書樂真實地展現出了學習的快樂。

（四）學習使人獲得財富

現代是知識經濟的時代，是訊息社會，知識就是資本，訊息就是財富。而知識訊息必須透過學習才能掌握，只有愛學習、會學習，掌握並運用知識豐富人的思想、情感、精神，才可以使人們將其轉化為財富。正如古語所云：「書中自有黃金屋，書中自有千鐘粟。」

四、學習的分類

（一）根據學習的結果分類

美國心理學家加涅（R.M.Gagne）根據學習的結果把學習分為 5 類：

1. 言語訊息的學習。即學習者掌握以言語訊息傳遞的內容。透過言語交往或印刷物的形式，學習者掌握許多知識，這些知識不僅是個別事實，還是

可以組織成為有意義的系統結構，幫助學習者解決「是什麼」的問題。學習結果的表達形式是言語訊息。

2. 智慧技能的學習。智慧技能的學習幫助學習者解決「怎麼做」的問題，即對外界的知識、訊息進行加工處理的過程，屬於過程知識。比如怎樣通分、主語為第三人稱單數時怎樣使用動詞等等。智慧技能具有不同的等級，按照不同的學習水準及其所包含的心靈運算的不同複雜程度，依次分為：辨別—概念—規則—高級規則（解決問題）。其中，每一級智慧技能的學習需要以低一級智慧技能的獲得為前提，最複雜的智慧技能是把許多簡單的技能組合起來而形成的。

3. 認知策略的學習。認知策略是學習者用以支配自己的注意、學習、記憶和思維的內在組織的才能，它使得學習過程的執行控制成為可能。在認知策略的運用下，學習過程得以啟動和調控。認知策略與智慧技能都是運用性的學習結果，兩者不同之處在於智慧技能指向學習者的外部環境，是對外部環境中的訊息進行操控，而認知策略支配著學習者在處理外部環境時的自身行為，是「內在的」東西，是學習者用來管理自己學習過程的方式。這種管理自身思維過程的內在的有組織的策略的學習也是一種重要的學習類型。它對於提高學習者的學習能力是非常重要的，已成為目前學習心理學研究的熱點課題之一，也應成為學校教育的重要任務之一。

4. 態度的學習。態度指透過學習獲得的內部狀態，它影響著個人對事物、人物及事件所採取的行動。加涅提出三類態度：

（1）兒童對家庭和其他社會關係的認識；

（2）對某種活動所伴隨的積極的喜愛的情感；

（3）有關個人品德的某些方面，如關心國家利益、社會需要、盡公民義務的願望等。

態度可以從各種學科的學習中得到，但更多的是從校內外活動中和家庭生活中得到。態度的培養應成為學校教育目標之一。

5. 運動技能的學習。運動技能也稱作動作技能，包括體操技能、寫字技能、作圖技能、操作儀器技能等，它是能力的一個組成部分。

從學習結果對學習進行分類，這對於教師指導學生的學習，更好地組織教學具有現實意義，也有利於對學習活動的組織和評價。

（二）根據學習的方式分類

根據學習進行的方式可以將學習分為接受學習和發現學習。接受學習是講授者將學習內容以定論的形式傳授給學習者，學習者被動「接受」知識。但並非所有的接受學習都是機械的。低級的接受學習是機械的，表現為「死記硬背」「一知半解」。而高級的接受學習則能「舉一反三」「觸類旁通」，是一種有意義的接受學習。發現學習是學習者獨立思考，改組材料，自己去發現知識，掌握原理、原則。美國教育心理學家布魯納提倡發現學習，認為「發現不限於尋找人類尚未知曉的事物，確切地說，它包括用自己頭腦親自獲得知識的一切方法」。他提倡發現學習的目的在於：「我們應當盡可能使學生牢固掌握學科內容，我們還應盡可能使學生成為自主而自動的思想家。這樣當學生在正規學校學習結束之後，將會獨立地向前邁進。」

（三）根據學習的水準分類

加涅認為人類學習的水準存在不同的程度，並根據學習水準由簡到繁，將學習分為八種類型：

（1）信號學習。學習是對某種信號做出的某種反應，經典性條件反射是其典型表現。比如，兒童看見穿白袍的護士就感到害怕，這是由於兒童將白袍看作是打針的信號，其表現出的害怕是由信號學習引起的。信號學習是最簡單的學習。

（2）刺激—反應學習。它主要指基於操作性條件反射的學習，由個體在某情境中主動發生某行為，行為帶來某種強化，使得該行為傾向於發生並得到鞏固。如一個兒童由於攙扶跌倒的同學起來而受到老師的表揚，便會變得更愛幫助人。在這類學習中，強化發揮非常關鍵的作用。

(3) 系列學習。學習是一系列刺激—反應的聯合，又稱為連鎖學習。這是技能獲得的主要學習類型。如開門這個行為就包含著握住門的把手、扭轉把手、將把手轉動到適當的位置和把門推開這四個主要動作，兒童學會開門，即進行開門的反應動作系列學習。

(4) 言語聯想學習。也是一系列刺激—反應的聯合，但它是由言語單位所聯結的連鎖化。如將單詞組合為合乎語法的句子、翻譯外文單詞等都屬於言語聯想學習。

(5) 辨別學習。即辨別多種刺激的異同，並對此做出不同的反應。辨別包括簡單辨別和多重辨別，前者比如對物體的形狀、大小和顏色等分別做出反應，後者如把容易混淆的單詞放在一起讓學生辨別。

(6) 概念學習。學習是指認識一類事物的共同性質，並對同類事物的抽象特徵做出反應。在進行概念學習時，要在比較事物異同的基礎上，將同類事物的本質特徵抽取出來，由此形成概念。

(7) 原理學習。又稱為規則學習。原理是指兩個及兩個以上概念之間的關係，原理學習即學習概念的聯合。如對物理定律、英語語法規則等的學習。

(8) 問題解決的學習。指運用原理或規則解決問題，以達到最終學習的目的。在解決問題的過程中，並不只是對一些簡單規則的簡單運用，往往需要把簡單的規則選擇組合成複雜的高級規則來解決問題。

加涅認為，每一層次的學習都是以前一層次的學習為基礎，每種高一層次的學習都包含著比它層次低的學習類型的特點，但又是更加複雜的表現。

(四) 根據學習的材料與原有知識建立關係的性質分類

奧蘇貝爾（D.P.Ausubel）根據學習材料與學習者已有知識之間建立的關係的性質，把學習分為機械學習和意義學習。意義學習是以符號代表的新觀念與學習者認知結構中原有的觀念建立非人為的和實質性聯繫的過程。其中，「符號」指言語符號，非人為的聯繫，是指新舊知識間存在內在的、客觀的聯繫，而不是任意的聯繫。如「平行四邊形」和「四邊形」就具有客觀的聯繫，是非人為的聯繫。實質性的聯繫，指非字面上的聯繫，即用不同的

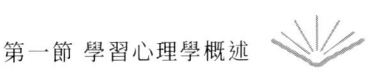

言語符號來表達知識，但其代表的意義是相同的。如「等邊三角形」和「三條邊相同的三角形」雖然表述不同，但意義是一致的。機械學習，是學習者沒有理解符號的真實含義，而只是在新知識與已有知識之間建立一種人為的、非本質的聯繫，只是死記硬背住知識的符號表達，而沒有理解它的意義。可見，非人為的和實質性的聯繫是衡量學習是意義學習還是機械學習的兩條標準。

五、什麼是學習心理學

（一）學習心理學的界定

學習心理學是研究學習的心理規律的一門學科。學習廣泛地發生在人們的生活中，既包括在學校教育情境中的學習，也包括在日常生活、工作場所、娛樂情境中進行著的學習。

（二）學習心理學的理論概述

1. 行為學習理論概況

行為學習理論流派中，各個具體理論對學習的解釋存在差異，但都有著共同的觀點基礎，即學習是刺激與反應之間聯結的建立。刺激是環境中產生的刺激，反應是由刺激引發的有機體的行為，有怎樣的刺激便會引發怎樣的反應。在這個過程中，學習者學到什麼是受環境刺激控制的，而不是由個體所決定的，所以重要的是對環境刺激的設置。行為學習論者並不否認意識的存在，但他們認為意識無法成為科學觀察的對象，因而不應該成為心理學研究的對象，心理學唯一可研究觀察的對像是行為。行為學習理論的代表人物有桑代克、巴夫洛夫、華生、格思里、史金納等。總的說來，行為學習理論將複雜的學習簡單化，只重視學習的外部環境刺激而忽略了在學習者內部發生的過程，對複雜的認知學習的解釋存在侷限性。

2. 認知學習理論概況

早期提出認知傾向的學習理論的是格式塔學派，以韋特海墨為代表。格式塔心理學家從整體上探討學習的實質，強調經驗的整體性，認為學習不是

由刺激引發的行為習得，而是在頭腦中構造一種「完形」。學習的過程是頓悟的過程，是透過頓悟構成完形的過程。20世紀60年代，認知學習理論進入發展與興盛的時期。在這一時期，出現了對現代學習心理學研究影響較大的認知心理學家布魯納、奧蘇貝爾等。他們均認為學習的實質就是形成認知結構。在20世紀60年代以後，由於受計算機科學的啟發，計算機模擬的思想被納入到學習理論中，把學習類比為計算機的訊息加工過程，從訊息的接受、儲存和提取的流程來分析學習過程。總之，認知學習理論研究的是個體在學習時的內部過程，而不是外顯的刺激與反應。

3. 折中傾向學習理論概況

折中傾向學習理論也可稱為認知─行為主義學習理論，它融合了行為主義和認知學派的觀點來解釋學習。其典型的代表人物是托爾曼（E.C.Tolman）和班杜拉（A.Bandura）。

托爾曼提出了符號學習理論，認為個體的行為具有目的性，在目的的前提下，個體透過認知獲得達到目的的整體認識，形成「認知地圖」，即「目標─對象─手段」三者聯繫而成的認知結構。此外，他認為學習是否發生不能以外顯的行為來判斷，有時學習會導致學習者對某個情境的理解，並不直接反映在行為中，這時學習也是發生了的。而且強化不是學習的關鍵影響因素，它只是影響學習的外在表現。托爾曼強調學習的目的性，分析認知過程，在S（外部刺激）和R（反應）的聯結中加入了中介變量O（機體的內部變化），形成S-O-R的聯結，體現出認知與行為主義的融合。

班杜拉在沿用行為主義研究範式的基礎上，吸收了認知學派的思想，提出了交互作用論，認為行為不只是由環境因素決定的，而是由環境、個體的生理與心理因素、行為三者之間是交互作用決定的。此外，他還提出了觀察學習理論，指出在學習過程中注意、保持、自我調節等認知因素的重要作用。

4. 人本主義學習理論概況

20世紀60年代，心理學中出現了一個新的學派──人本主義。它的核心價值理念是尊重人的存在，認為每個人都有自我發展和自我實現的潛能和

動力。它在學習領域中的研究也持有這樣的思想，認為應該重視學習者的情感、需要、意志等心理方面，而非只是將學習者視為理性的個體，同時應尊重學習者的獨特個性和重視其潛能的發揮。因此，人本主義學習理論認為，學習的過程是學習者潛能挖掘和自我實現的過程。在這個過程中，是以學習者為中心，教師不是權威，而是發揮輔助和引導學習者的作用，引導學習者覺察到學習與自我實現的關係，並且教師要善於營造和諧、融洽、關愛和理解的氛圍，令學習者在無條件的愛中充分發揮自己的個性進行學習，並讓潛能得以自由展現。

5. 建構主義學習理論概況

建構主義學習理論是在 20 世紀八九十年代發展起來的學習理論，主要是以皮亞傑、維果茨基、布魯納等人的思想為基礎，針對傳統教學的弊端而提出的。建構主義在知識、學習者、學習過程、學習的社會性、學習的情境性等方面提出了不同於以往學習理論的新認識。建構主義對知識的客觀性、確定性提出了質疑，認為知識並不具有無限的適用性，而是需要針對具體的情境進行再創造。對於學習者，建構主義認為學習者在學習前，對所要學習的內容並非是一無所知的，他們是有著豐富經驗的。教學不能忽視學習者的已有經驗，將知識從外部硬裝進他們的頭腦，而是要把學習者已有的知識經驗作為新知識的生長點，引導他們從原有的知識經驗中「生長」出新的知識經驗來。此外，建構主義還認為學習者的經驗世界具有差異性，不同的個體具有非常不同的經驗世界，每個學習者都有自己獨特的、個性化的經驗。在學習過程方面，認為學習是學習者在已有知識經驗背景的基礎上，透過新舊知識經驗的相互作用而主動建構訊息的過程。此外，建構主義強調學習中的社會性相互作用對學習者的幫助，學習是在教師和他人的幫助下，透過相互溝通和交流，達成對知識更豐富、更靈活的理解的過程。另外，相對於傳統教學中「去情境」的特點，建構主義強調學習的情境性，認為概況性知識的學習無法靈活適應變化的具體情境，因而在學習時，要把所學知識與一定的真實情境聯繫起來，讓學習者在具體情境中進行學習，解決情境性問題以建構起可以靈活運用的知識。

複習鞏固

1. 什麼是學習？
2. 學生學習的特點有哪些？
3. 簡述加涅的學習分類。

第二節 學習觀

一、學習觀

學習觀，是個體對知識和學習的一套認識論信念系統，它涉及對知識性質、學習性質、學習過程和學習條件等維度的直覺性認識（劉儒德，2002）。通俗地講，就是對學習的認識與看法，具體體現在為什麼學、學什麼以及怎麼學等方面。

學習者所持有的學習觀會對其學習的各個方面產生影響。首先，學習者的學習觀會影響他們的學業成績。如果學習者相信學習是快捷的，那他們一般傾向於做出過分簡單的結論，不能對自己的理解水準做出準確的評價，而獲得較低的測驗分數（Schommer，1990）。第二，學習者的學習觀會影響其認知過程和學習策略的選擇。例如，如果學習者認為知識是一個系統、一個體系，那麼他們就會傾向於在學習新知識時使用內在聯繫策略，去尋找現有知識與先前知識之間的聯繫，並比較概念之間的異同，在更廣的範圍內以及更深的層次上達成對知識的理解。第三，學習者的學習觀會影響他們學習時的自我調節。這是透過學習者對學習目標的設置來實現的。學習者在學習前，會預先設置一個目標，然後根據這個目標來評定其學習進展，並且在學習過程中根據所設置的目標來啟動或停止各種自我調節，如元認知策略。第四，學習者的學習觀會影響其學習動機。例如，學習者越是相信學習能力是天定的、不變的，那麼他們在遇到學習障礙時就越不能堅持去克服困難，越顯示出無助感，表現出低水準的學習動機。

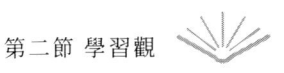

二、學習觀的轉變

（一）傳統學習觀的侷限

1.「為什麼學」觀念的侷限──過分功利、實用主義的學習

在中國的傳統中，學習的目的就是「學以致仕」，「金榜題名、一朝及第」成了莘莘學子夢寐以求的目標，「學問勤中得，螢窗萬卷書」的唯一目的就是「朝為田舍郎，暮登天子堂」。在當前市場經濟環境中，這種學習觀念演變為「學以致用」，「有沒有用」成了選擇學習內容的標準。早教班、預教班、特長班、奧賽班受到追捧。「熱門」專業、「實用」課程受到重視，而「冷門」專業、理論課程受到忽視。學習者追求「技巧」和「速成」，缺乏虛心、踏實的嚴謹學風。

這種以目標為導向的功利化學習只會遵循學習內容實用性的價值規律，容易使學習止步於以實用為特徵的技術操作層面，忽略了學習過程中的樂趣，更難以發掘個體內在的天賦才智，斷絕了文明的循序漸進。

2.「學什麼」觀念的侷限──片面的學習

對學習內容上片面的理解即是將學習內容限制在科學文化知識和技能的學習上。人作為具有複雜心理功能的有機體，其全面發展必然包含著理性功能之外的其他方面，如情感、態度、意志、道德、方法及行為習慣等。聯合國教科文組織21世紀教育委員會也明確提出了訊息時代學習的四大支柱：學會求知，學會做事，學會共處，學會做人。片面的學習將導致重知識、技能的掌握，而忽視情感、能力、方法、品德等的養成，致使人的片面發展，形成高分低能、高能無德等狀況。

3.「怎麼學」觀念的侷限

（1）繼承的學習

繼承性學習，是繼承已有的知識經驗，承襲前人的成果，用來應用於當前實際、解決當前問題。在強調對知識的繼承累積和普及擴張的農業文明和工業文明時代，這種繼承性學習觀具有一定的合理性。而在當今知識經濟時

代，這種學習觀顯然是不合時宜的。英國科學家詹姆斯·馬丁推測：人類科學知識在 19 世紀每 50 年增長一倍，20 世紀中葉每 10 年增長一倍，目前已發展到了每 3 年便翻一番。著名物理學家錢學森認為：「現在中國沒有完全發展起來，一個重要原因是沒有一所大學能夠按照培養科學技術發明創造人才的模式去辦學，沒有自己獨特的創新的東西，老是『冒』不出傑出人才。」這種學習觀念將導致迷信前人成果，唯書、唯權威為上，使學習者陷入模仿和抄襲的境地。

(2) 被動地接受

傳統認識論認為，知識是對客觀世界的被動反映，學習是學生透過教學過程獲得現實映像的過程。在這種認識論思想及應試教育的影響下，形成了對學習內容的被動接受，而忽視了學習者的能動性。學生只關心考試範圍內的內容，滿足於「標準答案」，很少自己積極主動地去探索問題的答案。在學習策略上，更多採用機械識記的「表層加工策略」。這種學習觀使得學習者的主動性、積極性和創造性都不能得到完好的體現，既不符合個體認知發展規律，也不能滿足學習者自身發展的需要，更不能適應社會的要求。

(3) 學習是「教─學」的單向過程

傳統的學習理論認為知識是可以從社會背景中分離出來的，可以透過教師傳授給學生。在這個過程中，教師是知識的傳者者，具有權威性，而學生是知識的接受者。知識是由教師一方單向傳遞到學生一方，使學生由未接受前的「空桶」狀態逐漸豐滿起來。學生的學習依賴於教師和書本，處於被動的地位，缺乏情感體驗，學生的主動性和積極性得不到發揮，從而造成對問題不加思考就進行死記硬背，不能對知識進行深度理解和靈活應用。同時，學生作為完整個體的思想、情感、個性等也未能得到充分的尊重。

(4) 學習只存在於一定年齡階段

傳統的觀念中，教育就是指學校教育，學習也只是在學校中進行，因而往往將人的一生劃分為三個時期：學習期、工作期和退休期。認為學習期存在於兒童和青少年時期，這個階段中，學生透過學習可以為接下來的工作期

做好準備，並終身受用。這種觀念在現今科技快速發展、知識更新速度加快的社會中是不合時宜的。21世紀是一個學習的時代，傳統的一次性學校教育無法適應現實的挑戰，只依靠學校中學習的知識必會遭到社會的淘汰。

（5）個體化的學習

傳統的學習觀念認為，學習是在個體身上發生的，以個體活動形式完成。學習者彼此獨立學習，其成功取決於各自的努力，其他學習者的成敗並不影響自己的成績，自身也不會對其他學習者的成績產生影響。這種學習形式除了具有強調自身努力、自身責任的優點之外，還存在著不可忽視的不足。學習者容易養成對他人漠不關心的品質，缺乏相互關心、相互幫助的合作精神，也不利於人際交往技能的發展，並且很容易因對自身利益的強調而形成利己主義的意識。

（二）現代學習觀

1.「為什麼學」的新理念——以崇高理想為目的

樹立以崇高理想為目的的學習觀是現代學習者應秉承的學習理念。學習者如果只是為了個人的利益而去學習，會使個人陷入狹隘的心理之中，並可能導致個人的小富即安、故步自封，從而限制個人更大的發展。而將個人利益與國家民族利益結合起來，樹立崇高的理想，則會令個人獲得持久與強大的動力源泉，在人生的舞臺中，讓自己的生命煥發出璀璨的光芒。新加坡前總理李光耀在總結執政經驗時，語重心長地談道：「我們新加坡無論在過去的苦難時期，還是後來的繁榮時代，從來沒有把個人利益擺在社會利益之上。這是因為，社會利益在任何時候都比個人利益更加重要，我想這就是我們東方人從極大的苦難之中能夠解放出來的價值觀點。」

2.「學什麼」的新理念——全面的學習

學習的內容應該是廣泛而全面的，不僅要包括知識、技能的學習，而且還應包括做事、做人、生存與發展等多方面內容的學習。作為學習者，首先要學會做人，特別是要注重自身思想道德品質的培養。第二，在學好、學精專業知識和專業技能的同時，加強對廣博人文基礎知識及相關學科知識的學

習，做到「專」與「博」的統一。第三，要同時注重書本上的學習和生活實踐中的學習，做到理論與實踐相結合。第四，注重情感、意志方面的學習，培養自身良好的情緒調節能力、意志品質和行為習慣，實現整體性發展。第五，學會學習。當今世界，在高新科技的推動下，知識的增長速度呈幾何級數增加，知識更新的週期越來越短。據美國國家研究委員會調查，半數勞工技能在 3 至 5 年內就會變得一無所用，而從前這段技能淘汰期是 7 至 14 年。特別是在工程界，畢業 10 年後所學的知識還能派上用場的不足 1/4。因此，僅靠在學校所學的知識是不夠的，關鍵在於學會學習。英國哲學家培根曾說：「跛足而不迷路，能趕過雖健步如飛但誤入歧途的人。」學會學習，掌握科學的學習方法是現代學習內容的一個重要方面。

生活中的心理學

案例：升入高中學習跟不上了

小陽是一個學習用功的男生，在原來的國中裡成績排名總是第一名。透過中考，他如願以償地進入了理想的高中，可是開學第一週的基礎測驗就給了他一個「下馬威」──不及格。隨著高中學習的開始，後面的幾次測驗，小陽一直考得很差，父母請家教幫他補習功課，但還是不管用。

不少從國中升入高中的同學，在面對新的教材、新的學習內容時感到不適應，甚至很多國中的資優生升入高中後會出現成績大幅下滑的情況，其原因在於高中學習知識量大，難度大，重在理解，教學進度快，知識的綜合性強，對能力的要求高。所以養成良好的思考習慣、學會學習是非常重要的。以下兩種思考習慣有助於增進知識的理解與掌握：首先，要對知識進行梳理，使知識形成一個系統，從整體上進行掌握。而在掌握具體內容的同時，花點時間來梳理知識，弄清知識之間的內在聯繫，逐步建構起完善的知識結構系統可以使所學知識更容易把握。其次，要勤動腦筋，多思考。

對於同一個問題，養成多角度去思考的習慣，注意所學內容與生活實際之間的聯繫，這可以令我們的腦筋越來越靈活。適合每個人的學習方法是不

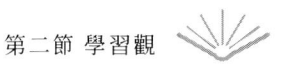

相同的，我們要學會找到適合自己的學習方法。這樣，我們的學習才會事半功倍。

3.「怎麼學」的新理念

（1）創新的學習

創新的學習是在繼承前人知識的基礎上以應用知識並發展知識為目的，透過有利於培養創新精神和創新能力的學習方式而進行的學習（陳從陽，2011），是充分發揮學習者的主動性和積極性的學習。物理學家、諾貝爾獎獲得者溫伯格曾說：「不要安於書本上給你的答案，要去嘗試發現與書本上不同的東西，這種素質可能比智力更重要，它往往是最好的學生與次好學生的分水嶺。」對於學習者而言，在學習過程中的創新性不僅是指發現新知識，還體現在能靈活運用所學的知識，不固化思維方式，以新思路解決難題，有質疑的意識和能力，不迷信書本和權威，善於思考，善於發現。

要實現創新的學習，首先要強化創新意識；其次要培養想像力；第三，要培養發散思維能力。常用的促進創造的方法有：①腦力激盪法。讓群體成員在輕鬆、自由的環境下隨心所欲，互相啟發，儘量提出某一問題的多種解決方法，集思廣益。②檢查單法。把現有事物的要素進行分離，然後按照新目的加以改變。③希望點列舉法。透過列舉某物被希望擁有的特徵，找到新的思路。④組合法。把兩項以上的技術組合在一起產生新的產品。⑤卡片排列法。先把對象的要素一一記在卡片上，然後把卡片混合，再根據某一標準進行重新整理。

（2）自主的學習

自主學習是學習者把自己當成學習的主人，掌握學習的主動權，積極主動地進行學習。其實質是學習者自己主宰自己的學習。它是與傳統的接受學習相對應的一種學習方式。聯合國教科文組織國際教育發展委員會認為：「未來的學校必須把教育的對象變成自己教育自己的主體」，「我們今天把重點放在教育與學習過程的『自學』原則上，而不是放在傳統教育學的教學原則上。」自主學習具有如下特徵：

①自我定向。學習者自己參與和確定學習目標的制訂，自己制訂學習進度和學習計劃。

②自我探究。按美國心理學家哈伍德·加德納的多元智力理論，學習者透過對自己的智慧特點、認知方式、興趣愛好等的探索和認識，選擇最適合自己的有效學習方式、思考策略和學習策略，並獨立發現問題和解決問題。

③自我調控。根據學習目標，學習者在學習過程中對認知活動進行自我監控，並做出相應的調整，以促進目標的達成。

④自我激勵。在遇到學習困難時，不斷激勵自己，以積極的情感體驗去推動自己的學習，從而獲得學習上的成功。

（3）建構的學習

建構的學習理念源於建構主義學習理論，即學習不是由教師向學生的單向傳遞知識，而是學習者積極主動地建構自己的知識的過程。與客觀主義的觀點不同，建構主義學習理論認為，知識並不是對現實客觀世界的準確表徵。它只是一種解釋、一種假設，並不是問題的最終答案，它會隨著人類進步而不斷被「革命」掉，並隨之出現新的假設。因為知識具有一定的適用範圍，不能一勞永逸地、精確地概括世界的法則。此外，建構主義認為，知識不是實體，不能存在於具體個體之外，個體必須以自己的經驗為基礎來建構知識，而形成知識的心理表徵。在這樣的知識觀基礎上，建構主義認為學習的實質是學習者在已有經驗的基礎上，積極主動地形成、充實、改造和發展自己的經驗體系的過程。學習過程始於對感覺經驗的選擇性注意，由此取得的感覺訊息與已有經驗相互作用，從而理解新訊息的意義。

（4）終身的學習

終身學習，即學習者應著眼於終身發展的需要，改變把人生分為學習期和工作期、學習僅是為工作做準備的傳統學習理念，將學習貫穿於人的一生中，樹立活到老、學到老的意識和信念。要能跟上社會發展的步伐以及實行高層次、高品質的精神追求，一次性的學校教育是難以達到的，因此學習不能止步於學校教育。正如古人云：「吾生也有涯，而知也無涯」，學習者應

樹立終身學習的理念，將終身學習作為一種生活方式，不斷學習總結新知識技能，才能應對社會和時代發展的挑戰，滿足自我實現的需要。

(5)「社會化」的學習

「社會化」的學習，即強調社會性相互作用在學習中的重要意義，個體透過與他人的相互作用而進行學習。這種觀點是建構主義學習理論的重要方面。因為每個學習者都有自己對世界的獨特的理解和解釋，對於同一問題，不同的學習者會形成不同的假設和推論，所以學習者之間可以透過相互的溝通、交流、爭辯、討論，以擴展視角、靈活思維，從而形成對問題更豐富、更靈活的理解。不僅如此，學習者還可以與教師、專家等進行交流與溝通。這種「社會化」的學習可以為學習者創建一個廣泛的學習社群，從而為學習者的知識建構提供豐富的資源和大量的支持。

合作學習是「社會化」的學習中一種重要的學習形式。學習者在小組中展開學習活動，強調集體性任務，強調教師放權給學生小組。合作學習具有五個特徵（陳琦，2001）：

①分工合作，指以責任分擔的方式達成合作追求的共同目的。

②密切配合，指將工作中應在不同時間完成的各種項目分配給各個人，以便發揮分工合作的效能。

③各自盡力，指為了成功，小組成員必須各盡其力，完成自己分擔的工作。

④社會互動，即大家在態度上相互尊重，在認知上集思廣益，在情感上彼此支持。

⑤團體歷程，指由團體活動構成的達成預定目標的歷程。

複習鞏固

1. 什麼是學習觀？

2. 簡述「怎麼學」的新理念。

3. 簡述合作學習的五個特徵。

第三節 學習心理學的研究方法與研究進展

一、學習心理學的研究方法

（一）實驗法

研究學習的心理學家們常常在實驗中設計一定的情境或任務，透過觀察受試者的行為變化或完成任務的情況來研究學習。不同研究思想的心理學家其具體實驗操作又有所不同。由於行為主義心理學家將學習看作是行為的變化而並未涉及個體內部心理過程，因此他們常常對動物進行實驗，並將實驗結果推廣到人類身上。如桑代克（E.L.Thorndike）對餓貓的實驗、巴夫洛夫（I.Pavlov）對狗的實驗，以及史金納（B.F.Skinner）將小白鼠放入史金納箱中進行的實驗等。在這些實驗中，透過對環境刺激的操縱和對動物行為變化的觀察，從而揭示出學習的實質和規律。

認知學派的心理學家注重對個體學習時內部心理過程的揭示，使用的實驗對象為人類。揭示內部心理過程的方法主要是口語報告法，又稱為出聲思維、報告語記錄，即讓受試者在執行某任務的過程中利用出聲言語進行思考，使思維過程以外部言語的形式顯現，從而反映出其思維過程。這種方法是德國心理學家鄧克爾（Duncker，1945）首先發展出來的，後來逐漸成為認知心理學研究的一個重要方法。口語報告通常要求受試者在任務完成之後緊接著進行，因為這時思考內容仍處於短時記憶中，因而報告的結果是可靠的。對於受試者的言語報告，用錄音機進行記錄，然後逐字逐句整理成文字材料，便可展示受試者的內部思維過程。還有一種常用的研究方法是反應時法。反應時是指從刺激呈現到有機體做出反應的時間。它是認知心理學研究個體內部認知過程的重要外部指標，其長短可以反映個體內部認知過程的複雜程度。透過比較受試者在不同任務上的反應時，可以分析出完成不同任務時的認知過程。具體的反應時實驗包括相減因素法實驗、相加因素法實驗和「開窗」實驗。相減因素法又稱為減法法，通常應用於快速的訊息加工過程的研究。

這個方法最初是由荷蘭生理學家唐德斯（Donders，1968）提出的，目的是測量包含在複雜反應中的辨別、選擇等心理過程所需要的時間。相減因素法的理論邏輯是：安排兩種不同的反應時作業，其中一種作業包含另一種作業所沒有的某個心理過程，即所要測量的過程，那麼，這兩種反應時的差即為該過程所需的時間。相加因素法實驗又稱為加法法，是相減因素法的實驗的延伸，最初是斯騰伯格（Sternberg，1966）發展出來的。相加因素法實驗的理論邏輯是：如果兩個因素的效應是相互制約的，即一個因素的效應可以改變另一個因素的效應，那麼這兩個因素只作用於同一個訊息加工階段；如果兩個因素的效應是分別獨立的，即可以相加，那麼這兩個因素各自作用於某一特定的加工階段。這樣透過單變量和多變量的實驗，從完成作業時間的變化就可以確定這一訊息加工過程的各個階段。「開窗」實驗是反應時實驗的一種新形式，相對於相減因素法和相加因素法需要透過比較兩種作業，間接地知道某加工階段所需時間以及需要透過嚴密的邏輯推理才能發現某加工階段的存在，「開窗」實驗能夠比較直接地測量每個加工階段的時間。其基本思想是：在各個加工階段的轉換之際給一個外部指標，便可直接記錄下每個階段的反應時。

（二）調查法

調查法在學習的研究上常用於對學習的影響因素的探索，比如人格對學習的影響。在這類研究中，一般用人格量表測出學習者的人格特徵，將人格特徵與學習成就進行統計分析，從而顯示出人格對學習的影響。有較多證據支持責任性、開放性、神經質、外傾性等人格維度與學業成就存在顯著相關（Farsides Woodfield，2003）。其中，責任性與學業表現的相關最強、最穩定。並且在部分排除認知能力因素的情況下，人格與學業成績的相關性幾乎無變化，研究結果支持人格與學業成就的獨立效應（Denisetal.，2006）。

（三）計算機模擬

計算機模擬，是根據一定的認知過程操作理論編寫計算機程序，讓計算機來模擬人的思維過程的一種方法。其指導思想是：如果計算機運行程序的

表現和結果與人類完成任務的表現一致,那麼就可以認為事先建立的理論是可信的;反之,則說明該理論有缺陷,需要進一步修正。可以說,透過對心理過程的計算機模擬,便可以認知心理過程本身。

二、學習心理學的研究進展

(一)學習理論的進展

1. 行為學習理論的進展

行為學習理論的核心模式是「刺激—反應」的聯結,雖然其對學習過於簡化、機械的解釋在與認知取向的學習理論的爭論中失去優勢,但其對學習的研究並未就此停止。近年來,行為學習理論的開始研究個體特徵對「刺激—反應」聯結形成的影響,包括研究個體外部條件對行為反應的影響,以及外部條件的相互作用對行為的影響。在學習方法的研究上,行為學習理論近年來提出了自我管理訓練法和自我言語訓練法。自我管理訓練法,是指由教師利用傳統的行為分析方法,以積極的強化和其他秩序來改進學生的學習行為,一旦達到所期望的行為變化,就立即將教師做出的外部控制轉向學生自己做出的內部控制。自我言語訓練法,是強調個體內部語言對認知加工的影響,認為引入適當的自我言語對改變學習者的不當學習行為是非常有益的。

2. 認知學習理論的進展

近年來,認知學習理論的研究主要集中在知識的表徵與組織、學習的自我調節與元認知、問題解決的認知加工這三個領域(司繼偉,2000)。在知識的表徵與組織的研究方面,研究者對專家與新手在解決問題方面進行了比較研究,結果發現專家比新手擁有以更抽象原理為基礎的領域表徵和原理間聯繫的表徵,這使得專家在解決問題時比新手能更靈活地解決困難問題,且使問題解決達到自動化。這個結果提示了所獲知識的數量及知識的組織的重要性。在學習的自我調節與元認知的研究中,研究者對專門領域知識與認知策略之間的交互作用對學習者的影響進行了分析,強調讓學習者學會瞭解、控制和反思自己學習的重要性,並提出影響學習有效進行的主要因素是自我調節。在問題解決中的認知加工領域研究者們提出了問題解決的不同模型,

例如在 Anderson（1990）提出的問題解決模型中，問題解決過程被想像成由在問題空間內傳遞訊息的算子和解題策略構成。另一些研究者認為，學習者在問題解決中形成瞭解題情境的心理模型，透過轉換心理模型可能會運行一個問題模型直到找到解決方案。

3. 新學習理論的提出

從圖 1-1 來看，人是整體的人（1），會受到社會情境（2）的影響。人在其生命史中可隨時展開社會性建構（3）。當人面對經歷差距而選擇忽略時，則將失去潛在的學習機會，人的生命將沒有新的生存（4）。如果選擇進行社會性建構，就需要進行思考或反思（5）調動情感（6），產生行動（7），認知、情感、行為在社會情境下發揮綜合作用，最終帶來人的整體變化，並且可以被保持下來（8）。可以看出，存在主義學習理論正在衝破行為主義、認知主義和建構主義等理論壁壘，走向多理論的整體融合。

图1-1　存在主義學習理論結構圖

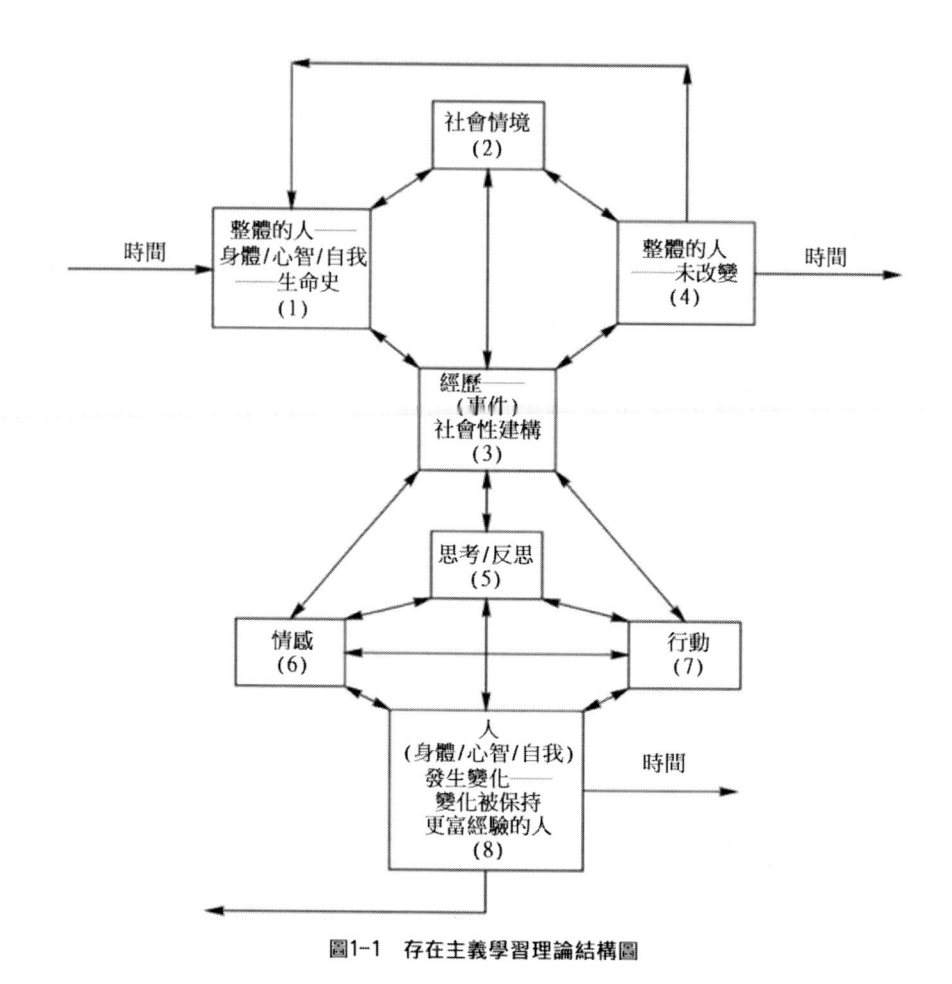

(資料來源：P.Jarvis. Towards a Philosophy of Human Learning: An Existentialist Perspective [A].Jarvis.P.&S. Parker. Human learning: An holistic approach [C]. London: Routledge, 2005.8.)

在現今數字時代的背景下，訊息技術和網路技術迅猛發展，引發了新興的學習方式，如 E-learning、D-learning、M-learning 等。面對這些新興的學習方式，西蒙斯（Siemens，2004）指出，傳統的行為主義學習理論、認知學習理論以及建構主義學習理論已不能有效地揭示學習的機制，從而他提出了一種網路時代中的新學習理論——關聯主義學習理論。西蒙斯認為，學習是形成連接、創建網路的過程。這個過程發生在模糊不清的環境中，學習本身帶有一定的複雜性和混沌性。學習不僅發生在學習者內部，也可以發

生在學習者外部，如社群、組織和設備中。學習者並不需要對所有的知識都進行認知加工，這個加工任務可以卸載到知識網路中，學習者只需要保持在網路中的連接，就可以獲得新知識。西蒙斯認為，獲得知識的通道比知識內容本身重要。

（二）學習研究方法的進展

學習研究方法的進展主要體現在對認知神經科學研究方法的引入上。由於認知學習研究與認知神經科學具有密切的相關性，研究者便可以使用認知神經科學的研究方法來探索學習認知的神經基礎。

1. 腦損傷法

傳統的腦損傷法因損傷或切除大腦的某一部位來觀察受試者的認知活動會發生怎樣的變化，進而確定相應腦結構的認知功能，涉及研究的倫理問題，從而受到詬病。但近年來出現了一種新的腦損傷研究方法較好地解決了該問題。研究者給受試者安排一認知任務，在受試者完成該項任務的過程中，向其大腦的某一區域發射電磁脈衝，這種電磁脈衝能暫時破壞這一區域的神經功能。但在撤去電磁脈衝後，功能會恢復，不會給受試者造成不可逆轉的傷害。而只要透過變換電磁脈衝發射的區域和時間，就可以瞭解大腦的不同區域在不同的認知階段是如何參與認知任務的執行的。

2. 對神經元和突觸的研究

學習的神經機制涉及神經元之間聯繫的形成和突觸的變化，這一類的研究就是針對神經元和突觸來進行的。具體的研究方法包括形態解剖學方法、免疫組織化學方法、電生理方法等。因人類和動物神經元及突觸的活動遵循共同的化學原理，所以其研究通常在動物身上實施。透過對動物在學習時其神經元的聯繫建立或修改以及突觸的改變的研究，來探索人類學習時神經活動的規律，從而解釋人類學習時的神經機制。

3. 腦成像技術

這類方法是根據受試者執行認知任務時的腦電活動、腦代謝水準和腦血流變化來生成大腦活動的圖像，為學習的研究提供了無創性腦功能研究手段。

主要技術有正電子發射斷層掃描技術（positron emission tomography，PET）和功能性磁共振成像（functional magnetic resonance imaging，fMRI）。PET 是利用大量存在於人體內的天然元素的放射性同位素，這種物質釋放的正電子與負電子相遇產生湮滅，同時釋放出 γ 射線，其訊息傳入計算機，由此可以對大腦進行多層斷面成像，從而描繪出大腦活動的三維圖像。fMRI 是對大腦局部血流量和脫氧血紅蛋白濃度的變化進行記錄，從而間接研究神經元的功能。

(三) 學習的生理機制進展

對學習生理機制的研究是學習研究領域中的熱點之一。其研究成果有助於人們深入瞭解學習發生的生理原因及過程，並用來提高學習效果。已有研究發現，顳一頂一枕聯絡區皮質是人們進行複雜認知活動的生理基礎，如識別或認知外部刺激及短時記憶等學習活動是其基本功能；前額葉皮質與時間、空間關係的複雜綜合學習有關，同時還參與運動反應及與之相關的學習行為的調節；邊緣系統則主要參與記憶活動、運動學習，以及情緒性學習等（馮忠良等，2010）。在學習的細胞分子生物學研究中，Bliss 和 Lφmo 的實驗研究發現哺乳動物大腦海馬中的長時程突觸增強（long-termpotentiation，LTP）現象。Thomas 在海馬突觸可塑性與年老動物記憶下降的關係研究中指出，易化 LTP 的誘導，或降低誘導 LTP 的域值，可改善老年鼠的記憶能力；而阻斷 LTP 的誘導，可直接影響老鼠海馬學習記憶能力（康琳，李維青，2012）。在最近的一些研究中，孔令斌等（2008）的研究結果顯示：海馬、額葉 rCFB 降低可以引起大鼠學習能力降低，其降低原因可能與 c-fos、c-jun、Bcl-2 和 Bax 陽性細胞表達增多有關。劉國松（2006）指出當神經網路可塑性處於優勢功能狀態，神經細胞在突觸上的分布狀態以及決定突觸可塑性的分子表達模式時，他在動物實驗中發現增加 Mg^{2+} 的攝入量可有效阻止由年齡造成的記憶衰退。竺平暉（2011）在研究中指出：CIE 可改善 D-半乳糖致衰老模型小鼠記憶能力，其作用機制可能與 CIE 具有抗氧化能力有關。

（四）學習心理學與其他學科的交叉融合研究

從歷史看，有關學習的研究主要侷限在心理學的領域。但是，今天與學習科學有關的研究領域已變得十分廣泛，其中包括認知科學、神經科學、腦科學、人類學、教育學、社會學、計算機科學、管理科學等跨學科學研究究，同時還涉及跨文化研究、各具體學科領域的研究。目前在學習領域已經取得的很多成果在很大程度上直接來自跨學科合作研究的重大進展，這種專業分布式的合作對於進一步發展學習科學是至關重要的。現今，對學習的研究已從傳統的心理學領域擴展到眾多研究領域，包括神經科學、人類學、教育學、社會學和計算機科學等學科學研究究，

（五）學習輔助技術進展

在訊息社會中，個體的學習愈來愈多地與訊息技術發生著聯繫。這方面的研究突出地表現在對學習環境的研究上。如在合作虛擬環境與社交互動的研究上，合作虛擬環境不只包括單一用戶，用戶之間還可以透過虛擬化身進行互動交流。Bailenson 在一項研究中探討了合作虛擬環境對轉化社交互動的作用。他發現，可以透過轉化虛擬教室的空間布局來改善學生學習的進度與質量（李海峰，莫永華，2013）。一般而言，坐在教室視野中心的學生和坐在前面的學生會學到更多的知識，但在虛擬教室中，可以打破這種物理空間上的接近規則，使學生學到更多的知識。其次，教師可以透過實時的影片反饋發現被忽略的學生，從而給予及時的關注和提醒。此外，研究者們也在研發研究性科學的學習環境（the Investigative Science Learning Environment，ISLE）。ISLE 是針對不同教學狀況而開發的一種學習系統，適應於不同規模的班級。透過 ISLE，學習者能夠複製與模仿科學家的思維方式，經過反覆循環的探究逐漸建構起自己的知識結構，ISLE 還可以為學習者提供腳手架和反思的設計活動。透過在 ISLE 中的學習，學習者們能夠大大地提高其思維水準。

複習鞏固

1. 什麼是口語報告法？

2. 簡述關聯主義學習理論的八個基本原理。

本章要點小結

學習心理學概述

1. 廣義的學習，指個體由於經驗而引起的心理和行為的相對持久的變化。狹義的學習是指人類的學習，是人在與他人交往的基礎上，以語言為中介，能動地掌握社會和個體經驗的過程。

2. 學生的學習是在有指導的條件下，有組織、有計劃地掌握前人累積的間接經驗為主的一種活動，主要是為未來社會實踐做準備。其特點有：以掌握間接經驗為主，具有組織性和計劃性，在有指導的條件下進行，具有明確的目的性。

3. 學習的作用有：是個體生存的基礎；促進個體的發展；使人獲得快樂；使人獲得財富。

4. 根據學習的結果可以將學習分為言語訊息的學習、智慧技能的學習、認知策略的學習、態度的學習和運動技能的學習；根據學習進行的方式可以將學習分為接受學習和發現學習；根據學習的水準可以將學習分為信號學習、刺激─反應學習、系列學習、言語聯想學習、辨別學習、概念學習、原理學習、問題解決的學習；根據學習材料與學習者已有知識之間建立的關係的性質，把學習分為機械學習和意義學習。

5. 學習心理學是研究學習的心理規律的一門學科。

6. 學習心理學理論包括行為學習理論、認知學習理論、折中傾向學習理論、人本主義學習理論和建構主義學習理論。

學習觀

1. 學習觀，是個體對知識和學習的一套認識論信念系統，它涉及對知識性質、學習性質、學習過程和學習條件等維度的直覺性認識。

2. 傳統學習觀的侷限：「為什麼學」觀念的侷限：過分功利、實用主義的學習；「學什麼」觀念的侷限：片面的學習；「怎麼學」觀念的侷限：繼承的學習、被動地接受、學習是「教—學」的單向過程、學習只存在於一定年齡階段、個體化的學習。

3. 現代學習觀：「為什麼學」的新理念：以崇高理想為目的；「學什麼」的新理念：全面的學習；「怎麼學」的新理念：創新的學習、自主的學習、建構的學習、終身的學習和「社會化」的學習。

學習心理學的研究方法與研究進展

1. 學習心理學的主要研究方法有實驗法、調查法和計算機模擬。

2. 口語報告法，又稱為出聲思維、報告語記錄。即讓受試者在執行某任務的過程中利用出聲言語進行思考，使思維過程以外部言語的形式顯現，來反映出其思維過程。

3. 學習心理學的進展體現在學習理論的進展、學習研究方法的進展、學習生理機制研究的進展、學習心理學與其他學科的交叉融合研究以及學習輔助技術進展等方面。

關鍵術語

廣義的學習 狹義的學習 學生的學習 學習心理學 學習觀 口語報告法 相加因素法 相減因素法 「開窗」實驗 計算機模擬

單項選擇題

1. 下列屬於「學習」現象的是（ ）

A. 寶寶的三翻六坐 B. 運動員服用興奮劑後成績提高

C. 小孩害怕打針 D. 蜜蜂採蜜

2. 下列說法正確的是（ ）

A. 接受學習都是機械的 B. 接受學習都是有意義的

C. 發現學習都是有意義的 D. 接受學習可以是機械的，也可以是有意義的

3. 下列屬於現代學習觀的是（ ）

A. 繼承的學習 B. 個體化的學習 C. 終身的學習 D. 片面的學習

4. 關聯主義學習理論的提出者是（ ）

A. 西蒙斯 B. 賈維斯 C. 唐德斯 D. 斯騰伯格

第二章 學習理論

　　作家三毛自幼性格孤僻，感情脆弱。她在讀國中二年級時數學成績很差。一次，數學老師用毛筆在三毛眼睛周圍畫了兩個圈，然後罰站和對外展示，引得同學哄堂大笑。三毛受到了莫大的精神刺激和侮辱，以致出現後遺症：在走廊看到自己的教室時立刻昏倒；她一想到去學校便會立刻昏倒，失去知覺。後來，三毛患上了自閉症，再也不肯去學校，越來越怕接觸外面的世界，害怕所有的人，把自己封閉起來，時間達七年之久。

　　針對以上現象，不同學習理論派別有不同的看法。聯結派認為三毛患上「自閉症」是「條件反射」學習的結果；認知派會認為三毛數學差是因為沒有產生「有意義的學習」；人本主義學派會認為教師沒有以「學生為中心」；那麼，什麼是學習？怎樣促進學生的學習？本章將圍繞這兩個問題，系統闡述學習的主要理論，以促進學生、教師和家長形成科學的學習觀。

第一節 聯結派學習理論

　　聯結派學習理論認為，學習就是刺激—反應之間的聯結，常用 S-R 表示。該派的代表人物主要有桑代克、華生、史金納、班杜拉、格思裡、赫爾等。在此我們重點介紹試誤聯結學習理論、經典條件反射理論與華生的學習理論、操作性條件反射理論和社會學習理論。

一、試誤聯結學習理論

　　桑代克（Edward Lee Thorndike，1874～1949），美國哥倫比亞大學教授，一生著述頗豐，主要包括《動物智慧》《教育心理學》和《人類的學習》等。他不僅在學習理論方面開創了先導性的研究，在教育實踐領域、言語行為、智力測驗、先天—後天問題、訓練遷移等方面也有獨到的研究。其學習理論成為隨後近半個世紀支配美國該領域研究的重要理論，並對學校教育和教學過程產生了世界性的影響。

桑代克透過對動物的研究，提出了學習的試誤聯結學習理論。他認為學習是情境與反應之間的聯結。其理論是從動物的實驗結果提出的，其中最為著名的就是餓貓開迷箱的實驗。籠外放有魚和肉，放入籠中的貓開始東抓西抓，亂撞亂闖，在這種衝動的過程中，貓會偶然拉動門閂逃出籠外，取得食物。然後再將貓放回籠中，貓仍需經過亂抓亂跳，最後打開籠門吃到食物，不過所花的時間減少了。如此連續實驗多次，所需時間逐漸減少，無效的動作逐漸摒除，最後，貓一入籠內，就能打開門閂取得食物（見圖 2-1）。

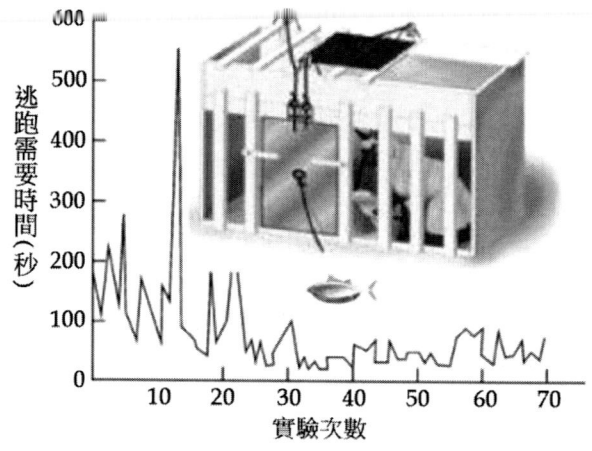

圖2-1 桑代克迷箱及餓貓實驗結果(桑代克,1898)

透過一系列動物和人的學習實驗，桑代克認為，學習是一種漸進的嘗試與錯誤的過程，隨著錯誤反應逐漸減少、正確反應逐漸增加，終於形成穩固的刺激—反應的聯結，即 S-R 之間的聯結。同時，桑代克提出了三條基本的學習定律：效果律、準備律和練習律。效果律就是在試誤學習過程中，如果其他條件相等，在學習者對刺激情境做出特定的反應後能獲得滿意的結果時，則其聯結就會增強；而得到不滿意的結果時，其聯結就會削弱。準備律是在試誤學習過程中，當刺激與反應之間的聯結，事前有一種準備狀態時，實現則感到滿意，否則感到煩惱；反之，當此聯結不準備實現時，實現則感到煩惱。練習律是在試誤學習過程中，任何刺激與反應之間的聯結，一經練習運用，其聯結的力量就會逐漸增大，而如果不運用，則聯結的力量會逐漸減少，直至消退。獎勵是影響學習的主要因素，獎勵就是感到愉快的或可能進行強

化的物品、刺激或後果。在桑代克後續的研究中取消了效果律中消極的或令人煩惱的部分時，他發現懲罰並不一定削弱聯結，其效果並非與獎勵相對立。桑代克關於學習實質和學習規律的觀點為以後的學習理論的發展奠定了基礎。

二、經典條件反射理論與華生的學習理論

（一）經典條件反射理論

諾貝爾生理學和醫學獎獲得者、俄國偉大的生理學家巴夫洛夫（Ivan. P.Pavlov，1849～1936）透過動物實驗發現了條件反射現象，提出了條件反射理論。在巴夫洛夫實驗室裡進行的條件反射研究的一般程序是將做過唾液腺導管手術的狗放在實驗臺架上進行實驗（見圖2-2）。當給狗一燈光或鈴聲刺激時，狗不分泌唾液（無反射）；給狗一根肉棒，狗分泌唾液（無條件反射）；當一燈光或鈴聲與肉棒多次配對呈現以後，燈光或鈴聲也能誘發出唾液分泌（條件反射）。也就是說狗學會了辨別刺激，知道了燈光或鈴聲所表示的是「食物即將到來」的信號意義（見圖2-3）。透過這類條件反射，有機體可以使無關刺激變為有關刺激的信號，從而可以認識事物與事物之間一定的關係，辨別周圍世界，趨利避害，適應環境。他認為，學習就是暫時神經聯繫的形成，經典條件反射是人類和動物最基本的學習方式，因此他的理論也常被稱為經典條件反射理論。

圖2-2 經典條件反射的實驗情境(巴夫洛夫,1902)

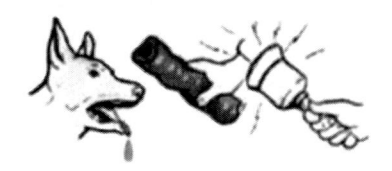

無條件反射　　　　　　　　非條件反射上建立條件反射

圖2-3　條件反射形成的過程

強化在經典條件反射的形成過程中是一項關鍵性的因素。經典條件反射的強度隨強化次數的增加而增加。巴夫洛夫透過大量的實驗研究發現以下規律：

1. 消退與恢復

條件反射形成後，如果條件刺激（CS）不再伴隨無條件刺激（US）出現，也就是說不再強化，條件反射的強度將逐漸減低，最後會降低到條件反射不再發生的程度。這一與條件反射形成相反的過程即稱為消退。在消退期間，刺激與反應間所建立的聯結似乎被破壞了，個體所學到的反應似乎被遺忘了。

消退現象發生後，如個體在一段時間休息後，條件刺激再度出現，這時條件反射可能又會自動地恢復。這種未經強化而條件反射自動重現的現象就被稱之為恢復。恢復的產生是因為個體經休息後，原有的抑制作用消失所致。

2. 類化與分化

在經典條件反射形成的過程中，個體對條件刺激之一（CS1）形成條件反射後，也可能對另外的與CS1相類似的條件刺激之二（CS2）、之三（CS3）不經強化而引起條件反射現象。這種對同類條件刺激不經強化而能引起條件反射的現象，被稱為刺激類化。一般而言，同類刺激與原來的無條件刺激相似程度越大，即兩者越相似，其類化或代替的可能性也越大。如幼兒因怕鼠，甚至怕兔，某人怕蛇而致怕繩等。類化也可被稱之為刺激泛化。它對理解條件反射和學習有重大意義。

在條件反射形成後，個體只對某特定刺激產生反應，而對與之相似的刺激不產生這種反應的現象稱為刺激分化。如機器修理工根據機器運轉中發出

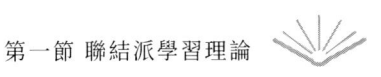

的相似故障聲音，分別採取特定的、而不是相同的修理措施，完成對故障機器的修理，這便可看作是分化的結果。

3. 高級條件反射

即人們可以利用已形成的條件反射，進一步建立一個新的條件反射。例如，當一隻狗形成條件反射後，停止強化，鈴聲繼續出現，然而每次在鈴聲出現前，即在狗的視覺範圍內增加一張繪有黑色正方形的卡片，也就是說加上一個條件刺激。此一新加的刺激最初可能會引起狗的注意，不會引起唾液分泌，但經多次練習後，這種卡片單獨出現時，也能引起狗的流涎反應。這種現象無疑是一種新的條件反射方式，即新刺激（黑正方形卡片）成為一個次級條件刺激，而原來的條件刺激（鈴聲）作為原級條件刺激，代替了原來的無條件刺激（食物），產生了強化作用。這種由原級強化衍生而成的強化也被稱為次級強化。

（二）華生的學習理論

華生（John Broadus Watson，1878～1958）是行為主義心理學的奠基者和捍衛者。華生認為巴夫洛夫的經典性條件反射適用於建立人類的行為，如果將此模型擴展，可以解釋各種類型的學習和個性特徵。

華生根據經典條件反射原理做了著名的恐懼形成實驗（華生，1920）。受試者是一名出生11個月的嬰兒，叫艾波特。首先讓艾波特接觸一個中性刺激小白兔，艾波特毫無害怕的表現，似乎想用手去觸摸它。在兔子出現後，緊接著就出現鐵錘敲擊一段鋼軌發出使嬰兒害怕的響聲（無條件刺激），經過3次結合，單獨出現小白兔也會引起艾波特的害怕與防禦的行為反應。6次結合後，受試者的反應更加強烈，隨後泛化到相似的刺激，艾波特對任何有毛的東西都感到害怕，如老鼠、製成標本的動物，甚至是有鬍子的人。透過實驗，華生提出經典條件作用學習理論。其關於學習實質的基本觀點是：學習是透過經典條件反射作用的建立，形成刺激與反應（S-R）之間聯結的過程。在巴夫洛夫經典條件反射理論的基礎上，華生提出了三種學習律：消退律、泛化律和分化律。

經典條件作用對教育教學實踐具有一定的理論指導意義，個體獲得刺激形成對情境的相應態度和情緒反應。如教師不斷給予學生表揚與鼓勵，學生因受到良性刺激從而喜歡學習，熱愛學校。同樣也可依此解釋學生厭學、考試焦慮等症狀。如學生在課堂上有強烈的發言願望，但老師總不滿足，其發言積極性就會被打消。

三、操作性條件反射理論

美國行為主義心理學家史金納（Burrhus Frederic Skinner，1904-1990）繼承了桑代克的聯結學說，進一步發展了聯結主義的學習理論。在20世紀30年代創製了研究動物學習活動的儀器——史金納箱（見箱內裝上一個小槓桿，小槓桿與提供食物的裝置連接，槓桿一被壓動，一粒食物就滾進食物盤）。飢餓的白鼠被引進迷箱，自由活動，當牠踏上槓桿時，有食丸放出，於是吃到食物。牠一旦再按壓槓桿，第二粒食丸又滾進食物盤，反覆幾次，這種條件反應很快形成，白鼠在箱內，持續按壓槓桿，取得食物，直到吃飽。相反，按壓槓桿反應也能由停止食丸的供應而消退。白鼠的這種自動按壓槓桿的行為，史金納稱為操作性條件反射。由此，他提出了操作性條件反射學習理論。該理論的主要觀點有以下幾個方面：

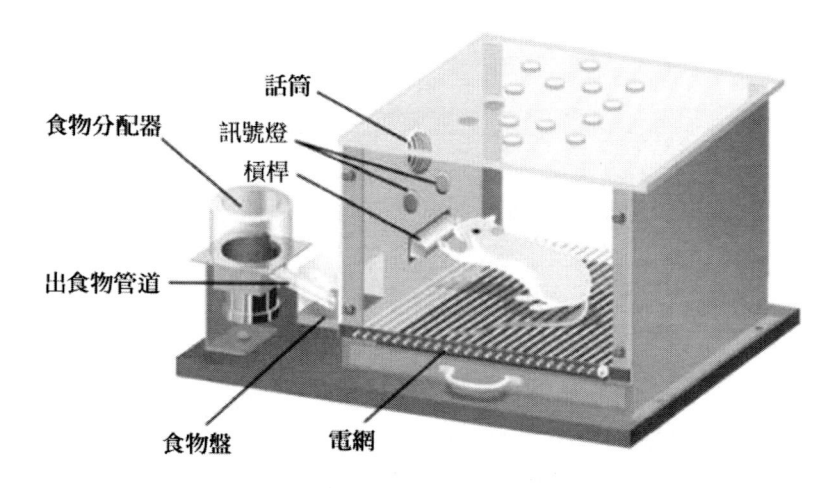

圖2-4　史金納箱(史金納,1929)

（一）把一切行為分為應答性行為和操作性行為兩種

首先，他認為條件反射有兩種，一種是俄國生理學家巴夫洛夫提出的經典條件反射，這種反射是由已知刺激引起的反射。另一種反射是操作性條件反射，這種反射不是由已知刺激引起，而是有機體自身發生的反應。人們日常生活中的許多行為都是一種操作性條件反射。史金納認為，一切行為都是由反射構成，既然反射有兩種，行為也必然有兩種。於是他把行為分為應答性行為和操作性行為（史金納，1938）。據此，史金納又進一步提出兩種學習：一種是經典性條件反射學習，另一種是操作性條件反射學習。他認為兩種學習形式同樣重要，而操作性條件反射學習更能代表實際生活中人們的學習情況。

（二）操作性行為形成的重要手段是強化

史金納認為，行為操作發生後，立即呈現強化物，行為就強化了。強化是操作性行為形成的重要手段（史金納，1969）。他把條件作用中能夠增強反應概率的一切手段稱為強化，產生強化作用的刺激稱為強化物。包括令人愉快的刺激物（如食物、讚許、承認、注意和金錢）和令人厭惡的刺激物（如挨餓、挨打、教師的皺眉、斥責或成績不及格）。強化有正強化和負強化之分。正強化指當有機體做出某種反應後得到愉快刺激，從而增加這一反應發生的概率。負強化是指當有機體做出某種反應後消除了厭惡刺激，從而增加這一反應發生的概率。懲罰是指一個反應之後的一個刺激或事件減少了這個反應發生的概率。懲罰包括正懲罰和負懲罰。正懲罰是指某一個行為後伴隨著討厭刺激的出現，從而減少這一行為發生的可能性。負懲罰是指某一行為後伴隨著愉快刺激物的消失，從而減少這一行為發生的可能性。他指出，行為之所以發生變化，是由於強化的作用。他認為，練習本身並不提高速率，它只是為進一步的強化提供機會。所以，強化是塑造行為和保持行為強度的關鍵。他把學習定義為反應概率上的變化。強化在史金納學習理論中占有重要地位，是他學習理論的核心，所以，有人稱他的學習理論為強化理論。在選擇強化物時，可以遵循普雷馬克原則（Premack Principle），又稱祖母

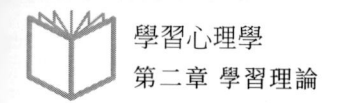

原則（Grandma's Rule），是指用高頻行為（喜歡的行為）作為低頻行為（不喜歡的行為）的有效強化物，如學生必須寫完作業才能去玩遊戲。

他認為，學習和行為的發生變化都是強化的結果，要控制行為就要千方百計地控制強化，控制強化就能控制行為，強化是塑造行為的有效而重要的條件。塑造行為的過程，就是學習過程。教育就是塑造行為，只要在教育中提供一種最好的強化程序，就能隨意地塑造學生合適的行為。因此，他認為，「教學就是安排可能發生強化的事件以促進學習」。學習需要兩個基本原則：一是任何反應如果緊隨強化刺激，該反應就具有重複出現的趨向；二是任何能夠提高操作條件反應率的刺激都是強化刺激。因此，可用（S）-RS 表達操作條件反射形成的過程，在這一過程中，重要的是跟隨反應之後的刺激。

（三）程序教學

在 20 世紀 50 年代，史金納以他的強化理論為依據，透過對美國當時傳統教學的批評，並在前人研究的基礎上，提出了程序教學的思想。史金納程序教學的基本觀點是：第一，把學習材料分成具有邏輯聯繫的「小步子」；第二，要求學生對所學內容做出積極的反應；第三，對學生的反應要及時反饋與強化；第四，學生在學習中可根據自己的情況自定步調，學習進度不要求一致；第五，幫助學生盡可能每次都做出正確的反應，使錯誤率降低到最低限度。他認為，要完善地實施程序教學，必須借助教學機器。於是史金納在普萊西創製的教學機器的基礎上，提出了研製教學機器的基本原則。20 世紀 60 年代以來，程序教學及教學機器在許多國家廣泛傳播，出現了以程序教學及機器教學為中心的教學改革運動；當前，隨著計算機在各國的廣泛普及，程序教學和計算機輔助教學（CAI）必將會展現出更廣闊的前景。

四、社會學習理論

自 20 世紀 60 年代後，美國心理學家班杜拉（Albert Bandura，1925～ ）逐步與傳統的行為研究脫離，提出了一系列新的思想，從偏重於外部因素作用的行為主義轉向強調外在與內在因素並重，建立了一套最為綜

合且廣為接受的模仿學習理論，這一理論最初被稱為社會學習理論（Social Learning Theory）。

（一）強調觀察學習

觀察學習是指個體透過對他人的行為及其強化性結果的觀察，從而獲得某些新的行為反應，或已有行為反應得到修正的過程。班杜拉認為人的社會行為和思想不僅受直接經驗的影響，而且更多受觀察學習的影響（班杜拉，1963）。因此，人的後天習得行為主要有兩條途徑：一是參與性學習或直接經驗學習，主要依靠個體的直接實踐活動，就是從做中學並體驗到行動結果的過程中來學習。試誤學習、條件作用學習均屬於此類學習。源於直接經驗的學習形式，既緩慢又吃力，而且代價大。因此他提出的行為習得的第二種途徑是替代學習或間接經驗學習，主要透過觀察他人的行為及其後果來學習，使人類學習的過程大大縮短。這是人類學習的主要形式。

觀察學習對學習者的影響可能表現在以下三方面：第一，透過觀察他人的作為，並略微變異，就可以產生自己新的行為。第二，觀察榜樣促進了自己以前學習成果的加強。第三，觀察學習也可能導致自己行為的抑制，也可能使自己的抑制解除。

（二）強調符號強化的作用

社會學習理論認為學習取決於相互聯繫的注意、保持、運動再生和動機四個階段（班杜拉，1972）。在注意階段，既取決於客觀刺激物的特點，也取決於觀察者的本身特徵；保持階段，觀察者利用符號進行編碼的能力、認知能力以及運動性複述能力都是重要的變量；在運動再生階段，受再生時自我觀察和正確反饋的制約；在動機階段，不僅受外部強化作用的影響，而且更重要的是被替代強化和自我強化（內在強化）所左右。所謂替代性強化是指學習時不必直接受到外在強化，只要以榜樣為媒介，受到間接強化體驗就會做出相應的反應。所謂自我強化指人能夠自發地預測自己行為的結果，並能依靠訊息反饋進行自我評價和調節。符號強化，諸如讚美的言語、情感或他人的注意，雖與學習者基本需求關係甚微，但它屬於人際關係或社會性質的強化，無須直接加諸學習者自身就能產生作用，它只需加之於被觀察的行

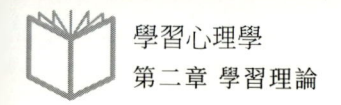

為上即能產生替代強化作用。符號強化的另一優勢是它主要透過自我強化的形式發揮作用。班杜拉曾說：「沒有比自我藐視更具破壞性的懲罰。」相應地，也沒有比自我欣賞更令人滿足的讚賞。

班杜拉認為，強化不是提高行為概率的直接原因，而是能夠激發和維持行為的動機，使人在認識了行為與強化之間的關係後產生對進一步強化的期待（班杜拉，1997）。強化有兩種：一種是結果期待，指人對自己的某一行為會導致某一結果的推測；另一種是效能期待，即自我效能感，指人對自己能夠進行某一行為的能力的推測和判斷，即對自己能力的主觀判斷。自我效能屬於個體認知因素，即相信個體可以控制某種局面並產生積極結果，它在很大程度上指個體自己對自我有關能力的感覺。自我效能也是指人們對自己實現特定領域行為目標所需能力的信心或信念，簡單來說就是個體對自己能夠取得成功的信念，即「我能行」。

生活中的心理學

普雷馬克原理的應用

小老師又一次把沒有完成作業的學生的名字寫在我的英語作業完成情況登記本上。哎，又是這幾個同學。該怎麼辦呢？

本想在課堂上「修理」下常不交作業的A、B兩個同學，但還沒等到下課，B生就蠢蠢欲動，手悄悄地觸摸腳下的籃球。A生正準備看漫畫書。我叫住這兩位同學，除去像往日般的說教，我補充到，A把你的漫畫書先拿給我保管，B把你的籃球先給我保管，如果你們認真完成昨天的作業，那麼我就把你們喜歡的東西給你們。

那一次完成的作業比原來的好多了，後來我都用這個辦法來處理。雖然也有不完成的時候，但過了一個月，情況就好多了，至少作業登記本上很少再見到A、B兩個學生的名字了！

該案例中的教師合理地運用了普雷馬克原理來改變學生的行為。但在運用普雷馬克原理時，要注意以下三點：

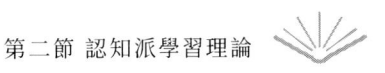

第一，必須是先有行為，後有強化，這種前後關係不容顛倒。

第二，必須使學生在主觀上認識到強化與他的學習行為之間的依隨關係，如果在學生心目中沒有把強化與良好的學習行為聯繫起來，強化對他的學習就並不起作用。

第三，必須用學生喜歡的活動去強化相對不喜歡的活動，而不能相反。

我們要選用學生的最愛來做獎勵。獎勵可以是物質的，也可以是精神的。要注意獎勵的多樣性，長時間使用同一種獎勵會使學生失去新鮮感，同時也減弱了獎勵的作用。但是從孩子長遠來看這一種方式對他們的成長不一定非常有利。經常使用普雷馬克原理容易讓孩子形成一種完成某種任務是為了獲得某一利益的慣性思維，而缺乏真正的動力。因此在教育實踐中要有節制地運用這一理論。

複習鞏固

1. 試誤聯結學習理論關於學習的實質是什麼？
2. 比較經典條件反射理論與操作性條件反射理論的區別。
3. 社會學習理論將學習分為哪幾類？
4. 什麼是觀察學習？

第二節 認知派學習理論

與聯結派學習理論相對立的是，源自於格式塔學派的認知派學習理論。從 20 世紀 50 年代中期之後，隨著布魯納、奧蘇貝爾、加涅等一批認知心理學家的大量創造性的工作，使學習理論的研究自桑代克之後又進入了一個輝煌時期。在此，我們主要介紹在當代影響較大的認知發現學習理論和有意義學習理論。

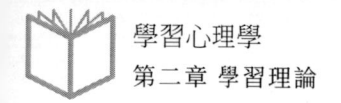

一、布魯納的認知發現學習理論

美國教育心理學家布魯納（Jermoe Seymour Bruner，1915～）以學生的知識學習為研究對象，提出了認知發現學習理論。其基本觀點如下：

（一）學習是學生主動地形成認知結構的過程

布魯納認為學習是透過認知，獲得意義和意象，從而形成認知結構的過程，是認知結構的組織和重新組織。什麼是認知和認知結構呢？美國著名心理學家吉爾福特（J.P.Guilford，1097～1987）認為：認知是指以各種形式表現出來的對訊息的及時發現、知曉、再發現或再認識，即瞭解或理解（吉爾福特，1967）。而認知結構是指頭腦中形成的經驗系統或認識模式，是知識訊息藉以加工的依據。布魯納認為：學習過程就是透過人的感知、領悟、推理等獨特的認知活動，運用同化或順應的方式去擴大原有的認知結構的過程。學習並不是單純形成刺激和反應的聯結，或僅僅形成一系列的反應，而是對環境的適應，是一個主動積極的過程（布魯納，1966）。

（二）強調對學科基本結構的學習

學習結構就是學習事物是怎樣相互關聯的。掌握事物的結構，就是要在使事物之間有意義地聯繫起來後去進行理解。他說：「無論選教什麼學科，務必使學生理解各門學科的基本結構」。（布魯納，1966）學科的基本結構是指一個學科圍繞其基本概念、基本原理以及基本態度和方法而形成的整體知識框架和思維框架。幫助學習者形成良好的認知結構，為獲得新的知識、解決新問題提供非常有價值的思維框架。「掌握事物的結構，就是使用許多別的東西與它有意義地聯繫起來的方式去理解它」（布魯納，1966），即學習知識結構就是學習事物間是如何相互關聯的。因此，布魯納提倡將學科的基本結構放在編寫教材和設計課程的中心地位。他認為好的學科結構可以實現「任何學科都可以用理智上忠實的形式教給任何年齡階段的任何兒童」。在布魯納看來，基本結構越是能歸結為定義、原理或法則，就越有利於學生的理解和應用。如果把一門學科的基本原理弄通了，則有關這門學科的特殊課題也就不難理解。

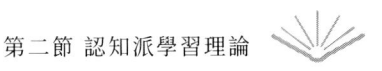

（三）提倡發現學習

布魯納強調，「學習的最好刺激乃是對所學材料的興趣，而不是諸如等級或往後的競爭、獎賞等外來目標」（布魯納，1966）。使學生對學習產生興趣的最好途徑就是使學習者主動地捲入學習並從中體驗到自己有能力來應付外部世界。為了有效激發學生的內部動機，布魯納主張採用發現學習的方法。

布魯納主張學習者要有發現的態度和方法，即採用「發現學習」。所謂發現法，就是讓學生獨立思考，改組材料，自行發現知識，掌握原理、原則。「發現不限於尋找人類尚未知曉的事物，確切地說，它包括用自己頭腦親自獲得知識的一切方法。」（布魯納，1971）他提倡發現學習的目的是：「我們應當盡可能使學生牢固掌握學科內容，我們還應盡可能使學生成為自主而自動的思想家。這樣當學生在正規學校結束之後，將會獨立地向前邁進。」布魯納還認為，發現學習具有提高學生智慧潛力的作用，能激發學生的內在學習動機和濃厚的學習興趣，是培養學生獨立思考，發展學生創造性思維的有效方法之一。

布魯納的認知發現學習理論給予行為的刺激—反應聯結強烈批判，積極倡導中小學教育改革實驗，在教育實踐方面做出了顯著的貢獻。但他的理論放棄了知識的系統性，一味強調發現學習，而誇大了學生的能力。

二、奧蘇貝爾的有意義學習理論

美國當代著名教育心理學家奧蘇貝爾（David P.Ausubel，1918～2008）提出了有意義言語學習理論。他的名言：「如果我不得不把全部教育心理學還原為一條原理的話，我會說，影響學習的唯一重要因素是學習者的已有知識。」他反對將動物學習規律和機械學習簡單地用於解釋學生的學習，而致力於探討學生在課堂中發生的學習。其理論的基本內容有以下幾個方面：

（一）學生的學習主要是接受學習而不是發現學習

奧蘇貝爾認為布魯納的理論過分強調發現式學習，輕視知識的系統性、漸進性，從而忽略了系統知識的傳授，不利於學生的知識學習和整體發展，

也會造成教育質量的滑坡。他認為學生的學習形式主要是接受學習而不是發現學習。他認為，學生學習文化科學知識的過程，是透過教師的傳授而產生和接受的，學生由於受各種條件的限制，所以只能是接受知識的學習（奧蘇貝爾，1963）。教師是個知識的寶庫，是一部活的教科書，教師的特殊功能當然是把知識傳授給學生，因而教師就應給學生提供經過認真考慮、選擇、整理有組織的詳細的材料讓學生學習。學生在學校的學習是以有意義地接受系統的知識為核心的。奧蘇貝爾認為，學習是認知結構的組織和重新組織，在學習過程中，他很強調已有經驗的作用，也強調學習材料本身的內在邏輯結構。

（二）有意義學習的標準和條件

奧蘇貝爾認為學生的接受學習主要是有意義的學習。有意義的學習就是以符號代表的新的觀念與學習者認知結構中原有的觀念建立非人為的和實質性聯繫的過程（奧蘇貝爾，1963）。這裡所說的「符號」指的是言語。非人為性和實質性就是衡量一種學習是機械學習還是有意義學習的兩條標準。所謂非人為性，是指新舊知識間存在的客觀的內在聯繫。所謂實質性，是指符號或符號所代表的觀念與學習者認知結構中的有關觀念之間具有的實質聯繫。如學生把英文單詞中的「pen」與已經有意義的漢語「鋼筆」聯繫起來，也就是新舊知識建立起實質聯繫，就合乎實質性和非人為性的標準。奧蘇貝爾認為，學習者要進行符合上述標準的有意義的學習，必須具備四個條件：第一，學習材料本身必須具有邏輯意義；第二，學習者具有同化新知的有關觀念；第三，學習者必須具有有意義學習的心向（認知內驅力、自我提高內驅力、附屬內驅力）；第四，學習者能夠使新舊知識相互作用。

（三）有意義學習的類型

奧蘇貝爾把有意義學習分為三類，即代表學習、概念學習和命題學習（奧蘇貝爾，1968）。代表學習是指學習單個符號或一組符號的意義，或者說學習它們代表什麼。代表學習的主要內容是詞彙學習，即學習單詞代表什麼。概念學習實質上是掌握同類事物的共同的關鍵特徵。例如學習「三角形」這一概念，就是掌握三角形有三個角和三條相連接的邊這樣兩個共同的關鍵特

徵，而與它的大小、形狀、顏色等特徵無關。如果「三角形」這個符號對某個學習者來說，已經具有這種一般意義，那麼它就成了一個概念，成了代表概念的名詞。命題學習是學習由若干概念組成的句子的複合意義，是以代表學習和概念學習為基礎的更加複雜的有意義學習。命題可以分為兩類，一類是非概念性命題，只表示兩個以上的特殊事物之間的關係，如「保護能源是愛國行動」，「鯨魚不是魚」。另一類是概括性命題，表示若干事物或性質之間的關係，如「圓的直徑是它的半徑的兩倍」。

（四）促進有意義學習的原則和方法

奧蘇貝爾堅持把他的有意義學習理論貫徹到教學工作的實施原則和應用技術中（奧蘇貝爾，1969）。實施原則是「漸進分化」和「綜合貫通」。漸進分化原則是要求按大小順序呈現教材，即首先呈現每一學科的最一般的和概括的觀念，然後再呈現較特殊、包容水準上的概念、原理和章節的異同，提出聯繫和區別，從而消除學生認知結構中原有知識間的矛盾和混淆，達到新的認識。因此，在進行教學活動之前，教師應該分析學生認知結構中是否已具備學習該內容所需要的先前知識。如果學生缺少當前知識背景時，教師應運用「先行組織者」展開教學。「先行組織者」是指在教新的學習材料之前，呈現給學生以一種引導性材料。這個材料要在抽象、概括和綜合水準上高於學習任務，並且能清晰地反映學生認知結構原有的觀念和新的學習任務的聯繫。目的是給學習者在已有的知識與需要學習的新知識之間架起一道橋梁，從而使學生更有效地同化、理解新知識。

複習鞏固

1. 簡述布魯納的發現教學法。

2. 簡述有意義學習的條件。

第三節 人本主義的學習理論

人本主義心理學是 20 世紀 60 年代在美國興起的一種心理學思潮。它主張應關注、研究人的情感、態度、自我價值、自我概念等，反對把人的完整

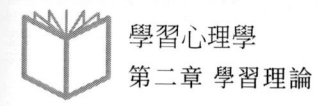

的心理特性人為地肢解、割裂開來。雖然人本主義心理學並不是將學習作為它的主要研究內容,但對學習問題也有所論述,尤其以羅杰斯(C.R.Rogers,1902～1987)對學習的論述最具代表性。人本主義關於學習的觀點主要有以下幾點:

一、學習的目的

學習的目的和結果是使學生成為一個完善的人和一個充分起作用的人,也就是使學生的整體人格得到全面發展。只有學會如何學習和適應變化的人,只有意識到沒有任何可靠的知識,唯有尋求知識的過程才可靠的人,才能適應社會的激烈變化而生存下來,並能充分實現自我。當代最有用的學習是學習過程的學習,即讓學習者「學習如何學習」,學習的重點是「形成」,學習的內容則是次要的。人本主義認為,一堂課結束的標誌不是學生掌握了「需要掌握的東西」,而是學會了怎樣掌握「需要掌握的東西」(羅杰斯,1969)。

二、學習的類型

根據學習對學習者的個人意義,可以把學習分為無意義學習與意義學習兩大類。無意義學習是指學習沒有個人意義的材料,不涉及感情或個人意義,僅僅涉及經驗累積與知識增長,與完整的人(具有情感和理智的人)無關。羅杰斯認為這類學習只涉及心智,是一種「在頸部以上」發生的學習(羅杰斯,1969)。意義學習是指一種涉及學習者成為完整的人,使個體的行為、態度、個性以及在未來選擇行動方針時發生重大變化的學習,是一種與學習者各種經驗融合在一起的、使個體全身心地投入其中的學習。

有意義不是指理解新舊知識經驗之間的關係,也不是機械地建立刺激與反應的聯結,相反,是指學習者主動參與、全身心投入、積極地自我評價的一種學習過程。透過有意義的學習活動,使個體的行為、態度、個性等發生積極的變化。

意義學習的四個特點:

第一，學習具有個人參與（personal involvement）的性質，即整個人都投入學習活動；

第二，學習是自我發起的（self-initiated），即便刺激來自外界時，也要求發現、獲得、掌握和領會的感覺是來自內部的；

第三，學習是滲透性的（pervasive），它會使學生的行為、態度，乃至個性都發生變化；

第四，學習是由學生進行自我評價的（evaluated by the learner），因為只有學生最清楚某種學習是否滿足自己的需要、是否有助於導致他想要知道的東西（羅杰斯，1969）。

促進意義學習的條件：

（1）強調以學生為中心，突出學習者在教學過程中的中心地位。教師是「助產士」與「催化劑」，讓學生自己選擇學習方向、行動路線、評價學習效果，自己承擔選擇的後果。學生在自我指導下自由地學習，使學生感到自信，從而其獨立性、創造性和自主性就會得到發展。

（2）讓學生覺察到學習內容與自我的關係，一個人只會有意義地學習他認為與保持或增強「自我」有關的事情，而這種相關性將直接影響到學習的速度或效果。

（3）讓學生身處在一個和諧、融洽、被人關愛和理解的氛圍。學習過程對學習者自我威脅降到最低限度，學生會利用各種條件進行學習，以便實現自我。

（4）強調要注重從做中學。為學生構建真實的問題情境，讓學生直接體驗現實問題。

三、學習的過程

羅杰斯認為人生來就有學習的動機，都能確定其學習需要。他堅信，如果教師能信任和支持學生，學生將更加確信自己，更容易實現自己的潛能。他認為，這種自信是一種無限的推動力，這種力量與認知理論中所說的認知

結構相似。學習過程應始終以人為本,即學生是學習活動的主體,必須重視學習者的意願、情感、需要、價值觀等,應堅信學習者可以自己教育自己,發展自己的潛能,最終達到自我實現。而這一過程又必然與自我的形成與發展息息相關。據此,羅杰斯認為,學習是一種經驗學習,以學生經驗的生長為中心,以學生的自發性與主動性為學習動力。學生應該在一種真誠、尊重、理解的心理氣氛下進行學習,「教師」只是學習的促進者、協作者或者說夥伴、朋友,「學生」才是學習的關鍵,學習的過程就是學習的目的之所在(羅杰斯,1969)。

四、學習的原則

羅杰斯對學習原則進行了系統的闡述。透過對大量實際經驗和方法的描述,他認為人本主義的、以個人為中心的和以過程為定向的學習方式已經取得了很大的進展。根據目前已有的經驗和研究,我們歸納出人本主義心理學的若干學習原則:

(1) 對學習的渴望;

(2) 覺察學習的意義;

(3) 自我防禦;

(4) 無壓力學習;

(5) 做中學;

(6) 參與學習;

(7) 全身心學習;

(8) 自我評價學習。

五、以「學生為中心」的非指導性教學

羅杰斯把自己在心理治療中的見識和思想遷移到教學之中,提出了一種以學生為中心的教學法,主要是強調師生關係中的信任、真誠、互相尊重、移情作用和交往的效用。教學和學習過程中教師沒有必要向學生灌輸材料,

如這樣做，只能適得其反，壓抑學生潛能的自我實現。教師所要做的是強調每一個學生的獨一無二性，鼓勵學生運用其內在潛能，並創造一個最適合學生發揮潛能、拓展「個性核心資源」的環境，就好比為一粒種子提供充足的水分、肥料和陽光一樣。因此，教學就從「教師中心」轉向百分之一百的「學生中心」。但在人本主義者看來，這並不意味著教師的作用降低了，相反，教師要成為一個促進者（facilitator）所具備的知識文化要求反而提高了。

羅杰斯認為，促進學生學習的關鍵不在於教師的教學技巧、專業知識、課程計劃、視聽輔導材料、演示和講解、豐富的書籍等（雖然這中間的每一個因素有時候均可作為重要的教學資料），而在於特定的心理氣氛因素，這些因素存在於「促進者」與「學習者」的人際關係之中。

他認為人生來就有學習的動機，都能確定其學習需要。現在人們之所以做不到這一點，是因為受到社會和學校的束縛。所以，教師不是要教學生知識和怎樣學，而是要提供學習手段，由學生自己決定怎樣學習。在教學中，教師是顧問，學生有問就問，教師能答則答。教師只參加討論，不指導不控制。這就是羅杰斯所謂的「非指導學習」。其方法如下：要在課堂中創造一種接受的氣氛；教學圍繞著發展學生個人和小組的目標而進行；在「非指導性教學」中，教師的角色應不斷變化。

擴展閱讀

湯普森夫人

湯普森夫人說她會平等地愛班裡的每一位同學。但這是不可能的，因為她發現，泰迪斯托達德根本無法與其他孩子們玩到一起去。他的衣服很邋遢，身上也不整潔，而且不怎麼受大家歡迎。過了不久，湯普森夫人教課的學校要求老師對每個孩子過去的記錄進行審閱。然而，泰迪的檔案讓她吃了一驚。泰迪一年級的老師寫道：「泰迪是個聰明的孩子，永遠面帶笑容。作業寫得很整潔、很有禮貌，他給周圍的人帶來了歡樂。」二年級的老師寫道：「泰迪是個優秀的學生，深受同學的喜歡，但是他很苦惱，因為他媽媽的病已到了晚期，家裡生活困難。」三年級的老師寫道：「母親的去世對他是個沉重

的打擊。他試圖盡最大努力，但他的父親責任感不強，如果不採取一些措施，他的家庭會對他產生不利影響。」四年級的老師寫道：「泰迪性格孤僻，對學習不感興趣。他沒有什麼朋友，有時會在課堂上睡覺。」此時，湯普森夫人才意識到問題的所在，她為自己的行為感到羞愧。

聖誕節時，泰迪送給她的禮物用厚厚的牛皮紙袋包裹著，她費了很大勁才打開這個禮物。那是一只水晶石手鏈，上面有顆水晶石已經丟失了，還有一瓶只有四分之一的香水。一些孩子開始發笑，她制止了他們。她大聲誇讚這隻手鏈多漂亮啊，並把它戴在手上，還在手腕上擦了些香水。那天放學後，泰迪·斯托達德說了一句話才走：「湯普森夫人，今天你身上味道就像我媽媽以前一樣。」就從那一天起，她不再研究怎樣教閱讀、寫作和算術，而是研究怎樣教育孩子們。湯普森夫人開始特別關注泰迪，鼓勵泰迪。到了這年年末，泰迪已成為班上最聰明的孩子。

一年後，湯普森夫人在門縫下發現一張紙條，是泰迪寫的，他告訴她，她是他一生中遇到的最棒的老師。之後，每到一次畢業，泰迪總給她寄一張紙條，說她是最棒的老師。

那年春天，泰迪又來了一封信，說他馬上要結婚了，他不知道湯普森夫人是否願意參加他的婚禮，並請她坐在新郎母親的座位上。當然，湯普森夫人去了。她戴著那只丟了顆水晶石的手鏈，還專門噴了泰迪母親用過的那種香水。師生倆互相擁抱，斯托達德博士輕聲地在湯普森夫人的耳畔說：「謝謝你，湯普森夫人，非常感謝你讓我知道自己可以有所作為。」湯普森夫人眼含熱淚，低聲說：「泰迪，你全搞錯了，是你教會了我，直到遇見你，我才知道如何做老師。」

這個故事讓我們看到，對於一個孩子，老師是多麼的重要，他們需要老師的愛。

複習鞏固

1. 人本主義的有意義學習與奧蘇貝爾的有意義學習有何不同？

2. 簡述羅杰斯的以「學生為中心」的非指導性教學。

第四節 建構主義學習理論

在學習心理學研究中，建構主義學習理論是行為主義發展到認知主義以後的進一步發展。現代建構主義的直接來源是皮亞傑和維果茨基的智力發展理論。皮亞傑（Jean Piaget，1896～1980）的強調主客體之間的相互作用發展起來的認知建構主義和維果茨基（Lev Semenovich Vygotsky，1896～1934）的強調學生與教師或更有能力的同伴之間的互動發展起來的社會建構主義成了現代建構主義學習理論的主要代表。自20世紀80年代中後期以來，建構主義作為一種新的認識論和學習理論在教育研究和教育教學實踐中均產生了深刻的影響。概括起來，其主要觀點如下：

一、建構主義的知識觀

受康德整合唯理論和經驗論的影響，建構主義質疑知識的客觀性和確定性，認為知識不是對現實的純粹客觀的反映，任何一種傳載知識的符號系統都不是絕對真實的表徵（Prawat，1996）。它只不過是人們對客觀世界的一種解釋、假設或假說，它不是問題的最終答案，它必將隨著人們認識程度的深入而不斷地變革、昇華和改寫，從而出現新的解釋和假設。

知識並不能絕對準確無誤地概括世界的法則，提供對任何活動或問題解決都適用的方法。在具體的問題解決中，知識是不可能一用就準，一用就靈的，而是需要根據具體問題的不同情境對原有知識進行再加工和再創造。

知識不可能以實體的形式存在於個體之外。儘管語言賦予了知識一定的外在形式，並且獲得了較為普遍的認同，但這並不意味著學習者對這種知識有同樣的理解。真正的理解只能是由學習者自身基於自己的經驗背景而建構起來的，這取決於特定情境下的學習活動過程。否則，就不叫理解，而是叫死記硬背或生吞活剝，是被動的複製式的學習。即知識是基於個人的經驗背景建構的，具有個體性、具體性和發展性。

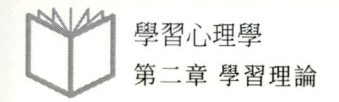

二、建構主義的學習觀

當代建構主義者主張世界是客觀存在的，但是對於世界的理解和賦予意義卻是由每個人自己決定的（SteffeGale，1995）。我們是以自己的經驗為基礎來建構現實的，或者至少說是在解釋現實。每個人的經驗世界都是用我們自己的頭腦創建的，由於我們的經驗以及對經驗的信念不同，於是我們對外部世界的理解便也迥異。所以，學習不是由教師把知識簡單地傳遞給學生的過程，而是由學生自己建構知識的過程；學生不是簡單被動地接收訊息，而是主動地建構知識的意義，這種建構是無法由他人代替的。

學習過程同時包含兩方面的建構：一個是對新訊息的意義的建構，另一個是對原有經驗的改造和重組。這與皮亞傑關於透過同化與順應而實現的雙向建構的過程是一致的。只是建構主義者更重視後一種建構，強調學習者在學習過程中並不是發展起供日後提取以指導活動的圖式或命題網路。相反，他們形成的對概念的理解是豐富的、有著經驗背景的，從而在面臨新的情境時，能夠靈活地建構起用於指導活動的圖式。

三、建構主義的學生觀

學生本身具有一定的知識經驗，教學不能無視學生已有的經驗而另起爐灶，因此必須把學生現有的知識經驗作為新知識的生長點，引導學生從原有知識經驗中「生長」出新的知識經驗。由於經驗背景的差異，學生對問題的理解常常各異，在學生共同體中，這些差異本身就構成了一種寶貴的學習資源。學生不是空著腦袋走進教室的，學習必須要考慮在學生已有經驗基礎上建構，必須重視學生帶入學習情景的學習目的與已有觀念。他們倡導教師指導下的學生中心教學思想，認為教師是學生知識建構的幫助者、促進者和支持者，學生是知識建構的主體（陳琦、張建偉，1998）。

學生建構主義者認為想成為真正意義上的主動建構者，必須注意在學習過程中從以下幾方面發揮主體作用：

（1）使用探索法、發現法去構建知識的意義；

（2）在構建意義過程中主動去蒐集並分析有關的數據與資料，對所學習的問題提出各種假設並努力加以驗證；

（3）要求學生把當前學習內容所反映的事物儘量和已掌握內容相互聯繫，並對聯繫進行深入的思考。

「聯繫」和「思考」是學習者意義建構的關鍵。如果學習者能把聯繫和思考的過程同合作學習中的協商過程結合起來，意義建構的效率就會更高、質量更好。協商有「自我協商」和「相互協商」之分，自我協商是指學習者自己同自己爭辯什麼是正確的；相互協商則指學習小組內部相互之間的討論和辯論。

四、建構主義的教師觀

與傳統教師觀提倡教師權威和中心地位不同的是，建構主義倡導在教師指導下的以學習者為中心的學習，教師是意義建構的幫助者、促進者。教師為教學活動創設有利的良好的教學情境，使學生可以在這種環境中透過實驗、探究、合作等方式進行學習，激勵學生尋找解決問題的多種答案。教師還應培養學生批判性的認知加工策略，激發學生學習的興趣，使學生產生主動學習的動機，並應該透過提示新舊知識之間聯繫的線索，引導學生進行知識的意義建構。因此在教師的教學目標中至少應包括認知目標和情感目標兩種。

建構主義者認為，教師要成為學生意義建構的幫助者，應從以下幾個方面發揮主導作用（Prawat，1996）：

（1）激發學生的學習動力，如好奇心、興趣、求知慾等；

（2）透過創設符合教學內容要求的情景和提示新舊知識之間聯繫的線索，幫助學生建構當前所學知識的意義；

（3）為了使意義建構更有效，教師應在可能的條件下，組織開展合作學習，並對合作學習過程進行適當引導，使之朝向更有利於意義建構的方向發展。

常用的引導方法包括：

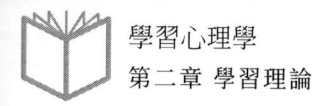

(1) 提出適當的問題以引起學生的思考和討論；

(2) 在討論中設法把問題逐步引向深入以加深學生對所學內容的理解；

(3) 啟發誘導學生自我發現規律、自我糾正錯誤的認識和完善片面的不合理的認識，避免直接向學生進行灌輸。

五、建構主義的教學觀

建構主義者強調學習的主動性、社會性和情境性，對學習和教學提出了許多新的見解，主要有以下幾種觀點：

（一）生成教學觀

所謂的生成教學是指在彈性預設的前提下，在教學的展開過程中由教師和學生根據不同的教學情景，自主構建教學活動的過程（陳琦，張建偉，1996）。首先，生成是在教學過程中的生成。傳統教學中的預設一般先發生在教學活動開始之前，並且貫穿於教學活動始終。而生成則主要發生在教學活動之中，雖然它也需要教學之前的總體設計，但是教學前的設計只是生成的一般指導，具體怎樣生成，生成的結果怎樣等需要在教學過程之中才能得以體現。其次，生成的主體是教師和學生。生成不是教師一個人所能完成的，它需要教師和學生一道共同建構。再次，生成需要諸多因素的相互作用。生成不是只有教師和學生兩極主體就可以了，它必須由諸多因素相互作用才能完成，還需要生成的情境、相互傳遞的訊息、師生以及生生之間的情感等因素的積極配合才能得以實現。

（二）情境性教學

建構主義認為，學習者的知識是在一定的情境下，借助他人的幫助，如人與人之間的協作、交流和利用必要的訊息等等，透過意義的建構而獲得的（何克抗，1996）。理想的學習環境應當包括情境、協作、交流和意義建構四個部分。學習環境中的情境必須有利於學習者對所學內容的意義建構，在教學設計中，創設有利於學習者建構意義的情境是最重要的環節或方面。教師與學生之間，學生與學生之間的協作應該貫穿於整個學習活動過程中。交

流是協作過程中最基本的方式或環節，交流對於推進每個學習者的學習進程，具有至關重要的作用。意義的建構是教學活動的最終目標，一切都要圍繞這種最終目標來進行。同時，教學應讓學習在與現實情境相類似的情境中發生，並以解決學生在現實生活中遇到的問題為目標，因此學習內容要選擇真實性任務，不能對其做過於簡單化的處理，使其遠離現實的問題情境。

（三）合作學習

由於事物的意義並非完全獨立於我們而存在，而是源於我們的建構。並且每個人都以自己的方式理解事物的某些方面，所以教學要增進學生之間的合作，使學生看到那些與他不同的觀點，使自己的理解更加豐富和全面（A.E.Ellis，J.F.Fouts，1997）。因此，合作學習受到建構主義者的廣泛重視。教師應促進學生的合作互動，如成員之間面對面互動，良性的相互依賴、明確各成員的職責，傳授合作技巧和實施成員監控。教師在其中主要擔任鼓勵者、引導者、指揮官、檢察官等角色。合作學習的小組規模根據學習任務的不同而有所不同：練習和複習內容以 4～6 人為宜。讓學生討論解決問題或操作則以 2～4 人為宜。

（四）隨機通達教學

斯皮羅等人認為，對同一內容的學習要在不同的時間多次進行，每次的情境都會經過改組，而且目的不同，分別著眼於問題的不同側面。要把概念具體到一定的實例中，並與具體情境聯繫起來，每個概念的教學都要涵蓋充分的實例，分別用於說明不同方面的含義，而且各實例都可能同時涉及其他概念（斯皮羅，1990）。教學中應注意對同一教學內容在不同時間、不同情境中用不同的方式呈現，以有利於學生學習遷移。隨機通達教學主要有以下環節：

（1）呈現情境，呈現與學習主題相關聯的情境。

（2）隨機進入學習，學習者隨機選擇進入特定學習內容，呈現相關內容不同側面的情境。

（3）思維發展訓練，引導學生反思認知過程與認知策略。

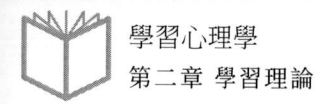

(4) 小組協作學習，對不同情境中的認識進行小組討論。

(5) 效果評價，包括自我評價與小組評價。

（五）支架式教學

該教學模式源自維果茨基的最近發展區思想。支架式教學為學習者建構對知識的理解提供了一種概念框架。這種框架中的概念是發展學習者對問題的進一步理解所需要的。簡言之，就是透過支架（教師的幫助）把管理調控學習的任務逐漸由教師轉移給學生自己，最後撤去支架。主要包括以下環節：搭腳手架——圍繞當前學習主題，按最近發展區的要求建立概念框架；進入情境——將學生引入一定的問題情境（概念框架中某一點）；獨立探索——讓學生獨立探索；協作學習——進行小組協商、討論；效果評價——對學習效果的評價包括學生個人的自我評價和學習小組對個人的學習評價。教師引導著教學進行，提高學生掌握、建構和內化所學的知識技能的能力，從而使他們進行更高水準的認知活動。

從以上的簡單介紹可以發現，不同的學習理論流派強調了學習的不同方面。「真理往往存在於兩個極端的中間」，所以，在學習各種派別的學習理論時，我們應注意防止走極端，學會吸收各種學習理論中的合理因素為我所用，才是正確的態度。

複習鞏固

1. 建構主義學習理論與認知學習理論有哪些異同？

2. 根據建構主義理論應樹立怎樣的學生觀？

本章要點小結

聯結派學習理論

1. 學習就是刺激與反應之間的聯結，以 S-R 表示。

2. 獎勵是影響學習的主要因素。獎勵就是感到愉快的或可能進行強化的物品、刺激或後果。

3. 個體獲得刺激形成對情境的相應態度和情緒反應，學生的行為、情緒、態度也可由泛化或消退等方式形成。

4. 史金納依據條件反射的兩種類型將行為分為應答性行為和操作性行為。並進一步提出兩種學習：一種是經典性條件反射學習，另一種是操作性條件反射學習。雖然兩種學習形式同樣重要，但操作性條件反射學習更能代表實際生活中人的學習情況。

5. 觀察學習是指個體透過對他人的行為及其強化性結果的觀察，獲得某些新的行為反應，或對已有行為反應進行修正的過程。

6. 人的後天習得行為主要有兩條途徑：一是參與性學習或直接經驗學習，二是替代學習或間接經驗學習。

認知派學習理論

1. 布魯納認為學習過程是透過人的感知、領悟、推理等獨特的認知活動，運用同化或順應的方式去擴大原有的認知結構的過程。

2. 學習並不是單純形成刺激—反應的聯結，或僅僅形成一系列的反應，而是對環境的適應，是一個主動積極的過程。

3. 發現法就是讓學生獨立思考，改組材料，自行發現知識，掌握原理、原則的一種學習方法。

4. 奧蘇貝爾認為學生的學習是有意義的接受學習，注重新的知識經驗與學習者原有知識經驗建立非人為的、實質性的聯繫。

人本主義的學習理論

1. 學習的目的是使學生成為一個完善的人，一個充分起作用的人，從而使學生整體人格得到發展。

2. 意義學習是指一種涉及學習者成為完整的人，使個體的行為、態度、個性以及在未來選擇行動方針時發生重大變化的學習，是一種與學習者各種經驗融合在一起的、使個體全身心地投入其中的學習。

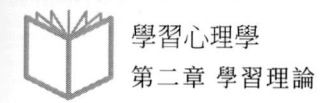

3. 學習的過程就是學生在一定的條件下，自我挖掘其潛能和自我實現的過程，而這一過程又必然與自我的形成與發展息息相關。

4. 倡導以「學生為中心」的非指導性教學。

建構主義學習理論

1. 知識是對客觀世界的一種解釋或假設，是基於個人的經驗背景建構的，具有個體性、具體性和發展性。

2. 學習是意義建構的過程，是個體積極主動建構自己知識的過程。

3. 建構主義者強調學習的主動性、社會性和情境性，對學習和教學提出的新見解有生成教學觀、情境性教學、合作學習、隨機通達學習和支架式教學。

4. 學生是意義的主動建構者，因原有知識經驗背景的差異，學生之間對問題的理解具有差異性；教師是意義建構的幫助者、促進者，而不是知識的提供者和灌輸者。

關鍵術語

刺激—反應 強化 觀察學習 發現學習 接受學習 非指導性教學 意義建構 情境性 合作學習 支架式教學

選擇題

1. 行為主義心理學的創始人是（　）。

A. 巴夫洛夫 B. 史金納 C. 桑代克 D. 華生

2. 對黑猩猩做「頓悟實驗」的是（　）。

A. 苛勒 B. 托爾曼 C. 桑代克 D. 巴夫洛夫

3. 提出觀察學習概念的心理學家是（　）。

A. 班杜拉 B. 史金納 C. 華生 D. 皮亞傑

4. 桑代克認為動物的學習是由於在反覆的嘗試—錯誤的過程中，形成了穩定的（ ）。

A. 能力 B. 技能 C. 興趣 D. 刺激—反應聯結

5. 在發現教學中，教師的角色是學生學習的（ ）。

A. 促進者和引導者 B. 領導者和參謀 C. 管理者 D. 示範者

6. 將符號所代表的新知識與學習者認知結構中已有的適當觀念建立起非人為的和實質性的聯繫屬於（ ）。

A. 機械學習 B. 意義學習 C. 接受學習 D. 發現學習

7. 建構主義強調，知識的特點具有（ ）。

A. 主觀性 B. 客觀性 C. 普遍適應性 D. 永恆性

8. 布魯納認為，學生掌握學科的基本結構的最好方法是（ ）。

A. 建構法 B. 發現法 C. 頓悟法 D. 接受法

9.「一朝被蛇咬，十年怕井繩」，這種現象是（ ）。

A. 刺激泛化 B. 刺激分化 C. 刺激比較 D. 行為強化

10. 提出「最近發展區」概念的心理學家是（ ）

A. 烏申斯基 B. 皮亞傑 B. 維果茨基 D. 魯利亞

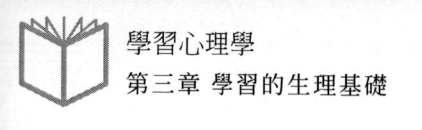

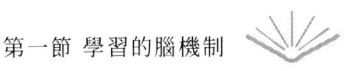

第三章 學習的生理基礎

　　20 世紀 50 年代，神經科學歷史上出現了一位非常著名的病人 H.M.。H.M. 由於童年時就患上了一種難以治癒的癲癇症，醫生決定將其大部分海馬組織和海馬周圍的部分內側顳葉組織切除以便改善他的癲癇症狀。手術對於治療他的癲癇症是成功的，但是，手術卻導致了新的問題。H.M. 產生了嚴重的遺忘症，而且不同於常見的失憶症。雖然他並沒有喪失對個人往事的記憶，知道自己是誰，並且記得直至手術不久前所發生的事情，但是卻無法形成新的記憶。手術前後他有著正常的智力，而且沒有任何心理上或精神上的疾病，但卻因為切除了大部分海馬組織和海馬周圍的部分內側顳葉組織而永久性地喪失了獲取新訊息（即學習）的能力。

　　上述案例說明了人的學習同其生理基礎是有密切關係的。在本章中，我們將對產生學習現象的神經系統，尤其是對腦進行探索，從而闡述學習過程的生理機制，並對與學習相關的腦的特點進行說明。

第一節 學習的腦機制

　　人是如何產生學習現象的這一問題，涉及了人體中的神經系統是如何工作的這一情況。為了更好地理解神經系統複雜的工作情況，我們需要從組成神經系統的基本單位──神經元開始，瞭解學習的腦機制。

一、神經元的結構與功能

（一）神經元的結構與功能

　　神經系統與機體其他結構一樣，都是由細胞組成，其中最主要的細胞是神經元。如圖 3-1 所示，神經元可分為胞體、突起（樹突、軸突）兩部分。

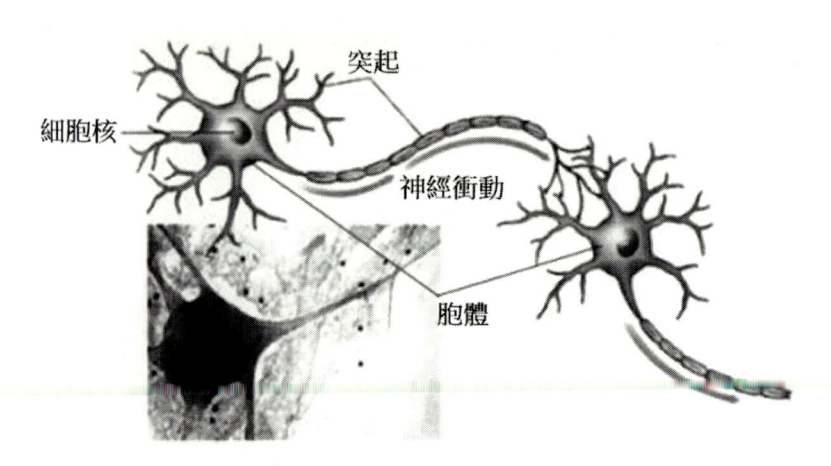

圖3-1　神經元結構示意圖

　　樹突呈樹枝狀，能接受從感受器或其他神經元發出的訊息，即將外部的物理與化學刺激轉化為神經衝動；胞體內含有細胞核和細胞質，具有維持細胞的生命功能，同時也能根據其他神經元傳遞來的訊息決定是否將一個訊息傳遞下去；軸突通常只有一個，其功能是將神經衝動從胞體傳遞至其他神經元或其他組織結構。一般來說，訊息傳遞由樹突向軸突傳遞。

　　綜合以上各結構的功能，神經元則具有接受、傳導和加工訊息的功能。所有的神經元目前可以被分為三類：感覺神經元、運動神經元、中間神經元。感覺神經元將訊息傳向中樞；運動神經元將訊息從中樞傳向外周器官，如肌肉或腺體；中間神經元則連接前述兩種神經元，將訊息從感覺神經元傳向運動神經元。腦的大部分神經元都是中間神經元，並且構成了一個龐大而複雜的神經網路。

（二）突觸的結構與功能

　　神經元與神經元之間的連接並非是直接接觸，而是保持有一定的間隙，這稱為突觸間隙。按照訊息傳遞的方向，構成突觸間隙這一狹小空間的神經元的表面分別為突觸前膜（發出訊息的神經元末梢表面）、突觸後膜（接受訊息的神經元的胞體或樹突的表面）。這三個結構共同構成突觸（圖 3-2）。

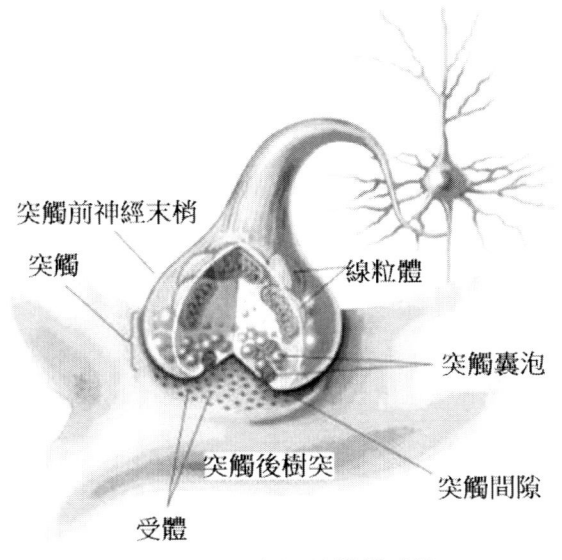

图3-2　突觸結構模式圖

　　突觸的訊息傳遞方向為突觸前膜、突觸間隙、突觸後膜。當神經衝動到達神經元軸突末梢時，會使其中的突觸囊泡逐漸前移，恰如在池塘中的小氣泡，在移到水面的時候就會釋放所包裹的沼氣，突觸囊泡移動到突觸前膜後，會向突觸間隙內釋放其包裹的神經遞質。神經遞質是能引起其他神經元變化的化學物質。當神經遞質被釋放後，會很快擴散到突觸後膜，使突觸後膜產生興奮或者抑制。一種神經遞質產生何種效應，取決於突觸後膜上分布著哪種受體。某些在一種突觸中產生興奮的遞質，很可能在另外的突觸中產生抑制效應。透過這種突觸的結構，每個神經元會整合來自其他數百個甚至上千個神經元所產生的興奮或抑制的效應，最終才會產生不同頻率的神經衝動。正是因為突觸有這一傳遞形式的複雜性，才使得神經系統的功能如此完善和精巧。

　　當我們出生時，大部分的突觸尚未形成，而後突觸會在嬰幼兒期間逐漸得到完善。新環境和新經驗會促進個體產生更多的有功能連接的突觸，從而使神經元之間形成錯綜複雜的聯結關係，使我們能更好地適應不同的環境。

二、神經系統的結構與功能

人體的神經系統是由幾十億個神經細胞組成,並形成了腦和分布於全身的神經纖維。這一複雜的網路可以分為兩大部分:中樞神經系統(CNS)和周圍神經系統(PNS)。如圖3-3所示。

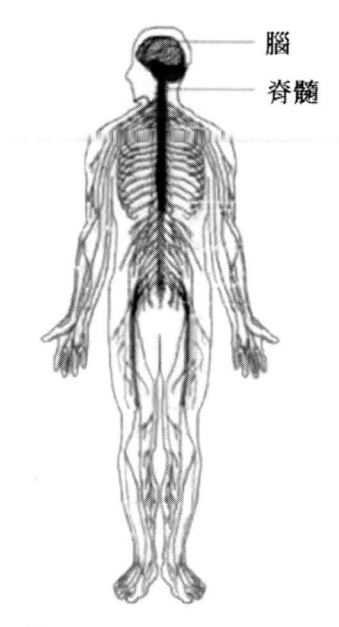

圖3-3 神經系統示意圖

(一) 中樞神經系統

中樞神經系統由腦和脊髓內的全部神經元組成。主要功能是接受、處理、解釋和儲存來自外界的感受訊息。

1. 脊髓

脊髓是中樞神經系統的低級部位,可認為是腦的延伸,並由脊柱保護,是將腦和周圍神經系統聯繫起來的神經元幹線。向上連接腦的延髓,向下則變細為絲,從而外連周圍神經系統。脊髓的31對脊神經從兩側發出,穿過脊柱的每對椎骨之間的椎間孔,將全身的各種感受器、肌肉和腺體同中樞神經系統聯繫起來。脊髓的活動受腦的控制,其主要作用有兩個:一是傳遞訊

息的作用，來自軀幹、四肢的各種感覺訊息是透過脊髓向上傳送到腦，腦的活動也是透過脊髓向外傳至效應器；二是脊髓本身可以完成不需腦參與的部分軀體運動調節，負責一些簡單的反射活動，並不需要意識的控制。例如，你的手無意中觸倒了一杯滾燙的茶時，在你開始意識到危險之前，手就已經回縮。這是因為手所產生的痛覺訊息，除向上傳到大腦外，也直接在脊髓引起反應，脊髓直接命令手臂上的肌肉收縮，將手迅速收回。

2. 腦

腦是中樞神經系統最重要的結構。它位於顱骨內，向下同脊髓聯繫。人腦結構大致可分為腦幹（brainstem）、間腦、小腦、大腦。如圖 3-4 所示。

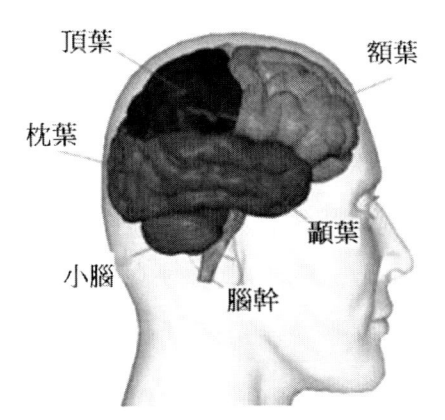

圖3-4 腦的結構

腦幹位於腦最下方，依次由延髓、腦橋、中腦組成。腦幹主要維持個體的最基本的生命活動。例如腦幹中有許多生命活動中樞，調節機體的呼吸、消化、血液循環等活動。這些中樞如果受到損害，將會危及生命，所以也把腦幹叫做「生命中樞」。腦幹上端為網狀系統，這一結構同大腦各個區域有著廣泛的聯繫，具有喚醒大腦的功能。如果其受到損害，大腦將不能保持警覺，甚至會進入昏迷狀態。

間腦位於腦幹與大腦之間，包括視丘和下視丘。視丘是神經通路的中轉站，從身體到大腦和大腦到身體的訊息都要經過此處；下視丘則是情緒的發

源地，快樂、悲傷、憤怒、恐懼等情緒都是由此處發出。此外，下視丘還對攝食行為、體溫、內分泌等生理活動進行控制。

　　小腦位於大腦下方和腦幹後方，主要是對運動進行控制，發揮維持姿勢平衡，協調肌肉活動的作用。如果小腦受損，人的步態會呈現醉酒時的表現，同時其他的一些精細動作如穿針引線會受到極大的影響。此外，近期的研究也表明，小腦還參與動作技能的學習，甚至也參與更複雜的智力活動，如理解詞語等。

　　大腦位於最頂端，分為左右大腦半球，兩個大腦半球的結構大致相似，兩者中間由胼胝體相連接。一般來說，右半球負責左側身體的功能，左半球負責右側身體的功能。大腦是高級心理過程產生的部位，如注意、感知、學習、記憶、思維等活動。

　　大腦的表面包裹著若干層細胞薄層，即大腦皮層。大腦皮層的神經元的胞體因色澤成灰色，故稱為灰質；神經元從胞體發出較長並有髓鞘覆蓋的軸突彙集成腦的白質。由於需要在表面容納下大約幾十億的神經元，並且這些占全腦75%的神經元全分布在不到3公分皮層內，所以表面形成了能極大增加其面積的溝裂和褶皺，外形酷似核桃仁。其他哺乳動物由於所形成的神經元較少，所以其大腦皮層的褶皺也較少，如老鼠的大腦表面就非常光滑。

　　在每個大腦半球中，一些較深的溝裂將大腦皮層分為不同的區域，稱為腦葉。從前至後可將腦葉分為額葉、頂葉、顳葉和枕葉。

　　枕葉位於大腦正後方。主要包含了視覺皮層，處理從雙眼傳遞過來的視覺訊息。視覺皮層受損，即使雙眼功能完好，視覺也會削弱，嚴重則會致盲。

　　頂葉位於大腦頂部。主要包含了軀體感覺皮層，處理身體表面的觸覺、疼痛、溫覺等訊息，同時也參與注意、知覺等心理過程。

　　顳葉位於大腦兩側。負責聽覺過程，同時也與記憶、知覺、情緒、言語理解等有關。前述顳葉被損毀的H.M.，其記憶功能就受到很大的影響。

　　額葉位於腦的前部。額葉的功能可能最為廣泛，對軀體運動控制和認知過程均有廣泛的參與，甚至額葉還同人格有很大的關聯。早在1848年，一

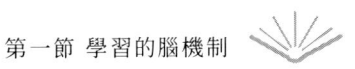

場事故讓一個名叫蓋奇的年輕鐵路工人受傷，一根鐵棍從其左眼下方穿透頭頂而出，毀掉了大部分的前額葉。劫後餘生的蓋奇雖然保持了運動、言語、記憶和思考等能力，但在性格上卻發生了相當大的變化，可以說是完全變了一個人。受傷前，大家都認為他是一個溫和、機靈、有毅力、精力充沛、努力工作的人；但在受傷後，他變得放縱、粗魯、脾氣暴躁、反覆無常。目前大多數科學家認為額葉與運動、注意、決策、計劃及執行、記憶、創造等活動有密切的聯繫。

當然，我們也要保持清醒的認識，以上所論述的各個部位的功能並不是獨占式的，即並不是其他部位絕對不會參與到某一部位所決定的心理過程中去。例如對視覺的產生，並不完全由枕葉獨立形成，其他部位也會協同工作、相互影響。目前所總結出來的腦各個部位的功能區，其含義是指該部位對完成某一特殊過程是不可缺少的。

（二）周圍神經系統

周圍神經系統包括軀體神經和自主神經兩部分。主要功能是中樞神經系統的訊息輸入和輸出，即將外界的訊息提供給腦和脊髓，同時也將中樞發出的訊息向全身各處器官進行傳遞。

軀體神經系統包括腦神經和脊神經，它由連接感受器和骨骼肌的神經組成，傳遞感受器轉換的訊息，支配隨意運動、調節骨骼肌的動作。例如你選修了一位愛邊走邊講的老師的精彩課程，那麼你在課堂中經常要做的就是用眼睛將講臺上的老師的形象轉換成神經衝動，經過軀體神經向中樞傳遞，而同時眼球上的肌肉接受軀體神經所傳來的眼動訊息，不斷地調整其位置以便能清楚地看到老師。這類過程都依靠軀體神經系統傳遞訊息。

自主神經系統則更為廣泛地分布於內臟器官、血管、腺體以及平滑肌，主要維持機體的基本生命過程。這一系統調節著呼吸、血壓、消化和分泌的功能，一般不能由意識控制。例如在上述的情形中，你可以用意識控制自己的眼球不再跟著老師轉動，但卻不能輕易地用意識控制當你聽到老師突然宣布隨堂考試時出現的心臟狂跳和手掌濕潤這一現象。自主神經系統主要處理兩類生存問題：緊急情況下的機體活動和一般情況下的常規機體活動。為了

能夠處理好這些問題，自主神經系統進一步分為交感和副交感神經系統，分別形成相反的作用：交感神經會在應付緊急情況時產生更多的興奮以便戰鬥或逃避危險，例如它會支配血流從內臟向肌肉流動，供氧增加，心率加快，等等；副交感神經則是在安靜時調節生理平衡，例如它可恢復消化活動，心率減慢，呼吸放鬆，等等。交感和副交感的部分分工如表 3-1 所示。

表3-1 交感神經和副交感神經的功能比較

器官	交感神經	副交感神經
心臟	心跳加快、血壓上升	心跳減緩、血壓下降
瞳孔	散大	縮小
支氣管	平滑肌鬆弛，口徑加大	平滑肌收縮、口徑縮窄
胃腸	蠕動減慢	蠕動增強
膀胱	逼尿肌鬆弛、尿道括約肌收縮（貯尿）	逼尿肌收縮、括約肌鬆弛（排尿）

自主神經系統的活動一般認為不能被隨意控制，但透過生物反饋（Biofeedback）技術的訓練，人或動物也可以獲得對內臟活動的控制能力，即「內臟學習」。米勒透過以下的實驗證明了內臟活動隨意可控性：用電刺激鼠腦的「愉快中樞」作為獎勵，訓練其加快心率或減慢心率。結果表明，經過幾次獎勵，白鼠就能在短時間內達到預期要求，不論是加快或減慢心率。換句話說，白鼠為了得到獎勵，可隨意地改變心率。後來在人體上也證實了這一過程。病人可以透過一些監控生理變化（血壓、心跳、血流量、皮膚溫度、腦電）的儀器看到自己的生理反應，從而學會調節控制自己的內臟活動。例如，在現實生活中，人體並不能直接感受到血壓的具體變化，只有在血壓超過了一定的限度，身體產生了一些症狀時，比如頭暈等，人體才有可能意識到血壓升高了。但是這種意識也是一種模糊的感覺，並不能精確地知道血壓的具體數值。生物反饋治療高血壓時，透過血壓計、計算機等儀器，將採集到的血壓信號，轉化為人體能看到的東西，每次血壓升高的時候，儀器就會發出閃光或者聲音，如果想降低血壓，就需要借助一些方法（如想像一個安靜的場景）減緩閃光或者降低聲音。這就是一個學習的過程。經過一段時間後，就可以形成更精確的有關血壓的感覺，並且形成一種新的、健康的降

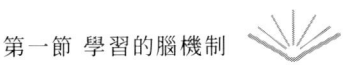

低血壓的習慣。經過治療後，個體就可以在沒有儀器時，也能隨心所欲地重複這一反應，使得自身的血壓有意識地調控在相對穩定的水準。這一事實的發現，為氣功、冥想、瑜伽的強身健體功效提供了部分科學的解釋。

三、學習的神經機制

學習這一現象之所以能夠發生，是因為神經系統具有產生學習行為的機能特性。在現有的學習的神經機制的研究中，對不同模式的學習，其背後的神經機制除了有一定共性外，還有各自不同的特點。

我們需要瞭解的學習模式有：非聯想式學習與聯想式學習。美國學者肯特爾選擇海洋動物海兔作為實驗對象，研究了單一刺激重複呈現所引起的行為變化規律，並記錄其神經元的單位發放規律。他發現神經元在單一重複刺激的作用下，可以出現兩種非聯想式學習模式：習慣化和敏感化。他利用一個輕微觸刺激作用於海兔體表，這會引起它的縮鰓反應，但重複應用幾十次後，則發現反應逐漸減弱，直到消失。這種習慣化現象可持續幾十分鐘，甚至1小時之久。如果再重複這種刺激，可延長習慣化持續的時間，並達數日乃至數週之久。但如對其頭部用一個能引起痛或者損傷性的強烈刺激，不但能立即引起縮鰓反應，而且對已經習慣化的輕觸刺激，也會引起敏感的縮鰓反應。這種由於重複同一個微弱刺激而引起的習慣化，以及因為強刺激而引起的敏感化，在生物適應外界環境中造成了重要的機制作用。

在這類學習的機制裡，習慣化的關鍵性變化發生在感覺神經元（或中間神經元）同運動神經元的突觸部位上。在習慣化過程時感覺神經元軸突末梢神經遞質釋放減少，這使得其突觸後膜的興奮性降低。而敏感化的關鍵性變化亦發生在類似部位，由於受到強烈的刺激所以導致其他神經元釋放神經遞質，這種遞質與感覺神經元的軸突末梢上的受體結合，最終使感覺神經元的遞質釋放增加，引起更大的縮鰓反應。這說明了在神經網路上產生的突觸可塑性變化是存在的，也使研究學習和記憶的機制向前進了一步。

除了以上非聯想式學習，更多的是聯想式學習，是指兩種或兩種以上刺激所引起的腦內兩個以上的中樞興奮之間形成的聯結而實現的學習過程。其

中包括了嘗試錯誤學習、經典條件反射、操作性的條件反射。我們以經典的條件反射為例，簡要地介紹聯想式學習的生理機制。

20世紀初，俄國生理學家巴夫洛夫在研究狗的消化功能的過程中，意外地發現了條件反射的建立過程。為了觀測狗唾液分泌的情況，巴夫洛夫用植入消化道內的導管外接到體外的容器來收集唾液。將肉餵入狗的嘴裡時會產生出唾液，但是在這種餵食過程重複幾次後，巴夫洛夫觀察到狗的唾液情況產生了一些變化：狗在看到肉時，甚至在實驗後期中聽到餵食的人的腳步聲時，就開始分泌唾液了。

在隨後對這一現象進行的系統的研究中，巴夫洛夫發現了以下的一些規律：最初對狗呈現鈴聲刺激物時，狗不分泌唾液，此時鈴聲屬於中性刺激，即無意義刺激物；而給狗食物時，狗分泌唾液，食物屬於無條件刺激，即能夠自然誘發反射性行為的刺激物。然而，在以固定的時間間隔呈現鈴聲然後再給狗一點食物後，隨著鈴聲與食物的反覆匹配，鈴聲即使在單獨呈現時也能誘發狗的唾液的分泌，即中性刺激經過反覆與無條件刺激相匹配。鈴聲變為了條件刺激，可以誘發出原來的無條件反應——唾液分泌。

在 經過系統研究的基礎上，他提出了經典條件反射建立的生理過程：條件反射建立的基礎是條件刺激和非條件刺激在腦內引起的興奮灶間形成了暫時聯繫。最初，中性刺激（例如鈴聲）在腦內相應的腦結構中（如聽覺中樞）引起較弱的興奮灶，而隨後出現的非條件刺激（如食物）由於具有較強的生物學意義，所以在腦內形成了較強的興奮灶。巴夫洛夫認為，由於大腦皮層內神經過程具有這樣的規律，即強興奮灶會對弱興奮灶產生吸引，從而實現暫時聯繫的接通。並且在後人的研究中，發現了這種暫時聯繫具有普遍性，它不僅僅存在於大腦皮層，還存在於其他神經結構中，是每個神經元的普遍機能特性。

如前所述，每個神經元同上千個神經元的末梢透過突觸結構來聯繫。很多學者認為，學習和記憶的產生涉及神經元之間聯結強度的變化。在前人的這些理論中，赫伯所提出的理論影響最大。他指出，心理功能，如記憶、情緒和思維等，都是由於以特定方式聯結在一起的細胞裝置的活動所致。當細

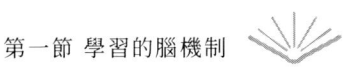

胞活動時，它的突觸聯結就會變得更加有效。具體來說，如果突觸在突觸後神經元被啟動時也處於啟動狀態，突觸將被增強。此現象即是赫伯學習。

　　讓我們來看看在條件反射的建立過程中，無條件刺激和中性刺激的興奮灶之間是如何產生暫時聯繫的接通。如圖 3-5 所示，US（食物）所引起的神經元興奮可以使產生 CR（唾液分泌）的神經元興奮的，無條件反射的通路是通的；而 CS（聲音）所興奮的神經元與 CR 的中樞神經元在條件反射還沒有建立起來之前，他們之間的通路是不通的。在進行 CS（鈴聲）和 US（食物）配對呈現時，這在神經元通路中的表現為：在 CS 的神經元興奮時，CR 的神經元也在興奮。雖然這兩個神經元之間的興奮的發生在一開始沒有任何關聯，他們的興奮是來自於不同的刺激通路，他們只是在興奮的時間上存在著依存性。但在經過多次重複後，赫伯學習會產生，聯繫兩個神經元之間的突觸結構和功能就會發生變化。從現有的研究發現，突觸具有這樣的性質：一個原來在功能上沒有聯繫的突觸（突觸前膜處於興奮時，所釋放的神經遞質不能使突觸後膜產生興奮，即上一個神經元不能透過該突觸使下一個神經元產生興奮），如果分別使突觸前膜和突觸後膜的同時興奮或者相繼興奮的話，突觸的功能會得到增強，突觸前膜所釋放的神經遞質將會有效地引起突觸後條件反射神經元的興奮。甚至在經過長時間的重複後，突觸前膜和後膜及其周圍的組織結構也會發生變化，產生更為長遠的學習改變。這種學習所導致的改變，甚至會使一個神經元的樹突吸引其他神經元的軸突並形成新的突觸聯繫，構成新的神經回路，從而有效地增大神經回路的訊息處理量，增強腦的相應功能。

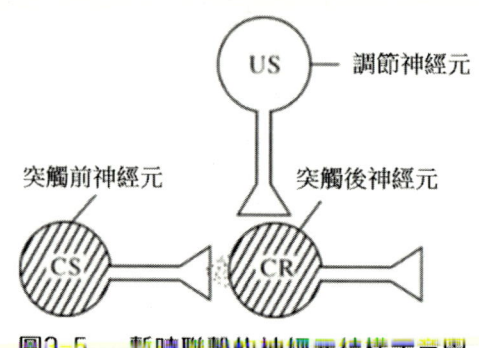

圖3-5　暫時聯繫的神經元結構示意圖

　　有一種不太嚴格的說法指出，很多的學科和知識的學習都是在試圖建立相應的神經元之間的聯繫，那麼我們在每一次的學習過程中，需要依循赫伯學習這樣的生理規律，才能更高效地進行學習。在學習時一定要避免盲目的樂觀態度，即對學習過的材料認為是能自動保存在大腦中，即使不複習也可以輕鬆自如地回憶。當我們抱著這樣的樂觀態度去進行一次學習後，當在檢驗學習效果的時候，就會發現自己如同一張白紙，什麼都不剩下，進而出現強烈的挫敗感，喪失學習的信心。而實際情況是，學習過程唯有經過不斷重複之後，才能穩定地被保存下來。那些很高效的學習過程，其實質正如同歐陽修所著的《賣油翁》中所講的：「我亦無他，惟手熟爾。」

複習鞏固

　　1.簡述神經元的結構和功能。

　　2.簡述突觸的結構與功能。

　　3.簡述神經系統的結構與功能。

　　4.什麼是內臟學習？

　　5.什麼是赫伯學習？

第二節 腦的特點與學習

一、大腦半球的「單側化」

前文已提及，兩大腦半球的功能不同，並各承擔著某些不同的任務，而這種現象就是大腦的「單側化」。早在1860年，法國外科醫生布洛卡就發現，大腦左半球額葉受損會導致運動型失語症。即患者雖然發音器官完好，能聽懂別人說話，有寫字和閱讀的能力，卻失去了說話的能力。布洛卡的發現提示了左半球的言語優勢。

實際上，大腦兩個半球中間透過胼胝體互相聯繫，從而可以使不同的功能進行相互的協調。如果切斷其間的聯繫，則大腦半球就會顯示出獨立的活動和獨特的風格。在20世紀60年代早期，外科醫生為防止其腦內癲癇灶所引發的過度的電活動跨兩半球間迅速擴展，切除了病人的胼胝體。這一手術從總體上看是成功的，裂腦人的行為在多數環境下是正常的。但是，當我們要求裂腦人去完成一些特殊任務時，他們就不太能勝任了。我們可以透過下面的研究來看看兩大腦半球的聯繫將會對人的言語和其他能力產生怎樣的影響。

再次複習眼睛和肢體與大腦之間的神經聯繫圖可以幫助我們來理解以下研究。雙眼的神經在進入大腦時會有部分神經跨向對側大腦半球，因此，如向前直視，則左側的視野將會進入到右大腦半球，而右側視野將會進入左半球。而對肢體的控制，則呈現對稱性，即左半球控制右手，而右半球控制左手。

這項研究是只向裂腦人的一側腦區呈現刺激。研究者為受試者呈現了一系列人臉圖片，這些人臉圖片是由兩張人臉照片組合而成，要求受試者直視屏幕中央的圓點，使人臉圖像兩半分別落在這個點的左右兩側，並且快速呈現圖片，讓受試者沒有時間移動其注視點，這樣就保證了受試者分別用兩半球大腦來觀察了圖片的兩側。當被要求口頭報告看到什麼時，裂腦人能夠叫出圖像右側的人臉。但是當要求他們用左手指出曾看到的人臉時，他們又會選擇左側的人臉。每一側大腦似乎看到了不同的半張圖像並且自動將其缺失

的部分圖像補全。這個研究結果表明了當兩半球之間聯繫被切斷時，左右大腦的訊息不能進行溝通和協調，負責言語的左半球只能意識到照片的右半邊；而當要求受試者用右側大腦控制的左手對圖片進行再認時，則是根據其左側視野的圖像來完成，即右大腦半球只能意識到照片的左半邊。這個實驗顯示了在言語活動中，左大腦半球的特殊地位。

現在一般認為，大腦會呈現兩半球在功能上的分化，此即大腦半球的「單側化」，具體來說左半球在處理一些如解決數學問題、邏輯問題時候，其活動會更加活躍，同左半球的理智和善推理相比，右半球有出色的空間視覺能力，且在識別人臉和理解情緒的能力上也優於左半球，在處理一些創造性問題、欣賞藝術和音樂時會更加活躍。左右半球在處理同樣訊息時，也具有不同的風格。左半球傾向於分析式風格，針對細節進行線性、序列方式的處理；右半球傾向於全息式風格，從整體模式上進行非線性的、並行方式的處理。

隨著研究的深入，發現人在認知過程中會表現出的大腦半球相關特質的模式，這一現象被稱為半球認知風格（Cognitive hemispheric style）。例如，當在進行單詞「brain」的記憶時，一些人是透過簡單重複記住，一些人透過想像類似核桃的大腦形象來進行記憶。想像即右半球相關特質，而語音重複則是左半球相關特質。半球認知風格即是在訊息處理過程中所表現出的對半球認知功能上的偏好或習慣。在傳統教育領域似乎更適合於左半球認知風格的學生，而對個體的右半球認知風格採取了忽略甚至是壓制的態度。這樣的教育所培養出的人才顯得單一，且人才的創造性會受到損害。因此，採用更全面的教育，不僅僅是文明社會進化的要求，也是綜合促進人的發展的要求。

腦的單側化的差異不是獨立的。兩個大腦半球在執行某些功能時是在共同活動，只不過某一側的活動要更加活躍些。目前，強調右側大腦的功能開發來使人們更具有創造性的宣傳有些誇大，過分片面地強調右側大腦的作用和忽視左側大腦的功能，其實這已有些矯枉過正。如果沒有左半球的支持，右半球的優勢功能根本就是空中樓閣，無從實現。恰如開創性研究裂腦人的

諾貝爾獎獲得者斯佩里所說：「大腦左右半球功能獨立說是一種很危險的想法。」

在理解男女之間的性別差異時，如果單純地認為男女之間有明顯不同而更為發達的半球，這是無法正確解釋男女在行為上的差異的。例如男性在空間能力上表現更為出色（右半球優勢功能），但同時也表現出更好的數學邏輯能力（左半球優勢功能）；女性在情緒能力上表現出色（右半球優勢功能），同時也具有較高的語言天分（左半球優勢功能），這些現象是不能簡單地用「男性右半球占優勢而女性左半球占優勢」這樣的觀點來解釋的。現在更為普遍的認識是：男女在功能完成的方式上有不同。在完成一些特定任務時，女性似乎更傾向於使用雙側大腦，例如在處理聽到的訊息時，女性除了和男性一樣表現出左側顳葉的活躍外，還表現右側顳葉的活躍。另外，也認為男女之間在一些特殊腦區可能會有結構和功能上的不同。例如在加工聽覺訊息相關的皮層內，女性的神經元的數量明顯多於男性。目前，腦功能的性別差異仍然屬於大腦研究中的難題，還沒有統一的結論。因此，在教育實踐中，要謹慎地對待男女差異。教育中所出現的男女之間差別，並不能完全地用生理上的差異來解釋，後天的教育也會造成非常大的影響。

二、腦發育及其關鍵期

大腦的發育可以分為兩個層次進行觀察。第一是基本單元的變化即大腦細胞的改變，第二是大腦皮層水準的改變。透過這兩個層面的發展，我們的大腦最終發育形成高度發達的智力系統。

人的神經元在懷孕後第一週就開始出現，並且在相應的神經管的位置開始分化，生長並形成突觸聯繫，這種聯繫的形成同時也伴隨著大量的神經元的死亡。在這期間，一個重要因素就是要有適當的刺激，保證神經元的突觸大量建立。此外，包裹神經元的神經膠質細胞開始大量地形成，它們最重要的功能是形成髓鞘。神經元的突觸被包裹在一層絕緣的外殼裡，就像被膠皮所包裹的電線不容易漏電一樣，髓鞘有利於提高其訊息的準確傳輸。

大腦皮層各分區的生長發育會大致按遺傳基因表達時間程序而順序發展。如出生後4周的嬰兒可控制眼睛運動，能追隨一個物體看；3個月時嬰兒可保持頭部平衡、轉頭；6個月會坐；7月會用手抓物；10個月會爬；1歲時會站、會走。總的來說，大腦皮層最後發育的部分是額葉，從2歲起，這一腦區就持續地發育直到20～30歲左右。不同階段其相應的腦區的神經元的突觸和髓鞘化都會有突出的表現。

皮層在發育過程中，表現出高度的可塑性（brain plasticity）。大腦的可塑性是指腦在外界環境和經驗的作用下不斷塑造其結構和功能的能力。一個因大腦在早期受到了損傷的學前兒童，在成長到25歲時，在思維和行為上所表現出來的損害基本上會消失。那些大腦受損傷的兒童只要獲得了相應的環境刺激，其相應腦區的損害會受到其他大腦皮層部位的補償作用而在功能上獲得恢復。

在早期發展中有另外一個重要的特點，即關鍵期現象。奧地利動物學家洛倫茲1937首先發現關鍵期現象。他發現小鴨在孵出後8～9小時內將第一眼看到的對像當作自己的母親，並對其產生一種偏愛和追隨反應，他將這種現象叫印刻。他認為小鴨獲得印刻現象的時間在其生命中是很短暫的，一旦這個天生的生理上的關鍵期過去，其相應行為就不會再出現。後來，很多學者認為，人的發展也存在著關鍵期，並將關鍵期定義為人的行為發展具有明顯的階段性，當行為發展到某階段時，只有在適當的環境刺激下該行為才會出現，若此期缺少適當的環境刺激，則這種行為就很難再出現。這種現象的腦機制表現為大腦的快速發育。如果對一個月大的嬰兒進行三四天的光線剝奪，其大腦的對應區域就會退化，如果將該嬰兒置於黑暗中長達兩個月之久的話，這種損傷就可能會是永久性的。多種刺激的剝奪會影響整個大腦的生長發育。如對狼孩的研究，人類口頭語言發展的關鍵期在1～3歲，此時如嬰幼兒不在有人的環境，無人教導其單詞的發音、句子組成、語言表達，則在經過此期後，其語言能力受阻，且很難補救。走路行為的關鍵期在4～5歲，3～5歲是性身分心理識別的關鍵期，1～7歲前是人格發展的關鍵期，7歲前是智力發展的關鍵。瞭解兒童行為發展的關鍵期，對兒童教育極為重要。

擴展閱讀

腦的發育與早期環境

羅森茲韋格等人在加州大學進行了小鼠生存環境對大腦發育的比較研究。一組小鼠被飼養在豐富的環境條件下，這些豐富的環境條件包括：大的籠子，有小梯子、輪子、小箱、平臺等「玩具」。另一組小鼠則置於單調的環境條件下，每天除了定時有食物供應外，沒有豐富的環境刺激。80 天後，對兩組小鼠進行解剖。解剖發現，成長於豐富環境的小鼠，大腦皮質更重，所含蛋白質更多，大腦結構更複雜，腦的化學物質也更為豐富。

如果從小提供豐富的教育環境，會發展出更聰明的大腦嗎？

對黎巴嫩孤兒院收養孩子的發育情況進行的跟蹤研究支持著這一觀點。這些孩子都是在出生後不久就進了孤兒院。在第一年的絕大部分時間裡，他們都待在童車裡，很少得到看護者的關懷。這使得這些孩子在運動和語言發展方面出現了遲滯，甚至在 1～6 歲的智商平均水準只有 53。其後他們陸續地被領養，開始了正常的家庭生活。那些 2 歲之前被領養的孩子，較好地克服了早期的智力障礙，在 2 年內可使智商平均達到 100。相比而言，那些被領養得較晚的孩子雖然也在進步，但永遠也沒有完全恢復，6～8 年後，平均智商只能達到 70 多。因此，似乎可以得出的結論是：提供豐富的早期教育，會發展出更聰明的大腦。

但問題遠不會如此簡單。因為人類身上還沒有明確的證據表明這樣的做法能產生更聰明優秀的超級兒童。相反，在將豐富的刺激壓到那些還沒有準備好的嬰兒身上，反而可能會使他們的行為出現退卻，並對其學習興趣和樂趣產生壞的影響，此外，望子成龍的父母在沒有看到預期的效果時，會對孩子產生失望悲觀的看法，這反而影響到孩子的身心健康。也許在研究還沒有完全澄清之前，維持常規的學前教育環境會是一個較為穩妥的做法。

三、成人腦的可塑性

從上述腦的發育過程中我們可以看到，人腦具有很強的可塑性。成年之前腦及其他神經系統結構可以改變神經元的數量、類型、位置以及相互之間

連接的方式，以此來適應身體內、外環境的變化。但正因為在發育期間所表現出來的腦的可塑性太強，導致我們將成年後的大腦不能出現太大的改變看作一個常識。但這一問題最近出現了新的認識，即在整個生命過程中，大腦或其中部分皮質會表現出來不可忽視的可塑性。腦的可塑性是指腦可以被環境或經驗所修飾，具有在外界環境和經驗的作用下不斷塑造其結構和功能的能力。

跟我們的遠祖相比，現代人建立了更為複雜的對環境刺激的反應模式，甚至那些同人類社會密切接觸的動物也借由人類的訓練形成了比它們同類更精細的行為模式。例如泰國的大象參與了人類各種體力活動，阿拉伯人訓練的獵鷹參與了捕獵，導盲犬為盲人提供幫助。為什麼在人類和動物身上可以產生這樣的行為改變？是什麼使行為發生了改變？這是因為學習會促進腦內神經元的生長，增加神經元的連接，從而使行為反應能發生巨大的改變。

在動物腦內我們已經發現了這樣的改變。如果我們對成年猴子的某一根手指進行重複的特定刺激，那麼在大腦皮質中專門對該手指的感覺功能區域就會發生特定的變化。在更多的動物實驗中，我們發現學習和練習能夠改變成年動物的腦，導致相應皮層的厚度增加，神經元突觸的長度擴大，突觸的數量增加，腦神經元回路結構改變。

研究者也找到了相應的證據，證明了一些重複的訓練會導致成人大腦的相應改變。小提琴家的大腦內手的運動控制區和感覺區會比非音樂家的相應區域大，並且隨音樂專業化程度的提高，中央前回、左側顳橫回、右上頂葉皮層灰質體積會增加，表明專業技能與腦的結構之間具有密切的聯繫。倫敦的出租車司機同一般人相比，其腦內對空間知覺的功能區域明顯較大，且海馬的體積與開車的年限具有相關性。這可以解釋為這些司機在培訓與從業過程中形成了豐富的倫敦空間表徵知識，這些知識儲存在海馬區，使海馬的神經回路重組，組織增大。在失明受試者中，原來用於視覺的感知覺的皮層區域在完成觸覺任務時的反應增強，而正常受試者在完成觸覺任務時相應區域的反應是減弱的；在正常受試者長期戴眼罩（5天）的情況下，也表現為類似於上述失明受試者的反應模式，即成人的腦內視覺區域在很短時間內就被

塑造成可以進行觸覺分析。腦區增大，灰質結構由於外界環境刺激的影響而產生適應性變化的現象，說明人腦在學習與練習的作用下可以產生可塑性變化。

對腦的可塑性研究目前已經成為神經科學的研究熱點，成年人大腦的可塑性，遠遠超過我們過去的認識。同時，這一觀點也對我們的學習觀產生很重大的影響。腦的可塑性並不僅僅侷限於幼年、童年和青年期，而是持續終身的過程。因此，如果掌握了正確的方法，你也能像兒童一樣學習，從而產生更多的變化。這從神經科學的角度凸顯了終身學習的可行性和重要性。

四、有利於腦發展的措施

（一）科學用腦

具體來說，遵循以下的原則，可以有效改善腦的結構，提高腦的功能，從而更好地自我重塑我們的大腦。

1. 每天保持一定量的學習和記憶活動

要想獲得健壯的體質需要我們每天都勤加鍛鍊，我們的大腦同身體中的其他器官一樣，遵循著用進廢退的原則，時常的學習活動對神經元具有促進生長的作用。一些研究發現，在特定區域的神經元，受教育程度高、喜歡挑戰性思維活動的個體腦中總的樹突分枝長度比中學層次以下的人要長。像鍛鍊肌肉一樣鍛鍊大腦，大腦的活動量越大，就會變得越大越複雜，也許就意味著智力的提高。

2. 經常接觸一些心智訓練

心智訓練並不見得需要多麼高深的設計，只要是在完成任務的時候需要耗費腦力的活動，都可以算作心智訓練。例如一些填字遊戲、數字迷宮遊戲，包括讀書與計算都屬於心智訓練。有一些證據已經顯示出，心智訓練可以改善腦的認知功能，甚至可以使老齡化的認知功能下降。在 2800 名 65 歲以上的心智健全的受試者隨機分成兩組中，一組受試者在 5 周內接受 10 個小時的訓練，相對於另外一組沒有接受任何訓練的受試者而言，他們在認知能力

上有了進步，甚至影響達到了 5 年之久，接受訓練者自我報告稱他們在日常生活和工作中更加得心應手了。

3. 經常嘗試一些新的思考方式和活動內容

嘗試一些原本我們沒有經驗的體育、藝術以及社交的活動，可以使腦的不同區域得到新的鍛鍊。同時，大腦本身也喜歡新異刺激與多重感覺協同輸入的刺激，激發各種感官的能力會讓我們學習得更好。

4. 注意力訓練有助於大腦表現更出色

注意力的「聚光燈」一次只能集中在一件事情上，不能做多任務處理，而在注意聚光燈的範圍內，大腦的表現會更有效率。訓練自己聚焦於眼前或想像中的物品而不受外界刺激或自身的念頭的打擾，延長關注的時間；或者進行簡單的冥思（方法就是閉上雙眼，將思緒專注在呼吸上，收縮肌肉然後再放鬆身體。走神後，再將注意力集中到呼吸上，反覆幾次），這些訓練都有助於提升注意控制。此外，還要做到一次只做一件事情，不要同時處理多個任務，並努力減少在學習過程中被打擾。儘量減少在互聯網中無所事事的時間（因為互聯網的訊息操作模式是典型的多任務模式），避免自己的注意能力受到損害。

（二）睡得好，學得好

人們通常的認識是，睡眠會讓腦休息下來，所以對大腦的健康十分重要。但現有的認識是，睡眠除了可以恢復人的精神和體力之外，還具有很多的意義。

睡眠促進學習和記憶。動物在學習走迷宮後，如果當天晚上進行睡眠，會比那些當天晚上進行了睡眠剝奪的動物更快更好地掌握走迷宮的技能。在人類受試者中，我們也找到了相關證據。在實驗中，學生的任務是嘗試著去記憶一組圖片，這些圖片包含人物、事件、地點等訊息。其中一半的參與者在實驗前一晚保證正常睡眠，而另一半則通宵保持清醒狀態。經過兩天正常睡眠的調整之後，所有參與者還需進行一次記憶測驗，之前被剝奪過睡眠的那些學生比正常情況下平均少認了 19% 的圖片。我們在白天所接受到的訊

息，會在睡眠中進行記憶提煉、整理和儲存。如果睡眠不足，則學習和記憶的效果就會大打折扣。此外，研究還發現，中午的短暫的休息（30分鐘左右）對學習造成事半功倍的效果。

睡眠還對維護腦的正常認知功能有顯著意義。對睡眠缺失者的腦電研究發現，這些人大腦活躍程度更低。大量研究證實，缺乏睡眠的人語言能力、創造力和制訂計劃的能力都會降低，這很可能與缺乏睡眠後，大腦前額葉皮層活動降低有關。而如果堅持5天不睡覺的話，很可能會出現痴呆的症狀，並伴隨嚴重的判斷力缺失、幻覺等現象。

從新的科學證據看來，我們可以和痛苦的「頭懸梁、錐刺股」的時代徹底地告別了。因為在那樣的情況下，學習效果並不是與付出的精力成正比。我們更應該提倡「要想學得好，就要睡得好」，保持每天健康的作息時間，會對腦的健康和學習效率產生更好的影響。

（三）越運動，越聰明

通常的觀點是，運動可以使我們的身體更健康，主要就是我們的肌肉、骨骼以及心血管等系統變得更好，體質更好。但除了以上顯而易見的好處，最近的研究也顯示出運動對於神經系統特別是對於腦的好處。

首先，運動所帶來的強健體質有益於大腦。體質較差（心臟病、肥胖等）對我們大腦的危害是巨大的，會削弱長距離神經元之間的聯繫，導致海馬體的萎縮——而海馬體在學習和記憶方面是至關重要的。一項研究要求老年受試者進行少量鍛鍊，如每週至少有三天要散步40分鐘並堅持一年。受試者的海馬體經過這樣的鍛鍊後變大了——可能是因為長出了新的腦細胞，或神經元間的突觸連接增多了；而且，大腦中很多長距離神經聯繫恢復了往昔的活力。這些老年受試者的一般認知能力得到顯著提升。這其中就包括了注意力的增強，而注意力又對學習很有幫助。

其次，運動會直接對大腦產生好的影響。運動可使得更多新鮮血液攜帶著大量氧氣、葡萄糖流向大腦，給大腦豐富的滋養。同時還可以刺激腦源性神經營養因子，刺激蛋白質的生成，促進大腦神經元的生長。此外，運動所

帶來腦內神經遞質分泌水準的變化,可以使大腦的喚醒水準發生變化,思維可以變得敏捷、情緒穩定、精力充沛、想像力豐富。甚至已有神經科學家提出,現代的會議室不應該設置座椅,而應該讓參會者一邊運動一邊討論議題,這樣可使議程更迅捷實效。

(四) 戒除菸酒

香菸中的有毒物質能夠自由地透過血液進入大腦,對大腦產生破壞作用。菸草中的尼古丁是一種有毒物質,4根紙菸所含的尼古丁如果全部被人吸收的話,就足以殺死一個人(幸好,在吸菸時,只有很少的一部分尼古丁會被吸入);而香菸燃燒所產生的一氧化碳會使腦毛細血管收縮,從而使腦供血量下降,這樣所產生的腦缺氧和能量供應不足,會使神經元的活動受影響,進而使思維遲鈍,機能下降;此外香菸燃燒所產生的焦油,是一種致癌物,長期吸菸會導致癌變。

酒精對於腦細胞的影響也不容小覷。科學家給4隻獼猴每天一小時喝酒時間,讓它們連續喝11個月。過2個月再去檢查這些猴子,則發現神經幹細胞減少,尤其是那些熱愛杯中物的猴子,下降得更明顯。這也就是說,長期酗酒將對大腦產生災難性的打擊。在經常飲酒的人的大腦內,我們發現大腦發生了腦萎縮現象(如圖3-6)。特有症狀之一是記憶障礙,主要表現為失憶、虛構、定向障礙,此外還有諸如注意力、感知力、運動控制力等都會有所損傷,而且這樣的損害都是不可逆的。

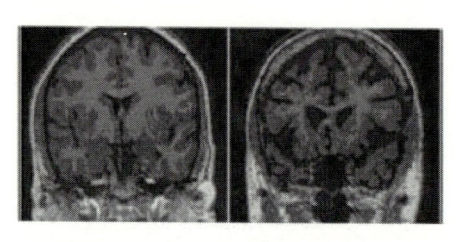

圖3-6　正常(左)和酒精中毒(右)個體的大腦成像

（五）減少壓力

在前述自主神經系統的部分，我們討論了當交感神經興奮的時候，所出現的應激狀態可以幫助我們去應對突發的危險。那時腎上腺素分泌增加、血壓升高、心跳加快，全身的機能全被調用起來以便使我們能順利地逃脫或戰鬥。但是，長期處於這種狀態對全身是有害的，會導致一些內臟器官產生相應的病變，例如高血壓、心臟病等。同樣，長期的慢性應激狀態所產生的激素，會不利於大腦細胞的生存和生長，尤其是主管學習和記憶的海馬對這樣的激素非常敏感。所以，長期處於壓力環境下，大腦的學習能力甚至大腦本身的健康也都會受到損害。

生活中的心理學

學會一門語言需要多少時間？

約書亞·弗爾打算到馬考村住上一個夏天，為世界上最後的狩獵社會寫一本書。約書亞覺得自己需要掌握一些基本的林加拉語（Lingala）。這是19世紀在剛果盆地出現的一種貿易語言。今天，在剛果和安哥拉部分地區，有約 200 萬人以它為母語，另外有包括俾格米人（馬考村內土著）在內的 700 萬人將它作為第二語言。在啟程之前，約書亞僅有不到兩個半月的準備時間。然而，他只找到一本美國外交事務研究所 1963 年印刷的課本，以及一本包括 1109 個單詞的林加拉語—英語字典。人有可能在如此少的時間裡掌握一門語言麼？埃德·庫克給他的答案是「輕而易舉」。

埃德是第十一屆世界記憶力錦標賽的冠軍。2005 年，約書亞與他結識。約書亞曾以為這種比賽是「學者的超級腕大賽」，卻意外地被告知，參賽者只是一些「腦力運動員」，而且他們的記憶力與常人無異，只是他們掌握了一種「超級簡單」的記憶術——「記憶宮殿」。傳說這套記憶術由公元前 5 世紀時的希臘詩人西蒙尼戴斯發明，古羅馬政治家、雄辯家西塞羅便是用它來記住演講詞的。「頭腦其實和肌肉一樣需要鍛鍊。」埃德鼓勵約書亞：「好好考慮一下，或許你可以參加下一屆美國記憶力錦標賽。」經過一年的訓練

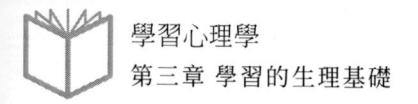

後，約書亞果然一舉奪冠，並寫成了《與愛因斯坦月球漫步：記憶的藝術與科學》（2011年亞馬遜的暢銷書）。

複習鞏固

1. 什麼是大腦半球的「單側化」？

2. 什麼是關鍵期？

3. 什麼是腦的可塑性？

4. 列舉有利於腦發展的措施。

本章要點小結

學習的腦機制

1. 神經元可分為胞體、突觸（樹突、軸突）兩部分。其具有接受、傳導和加工訊息的功能。

2. 突觸包括突觸前膜、突觸間隙、突觸後膜，突觸主要功能是傳遞神經衝動。

3. 中樞神經系統（CNS）和周圍神經系統（PNS），其各自的功能主要圍繞著對不同訊息處理和傳遞。

4. 聯想式學習的生理機制是興奮灶間形成了暫時聯繫。

5. 赫伯學習是大部分突觸的特性，表現為突觸在突觸後神經元被啟動時也處於啟動狀態，突觸的傳遞訊息功能將被增強。

腦的特點與學習

1. 大腦會呈現兩半球在功能上的分化，但要完成某一任務仍然需要兩半球的協同。

2. 腦的發育特點決定了人的行為發展具有明顯的階段性，當腦發展到某階段時，只有在適當的環境刺激下適當的行為才會更穩定地出現。

3. 腦終身具有可塑性，具有在外界環境和經驗的作用下不斷塑造其結構和功能的能力。

4. 有利於腦發展的措施分別為：科學用腦、睡眠、運動、戒除菸酒、減少壓力。

關鍵術語

神經元 突觸 內臟學習 聯想式學習 非聯想式學習 赫伯學習 大腦半球單側化 關鍵期 腦的可塑性

單項選擇題

1. 以下屬於赫伯學習的是（ ）

A. 習慣化 B. 敏感化 C. 條件反射 D. 神經衝動

2. 以下說法正確的是（ ）

A. 男性右半球占優勢而女性左半球占優勢

B. 大腦左右大腦半球功能獨立

C. 男女之間有明顯不同的更為發達的半球

D. 半球認知風格是在訊息處理中表現出的對半球認知功能上的偏好或習慣

3. 關於腦的可塑性，以下說法正確的是（ ）

A. 大腦終生可塑

B. 大腦的發育只受遺傳的影響

C. 只有青年期以前的學習才能改變大腦結構

D. 兒童早期的腦損害是不可修復的

4. 以下屬於科學用腦的是（ ）

A. 注意力訓練 B. 儘量減少用腦時間

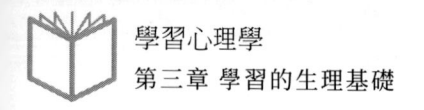

C. 經常嘗試新的活動 D. 經常進行心智訓練

第四章 感知與學習

　　1954 年赫布和貝克斯頓在美國麥吉利大學做了一個名叫「感覺剝奪」的實驗。他們募集大學生志願者作為參加實驗的人。志願者每天安靜地躺在床上睡覺，他們聽不到任何聲音；室內一片漆黑，他們看不見任何東西；兩隻手戴上手套，並用紙卡卡住；吃喝都由實驗者安排好了，參加實驗的人不需要挪動身體。總之，他們被剝奪了對外界刺激的感受。參加實驗的人每天有 20 美元的酬勞（在 1954 年 20 美元每天是不錯的收入），他們可以自己決定何時退出實驗。實驗初期參加實驗的人還能安安靜靜地躺著，之後就開始失眠、不耐煩，他們急切地尋找外界的刺激。他們透過唱歌、吹口哨、自言自語等方式製造刺激來緩解不舒服的感覺。儘管他們每天有 20 美元的報酬，但是大多數受試者在實驗開始後 24～36 小時內要求退出，幾乎沒有人堅持 72 小時以上。

　　「剝奪」了參加實驗的人對外界刺激的感知後，他們會出現不舒服、焦慮的狀態。可見感知對我們很重要。既然感知對我們這麼重要，那什麼是感知呢？感知又有什麼規律？感知與我們學習的關係又是怎樣的？本章內容將給你答案。

第一節 感知覺概述

一、什麼是感知覺

　　感覺（sensation）是人腦對直接作用於感覺器官的客觀事物個別屬性的反映。它為人們提供了內外環境的訊息，是人認識事物的開端和知識的源泉，一切較高級、較複雜的心理現象（如知覺、思維、情感等）均以感覺為基礎而產生，它也是維持正常心理活動、保證機體與環境平衡的重要條件。感覺的產生包括三個主要環節：對感受器的刺激過程；傳入神經的活動和大腦皮質的活動；感覺產生。

知覺（perception）是人腦對直接作用於感覺器官的客觀刺激物的整體屬性的反映。知覺並不是感覺的簡單相加，而是對感覺訊息的組織和解釋。外部世界的大量刺激衝擊我們的感官，我們有選擇地輸入訊息，把感覺訊息整合、組織起來，形成穩定、清晰的完整印象。知覺的訊息加工主要有兩種機制，即自上而下的加工和自下而上的加工。自上而下的加工也叫概念驅動加工，它是指知覺者的習得經驗、期望和動機指導著知覺者在知覺過程的訊息選擇、整合和表徵的建構。自下而上的加工也叫數據驅動加工，是指知覺者從環境中一個個細小的感覺訊息開始，將它們以各種方式加以組合形成知覺。

感覺與知覺既有聯繫又有區別。兩者的聯繫表現為感覺和知覺都是屬於認識過程的感性階段；兩者都是對事物的直接反映；感覺是知覺的基礎，而知覺是感覺的深入和發展。兩者之間的差異主要表現在以下幾個方面。

①內容不同：感覺是對事物個別屬性的反映，而知覺是對事物整體的反映，知覺並非感覺的簡單相加；

②產生過程和影響因素方面：感覺依賴於客觀事物的物理屬性，相同的刺激一般引起相同的感覺，而知覺依賴於刺激的物理特性和知覺者本身的特點（如：知識經驗，心理狀態，個性特徵）；

③反映的層次：感覺是介於心理和生理之間的活動，是以生理作用為基礎的最簡單的心理過程，只能認識事物的個別屬性（低層次），而知覺是純心理活動，加入了個體主觀因素，可以認識事物的整體和意義（高層次）；

④反映的機制：感覺是單個感覺器官活動的結果，知覺是多個感覺器官的聯合活動的結果；從嚴格意義上講，感覺是天生的反應，是個體共有的普遍現象，而知覺卻是後天學習的結果，具有很大的個別差異。

二、感知覺的分類

研究者根據各種不同的標準對感覺進行分類。根據感覺刺激是來自有機體外部還是內部，可以將各種感覺分為外部感覺和內部感覺。外部感覺（external sensation）接受有機體外部的訊息，覺知外界事物的個別屬性。

外部感覺主要包括視覺、聽覺、嗅覺、味覺和皮膚覺。內部感覺（internal sensation）接受有機體體內的刺激，覺知身體的位置、運動和內臟器官的不同狀態。屬於內部感覺的有肌肉運動感覺、平衡感覺、內臟感覺等。根據刺激能量的性質，可將感覺分為電磁能的、機械能的、化學能的和熱能的四大類。視覺感受器對光波的電磁能發生反應；聽覺感受器對聲波的機械能發生反應；味覺和嗅覺感受器對化學能發生反應；皮膚上的感受器對觸壓的機械能和熱能發生反應。

對知覺的分類有如下幾種方法：根據知覺時起主導作用的感官的特性分類，可將知覺分為視知覺、聽知覺、嗅知覺、味知覺、觸知覺等；根據人腦所反映的事物的特徵分類，可將知覺分為空間知覺、時間知覺和運動知覺。空間知覺是人對事物的空間特性與關係的認識。空間知覺包括形狀知覺、大小知覺、方位知覺以及深度知覺等。時間知覺是對客觀事物和事件延續性和順序性的反映。運動知覺是人腦對物體空間位移和移動速度的知覺。

三、感知覺的特徵

（一）感覺的基本特性及規律

只有當刺激物的作用達到一定強度的時候，才能引起感受器的反應，發出神經衝動引起感覺。感受器這種對適宜刺激的感受能力叫做感受性。

感覺閾限（sensitivity threshold）指能引起感覺的、持續了一定時間的刺激量，感受性的高低就是用感覺閾限的大小來衡量的。感覺閾限可以分為絕對感覺閾限（absolute threshold）和差別感覺閾限（difference threshold）。絕對感覺閾限是指由50%的次數被覺察到的那個刺激值。而剛剛能覺察出兩個刺激的最小差異量就是差別閾限或最小可覺差。1834年韋伯提出了韋伯定律，他認為剛剛覺察出有差別感覺的刺激差異量與原始的刺激強度之比為一個常數。對刺激物的差異感覺不取決於一個刺激物增長的絕對重量，而取決於刺激物的增量與原刺激量的比。用數學公式表示為：$\triangle I/I=K$（$\triangle I$引起差別感覺的刺激增量；I為原始的刺激量或刺激強度；K為一個常數），韋伯分數越小，感覺越敏銳。但韋伯定律只適合中等強度的刺激。

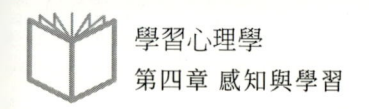

為進一步探討刺激強度和感覺大小的關係，德國物理學家費希納對韋伯定律進行修正並提出了對數定律。他認為感覺大小是刺激強度的對數函數。用公式表示為：P=KlgI（I 為刺激量；P 指感受量；K 為常數），與韋伯定律相同的費希納定律也只適合中等強度的刺激（彭聃齡，2004）。

（二）感受性的變化及其規律

1. 感覺適應

由於刺激對感受性的持續作用而使感受性發生變化的現象就叫感覺適應（sensory adaption）。我們常說的「入芝蘭之室，久而不知其香；入鮑魚之肆，久而不聞其臭」就是感覺適應的結果。感覺適應中，視覺適應包括暗適應和明適應。從明亮的環境內走到較暗的環境，開始覺得眼前一片漆黑，什麼都看不清楚，但過一段時間後，我們就能看清楚事物了，這種現象就叫暗適應。明適應則相反，從較暗的環境走到較明亮的環境時，剛開始覺得耀眼奪目，什麼都看不清楚，幾分鐘後就能看清較明亮環境內的事物了。這兩種視覺適應在我們生活中經常遇到，也是我們較熟悉的現象。

2. 感覺對比

不同刺激作用於同一感受器而導致感受性發生變化的現象叫感覺對比（sensory contrast）。感覺對比分為同時對比和先後對比。同時對比是指幾個刺激物同時作用於同一感受器產生的對比現象。例如，同樣的兩個灰色方塊，一個放在黑色背景上，另一個放在白色背景下，結果是後者看起來比前者暗很多。刺激物先後作用於同一感受器產生的對比現象叫先後對比。例如，吃了糖後再吃梨，你會覺得梨很酸。感覺對比現象在日常生活中很常見（黃希庭，2007）。

3. 感覺後像

刺激物對感受器的作用停止後，感覺現象並沒立刻消失而是保留一段時間，這種現象就叫感覺後像（sensory afterimage）。感覺後像在視覺中表現明顯。後像分為正後像和負後像兩種。當後像的品質與原刺激物相同時就叫正後像。相反，如果後像品質與原刺激不同，這種現象就是負後像。例如，

當我們注視一會電燈泡後，閉上眼睛，眼前會出現一個光亮的形象，在黑暗背景下這是正後像。我們注視一會綠色的花後，轉向白色的牆壁，我們將在牆上看到一朵紅色的小花，這就是負後像。

（三）知覺的基本特徵及影響因素

知覺具有選擇性、整體性、理解性和恆常性等基本特徵。

知覺的選擇性是指當我們面對眾多的客觀事物時，我們的感覺器官會從眾多的刺激物中優先選擇少數事物作為知覺對象，而把其他事物作為知覺的背景，以便產生清晰的知覺。對象和背景是相互依存、相互轉化的。觀察可逆圖形時很容易體驗到背景和圖形的轉換。影響知覺選擇性的因素較多，可分為主觀因素和客觀因素。對象與背景的差別越大，我們越容易選擇。比如黑板上的白粉筆；教科書中的黑體字；用有色筆改作業、書中標重點、講課聲音大小有變化等。另外新穎的、運動的對象，也容易被選擇出來。人的知識經驗、興趣愛好、情緒、動機等是影響知覺的選擇的主觀因素。

知覺的對象由不同的部分、不同的屬性組成，但我們並不把它感知為個別孤立的部分，而總是把它知覺為一個有組織的整體，這種特性叫做知覺的整體性或組織性。

影響知覺整體性的因素有知覺對象的特點，如具有接近、相似、閉合、連續等特點的因素更容易感知為整體；對象各組成部分的強度關係和所起的作用；知覺對象各部分之間的結構關係；知覺者本身的主觀狀態。

知覺的理解性是指人在知覺時依據過去的知識經驗力求對知覺對象做出某種解釋，使其具有一定意義的特性。其影響因素有個體的知識經驗；語詞的影響；動機、情緒等主觀因素。

當知覺的客觀條件在一定範圍內改變時，知覺的印象仍然相對地保持不變，知覺的這種特性稱為知覺的恆常性。主要包括大小恆常性、形狀恆常性、明度恆常性、顏色恆常性等。大小恆常性是指在一定的範圍內不論觀看距離如何，我們仍然將其看成特定的大小。例如，遠處開來的車很小，但是我們仍知覺得到它的大小足夠裝幾個人。形狀恆常性是指儘管我們觀察事物的角

度不同，我們仍傾向於將其感知為它的標準形狀。如一扇門在不同狀態（開著、關著或半開著）下，我們不會認為門的形狀發生了變化。明度恆常性或亮度恆常性是指在不同照明情況下，我們傾向於將事物的表面亮度知覺為相同。顏色恆常性是指儘管物體的顏色發生變化，但我們仍將其感知為物體本身的顏色。

（四）錯覺

1. 錯覺的定義

錯覺（delusion）是錯誤的知覺，是在特定條件下產生的對客觀事物歪曲的知覺。

例如：太陽在天邊和天頂時，它和觀察者的位置不同，在天邊時遠，在天頂時近，按照視網膜成像的規律，我們看到的天邊的太陽應較小而天頂的較大。但這與我們的實踐經驗不相符，在實踐經驗中天邊的太陽看上去比天頂的大很多。這種現象就是由於錯覺引起的。

2. 錯覺的種類

錯覺的種類很多，最常見的有大小錯覺、形狀和方向錯覺、形重錯覺、運動錯覺以及時間錯覺等。

（1）大小錯覺

我們對幾何圖形大小或線段長短的知覺，由於某些原因而出現錯誤，叫做大小錯覺（見圖4-1）。穆勒—萊耶錯覺：有兩條長度相同的直線，一條直線的兩端加上向外的兩條斜線，另一條兩端加上向內的兩條斜線，前面一條直線看起來比後面一條更長（圖4-1（1））。潘佐錯覺：兩條聚合線的中間有兩條等長的直線，距交點近的一條比遠的一條看起來更長（圖4-1（2））。垂直—水準錯覺：兩條相等的直線，豎向的一條垂直於橫向一條的中點，那麼垂直的直線看起來比橫向的直線更長些（圖4-1（3））。賈斯特羅錯覺：兩條等長的曲線，放在下面的曲線比上面的看起來更長（圖4-1（4））。多爾波也夫錯覺：兩個面積相等的圓，一個放在大圓裡，一個放在

較小的圓裡，那麼放在小圓的圓圈看起來更大些（圖 4-1（5））。月亮錯覺：月亮在天邊時顯得比在天頂時大一些。

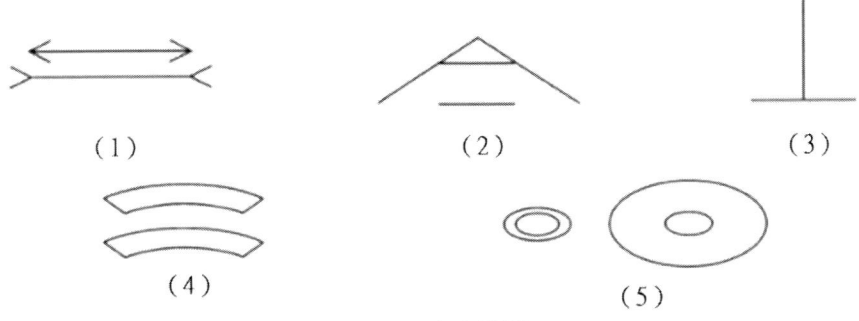

圖4-1 大小錯覺

(2) 形狀和方向錯覺

形狀和方向錯覺較多，主要見圖 4-2。

佐爾拉錯覺：一些平行線由於受到附加線的影響，顯得不平行（圖 4-2（1））。

馮特錯覺：兩條平行線因附加線的影響，使中間看起來比兩端更窄（圖 4-2（2））。

愛因斯坦錯覺：在很多環形曲線中，正方形的四邊略顯彎曲（圖 4-2（3））。

波根多夫錯覺：被兩條平行線切斷的直線，看起來不像同一直線（圖 4-2（4））。

(1)　　　　　(2)　　　　　(3)　　　　　(4)

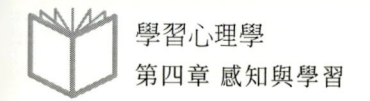

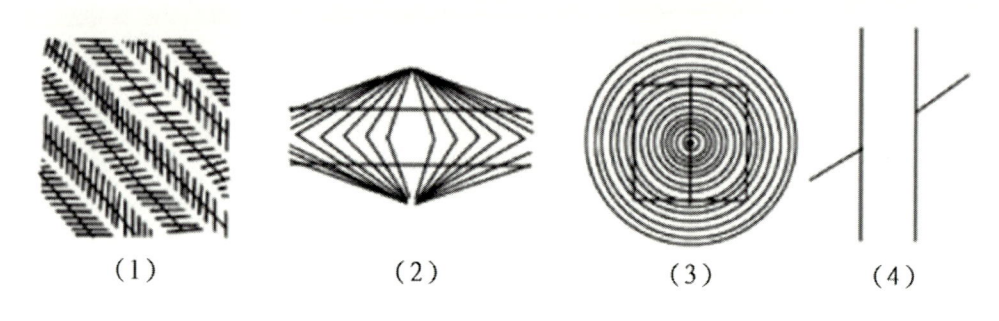

圖4-2　形狀和方向錯覺

3. 錯覺的原因

產生錯覺的原因十分複雜，概括以往的研究，有關錯覺的解釋有如下三種，即眼動理論、神經抑制作用理論與深度加工和常性誤用理論。

（1）眼動理論

該理論指出，我們在知覺幾何圖形時，眼睛總是有規律地沿著圖形的輪廓或線條掃描。當人們掃視圖形的某些特定位置時，由於周圍輪廓的影響改變了眼動的方向和範圍，從而引起錯覺。

（2）神經抑制作用理論

該理論認為，當兩個輪廓比較接近時，視網膜的側抑制過程改變了由輪廓所刺激的細胞的活動，使神經興奮分布的中心發生變化，從而產生錯覺。

（3）深度加工和常性誤用理論

該理論認為，錯覺具有認知方面的原因。人們在知覺三維物體的大小時，總把距離估計在內。當人們把知覺三維物體大小的這個特點，自覺或不自覺地應用於知覺平面物體時就產生了錯覺。

擴展閱讀

超感知覺

萊茵（J.B.Rhine，1895～1980）在美國杜克大學建立了第一個心靈學實驗室，以致力於用實驗結果證實超感知覺的存在。在一項實驗中，他採用了一副包括 5 組圖形不同的卡片（見圖 4-3），每組卡片各 5 張，全套合計 25 張。實驗開始時，兩位受試者面對面而坐，中間隔上布簾，彼此間不通訊息，也看不到對方的動作和表情。每人面前各放置一副卡片，先讓心靈發送者以隨機方式抽出一張卡片，並注視它，然後將卡片反面向上置於桌上，接著要求心靈接收者憑其直覺指出該張卡片上的圖形。如果指認正確，即表示兩個受試者之間有心電感應。按上述程序實驗時，受試者如果毫無心電感應能力，純屬猜測答對的機會是 20%，即 25 張卡片中可能猜對 5 張。萊茵根據其本人以及其他學者的實驗研究，共收集了數以萬計的研究結果，發現數萬受試者總平均得分是 7.1，即在超感知覺實驗情境下，受試者答對的概率是 28.4%，比猜中的概率 20% 高出很多（Rhine，1934，見 Honorton，1998）。也就是說，人類的超感知覺能力可能是存在的。

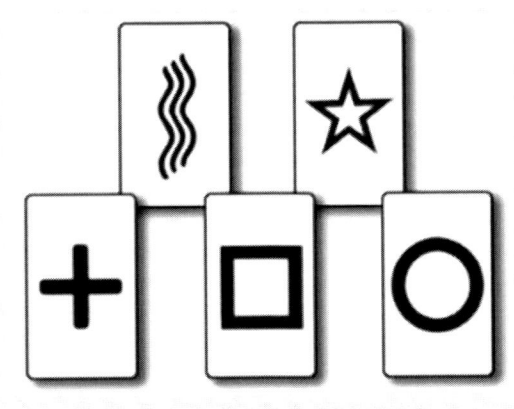

圖4-3 超感知覺實驗所用圖片

複習鞏固

1. 什麼是感知覺？

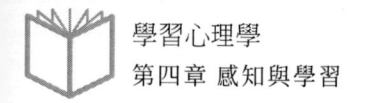

2. 感受性變化包括哪幾個方面？

3. 知覺的基本特徵有哪些？

4. 什麼叫錯覺？

第二節 感知覺與學習

一、觀察力的培養

（一）觀察力概述

觀察（Observation）是一種受思維影響的有意的、主動的和系統的活動，是有意知覺的高級形式。觀察力（Observation Ability）是構成智力的一個重要組成部分，是一種有意識、有目的、有組織的知覺能力。人的觀察力存在著個別差異。觀察力的發展和培養與感知覺能力的發展和培養密切相關。

（二）觀察力的重要意義

1. 觀察是人們認識世界的窗口，是獲得一切知識的門戶，是人類文化累積的一個重要的途徑。

2. 觀察是人們區分事物的一般特徵，發現事物的本質特徵、提出新問題，進行創造性的一個重要的條件。

3. 良好的觀察力是進行各種實踐活動不可缺少的基本能力。

（三）觀察力的培養

人的觀察力並非與生俱來，而是在學習中培養，在實踐中鍛鍊出來的。那麼我們如何透過直接體驗累積對自然現象的感性認識，培養對事物進行科學觀察的能力和習慣呢？為了有效地進行觀察，更好地鍛鍊觀察力，掌握良好的觀察方法是必要的。

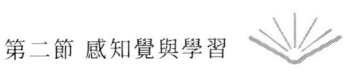

1. 確立觀察目的

對一個事物進行觀察時，要明確觀察什麼，怎樣觀察，達到什麼目的，做到有的放矢，這樣才能把觀察的注意力集中到事物的主要方面，抓住其本質特徵。目的性是觀察力的最顯著的特點，有目的的觀察才會對自己的觀察提出要求，獲得一定深度和廣度的鍛鍊。反之，如果東張西望，左顧右盼，對事物熟視無睹，我們的觀察力就得不到鍛鍊。例如，我們想瞭解毛毛蟲蛻變為蝴蝶的過程，那麼我們就要帶著這個目的去觀察，觀察蛻變過程中毛毛蟲的變化等。

2. 制訂觀察計劃

在確定目標後、觀察前，我們要對觀察的內容做出安排，制訂周密詳細的計劃，如果在觀察時毫無計劃、漫不經心，那就不會有什麼收穫。因此，我們進行觀察前就要打算好，先觀察什麼，後觀察什麼，按部就班，系統進行。觀察計劃，可以寫成書面的，也可以記在腦子裡，因人而異。

3. 培養濃厚的觀察興趣

俗話說興趣是最好的老師。由於每個人觀察敏銳性的差異，對同一事物的觀察會出現不同的興趣，注意到不同事物或同一事物的不同特點。因此，培養濃厚的觀察興趣是培養觀察能力的重要前提條件。為了鍛鍊觀察能力，必須培養每個人廣泛的興趣，這樣才能促使人們樂於進行多樣觀察。在興趣廣泛的同時，還要有中心興趣。有了中心興趣，就會全神貫注地對某一領域進行深入的觀察。有的同學喜歡觀察星空，特別是對銀河、火星、月亮等的觀察興趣很濃，他們能長期堅持寫出觀察日記，這樣就可以增長知識，打開思路；有的同學對植物很有興趣，他們注意觀察植物的生長過程，從播種、發芽到發育、成熟，並做了大量觀察記錄；有的同學對動物感興趣，他們從動物的出生到死亡做了大量觀察，獲得了相關領域的知識……在學生觀察的時候，教師和家長也應經常給予指導，輔之以必要的知識。這樣不僅極大地培養了學生們的觀察興趣和持久的觀察力，也提高了他們對事物發展全過程的表達能力。在觀察的過程中不僅培養了觀察興趣，也能激發同學們的求知慾。另外，對某些事情觀察時間久了，觀察的興趣和習慣就容易養成。

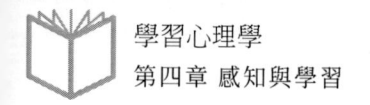

(1) 全面觀察與重點觀察

全面觀察是指對某一事物的所有方面都進行觀察。既要注意到事物比較明顯的特徵，又要觀察到事物比較隱蔽的特徵；既要把握住事物的整體，又要考察它的各個組成部分；既要觀察事物發展的全過程，又要瞭解事物發展某一階段的特點，從而對事物有一個全面而徹底的瞭解。同時，客觀事物是極其複雜的，要實現全面觀察，就必須調動眼、耳、鼻、舌、身等各種感官進行視覺、聽覺、嗅覺、膚覺、觸覺、動覺等諸方面的協同觀察。重點觀察是相對全面觀察而言的，它是指只對事物的某一個或某幾個方面做特別深入細緻的觀察。重點觀察就是抓關鍵、抓重點，把注意力緊緊瞄準你要觀察的對象。

(2) 比較觀察與解剖觀察

有比較，才有鑑別。比較是人們認識客觀事物的有效方法。比較觀察是把客觀事物加以對照比較，找出相同點和相異點，即認識事物的「異中之同」與「同中之異」，從而把握事物的本質與規律。解剖觀察是對被觀察對象的各種特性、各個側面及各個組成部分進行分解，仔細地加以觀察。透過解剖觀察，可以加深對事物的瞭解。

(3) 順序觀察與側面觀察

順序觀察是按照事物的一定順序進行的觀察。客觀事物總有其順序，有其發展的過程。事物的順序主要有：時間順序（如事物的發展過程）、空間順序（如遠近、裡外、上下、左右、前後等）、主次順序、邏輯順序等。觀察時必須遵照一定的順序，如由外到內、由遠及近、由整體到局部或由局部到整體。從心理學上講，順序觀察有利於訊息的存貯、編碼和提取。側面觀察是對某一事物或對象的某一個側面進行的觀察，如作文中記一個人物在特定場合下的活動，攝影中拍攝一個特寫鏡頭等。

(4) 長期觀察與短期觀察

長期觀察是指在比較長的時間內對某一事物或對象進行的較為系統的觀察。比如，氣象小組為了摸清當地的氣候特點及規律，進行數年的觀察記錄，

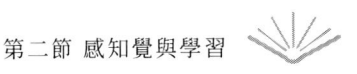

並從獲得的氣象材料中概括出該地區的氣象特徵及規律。長期觀察具有時間久、連續性強等特點，這就要求有恆心和毅力，堅持不懈，直至獲得預期的觀察結果為止，切不能半途而廢，更不能「三天打魚，兩天曬網」。長期觀察本身就是對學生意志力的培養過程。短期觀察是在比較短的時間內對某一事物或對象所進行的觀察。例如作文課中，為了寫日出，一大早起來仔細觀察日出的景觀。短期觀察的事物往往稍縱即逝，所以，一定要抓住時機，認真仔細地觀察思考，並及時做好記錄。

（5）直接觀察與間接觀察

直接觀察是觀察者親自動手進行觀察，或者實地考察。間接觀察是利用別人觀察所得到的材料進行分析、研究、歸納和概括，得出相應的科學結論。

（6）自然觀察和實驗觀察

自然觀察是在自然條件下進行的，如學習植物學或動物學時，在大自然或動物園中，實地觀察那些活生生的植物和動物。實驗觀察是在實驗室的條件下進行的，如學習物理和化學時，在實驗操作的過程中，實際觀察那些具體的物理或化學現象。

上述各種觀察方法並不是孤立的，而是緊密聯繫、相輔相成的。我們可以根據觀察的對象、時間和地點等條件，選擇某一種或某幾種有效的觀察方法。一般情況下，在同一時期內，可以以某一種觀察方法為主，另一些方法為輔，讓各種觀察方法取長補短，相互補充，觀察活動也應該有主有次，突出重點，以便收到良好的觀察效果。我們可以根據自身情況和具體事件選擇合適的觀察方法。

4. 掌握豐富的知識

知識經驗和良好的觀察是辯證統一、互為因果的。一方面，良好的觀察力是我們獲得豐富知識和經驗的前提條件；另一方面，豐富的知識和經驗又是提高我們觀察力的重要因素。個體的觀察總是與自己已有的知識經驗聯繫在一起的。因此，在觀察過程中，我們必須充分利用自己已有的知識和經驗，這不僅有利於觀察的順利進行，同時也有利於觀察力的不斷提高。

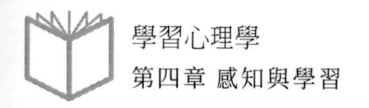

5. 遵循感知的客觀規律培養觀察力

觀察和觀察力是在感知過程中得以提高的，因此培養觀察力就必須遵循感知的規律，即感知的一些規律也成為觀察的基本規律。感知規律主要有以下七條：

強度律。對被感知的事物，必須達到一定的強度，才能感知得清晰。一般人對雷鳴電閃是容易感知的，因為它的感知強度很高，而對於昆蟲的活動，如對螞蟻行走的聲音就難以覺察。因此，在實踐中，要適當地提高感知對象的強度。對於那些強度很弱的對象，可以利用相關的儀器和設備提升被感知對象的強度而促進觀察的效果。

差異律。這是針對感知對象與它的背景的差異而言的。凡是觀察對象與背景的差別越大，對象就被感知得越清晰；相反，凡是對象與背景的差別越小，對象就被感知得越不清晰。例如萬綠叢中一點紅，這點紅就很容易被感知。鶴立雞群，也是屬於這類情形。但是在白幕上印白色或淺灰色字，則幾乎無法辨認。

對比律。凡是兩個顯著不同甚至互相對立的事物，就容易被清楚地感知。因此，在觀察中要善於用對比的方法，把具有對比意義的材料放在一起，甚至還可以製造對比環境。例如觀察的高矮對比，色彩對比。

活動律。活動的對象比靜止的對象更容易被感知。魔術師用一隻手做明顯的動作吸引觀眾的注意力，而另一隻手卻在耍手段以達到他的目的。所以，在觀察中要善於利用活動規律，達到觀察目的。

組合律。心理學相關研究表明：凡是空間上接近、時間上連續、形式上相同、顏色上一致的觀察對象容易形成整體而為我們清晰地感知。因此，在實際觀察中，要把零散的材料或事物，按空間接近、時間連續、形式相同或顏色一致的形式組合起來進行觀察，從而找出各自的特點。例如在一堆亂物件中選出大小相差不遠，顏色相近的若干物件，排列起來比較，就可看出彼此的差異。

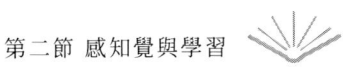

協同律。指在觀察過程中，有效地發動各種感知器官，分工合作，協同活動，這樣可以提高觀察的效果。也指同時運用強度、差異、對比等規律去觀察對象。捷克著名教育家誇美紐斯就曾要求人們盡可能地運用視、聽、味、嗅、觸等感官進行感知。我們學習要做到「五到」，就是眼到、耳到、口到、手到和心到，目的是要透過多種感知的渠道，提高觀察的效力。

關注律。養成持久的觀察習慣。1957年劍橋大學動物病理學教授貝弗里奇曾說道：「培養以積極的探究態度關注事物的習慣，有助於觀察力的發展。在研究工作中養成良好的觀察習慣比擁有大量的學術知識更重要，這種說法並不過分。」一個人有了持久的觀察習慣，才能克服觀察過程中所遇到的各種障礙和困難，把觀察進行到底，而觀察力正是在這種「鍥而不捨」的過程中得到鍛鍊和提高。

6. 堅持，觀察力提高的法寶

無論做什麼事，只要能堅持下去，就會取得成功。習慣成自然，觀察力貴在培養，更重要的是能養成長期觀察的良好習慣。觀察應注意些什麼呢？

忌漫無目的。許多人在觀察事物時，東張西望，漫無目標，他們觀察過的事物如過眼煙雲，腦子裡沒有留下絲毫印象，因而總形不成觀點。

忌片面觀察。有的人觀察事物，只注意它的正面，不注意它的反面；只觀察表面，不觀察內部；只注意現在，不注意過去；只去注意事物的一個方面而忽視其他方面。由於這些片面觀察，他們所觀察到的往往是一些假象，因而得出錯誤的結論。中國古代兵書上有疑兵計和兵不厭詐的謀略，就是故意利用一些手段混淆敵人的視聽，破壞他們的觀察能力，引導他們做出錯誤的判斷。比如《三國演義》中「張飛獨斷當陽橋」的故事。曹操看見張飛雄糾糾，橫槍立馬在橋頭之上，又看見張飛身後的樹林背後塵埃蔽日，似乎埋伏有大隊人馬。他又想起關羽曾經告訴他的話：「吾弟張翼德於萬馬軍中取上將首級如探囊取物耳。」這時張飛連吼三聲，聲如巨雷，勢如猛虎，曹操立即轉身逃走，退兵30里。曹操這時犯的就是片面觀察的錯誤。

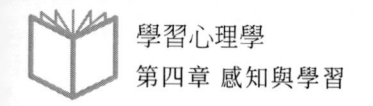

忌無重點。有人雖然去觀察事物卻不帶目的性。一股腦兒地觀察,把所有現象都收留,囫圇吞棗,結果抓不住重點,浪費時間,導致觀察結果不理想。

忌走馬觀花。有人觀察事物,不深入、不細緻,只是粗略地瀏覽一下。這樣既得不到具體印象,又遺漏許多細節,使觀察結果一般化。

忌不用心思。有人在觀察中,不用心去分析、去比較,也不思考事物的來龍去脈,因而也得不到令人信服的結論。中學生因為興趣廣泛,性情活潑,最容易在觀察中出現這樣的錯誤,他們往往憑藉一時的好奇心,不做更深入的探求。

忌半途而廢。有人在觀察中,遇到複雜和難於解決的問題時,便停止觀察,結果常常功虧一簣。此外,觀察過程中還應忌情緒不穩定。有人在愉快時就有興趣觀察,不愉快時就心情煩躁,觀察不下去,甚至在某種特殊情況下,由於心情緊張而根本無力進行觀察。有人對智力較高的中學生進行調查和觀察,發現他們一般都有較強的自控能力,情緒穩定,不忽冷忽熱,在遇到困難時能堅持下去,不達目的決不罷休。

二、感覺統合訓練

(一) 感覺統合的定義

感覺統合就是機體在環境內有效利用自己的感官,從環境中獲得不同感覺通路的訊息(視覺、聽覺、味覺、嗅覺、觸覺、前庭覺和本體覺等)輸入大腦,大腦對輸入訊息進行加工處理(解釋、比較、增強、抑制、聯繫、統一),並做出適應性反應的能力。

我們本身的反應,又是一個新的回饋刺激,提供大腦有關我們行為的訊息,幫助我們發展更有效的行為反應。藉著這種持續不斷的感覺統合過程,大腦的分工愈來愈精細,功能愈來愈好,個人的學習能力和適應能力也就愈來愈強。

（二）感覺統合的功能

綜合起來說，感覺統合的作用主要表現在如下幾個方面：

1. 組織功能

我們身上的不同感官，把內外世界的眾多感覺刺激傳遞到腦中，這眾多的感覺刺激各有各的傳入和傳出通道，在此情況下，人要根據這些訊息順利進行活動，腦就必須把這些感覺訊息組織好。腦部一方面對各種感覺刺激做出反應，下達指令；另一方面又要對各種感覺訊息做綜合處理。如果各種感覺訊息傳入和傳出的通道暢通，整體協調得當，人的神經系統就會利用這些紛繁的感覺刺激來形成認知、動作等各種適應性活動。這便是感覺統合的組織功能。

2. 檢索功能

輸入人腦的感覺刺激是非常多的，人腦在意識水準上不可能對此都做出反應。而感覺統合把各種訊息中最有用、最重要的那部分從中檢索出來，以供腦使用。腦對統合過的訊息進行反應，就更為準確、及時。

3. 綜合功能

感覺是局部的、分散的，而外部世界常常是以整體的形式呈現給人的，感覺統合的功能便把各種感覺綜合，形成整體。

4. 保健功能

如果一個人的感覺統合很好，他就能很好地適應內外環境，就會產生勝任、滿足等有利於身心健康的感覺。

（三）感覺統合失調的主要表現

感覺統合失調主要有以下的不良表現：

1. 容易分心；

2. 活動水準過高或過低；

3. 衝動，不易使自己平靜；

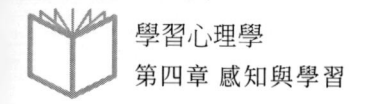

4. 自我概念差，易出現行為問題；

5. 對感覺的刺激反應低下或過度；

6. 社會交往能力不佳，情緒不穩定；

7. 動作笨拙，粗心；

8. 肌張力不足，姿勢不佳；

9. 注意轉移困難；

10. 言語、語言發展遲緩；

11. 學習成績不良。

感覺統合失調，有時可能很隱匿，尤其在兒童中，容易把問題歸咎於其他的原因。如「他固執，懶惰」，或「他不願做」，或「她被寵壞了，怕羞，嬌氣」。

生活中的心理學

感覺統合訓練的方法及作用

1. 大滑板

【適用範圍】前庭覺不足、平衡感不足、本體感不足、觸覺、視覺。

【訓練目的】對前庭體系產生強烈刺激，促進頭、頸肌的同時收縮以及身體保護性伸展反應行為的成熟，培養兒童集中注意力。

2. 橫式木馬

【適用範圍】前庭覺不足、觸覺敏感、本體感不足。

【訓練目的】透過高度收縮的肌肉運動，促進前庭固有感覺體系活動，並強化觸覺體系。

【延展練習】也可兩兒童同時背對背地坐在抱桶的兩端，前後左右擺動，增加遊戲的趣味性。

3. 豎式木馬

【適用範圍】觸覺敏感、身體協調不良、前庭平衡不足。

【訓練目的】（1）促進前庭固有感覺體系活動，強化觸覺體系。

（2）透過大量前庭訊息的獲取，促進兒童身體協調，對固有前庭感覺輸入統合有幫助。

（3）對兒童四肢力量的發展也有幫助。

4. 踩踏車

【適用範圍】平衡感不足、本體感不足。

【訓練目的】促進腿部肌肉的發展、身體的協調性及增進孩子的平衡能力發展，而且還能刺激兒童的雙腦分化與關節的靈活協調。

5. 大龍球

【適用範圍】前庭平衡感不足、本體感不足、觸覺敏感。

【基本方法】（1）讓兒童俯臥或仰臥在大龍球上，指導老師雙手抓住孩子的雙腳，讓兒童在球上面前後移動。俯臥時儘量讓兒童將頭抬高。

（2）讓兒童仰躺或俯臥在平地或軟墊上，用球在其身體各部位力量適當地擠壓。

6. 羊角球

【適用範圍】本體感不足、觸覺敏感。

【訓練目的】在練習過程中達到姿勢和雙側的統合，並可促進高難度的運動企劃能力。

7. 袋鼠跳

【適用範圍】觸覺敏感或不足、重力不安全症、本體感不足。

【基本方法】讓兒童進入跳袋中，站在跳袋內，雙手拉住袋子的周邊，向前後、左右跳躍。

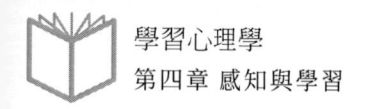

【伸展遊戲】讓兒童排成一隊，向前跳的比賽或越過障礙物等遊戲，以增加遊戲的趣味性。

8. 小觸覺球

【適用範圍】觸覺不足、本體感不足。

【基本方法】小觸覺球體積小，球面刺多，對皮膚的局部刺激較大，指導老師可用小觸覺球觸摸孩子的頭部、背部、頸後部前庭神經附近，也可指導兒童用雙手將觸覺球放在手心轉動，觸摸手背、手腕、腳底等身體部位。

9. 踩踏石

【適用範圍】前庭平衡感不足、本體感不足。

【基本方法】將踩踏石排成一列，間距根據孩子腳步寬度排放，讓兒童一個個從上面走過去。（排列可按照不同方式增加趣味）

【訓練目的】訓練孩子平衡與邏輯思考能力。

10. 平衡臺

【適用範圍】前庭平衡感不足、本體感不足、觸覺不足、視覺不足。

【基本方法】（1）兒童兩腳左右分開踏在平衡臺兩端站立，做左右搖晃狀並保持平衡（靜態平衡）。

（2）站在平衡臺上拋接球（動態平衡）。

【訓練目的】透過練習統合兒童平衡反應的反射感覺，改善前庭平衡覺敏感、身體雙側平衡、注意缺陷、本體覺，幫助建立前庭固有平衡，發展兒童下肢力量，讓兒童學習透過屈伸膝關節取得平衡。

11. 獨腳椅

【適用範圍】前庭平衡感不足、本體感不足。

【基本方法】首先，兒童坐在獨腳椅上，雙手側平舉，雙腳交叉前踢。抬頭、挺胸、目視前方。其次，可進行雙腳交替踢腿，姿勢要正確，踢完回

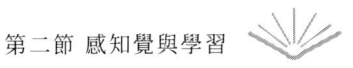

來腳底依然是併攏的。再次，可邊踢邊傳球。最後，可右（左）腳抬起，筆直，左（右）腳跳起來轉圈。

【訓練目的】幫助兒童建立前庭感覺機能，控制重力感，發展兒童平衡能力，對多動和身體協調不佳的兒童最好，同時對兒童的腰腹力量也有鍛鍊作用。

12. 晃動平衡木

【適用範圍】前庭平衡感不足、視覺感不良。

【基本方法】平衡觸覺板：各種不同形狀的觸點可刺激孩子的腳部神經及全身觸覺感，可任意變換，訓練平衡能力，體驗行走的樂趣。

大觸覺球：球面有特殊設計的軟質顆粒，可以提供豐富的觸覺刺激，具有按摩作用。可在球上進行躺、坐、趴或拍、推、滾等活動，提升兒童動作、平衡能力。

【訓練目的】鍛鍊幼兒的平衡能力、身體協調性以及減緩前庭的敏感性。

三、青少年感知訓練

（一）青少年感知覺特性的發展

由於感知覺屬於心理活動中較低級的形式，它出現早、發展快，所以許多簡單、基本的感知覺在嬰幼兒期已達到成人水準，但與思維的概括性和語言的發展有關係的感知覺的發展，是在小學到國中的一段時間發生質變的。如時空關係的區分、時空概念的準確把握，都是在 9 歲前後。這種情況還集中體現在青少年知覺的整體性、理解性、選擇性和恆常性的發展上。

國中學生已經具備了知覺整體性的特點。在教學活動或日常生活中他們能對存在一定缺欠的事物進行修補。但是由於知識和生活經驗所限，國中生常忽視弱刺激部分而過分注重強刺激，從而常做出不完全甚至是錯誤的反應。

國中學生已經能夠根據經驗，對事物加以組合、補充、刪減或替代，從而形成比較完整的理解。但國中生運用這幾種加工方式的時候還很幼稚，很

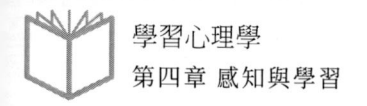

大程度上還依靠自己的主觀想像，表現出更多的隨意性，這樣有時對知識的理解就顯得牽強附會。如果沒有正確的指導和更合理的解釋，他們還會把這種理解頑固地堅持下去。

在知覺恆常性方面，由於受邏輯思維發展水準的限制，國中學生與高中學生相比較存在一定的差距。國中生很容易受到局部、片面的刺激的困擾，不能穩定不變地反映客觀事物；而高中學生更能抓住事物的本質特徵，能夠更從容、靈活地使用各種概念、定理或規律，更能做到觸類旁通、舉一反三。

（二）青少年觀察力發展的特點

觀察是一種有意識、有目的、有計劃、持久的知覺活動，是感知覺發展的高級形態，由此形成的觀察力是感知能力的核心和重要表現。所以青少年觀察力發展的特點在某種程度上就代表了其感知力發展的總體趨勢。

進入中學後隨著教學的要求和學生智力活動自覺性的提高，其觀察力也得到了充分的發展，具體體現如下：

1. 觀察目的更明確。國中生能使觀察服務於一定目的，並持續較長時間。但國中生觀察的目的仍有很大一部分依賴於成人的要求，帶有被動性。直到高中階段，青少年學生才表現出能主動地制訂觀察計劃，有意識地進行集中、持久的觀察，並對觀察活動進行自我調控。

2. 觀察時間更持久。中學生在注意力和觀察目的性、自覺性發展的基礎上，觀察可持續時間不斷延長。

3. 觀察內容更精細。隨著年級增長，國中生比小學生在觀察精確性、完整性和系統性方面有明顯的提高。這是由於青少年對觀察對象本質屬性的理解不斷深化、語言表達能力不斷增強的結果。

4. 觀察角度更概括。低年級小學生對所觀察事物做出整體概括的能力很差，表述事物特徵分不清主次，往往忽略了有意義的特徵而注意無意義特徵。而中學生的分辨力和判斷力就好多了。

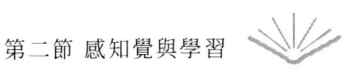

觀察力目的性、持久性、精確性和概括性的發展，還在很大程度上受教師與家長對學生訓練的影響，表現出很大的個體差異性。

四、老年感知維護

（一）老年人視覺的變化與調適

老年人視覺變化的個體差異很大，多數人在 50 歲以後視力就逐漸下降並出現老花眼現象。提高物體的照明度或改善物體與其背景之間的對比度，或以較長時間仔細地慢慢觀察，老年人的視敏度可能會提高些。但是，六七十歲以後，無論怎樣改善視覺條件，老年人的視力也絕不會達到青年人的水準。所以，在改善老年人視覺的條件中，良好的照明度是十分重要的。老年人活動設施和看書學習的地方，一定要有較好的照明條件。

老年人對弱光和強光的敏感性也明顯降低，對顏色辨別能力也較青年人低 25%～40%，而且對不同顏色辨別力降低的程度也不等，對藍、綠色的鑑別能力比對紅、黃色的鑑別能力下降得更明顯。兩隻眼睛顏色視覺的變化也有很多差異。年老過程中顏色視覺的變化除個別高齡老人，很少影響其正常生活。

老年人對物體形狀、大小、深度、運動物體的視知覺和一些特殊視知覺現象，與年輕人相比都有不同程度的變化。出現一定深度視知覺差錯，如將杯子放到桌上之前會誤認為已放在桌上了，以致脫手將杯子落在地上；上下臺階時由於對空間關係判斷不準確，容易摔倒。老年人對更複雜視覺訊息的認知過程反應變慢，對光刺激的腦電波反應也變慢，表明老年人不僅是眼，而且高級視覺中樞都發生退行性變化，這種視覺變化是緩慢地發生的。一般說來，只要認識視覺的退行性變化規律，創造較好的條件，老年人會適應這種變化。如經常給老年人檢查視力，以便佩戴適合的眼鏡，及時校正變化著的視力。老年用品和報刊的標記或文字應更加醒目，目標和背景對比度和色澤應很明顯，房間照明或閱讀照明度要充分等，這些條件的創造能更好地幫助老年人克服這些不足。

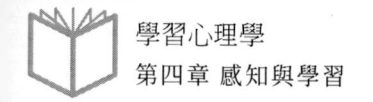

（二）老年人聽覺的變化與調適

老年人的聽覺變化中，最常見的現象就是重聽。通常所說的老年人耳聾或耳背，其實就是聽力下降所引起的重聽。這種退行性變化在外耳道表現為皮膚分泌功能的減退，使耳垢變得很硬，難以排出，這可能是影響聽力的原因之一。所以，對老年人應隔一定時間檢查一次外耳道，清除耳垢，這可能改善老年人的聽力。內耳的退行性變化，常引起對高頻聲音聽覺的喪失或減弱，內耳血管萎縮。生理心理學研究發現：老年人對不同音高（聲波頻）的聽力下降是不同的。高音部分隨增齡而下降得最明顯，而低音部分變化則不明顯；女性老人與男性老人相比變化得更輕些，受損失的音調比男性老人更高。男性老人對 4000 赫茲以上的聲音聽力明顯下降，而女性老人對 6000～8000 赫茲以上的聲音才出現明顯的聽力下降。所以，就言語聲音而言，女性老人重聽者比男性老人為數更少。

老年人對低音調音樂的聲音聽起來比較悅耳，能欣賞到音樂固有旋律的優美；而對高音調的音樂旋律和音調變化已聽不出來，覺得總是一個樣子的單調聲音。所以，為了延緩耳蝸基底部細胞年老退化的進程，老年人不妨耐著性子聽一些高音調的音樂，如每日聽上一段音調高、節奏強烈變化的迪斯科或搖滾樂。當然，心臟功能不佳的老人，主要應選擇一些音調低、節奏中庸的行板或慢板音樂。總之，應根據老年人的特點，不可千篇一律地只聽低音調的音樂。

老年人聽覺功能的變化，直接影響他們的言語知覺能力和理解能力。研究發現，70 多歲的老年人對言語知覺所需最低音強比青年人高 6～7 倍。所以，在電話中向老人傳達事情，講話人必須大聲慢講，而且周圍應盡可能沒有其他噪聲的干擾。

（三）老年人味、嗅覺的變化

老年人味覺的變化，表現為對某些原來熟悉的某幾種味道感覺減退，而且主要表現為剛能覺察到的最低味覺物質濃度增高。老年人對食物中鹹味比對其他味道敏感些。與味覺變化的規律相似，嗅覺感受的靈敏度也隨著增齡而下降。一般說來，老年人味、嗅覺的變化，對正常生活並不會產生很大影

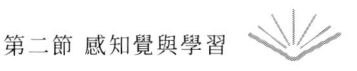

響。生活中對食品的鑑別，味、嗅覺是同時起作用的。所以，老年人根據豐富的生活經驗，依靠這些輔助訊息，可彌補其味、嗅覺功能的不足。

(四) 老年人軀體感覺與調適

60歲以上老年人皮膚上敏感的觸覺點數目顯著下降，皮膚對觸覺刺激產生最小感覺所需要的刺激強度在年老過程逐漸增大。老年人溫度感覺和痛覺也較遲鈍，有些皮膚區的感受小體幾乎完全喪失。其中女性老年人痛覺敏感度隨年齡增大而降低的現象比男性更明顯。另外，高齡老年人不但對室溫敏感度降低，而且自己身體的溫度也隨增齡而降低。部分高齡老人身體深部的溫度甚至低於體表，剛剛排出的尿液溫度低至35.5℃，而體表的體溫並不低。這部分老年人對室溫變化的感覺非常遲鈍，很低的室溫也不覺冷，因此對他們應細心照顧。尿液溫度低到35.5℃的老年人患病率和死亡率比較高。

高齡老年人由於感覺系統退行性變化較大會產生許多功能障礙。老年人步履遲緩，步態不穩，是由於肌肉、關節狀態的感覺反饋遲緩或不良所引起的。如果視覺功能減退不明顯，靠兩眼對路面高低的視覺反饋作用，可以幫助和彌補深度感知覺的不足，可使深度感知覺退行性老化的缺陷不那麼突出。一些老年人因視覺和本體感覺同時減退，走路不但搖擺不穩，還常常摔倒，甚至導致骨折。高齡女性走路摔倒形成骨折的人數明顯高於男性。有時在室內做些簡單家務事也會摔倒，甚至造成骨折。

深度感知覺減退給老年人帶來的不便還常常表現為口頭語言和文字書寫能力的變化。由於口部與發音有關的肌肉本體感覺能力減退，常使老年人言語聲音變得嘶啞、含糊不清或語流不暢，斷斷續續。手部肌肉本體感覺減退，向內反饋的神經衝動減弱，造成書寫文字所必需的精細運動困難，書寫不靈活。無論是口頭言語還是文字書寫能力的不足，都給老年人的社會交際、思想交流帶來很大困難，妨礙老年人的社會生活。所幸，這種老年性變化僅出現在部分高齡老人之中。例如，大字抄寫的速度在0～55歲之間沒有變化，50～60歲之間剛剛發生輕度變慢現象。只有60歲以後，才發生明顯變化。如果進入老年期之始就加強鍛鍊，則可以延緩手、口等肌肉精細運動功能的老化。老年人進行彈琴、唱歌等音樂活動以及手上滾動球等運動，對防止書

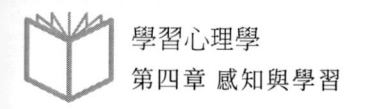

寫能力和口頭言語能力的減退都是有意義的。這些活動，既能給老年人的生活增加樂趣，又能延緩交際功能的老化。

複習鞏固

1. 請說明觀察力的定義。

2. 簡述如何培養觀察力。

3. 感知規律有哪些？

本章要點小結

感知覺概述

1. 感覺是人腦對直接作用於感覺器官的客觀事物的個別屬性的反映。知覺是人腦對直接作用於感覺器官的客觀刺激物的整體的反映。

2. 根據感覺刺激來自有機體外部還是內部，將感覺分為外部感覺和內部感覺。根據知覺時起主導作用的感官的特性分類，將知覺分為視知覺、聽知覺、嗅知覺、味知覺、觸知覺等；根據人腦所反映的事物的特徵分類，將知覺分為空間知覺、時間知覺和運動知覺。

3. 感受性變化包括感覺適應、感覺對比和感覺後像。

4. 知覺有選擇性、恆常性、理解性和整體性基本特徵。

5. 錯覺是錯誤的知覺，是在特定條件下產生的對客觀事物歪曲的知覺。最常見的錯覺有大小錯覺、形狀和方向錯覺、形重錯覺、運動錯覺及時間錯覺等。對錯覺的解釋有眼動理論、神經抑制作用理論與深度加工和常性誤用理論。

感知覺與學習

1. 觀察力是構成智力的一個重要組成部分，是一種有意識、有目的、有組織的知覺能力。

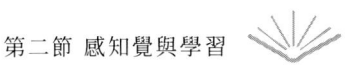

2. 培養觀察力的方法有：確立觀察目的；制訂觀察計劃；培養濃厚的觀察興趣；培養良好的觀察方法；掌握豐富的知識；遵循感知的客觀規律培養觀察力；堅持。

3. 培養良好觀察方法有全面觀察與重點觀察；比較觀察與解剖觀察；順序觀察與側面觀察；長期觀察與短期觀察；直接觀察與間接觀察；自然觀察和實驗觀察。

4. 感知規律有關注律；協同律；組合律；活動律；對比律；差異律；強度律。

關鍵術語

感覺 知覺 感受性 感覺閾限 差別閾限 感覺適應 感覺對比 感覺後像 知覺的選擇性 知覺的整體性或組織性 知覺的理解性 知覺的恆常性 錯覺 觀察力感覺統合。

單項選擇題

1. 感覺刺激是來自有機體外部還是內部，可以將各種感覺分為（ ）

A. 外部感覺和內部感覺 B. 肌肉運動感覺、平衡感覺和內臟感覺

C. 電磁能感覺和機械能感覺 D. 化學能的感覺和熱能感覺

2.「入芝蘭之室，久而不知其香；入鮑魚之肆，久而不聞其臭」屬於（ ）

A. 感覺適應 B. 感覺對比 C. 感覺後像 D. 感覺對照

3. 引起感覺的、持續了一定時間的刺激量，被稱之為（ ）

A. 感受性 B. 感覺閾限 C. 絕對感覺閾限 D. 差別閾限

4.「吃了糖後再吃梨，你會覺得梨很酸」屬於（ ）

A. 感覺選擇 B. 感覺恆常性 C. 感覺後像 D. 感覺對比

5. 感受性與感覺閾限的關係是（ ）

A. 正比 B. 相等 C. 反比 D. 沒關係

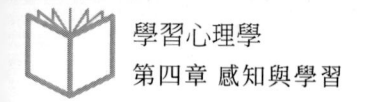

6. 下列關於青少年感知覺發展的闡述，正確的是（ ）

A. 國中學生尚不具備知覺整體性特點

B. 初高中學生知覺恆常性發展一致

C. 高中生知覺理解中多靠主觀想像

D. 時空關係區分和概念的準確把握在 9 歲前後

多項選擇題

1. 知覺的基本特徵有（ ）

A. 選擇性 B. 恆常性 C. 理解性 D. 整體性 E. 協同性

2. 下列屬於感知規律的有（ ）

A. 關注律 B. 協同律 C. 組合律 D. 活動律 E. 對比律

3. 培養良好觀察方法有（ ）

A. 全面觀察與重點觀察 B. 比較觀察與解剖觀察

C. 順序觀察與側面觀察 D. 長期觀察與短期觀察

E. 走馬觀花與半途而廢

4. 感受性變化包括（ ）

A. 感覺適應 B. 感覺對比 C. 感覺後像 D. 感覺閾限 E. 差別感覺閾限

5. 下列屬於觀察中不良習慣的是（ ）

A. 半途而廢 B. 走馬觀花 C. 片面觀察 D. 漫無目的 E. 抓住重點

6. 感覺統合的功能表現在（ ）

A. 保持功能 B. 組織功能 C. 綜合功能 D. 檢索功能 E. 保健功能

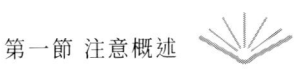

第五章 注意與學習

著名數學家陳景潤，在走路時會不斷思考科學問題，結果曾多次碰上路邊的電線杆，鬧了不少笑話。是什麼原因讓陳景潤碰上路邊的電線杆了呢？這裡就有一個心理學中關於人的注意規律以及注意力分配的問題。

什麼是注意？注意的一般規律是什麼？如何培養良好的注意力？如何運用注意規律進行自我教育？怎樣克服注意缺陷的障礙？本章的學習將引導我們去尋找這些問題的答案。

第一節 注意概述

一、什麼是注意

（一）注意的概念

注意是每個人都具有的一種心理現象，是人的心理活動或意識對一定對象的指向和集中。當學生在專心聽課時，其心理活動就指向、集中於教師的講述，而對於其他事物則相對忽略，這就是注意。心理活動既包括感知覺、記憶、思維等認識活動，也包括情感過程和意志過程。每種心理活動都有一定的針對性和實質內容，以及個體需要表達的對象，或者有目地從事某種活動的過程。心理活動的對象同時也是注意的對象。注意不是一個獨立的心理過程，不能離開其他心理過程而單獨起作用。它表現在感覺、知覺等一系列心理過程當中，成為這些心理過程的一種共同的特性，並且與這些心理過程有著密切的聯繫。

注意和我們的意識既緊密相關又有差異。一方面，注意和意識密不可分。當人們處於注意狀態時，意識內容比較清晰。人從睡眠到覺醒、再到注意，其意識狀態分別處在不同的水準上。例如，一個熟睡的母親，只要身邊的孩子一有動靜，她就會立刻從睡夢中驚醒，去照顧自己的小寶貝。這一現象表明人即使在睡眠中，由於意識上的指向與警覺性仍然存在，所以能注意到自己小寶貝的情況。注意提供了一種機制，決定什麼東西可以成為意識的內容。

只有被注意到的內外刺激，才能被個體所覺察，進而產生意識。另一方面，注意又不同於意識，也不同於對某一事物反映的感知、思維等認知過程。在可控制的意識狀態下，人的注意集中在當前有意義的內容上。俄羅斯教育家烏申斯基曾精闢地指出：「『注意』是我們心靈的唯一門戶，意識中的一切，必然都要經過它才能進來。」這說明，注意是心理活動或意識在某一時刻所處狀態，表現為對一定對象的指向與集中。一切心理活動，不論是言語、思維、情感或意志，都可能成為注意的對象，注意和一切心理過程都聯繫著。

(二) 注意的特點

1. 指向性

注意的指向性是指人在某些心理活動時或清醒意識狀態下選擇某個特定對象，而忽略其餘對象。注意的指向性顯示出人們在認識事物的過程中，並不是把當時所有起作用的刺激物都作為自己認識的對象的，而是有選擇地從這些刺激物中選出那些有意義的事物作為自己認識過程的指向對象，從而保證心理活動清晰而準確地把握某些事物。

2. 集中性

當心理活動或意識指向某個對象後，會在這個對象上集中起來。這時，心理活動不僅選擇、指向於一定的刺激而且還集中於一定的刺激。個體通常會只關注所指向的事物，抑制了與當前注意對象無關活動的關注。集中使心理活動停留在某個特定對象上進行深入加工，雖然有別的刺激產生，但不成為注意的對象。比如，當我們集中注意去讀一本書的時候，對旁邊的其他聲音就無暇顧及，或者有意不去關注它們。

注意始終貫穿於整個心理過程，只有先注意到一定事物，才可能進一步去集中、記憶和思考等。所謂「視而不見，聽而不聞，食而不知其味」，其實就是注意的一種狀態。從指向與集中的關係來看，第一，指向是注意的初步階段。人在注意某些事物時，其心理活動總是先指向某一事物，而離開了其他事物。第二，人在集中自己的注意時，注意指向的範圍就縮小了。注意的集中性顯示出人們的認識過程不僅有選擇地指向一定的對象，而且相當長

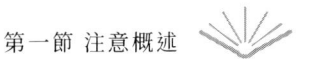

久地堅持指向這個對象，離開一切局外的、與這一對象無關的東西，抑制那些與這個對象相對抗的東西，使我們對注意對像有更深入、完整的認識。第三，指向向集中的轉化。當指向轉入集中，則有了注意的中心，或注意的焦點，這樣對象就被清晰地認識出來了。轉移是注意中指向、集中的更高的階段或結束階段。注意由指向向集中深入，就會轉移指向和集中於另一事物上去了。轉移這一階段具有中介的性質，它在結束這一注意集中的階段時，又開始另一階段的新的注意指向。因此，注意過程的指向、集中和轉移是循環往復、環環相扣的。由於人們在清醒的狀態下，心理活動總是存在的，所以注意也是始終存在的。而注意中的指向性、集中性也是在不斷循環往復，並轉移到新的指向中去的。正因為有了轉移這一特性，所以人們在清醒的狀態下，注意才會連續不斷始終存在。在別的任何心理活動都有停頓、消失的時候，唯獨注意沒有，這就是注意的特質。

二、注意的種類

根據注意有無目的性以及意志努力程度，可以把注意分為無意注意、有意注意及有意後注意三種。

（一）無意注意

無意注意又稱為不隨意注意，是事先沒有預定目的，也不需要作意志努力的注意，是一種自然而然的注意。例如在聽課時，老師高亢的講課聲音突然停止了，馬上就會引起同學們的注意。無意注意是人和動物都具有的初級注意。引起無意注意的原因有客觀原因和主觀原因兩方面。

1. 引發無意注意的客觀原因

（1）刺激物的強度

人的感官對過於微弱的刺激無法感受，因此，客觀刺激必須達到一定程度，並足以引起人的感知覺以後，才能促動人產生相應的無意注意。客觀刺激越強烈，人對其形成的定向反射越劇烈，越容易引起無意注意。並且，刺激強度之間的對比關係越明顯，越容易引起人的無意注意。例如：同樣強度的一聲尖叫，在安靜的教室中會引起同學的無意注意，但是在嘈雜的操場卻

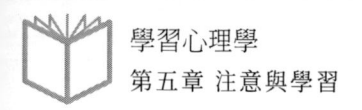

不容易引發同學的無意注意。所以，若要有效地引發人的無意注意，就應該善於利用刺激之間的對比關係和差別。

（2）刺激物的新異性

客體刺激提供的新異訊息也是引發無意注意的重要條件。刺激提供的新異訊息越多，越容易引起人的無意注意。生活中，有些人之所以喜歡標新立異，其原因在於想吸引他人的無意注意。所以，若要最大限度地引發人們的無意注意，就要使刺激物有新異性。

（3）刺激物的活動性、多變性

具有活動性、多變性的刺激物更容易引起人的無意注意。在街上漫步時，我們總是容易被那些不斷閃爍的霓虹燈，流光溢彩的廣告燈，玻璃櫥窗中處在運動和變化狀態的各類商品所吸引。這也說明了活動的和多變的客體刺激都能有效地引發人的無意注意。

2. 引發無意注意的主觀原因

（1）感受者的需要和興趣

凡能滿足人的某種需要的事物，都比較容易引起人的無意注意。一個處於飢餓狀態的人，對食物的香氣特別敏感。同樣，能使人產生直接興趣的事物也容易引起人的無意注意。例如：一個對體育有興趣的人就會對體育訊息特別敏感。

（2）感受者的情緒狀態

情緒狀態會影響人對事物的敏感性，情緒過分激動或低落都不利於引發無意注意。俗話說：「樂極生悲」，當人極其興奮、忘乎所以時，就容易忽視應該加以注意的現象、警示和徵兆，就可能遭受意想不到的禍害。同樣，低落的情緒也容易使人忽視許多應該警惕的關注點。

（3）感受者的機能狀態

當一個人身患疾病，或機體處於疲勞、睏倦狀態時，對周圍事物的敏感性會大大降低，導致應該引起注意的對像往往被忽視。工廠裡所發生的工傷

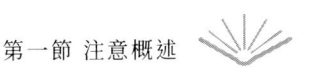

事故往往是由於職工疏忽造成的，而事故發生的高峰期則是下班前的一段時間，這顯然與職工的機體疲勞和睏倦有內在聯繫。

（二）有意注意

有意注意又稱為非隨意注意，它是一種有預定目的，需要經過意志努力的注意。有意注意的指向和集中不是決定於刺激物的特點，而是服從於一定的目的和任務，是積極、主動、經過意志努力，並受人意識自覺調節和支配的注意。有意注意的基本特點是注意過程完全是在高度自覺意識的狀態下進行，在進行過程中主體對於需要注意的活動任務和效果具有較強的認識，在注意活動中常需要排除各種無關刺激的干擾，以達到認識的目的，完成認識的任務。例如同學們正在上課，一個人推門進來，大家沒受到新異刺激的影響，仍然聚精會神地聽教師的講解，這就是有意注意。

引起和保持有意注意的條件主要有以下四個方面：

1. 有意注意是服從於活動目的和任務的注意。注意過程完全是在高度自覺意識的狀態下進行，在注意進行過程中主體需要加強對活動任務的目的性和任務意義的理解，明確把注意維持在所要完成的活動上的重要性。完成任務的動機、願望越強烈，與任務有關的事物就越能引起人的有意注意。

2. 有意注意是積極、主動的，經過意志努力，受人的意識自覺調節和支配的注意，因此在活動過程中可以運用自我提醒和自我命令，提醒自己應保持有意注意。人類的許多生產活動和生活活動本身是枯燥單調、缺乏興趣的，當活動時間過長時容易使人產生疲勞以至注意力減退。但透過意志的努力把注意集中於工作上，可以使活動本身成為有意注意的對象而利於相關工作較高質量地完成。

3. 在進行智力活動時把智力活動和外部的實際結合起來，正確合理地組織活動，則有益於有意注意的引起和維持。學生將學習時間安排得井井有條，學習過程也組織得很好，就為引起有意注意創設了良好的情境。

4. 有意注意在進行過程中需要主體對於活動任務和效果具有較強的認識，要排除各種無關刺激的干擾，才達到認識的目的。這些干擾可以是外部

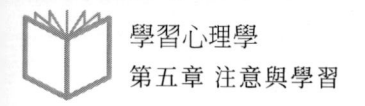

世界的各種無關刺激物，也可以是人體內部的需要、情緒、經驗、興趣等狀態。只要付出意志努力，排除這些干擾，保持良好的心境，就能將注意力維持在進行的活動上。

（三）有意後注意

有意後注意是產生在有意注意之後的一種與自覺的目的和需要完成的任務聯繫在一起，但不需要做意志努力的注意，也被稱為隨意後注意。所以有意後注意具備了無意注意和有意注意兩者的優點，它既服從於當前的活動目的與任務，具有潛在的目的性，又能節省意志的持續性努力，使個體不容易疲勞，因而對完成長期、持續性的任務有利。

有意後注意是一種特殊形式的注意，由於它與需要進行的任務目的和完成的任務相聯繫，並由預定要完成的任務所引起，因而它與無意注意不同。又由於有意後注意的保持不需要積極、主動的經過意志努力，是不需要受人意識自覺調節和支配的注意，所以它也不同於有意注意。在日常生活中，人們熟練地打網球，熟練地背誦詩文，熟練地駕駛汽車等活動注意都是有意後注意。有意後注意在有意注意和無意注意的相互交替或轉化過程中，有時是自然完成的，有的則需要外力的幫助。

有意後注意是一種高級類型的注意，任何工作和學習，都需要我們應用有意後注意。因為只靠有意注意而沒有直接興趣的工作和學習是很吃力的，是難以持久的。同時任何工作和學習都有它比較枯燥和單調的一面，而且常常有別的事物來干擾我們的注意，所以只靠無意注意也是難以持久的。有意後注意是我們從事創造性勞動的必要條件。

三、注意的一般規律

（一）注意的功能

注意有選擇、保持和調節三種功能。

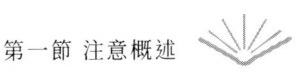

1. 選擇功能

選擇功能是注意的基本功能。由於周圍環境給我們提供了大量的刺激，所以我們要對這些刺激進行篩選，將對我們重要的訊息保留下來，將不重要或者毫無意義的訊息篩選出去。由此注意的作用進入我們意識中的感知、動作和記憶的範圍便大大地縮小了，其中一些（強的、重要的或新的）占著優勢，另一些（弱的、無關的或很熟悉的）則受到抑制。如果心理活動沒有注意的選擇功能，我們就不可能將有關的訊息檢索出來，意識就會處於一片混沌狀態。透過注意對於重要訊息的選擇可以排除無關刺激的干擾。所以，注意的基本功能就是對訊息進行選擇，注意的其他功能都是在選擇功能的基礎上發生作用的。

2. 保持功能

注意的保持功能可以使我們的心理活動能較長時間地保持在選擇的對象上。在注意對重要訊息進行選擇後，大腦透過注意使這些訊息在意識中進行加工，並且轉換成持久的形式儲存在記憶中。這些持久的訊息能使我們的心理活動維持一種較為緊張的狀態，由此進行有目的的活動。沒有注意的保持功能，任何正常的智力活動都無法順利完成。

3. 調節功能

調節功能就是注意對於進行中的心理活動的調節和監督的功能。注意使我們的心理活動沿著一定的方向和目標進行，在注意狀態下，我們能夠對自己心理活動是否沿著方向、目標的狀態進行調節和監督，並且透過注意的訊息反饋，將自己的行為與特定的目標相比較，使心理活動根據當前需要做出適當的分配和及時的轉移，並使之與特定的方向、目標相一致。透過這種反饋環節，使心理活動的進行不斷地調節至達到目標為止。

（二）注意發生的心理機制

20世紀以來，許多心理學家對於注意發生的心理機制進行了卓有成效的探索、研究，並且提出了許多富有創造性的理論。其中影響較大的是過濾器理論、衰減模型和容量分配模型。

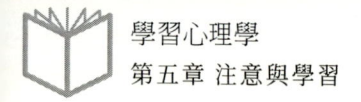

1. 過濾器理論

布魯德本特（Broadbent）提出的過濾器理論認為，人們接觸外界，會感受到大量外在訊息，但是受人的神經系統高級中樞訊息加工系統結構的限制，人們接受訊息和加工訊息的能力是有限的，所以人們透過注意輸入的訊息需要透過過濾和調節來使訊息獲得進一步的加工，而其他的訊息則不能透過。他認為，訊息加工受通道容量的限制。來自外界大量的訊息將透過大量的平行的感覺通道進行加工，因神經系統高級中樞加工能力極其有限，訊息加工的某一階段就出現瓶頸口。為了避免系統超載，需要過濾器加以調節，選擇出一些訊息進入高級分析階段，透過過濾器的訊息受到進一步的加工而被識別或儲存。當環境需要的時候，過濾器又轉換到另一個通道，使有關訊息透過；同時阻斷其他通道，不讓這些通道的訊息透過。該理論也稱為單通道理論。布羅德本特也認為，由於人對有意義材料的訊息加工和注意分配等能力，有的能夠在較小的程度上來回轉換注意的通道，因而人們的注意也表現出似乎能夠同時加工兩種類型訊息的能力。不過這種能力是極其有限的，尤其是一個通道的訊息加工材料十分複雜時更是如此。

2. 衰減模型

衰減模型是由美國心理學家特雷斯曼（Treisman）提出的。特雷斯曼認為，過濾器並不是按「全或無」原則工作的，訊息在通道上並沒有完全被阻斷，只是被減弱。所以，一些重要的訊息可以得到高級加工並且反映到意識裡。也就是說，一些輸入的訊息透過過濾器受到衰減時，由於強度減弱，因而不能被識別；但一些特別重要的訊息的啟動閾值較低，因而能被啟動、被識別。因此，選擇注意不僅取決於感覺訊息的特徵，而且取決於中樞過濾器的作用。

一些心理學家趨向於將兩個模型合併，稱為布羅德本特—特雷斯曼過濾器—衰減模型。

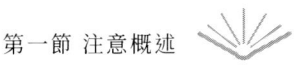

3. 資源分配模型

最初提出容量分配模型的是心理學家卡尼曼（Kahneman）。卡尼曼將注意看作是資源和容量，而這種對輸入進行操作的資源和容量在數量上是有限的。如果一個任務沒有用盡所有的資源，那麼注意就可以指向另外的任務。例如一些人有時可以同時進行兩種活動：教師可以一邊講課一邊注意課堂紀律；司機可以一邊開車一邊與乘客說話。這些事例說明，人的注意容量沒有超出他所能夠容納的容量時，一個人可以同時進行兩種或者兩種以上的活動。反之，在一個新教師剛開始上課時，他的注意力主要集中在講課的內容和教學環節，對課堂秩序很難兼顧。資源分配模型提出了注意的有限性不是過濾器作用的結果，而是對於輸入進行操作的資源和容量的有限數量所決定的。

諾曼（Norman）和博布羅（Bobrow）擴大並精確了資源和容量的概念，他們提出的基本假設是，人們完成每一項任務都需要運用心理的資源和容量。操作幾項任務可以共用這種心理資源和容量，但是資源和容量是有限的。人在對於訊息的加工過程產生一定數量的輸出，人在操作幾項任務時根據特定數量的資源和輸出在質量上的變化，將資源量分配給這些任務的操作。只要同時進行的兩項任務所需要的資源之和不超過人的心理資源的總量，那麼同時操作這兩項任務便是可能的。

（三）注意的品質

注意的品質主要有注意的範圍、注意的穩定性、注意的分配、注意的轉移四方面。

1. 注意的範圍

注意的範圍也稱為注意的廣度，是指在同一時間內所能清楚把握的對象的數量。人們不可能在同一時間去感知或思考無數的客體，只能把注意集中在一定數量的客體上。在一個很短的時間裡，一個人能察覺的對象數量，即同時輸入的訊息量是有限的。研究表明，在一秒鐘內，一般人可以注意到4～6個相互間聯繫的字母，5～7個相互間沒有聯繫的數字，3～4個相互間沒有聯繫的幾何圖形。我們所感知的對象越多，注意的廣度就越大，反之亦然。

擴大注意範圍，可以提高學習、工作的效率。那麼怎樣擴大注意範圍呢？一般來說，由於注意對像在同一時間內刺激物數量的多少，呈現速度的快慢，排列的方式集中與分散，顏色或形狀的差異性都能夠影響我們注意的範圍，因此注意的對象越集中、越有聯繫、越有規律地排列組合，顏色或形狀的差異性越小，注意的範圍也就越大。同時，知覺對象相同，如果人的活動任務不同或知識經驗不同，注意的範圍也會有變化。

2. 注意的穩定性

注意的穩定性也稱為注意的持久性，是指注意在某一對象上所能夠保持的時間長短。它標誌著在該段時間內注意活動的最高效率。注意的穩定性是相對的，呈現時強時弱的週期性的起伏現象。注意的穩定性又分為廣義與狹義兩種。狹義的穩定性指注意保持在某一事物上的時間；廣義的穩定性是指注意保持在某一活動上的時間。雖然我們不能長時間地使注意集中在一個對象上，但我們卻能長時間地集中注意於一定的工作，並能完成該項工作。因此，廣義的注意穩定性指出注意雖然並不是總指向一個事物，注意接觸的事物可以發生某些變化，但是注意總是保持在對一定活動的總的指向上，其維持的活動方向不變。因此廣義的注意穩定性注意的範圍更加大一些。

影響注意穩定性的因素很多，如注意對象的豐富、變換與新異性，個體的知識、經驗，主體狀態的積極性等。

3. 注意的分配

注意的分配是指一個人在進行多種活動時能夠把注意力合理分配於活動當中，即人在進行兩種或多種活動時能把注意指向不同對象的現象。一個人能夠在一定時間內把注意指向不同的對象，是注意的分配結果。波爾哈姆（Paulham）曾經一邊口誦一首熟悉的詩，一邊手寫另一首熟悉的詩，並發現是可以做到這兩點的。雖然有時他也會寫出一個正在背誦著的詞，但總的說來，這種相互干擾作用並不大。現實生活中，如音樂教師在聲樂、器樂的彈、唱、看譜等活動上可以合理分配自己的注意。

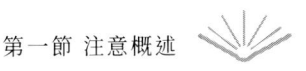

注意的分配是有條件的。同時進行的幾種活動的複雜程度、熟悉程度和自動化程度都會影響注意分配的難易程度。同時進行的幾種活動愈複雜、愈不熟悉、愈不習慣，注意分配就愈困難。因此，在注意的分配中，個體同時進行的幾種活動，每一種都應該是個體比較熟悉的，並且其中一種應該是自動化的或部分自動化的活動。由於人對於自動化或部分自動化的活動，不需要更多的注意，所以在幾種訊息的吸取、加工和儲存中才不會超過人腦的訊息加工容量，使大腦能進行有效的反應活動。

4. 注意的轉移

　　注意的轉移是根據新的任務，把注意從一個對象轉移到另一個對象上。注意的轉移不同於注意的分散。注意的轉移是有目的地把注意轉向新的對象，使一種活動合理地為另一種活動所代替。注意的分散是在需要注意穩定的情況下，由於受到其他刺激物的干擾，個體的注意不自覺地離開需要注意的對象，被無關刺激所吸引，使注意力不集中。所以，注意的轉移是主動、積極的，而注意的分散是被動、消極的。注意分散的原因，主要是由於無關刺激的干擾，或單調刺激長時間作用的結果。那些與當前活動任務無關的突然的、意外的刺激，以及與個體情緒有關聯的干擾都能引起注意的分散。

　　注意轉移的速度是思維靈活性的體現，也是個體快速加工訊息形成正確判斷的基本保證。注意轉移的快慢和難易依賴於新注意的對象的特點以及每個人的個體素質。新注意的對象越符合人的需要和興趣，注意的轉移越容易。反之，注意的轉移就越困難。每個人的個體素質不一樣，個體注意轉移的快慢、敏捷程度也各不同。有的人思維靈活，微小的刺激物就能夠引起注意的轉移。有的人敏捷善感，容易使注意在多個對象上跳動。有的人學習、工作凝神專注，其注意則不容易轉移。有的人注意不容易穩定，則容易導致注意的分散。

　　注意轉移的特點對學習和工作有重要的意義。例如，一個高中學生每天上語文、數學、英語、理化等幾門不同的課，這就要求他們在課程轉換中，有迅速轉移注意的能力，才能夠很快地聚精會神去聽新課，而不至於始終沉浸在舊課中。飛行員在起飛、降落時要在短時間內關注許多儀表，完成很多

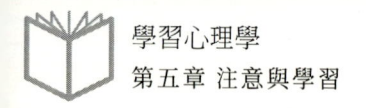

動作，需要快速進行注意的轉移。注意的轉移在要求快速發生反應的場合下，是特別重要的。

　　注意的幾種品質，在實際應用中是處於辯證統一的相互關係中。一方面，個體需要有穩定的注意，才能長時間地集中注意於一定的工作，並能完成好該項工作。在一定條件下，注意發生轉移的快慢、敏捷程度，可以使個體快速加工訊息形成正確的判斷，使一種活動合理地為另一種活動所代替。注意的範圍越大，可以使個體注意在每一瞬間把握的對象則越多。注意範圍擴大，可以提高學習、工作的效率。同時，善於把注意分配到不同的活動上去，使人的有限的注意力總是集中到任務需要關注的地方，可以使人更好地完成任務。因此，注意的四種品質是辯證的統一，相互補充而不可分的。另一方面，我們也要注意在不同條件下，注意不同注意品質的重點運用和交替應用。由於個體差異和條件的不同，某個時候，其注意品質的應用、把握也不同。必須根據具體情況，突出其應該運用的注意品質，才能更好地收到實效。所以，辯證運用注意的品質、特點，才是有價值的注意。

生活中的心理學

生活中的「注意」事件

　　在一個愉快的週末，電視機裡正在播放著義大利超級足球聯賽米蘭隊與那不勒斯隊的足球決賽。球迷小李和妻子一邊做著飯，一邊看著中央電視臺體育頻道精彩的足球賽。正當小李看得興高采烈、手舞足蹈時，忽然，只聽見「哎喲」一聲，小李正在切菜的刀一不小心傷著了他的手指頭，頓時鮮血長流。小李的妻子趕快尋找棉花、紗布，慌忙地為小李包紮。等待包紮完畢，電視機中的足球賽已經結束，小李不禁又惱又氣。

　　是什麼原因讓小李切菜時傷著手了呢？這就是一個關於注意力的問題。我們在認識事物的活動中，在同一時間內我們的心理活動會共同集中於一定的刺激，這就是通常我們說的「聚精會神」，「專心一致」。就同一種心理活動而言，它指向而且持續地、深入地集中於一定的刺激而且維持這種指向使活動不斷地深入下去，這就是我們說的「注視」和「注意」。小李一邊興

高采烈地看電視裡播放的足球賽,一邊切著菜,由於他切菜時的注意力不集中,所以就發生了傷著手的事情。

複習鞏固

    1. 注意的特點是什麼?

    2. 注意的種類與功能有哪些?

    3. 注意的品質有哪些?

第二節 如何培養良好的注意力

一、注意規律在教育中的應用

(一) 應用無意注意的規律進行教學

    個體的無意注意對個體的學習既有積極作用,也有消極影響。因此在教學中應該根據無意注意的規律,加以有效利用,以保持學生較強的注意力,從而利於學習的進行。在預防無意注意的消極作用方面:為防止相對強烈的刺激吸引學生注意力,學校單位的選址一般應當相對比較安靜,儘量減少引起巨大聲響的可能性;教育場所內要杜絕有可能無意分散學生學習注意力的行為和事件,一方面避免陌生人進入教學區域,以預防和減少突發事件在教學環境附近的出現,另一方面,教育工作者本身也不應該製造無關的新異刺激,服飾和裝束應當嚴謹,與自己的職業角色要相匹配,一般以素淨而不古板為宜,不能太過暴露或者特別標新立異(特別是針對初高中學生),避免自己的不當著裝成為學生關注和議論的中心而分散學生的學習注意力;此外,要注意改掉教師不適當的習慣動作、手勢,如搖晃、擺動身子,不規範的手勢,教具使用不當等等,否則這些新奇的刺激,會引起學生的無意注意,從而影響教學效果。

    在利用無意注意的積極作用方面:教師可以在教學中不斷變化或提供一些新異的或突然變化的刺激,如抑揚頓挫的語言講解風格,講解到關鍵時刻需要學生特別注意的突然停頓,學生不注意或者違紀時候的有意中斷,這些

都可以有效吸引學生的無意注意；教師在教學過程中還應當將教學的內容更為巧妙地與學生的興趣愛好結合，抓住學生的無意注意。有教師反映，中學生認為數學很枯燥，覺得沒意思，由於中學生比較愛美，老師可以將數學與生活中各種美好事物進行恰當地聯繫，學生便會很容易就被吸引了注意力，專心地學習，並在教師引導下結合所學內容去發現生活中的美，學生對數學的學習興趣也變得更加濃厚！

（二）應用有意注意的規律進行教學

由於教學任務、內容不可能都是學生感興趣的，可是又非學不可，這就要求我們培養學生的有意注意。根據有意注意形成和保持的規律，我們在教學中需要注意以下方法：

1. 加深或加強學生對從事某項活動的目的和意義的理解

對活動任務的意義理解得越清楚、越深刻，完成任務的願望越強烈，為完成這項活動任務所必需的一切就越能引起有意注意。因此教師不僅需要培養學生正確的學習動機，明確學習目的，還要讓學生認識到每一節課的學習重點、難點與任務，從而使學生對於教學活動的有意注意得到有效的維持。

2. 教師需要合理地組織教學活動

教師應合理地組織教學活動，指導學生組織自己的有意注意，並引導和教育學生如何有效地組織自己的有意注意，使學生清楚地瞭解學習的任務，從而不斷組織自己的行為，把注意維持在所要完成的活動上。例如教師上課講到關鍵的地方，會反問：「老師講到哪裡了？」這樣透過語言的調節作用，使學生維持自己的注意力。老師也要指出課程中的重點或難點，以引起學生持續的有意注意。

3. 引導和教會學生自我控制

個體堅強的意志和毅力能保證有意注意的持續，因此運用自我提醒和自我命令等自我控制措施可以有效提高學生的有意注意。在學生需要加強注意的重要關頭，使學生能夠運用自我控制技術，如透過自我提醒和自我命令，來提升或維持學生的有意注意。

4. 關注興趣愛好，動手動腦結合

由於興趣和愛好能激發有意注意，因此在進行教學活動時，要把理論知識與實驗、實際動作結合起來，儘量採取學生感興趣的教學方法，克服教學方法的單一、枯燥，從而加強學生的有意注意。在教學中應該要求學生聽練結合，讓學生適當做筆記或者動手做實驗，教師提問不只是簡單地問「是不是」、「對不對」而要問「為什麼」「怎麼樣」等問題，使問題具有啟發性和趣味性，也促使學生動手動腦結合而維持較好的注意力。

5. 排除外界的干擾抗分心

要培養學生與注意分散做掙扎的能力，使學生有意注意更集中。由於外界干擾不利於注意的堅持，所以我們可以透過儘量創造良好的學習環境，盡可能保持教室的安靜、整潔，室內裝飾的簡單、樸素來避免外界干擾。一旦發現教室有干擾刺激，就要盡快予以排除。當個別學生注意分散時，教師可邊講邊走，到這個學生身邊時採用暗示的動作，如摸摸他的頭或者動一下他的書，使其注意聽課，這樣既糾正了個別學生注意分散錯誤，又沒有影響全班學生聽課。

（三）交替使用兩種注意

學生處於青少年時期，其對同樣一種活動持續時間較長的注意易引起大腦疲勞，注意力就會下降。一般來講，7～10歲的兒童連續注意約在20分鐘，10～12歲兒童連續注意約在25分鐘，中學生、高中生的連續注意力更長一點，但一般都不可能在45分鐘課堂時間中保持連續注意，可以交替使用無意注意和有意注意的規律，以維持長時間的注意。該有意注意時，就喚起有意注意，可利用無意注意時就利用無意注意，有張有弛，使課堂效果更好。

教師在課前應該要求學生明確學習目的，瞭解每一節課的學習重點、難點與任務，儘量激發學生的有意注意。同時，要常常要求學生強化學習的自覺性，指導運用自我提醒和自我命令，使學生強化學習中的自我監督。還要透過合理的方式恰當轉移學生的注意力，由於課前學生的注意力多在其他地方，或關注課外活動，或思考上一節課的知識，或想著他感興趣的東西，因

此透過在上課時學生全體起立，師生互致問候，既表現師生良好關係，又引起學生的有意注意，表明現在開始上課了，要將注意轉移到現在的教學中了。老師在講解一段時間的新課後，若發現學生神情有些倦怠，可採用一些手段引起學生的無意注意。如使用有啟發性的提問或生動的講述，讓學生的思路輕鬆愉快地跟你走，聽你講課，使學生的注意不會轉移；或者是變換教學方式，採取集體討論、學生角色扮演、使用音像等，使學生的興趣得以激發，他們不用去控制自己的注意，而把精力用在理解老師的講述上。但當遇到教學中的重點、難點時，又需要學生有意注意，於是可以要求學生適當提醒自己集中注意力，堅持聽課。一節課不斷地變換注意的性質，一張一弛，可使學生既不感到疲倦，又能保持比較長時間的注意。

有意注意和無意注意的有節奏地交替調節，可以更好地調節學生的注意力，使學生始終處於興奮與注意中，能夠更加有利於學生注意穩定性的提高，收到很好的課堂教學效果。

二、注意的穩定和培養

如果一個人能較長時間有意識地將注意力穩定地指向某一對象，說明他具有注意力穩定的品質。只有注意穩定時，才能打開心靈世界的「門戶」，外界事物才能進入自己的心靈，進而無論是感知事物或研究問題，還是從事學習和工作，都能取得令人滿意的成績。一個司機在駕駛汽車的過程中，只有穩定自己的注意力，才能很好地保證駕駛的安全。注意的穩定性主要受後天生活實踐的影響，因此透過教育與訓練，可以大大改善注意的穩定性。

（一）磨煉自己的意志

對注意力的穩定和保持起干擾作用的因素有內外兩個方面。內部因素可能是個體自身的某種狀態，如失眠、睏倦、飢餓、病態等；也可能是某些無關的思想情緒，如喜、怒、哀、樂。而這些來自個體自身的干擾因素有時候更強於外部因素。外部因素可能是無關的聲音，視覺刺激物如光線、閃電等，也可能是使人感到強烈興趣的事物或是自然因素，如過冷或過熱。為了保證自己能夠專心致志地學習、工作，我們主要依靠自覺調節來維持高度的注意

力，必須努力使自己獲得抵制各種干擾因素的主觀條件，這種主觀條件就是自己的意志力。意志力的特徵之一就是能克服困難，推動人去從事能達到預定目的的行動，制止與預期目的相矛盾的行為。我們在培養意志力時，首先要規定自己在一定時間內完成一定的工作，不管對這項工作有沒有興趣，我們都要堅持下去。我們經常會碰到這樣的情況：開始時對某項任務並無興趣，但是，為了使注意力保持下去，就得做出意志努力。此後，隨著困難的克服，我們逐漸對任務本身產生了興趣，這時注意力的維持就不再需要意志努力了。實質上，注意力的分散也是意志的強弱問題。在平時只要善於磨煉自己的意志，做到持之以恆，有始有終，無論在什麼條件下都能穩定自己的注意力，便可能獲得成功。

（二）培養良好的習慣

注意力能否集中與良好的生活習慣（如睡眠習慣）和自身的責任感等密切相關。良好的睡眠習慣會使人有良好的精神狀態，能提高學習和工作效率，對穩定注意力造成非常關鍵的作用。另外，責任感也有助於注意力的維持。一個具有責任感的人辦事嚴肅、認真，容易專心做事。反之，無責任感的人就容易敷衍了事、心猿意馬、思想容易開小差。平時努力培養自己成為一個具有高度責任感的人，即使在環境不利時，也能努力集中注意力，並使注意力長時間處於穩定狀態。

（三）培養廣泛的興趣

培養和發展廣泛的興趣，有利於我們培養穩定的注意力。一個人對某一事物有穩定的興趣，就會表現出力求深入、鍥而不捨的精神。例如，當讀到一本有趣的小說時，書中引人入勝的情景往往會像磁鐵一樣緊緊地吸引自己的注意力，以至於對周圍發生的事情漠然置之。興趣的持久和易變也取決於對有關事物認識的深度，對事物的認識越深刻，越有助於產生穩定的興趣。

（四）掌握方法

培養和保持注意的穩定性，可以參照以下幾種方法。

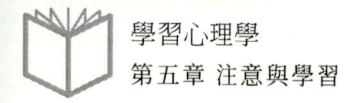

1. 交替法

保持注意的穩定，最好將有意注意和無意注意交替使用。交替法可以避免有意注意因過多地使用意志，造成巨大的緊張、疲勞而分散注意力，而無意注意既可以避免腦力的無謂消耗和身心的過度疲勞，又能保持注意的穩定。

2. 誘導法

誘導法是利用間接興趣來強化和保持注意力。事物本身對個體並無吸引力，但該事物引起的最後結果卻能使個體產生興趣。例如，學習一門外語時，不少人對記憶那些枯燥乏味的單詞本身並無興趣，但一想到只要掌握了外語，就能閱讀外文資料或者出國旅遊、深造，這種令人興奮的學習結果便會誘導自己穩定和保持注意力，學好外語。

3. 發問法

要勤於思考，經常不斷地提出問題，也是穩定注意力的方法之一。「問題」能使人加倍注意有關事物，並有意識地去思考有關的答案，這樣有益於促進注意力的集中。

4. 轉換法

一個人長時間進行單調的活動，注意力會很難保持穩定。在高強度注意保持的間隙，若轉換注意對象或者安排短時的分心、運動或休息，反而有利於穩定注意，做到事半功倍。

5. 刺激法

並非外界的任何刺激都會引起注意力分散。事實上，在極其安寧沒有任何外界刺激的情況下，要穩定注意力反而更加困難。英國倫敦曾建造過一座圖書館，設計人員為了使讀者能夠專心致志地閱讀，把圖書館設計得與外界完全隔離。然而結果卻事與願違，讀者反而容易感到疲倦不堪，很難集中注意力。研究發現：良好的注意力受大腦的興奮狀態所指示，而大腦的興奮狀態需要一定的刺激來維持，當缺乏外界刺激時，大腦的興奮就難以維持較高的水準，因而注意力的穩定也就難以維持。根據這一原理，我們在學習、工

作中，如果條件允許，可以有意地附加一些微弱刺激來加強注意力。例如：深層思考時，有人喜歡以踱步的方式來加強自己的思考。

6. 暗示法

暗示法就是經常用內部語言進行自我暗示，從而強化我們對於某一個問題的注意。例如，對於某一個問題或者對象感興趣時，我們可以採取自我提醒的辦法，在頭腦中用「集中注意」、「思想別開小差」之類的話，不斷警醒自己，從而加強自我意識的覺醒程度，保持注意力穩定。

三、兒童注意力不足過動症及其治療

過動症是注意力缺乏的一種表現，全稱為注意力不足過動症（attention-deficit hyperactivity disorder，簡稱 ADHD）。ADHD 多發生在 5 歲以前，男童比女童多，是造成兒童學習障礙的主要原因之一。ADHD 可能與大腦某些生理功能的缺陷有關，也可能是不良教育方式造成的。ADHD 可劃分成三種類型：行為衝動和極度活躍但沒有注意缺損、行為有注意缺損但沒有衝動和極度活躍、中間型。

（一）注意力不足過動症的表現

注意力不足過動症表現在以下幾個方面。

1. 注意力缺損

ADHD 主要表現為主動注意功能極差，難以自覺地把注意力集中在某項活動或任務上，而且還非常易於被外界任何細小變化所吸引，將注意力轉向無關事物。在生活、學習中不能集中注意力，丟三落四。比如上課時不能專心聽講，東張西望，因而對老師的講解和安排的作業聽不清楚，不能按照老師的要求完成作業。

2. 多動、極度活躍

不分場合，特別好動。在上課時，不安寧，經常在座位上扭動、做鬼臉、逗同學發笑；課間在教室裡上躥下跳，放學後還到處跑個不停；在家裡時常亂翻東西。有些 ADHD 兒童不是在任何場合下都顯示出多動，而是在一些高

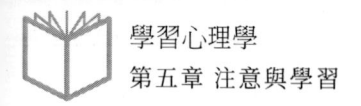

要求的形勢下，多動行為表現更為明顯。例如，觀察一名多動症男孩玩遊戲，也許跟沒有這種症狀的孩子們在遊戲中所表現的活動水準相同。然而，如果進一步關注兒童的注意穩定水準，就會發現，多動症兒童的自發行為多過其他的兒童。

3. 衝動和愛發脾氣

ADHD 兒童在行動之前缺乏思考，不會在做出某一行為前思考其行為的後果。同樣的，他們也不對自己過去的行為進行反思，不會從經驗中學習。雖然他們也可以明確地意識到制定的一些規則及其要求，但在實際活動中，就是不能控制自己的行動。比如不等老師說完問題就搶著說答案，經常打斷別人的談話等。有些多動症兒童甚至在 2 歲之前，衝動行為就常常發生。初學走路的孩子可能就常常表現出古怪的攻擊性的姿勢，比如揪頭髮、擰、打等等。發脾氣一般發生在 2 歲以後，常常有誇大的表現，而且可能與任何負性的事件沒有任何關係。父母最常經歷的事情可能是，在擁抱一個 ADHD 兒童之時遭到突然的攻擊。

4. 認知障礙和學習困難

部分 ADHD 兒童存在空間知覺障礙、視聽轉換障礙等問題。雖然他們的智力水準正常或者接近正常，但由於活動過度、注意障礙和認知障礙，使得 ADHD 兒童常常出現學習困難，學習成績明顯落後於應有的智力水準。

5. 受損的短時記憶

ADHD 兒童的一個重要特徵，也是其學習失能的特徵，就是工作記憶的問題。多動症兒童不能在頭腦中抓住句子和圖片的小組，以便從中抽取出有組織的思想。通常，多動症兒童常常會被其他活動所吸引，如電視、電腦遊戲或活躍的個人運動，以至於不能負擔工作記憶或者產生注意轉移。需要注意的是，ADHD 兒童與正常兒童的長時記憶並沒有區別。

6. 缺乏時間管理能力

ADHD 兒童在分配時間來完成任務上存在問題，儘管他們傾向於相信自己能夠很智慧地分配和管理時間，但是實際上卻恰恰相反。

7. 缺乏適應性

ADHD 兒童對日常生活中很小的改變都有很強烈的不適應，比如吃新的食物、穿鞋子。任何環境中的小小改變都會帶來很強烈的、吵鬧的消極反應。甚至在他們情緒非常好的時候，如果遇到期望之外的改變和挫折，他們都會突然發怒。

8. 超敏感性和睡眠問題

ADHD 兒童對景物、聲音以及觸摸都超級敏感，並且常常對強度較低的或者對他人來說溫和的刺激產生過分的抱怨。一項研究表明，63%的 ADHD 兒童有睡眠問題。

（二）多動症的治療

目前，多動症的治療主要是多種方法的綜合治療，即除了藥物治療、飲食療法外，行為管理也是重要的治療技術。本書著重介紹一些基本的行為管理對 ADHD 患者的治療。在治療中，需要注意的是，強迫 ADHD 兒童像大多數正常兒童一樣去行動是沒有用的，並且對於他們具有傷害性。因此，在治療中，我們首先應該注意限制多動症患者的破壞性行為，慢慢向他們灌輸自我價值的意義，這樣就會幫助兒童克服對生活的消極態度，因為這種消極態度才是這種障礙的最大危險之一。

1. 家庭行為技術

（1）父母的優先權

父母必須首先正確認識多動症患者的心理態度，由此來選擇建構自己的容忍度。為了幫助兒童自我約束，家長應該有更多移情、耐心、友愛以及堅韌不拔的毅力。愛孩子的父母，偶爾發脾氣是不會傷害孩子的。事實上，用沒有辱罵的、友善的方式來表達父母的不贊成和沮喪，對父母和孩子的傷害遠沒有錯誤的沉默所帶來的傷害大。

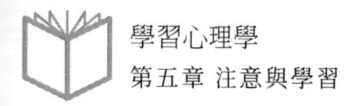

（2）代幣制度

ADHD 兒童對獎勵機制的反應特別好。家長可以向孩子明確地說明希望他能有哪些好的表現。例如：乖乖坐著吃飯，在百貨公司不要到處亂跑等。當孩子如期表現出這些行為時，要適時地給予口頭的讚美和鼓勵。如果覺得有必要給予孩子有形的物質鼓勵，則可以用代幣制的貼紙、小紅花、小星星等讓孩子累積點數，換取自己喜愛的東西，如去公園玩，獲得一套自己喜愛的玩具或看卡通影片等等。代幣制實行的主要目的在於增強孩子的好行為，但父母在制訂規則時要根據孩子的實際能力，千萬不能訂立太高或者太低的標準，否則無法達到預期的成效。

（3）為孩子制訂有規律的生活作息規則

ADHD 患者通常在生活有所變動時，症狀會變本加厲，他們對變化存在很大的適應困難。所以父母應該為孩子制訂好行為規則，培養良好的、有規律的生活作息，但同時也需要足夠的靈活性。

（4）堅持一致的教養方式

為人父母最常犯的錯誤就是在孩子哭鬧的情況下放棄先前制訂的原則。殊不知，這在無形之中導致了 ADHD 孩子的不良行為的發展，使問題更加惡化。或是當父母制訂原則之後卻沒有讓孩子明確地遵循原則，孩子便無所適從。因此，父母應堅持一致的教養方式。

2. 學校的管理

（1）教師事前的教學準備

教師應該對 ADHD 兒童患者的某些行為有足夠的心理，並做好課前教學準備。

應該知道，ADHD 學生常常是情緒易變、容易煩躁、容易厭倦、多嘴並且喜愛凸顯自己。他們學習的重要特點是注意力不能夠很好地集中。注意力缺乏使多動兒童常常不能夠控制自己的行為，不能夠很好地遵守一些課堂的紀律和規矩，由此使他們接受課堂學習的訊息量十分分散和狹窄，這是多動

兒童學習成績差的一個主要因素。因此，教師需要不斷地提醒這些多動症兒童，採取必要的方法來幫助他們集中注意力、控制好自己的行為。例如課前多準備些他們有興趣的、特徵鮮明的教具吸引他們注意，或者用一些直觀、易記的線索來幫助他們記住規則。在給兒童編排課堂座位時，也要考慮多動症兒童的特點，儘量讓他們坐在教室的前排，從而可透過外在或者內在的提醒，使他們相對地集中注意力，這樣對減輕他們的好動行為和加強注意也或多或少有一些幫助。教師應該經常與學生家長進行交流，瞭解兒童的特點與興趣，使教育能夠有的放矢，契合多動兒童的個體特徵。

（2）特殊教育計劃

高質量的特殊教育在改進學習和發展兒童的自我價值感方面是非常有效的，但是高質量的特殊教育仍然需要根據兒童的具體情況加以實施。例如不同的多動症兒童有著各自的興趣和愛好，有著不同的社會行為和表現，這就需要我們認真觀察這些兒童的具體情況，做好具有個性特點的特殊教育計劃。因此，即使是提供了高質量的計劃，多動症兒童的父母也應該意識到使用特殊教育的某些限制和可能產生的社會問題，例如：特殊教育常常會增加兒童的社會疏離感，導致他們的社會不適應性。如果特殊教育計劃運用不當，還可能導致 ADHD 的三種類型（即行為衝動和極度活躍但沒有注意缺損、行為有注意缺損但沒有衝動和極度活躍以及中間型）之間產生相互轉化的結果。

生活中的心理學

當 IT 工程師的丈夫與喜愛購物的妻子一起去逛街時，繁華熱鬧的街市使他們常常駐足觀看。一會兒，妻子挽著丈夫走進一個萬頭攢動的百貨商店，在時尚的衣櫃前，妻子不停地比試時裝，顯得眉飛色舞，而丈夫則在一邊不停地看錶，十分煩躁不安。待妻子選擇好滿意的時裝，回頭卻不見了丈夫的蹤影，撥打手機又沒有人接聽，於是妻子趕緊四處尋找。在一樓的電腦專櫃前，妻子看見丈夫正在聚精會神地查看一款新出品的電腦，而對於妻子氣惱的發問則置若罔聞。於是妻子生氣地推了丈夫一把，丈夫這才回過神來，連忙向妻子賠不是。

這是我們在日常生活中常常遇到的問題。由於當 IT 工程師的丈夫與喜愛購物的妻子的興趣不同，其注意力指向也就存在很大的差異。人的教育經歷與生活經驗，使人對於日常生活中的許多事物有著不同的注意選擇。當 IT 工程師的丈夫喜歡玩電腦一類的電子產品，而對於時裝等衣物則沒有興趣；而喜愛購物的妻子則對於電腦等物品沒有多大的愛好。久而久之，這種興趣與愛好就形成了一種固定的習慣，也就出現了兩人在逛商店時表現的不同的注意趨向。

復習鞏固

1. 培養和保持注意的穩定性的方法有哪些？

2. 教師如何運用有意注意的規律進行有效的教學？

本章要點小結

注意概述

1. 注意是人的心理活動或意識對一定對象的指向和集中。

2. 注意的指向性是指人在每一瞬間的心理活動或意識選擇了某個特定對象，而忽略了其餘對象。注意的集中性指心理活動集中於一定的刺激。注意的功能有選擇功能、保持功能、調節功能。

3. 注意的種類分為無意注意、有意注意及有意後注意三種。無意注意是不需要做意志努力的注意；有意注意是需要經過意志努力的注意；有意後注意，即產生在有意注意之後的一種和自覺的目的與需要完成的任務聯繫在一起，但不需要做意志努力的注意。

4. 注意的品質主要指注意的範圍、注意的穩定性、注意的分配、注意的轉移等。

如何培養良好的注意力

1. 注意規律在教育中的應用包括：應用無意注意的規律進行教學，應用有意注意的規律進行教學，交替使用兩種注意。

2. 多動症表現為：注意力缺乏，注意力渙散，衝動，極度活躍等等。

3. 多動症的治療主要有家庭行為技術與學校的管理兩大類。家庭行為技術主要包括父母的優先權，代幣制度，為孩子制定有規律的生活作息以及一致的行為規則，堅持一致的教養方式等內容。學校的管理包括教師事前的教學準備和特殊教育計劃。

關鍵術語

注意 注意的指向性 注意的集中性 無意注意 有意注意 有意後注意 注意的範圍 注意的穩定性 注意的分配 注意的轉移 注意力不足過動症

選擇題

1. 下列關於注意的說法錯誤的是（ ）

A. 無意注意不需要做意志努力 B. 有意注意需要經過意志努力的注意

C. 有意注意之後無自覺的目的 D. 有意後注意不需要做意志努力

2. 下列關於注意品質的描述中正確的是（ ）

A. 注意的範圍是無限的

B. 感知的對象越少，注意的穩定性越強

C. 注意的轉移是注意分散

D. 同時進行的活動越複雜、越不熟悉，注意分配越困難

3. 衰減模型的提出者是（ ）

A. 特雷斯曼 B. 布魯德本特 C. 卡尼曼 D. 博布羅

4. 注意力不足過動症的表現有（ ）

A. 多動、極度活躍 B. 自我價值的問題

C. 睡眠障礙 D. 藥物濫用和冒險行為

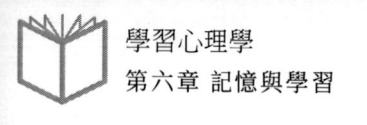

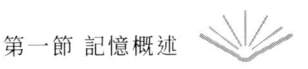

第六章 記憶與學習

本章你要學什麼？先做個小測試吧！

101000100111001110

你能在 10 秒內準確地記住上面這一串數字嗎？

估計大多數人都沒有辦法記憶準確！教給你一個方法，你很快就能記住了！特別是最後一種 5+1 組塊的再編碼記憶方法效果最好！

二進制數字(bit)		1 0 1 0 0 0 1 0 0 1 1 1 0 0 1 1 1 0
2 +1	組塊	10　10　00　10　01　11　00　11　10
	再編碼	2　2　0　2　1　3　0　3　2
3 +1	組塊	101　000　100　111　001　110
	再編碼	5　0　4　7　1　6
4 +1	組塊	1010　0010　0111　0011　10
	再編碼	10　2　7　3　2
5 +1	組塊	10100　01001　11001　110
	再編碼	20　9　25　6

為什麼一長串 1 和 0 組合的數字在短時間內無法準確記住，但我們把它轉化為二進制的數字後再反推回去就輕而易舉記住了呢？這就是因為我們利用了記憶規律中的組塊化的功能。記憶是學習的一個重要內容，也是檢驗學習效果的重要方法和手段，把握好記憶及其規律，有助於學習效果的提升。

第一節 記憶概述

一、記憶

記憶（memory）是原先的刺激消失後所保持的有關刺激、事件、意象、觀念等訊息的心理機能，是個體對其經驗的識記、保持、回憶或再認。個體感知過的事物、思考過的想法、問題、理論，生活實踐中見過、學過、做過

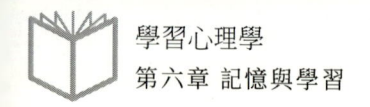

的事情，體驗過的情緒，都能成為個體的經驗而保存在個體的頭腦中，在需要或適當的時候可以回憶起來，或者當相關經驗再次出現時也能夠認出來，這些都屬於記憶活動。現代的訊息加工理論把記憶看作是對訊息進行編碼（encoding）、儲存（storage）和提取（retrieval）的過程。

記憶過程包括識記、保持、回憶和再認環節。識記是記憶的開始，是獲得知識經驗的過程，但只有被個體注意到的刺激才能被識記，該過程相當於訊息加工觀點中記憶的編碼過程。保持是識記過的經驗在頭腦中獲得鞏固的過程，即訊息的儲存，儲存訊息在內容和數量上會發生變化。回憶和再認是恢復經驗的過程，即訊息的提取，它是在需要的時候將編碼儲存在記憶中的訊息解碼輸出並透過反應表現出來的過程。回憶（recall）是經歷過的事物不在眼前時能將它重新回想起來的過程，再認（recognition）則是經歷過的事物再度出現時能將它認出來的過程，兩者對經驗事物的材料並不是簡單的再現，通常都會有重建和重整的過程。

二、記憶的種類

我們可以從不同的角度對記憶種類進行劃分。

（1）以記憶的內容為依據，可以將記憶劃分為形象記憶、動作記憶、情緒記憶和語言邏輯記憶。形象記憶是以感知過的事物的形象為內容的記憶，如看過的畫面、嗅過的氣味、品嚐過的味道等等。某些特殊職業的人的形象記憶能力特別強，如法國電影《香水》中的 Jean-Baptiste Grenouille，是一個超級香水配製專家，他對各種氣味有著超強的記憶和分辨能力；動作記憶是以做過的動作或者運動為內容的記憶，對於運動員來說，在過去一場經典的比賽過程中自己的動作表象，事後很多年都會彷彿就在眼前發生一樣清晰準確；情緒記憶是以過去體驗過的情緒或情感為內容的記憶，保持時間長，經久不忘，一般從事藝術工作的人員的情緒記憶能力會比較強；語言邏輯記憶是以概念、語詞、公式、定理或原理為內容的記憶，具有高度概括性、深刻理解性和嚴密邏輯性的特點。

(2) 以記憶內容的性質為依據，可以分為陳述性記憶和程序性記憶。陳述性記憶涉及內容的性質，是具體的事實和事件，如自己的身分證號碼等；程序性記憶涉及的內容是關於做事的方法的記憶，如騎自行車的操作程序。個體一般先發展程序性記憶，後發展陳述性記憶。

(3) 根據提取記憶訊息時有無意識，可以將記憶分為外顯記憶和內隱記憶。外顯記憶是個體需要有意識或主動地收集某些經驗用以完成當前任務時所表現出來的記憶（楊治良，1994），強調訊息提取過程的有意性；內隱記憶是指在不需要意識或有意回憶的情況下，個體的經驗自動對當前任務產生影響而表現出來的記憶（楊治良，1994），它強調個體記憶的過程在具體的操作過程中發揮作用，即使個體並沒有意識到它的存在，也沒有有意識地去提取。

三、記憶系統

記憶系統由感覺記憶、短時記憶和長時記憶構成。三種記憶在訊息保持時間和保持量上不同，處於記憶訊息加工的不同階段，在記憶系統中有不同的結構和功能（見圖 6-1）。進入長時記憶的訊息，必須經過感覺記憶和短時記憶的加工，而進入短時記憶的訊息來自於感覺記憶和長時記憶系統。

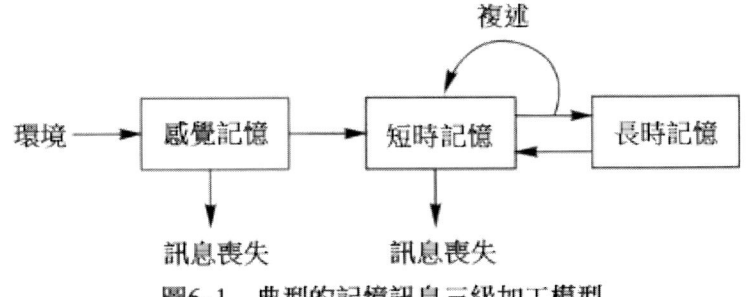

圖6-1 典型的記憶訊息三級加工模型

（一）感覺記憶

感覺記憶（sensorymemory）保持感覺刺激（光、聲、氣味、觸壓覺等）的瞬時印象，保持時間很短，故又稱之為瞬時記憶（immediatememory）。

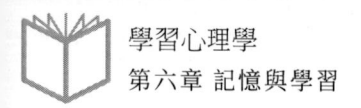

感覺記憶是記憶訊息加工的第一個階段，所有進入各種感覺器官的訊息，首先被登記在感覺記憶中。感覺記憶的主要特點表現在以下四個方面：

1. 儲存的訊息量大，凡是進入各種感覺器官的訊息幾乎都被儲存。

2. 保持時間短。視覺刺激停止後，視覺印像一般僅保存零點幾秒，通常在 1 秒內就會衰退；聽覺訊息一般在 4 秒內衰退。

3. 訊息未經過任何加工，是按照物理刺激的特徵原樣直接進行編碼和儲存。

4. 感覺記憶中部分訊息由於模式識別而被傳送到短時記憶系統中，並在短時記憶系統中被賦予意義。所謂模式識別，是指從感覺記憶向短時記憶傳遞訊息並賦予意義的過程，其中注意發揮重要的作用。

感覺記憶中的訊息個體通常不能覺察到，一旦其中的一些訊息被個體覺察到了，這些訊息就已經被傳送到了短時記憶之中。

（二）短時記憶

短時記憶（short-term memory），也叫工作記憶（working memory）。它是指訊息呈現後，保持的時間約為 20 秒，一般不超過 1 分鐘的記憶。如果不積極地進行複述，短時記憶的訊息很快會遺忘。短時記憶的主要特點如下：

1. 短時記憶的編碼。短時記憶的編碼方式可能會因記憶材料的不同而發生相應變化。對於英文的短時記憶，主要是以語音聽覺編碼為主（Conrad，1964），對於漢字的短時記憶主要以形狀編碼為主（莫雷，1984），而涉及繪畫、臉和動作以及視覺觀察事件的短時記憶的內容則以視覺編碼和語義編碼為主。

2. 短時記憶的容量有限。短時記憶的容量為 7±2 組塊（chunk）。所謂組塊，是指個體在過去經驗中已相當熟悉的一個刺激獨立體，比如一個數學原理，一個公式，一個特定的縮略語等等。研究證明，組塊的大小和複雜

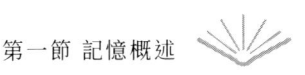

性因人而異，而組塊化是一個自動化的過程，是將項目組成熟悉的、有意義的單元的過程。通常情況下，視覺比聽覺的短時記憶容量大。

3. 短時記憶的加工。主要的方式是複述，就是出聲或不出聲的重複，透過複述能將訊息保持在短時記憶中而不被其他訊息排擠掉，並且還可能將訊息從短時記憶送入長時記憶系統。複述有維持性複述和精製性複述，前者從感覺記憶中抽取某種訊息並使該訊息適應於短時記憶的編碼方式而保持在短時記憶中，後者則將收到的訊息進行精細結構的編碼，從而有利於在長時記憶中穩定地儲存。

4. 短時記憶的提取。Sternberg 認為短時記憶訊息的提取方式是以系列全掃描方式進行的，而非平行同步檢索（Sternberg，1969）。後來的研究表明，短時記憶訊息的提取既有平行同步檢索，還有系列全掃描、系列自動中斷掃描。比如，在對比較長的有意義的詞、句子或文章的提取中，就是採用系列自動中斷掃描，在找到了與探查項目相同的內容後，探索就終止了（小谷津，1973）。

（三）長時記憶

長時記憶（long-term memory）是指訊息在頭腦中儲存超過 1 分鐘以上，直至保持終生的記憶。長時記憶的訊息主要來自於透過複述的短時記憶訊息，它是個體經驗的累積和心理發展的前提。長時記憶的特點主要有以下幾點：

1. 記憶容量無限。個體可以儲存關於世界的一切知識，幾乎所有的經驗只要經過複述和加工，就能夠保存在長時記憶系統中，其容量幾乎是無限大的。

2. 保持時間長。也被稱為永久記憶，其訊息保存的時間在 1 分鐘以上，直至終生。

3. 長時記憶的編碼。長時記憶的編碼通常是以語義的方式進行，稱之為義碼。後來的研究表明，長時記憶的編碼還存在表象編碼，即雙重編碼

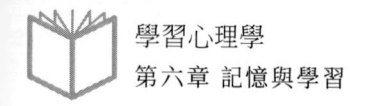

（Paivio，1975），對言語訊息的儲存是語義編碼，而對非言語訊息的編碼是表象編碼。

4. 長時記憶的提取。長時記憶的提取形式是再認和回憶。

5. 長時記憶的保持。長時記憶系統中的訊息儲存形式多樣，有程序性知識和陳述性知識，情節記憶和語義記憶，形象記憶和情緒記憶（見前面拓展知識）。

四、遺忘

伴隨著記憶的是遺忘。所謂遺忘是指識記過的材料不能回憶或再認，或者是錯誤的回憶或再認。遺忘在各個年齡階段都會發生，尤其是對3歲前所經歷的經驗更容易發生遺忘。這是因為3歲前的記憶主要是以非言語編碼形式儲存，成人後對記憶的提取或者回憶主要是言語編碼的形式，二者的不一致是導致遺忘的主要原因。從遺忘的時間來看，有假性遺忘和真性遺忘兩種，前者是對識記過的材料暫時不能再認或回憶，但在適當的條件下可以恢復；而後者是不經過重複學習，記憶過的材料就不能恢復。從遺忘的內容來看，有部分遺忘和整體遺忘兩種，前者是對識記的材料的部分內容遺忘，而後者是對識記的材料全部遺忘。

（一）遺忘的心理原因

關於遺忘的心理原因，主要有四種理論解釋。

1. 動機性遺忘理論。該理論認為，遺忘是由於情緒或動機的壓抑作用而引起的。如果個體感受到了痛苦、焦慮、緊張、恐懼的經驗，則會形成一種壓抑的防禦機制來避免痛苦，也就會使與焦慮、恐懼相關的經驗得不到有效的提取。當壓抑被解除後，相應的經驗就會得到提取。該理論較好地解釋了與情緒有關內容的暫時性遺忘。

2. 提取失敗理論。現實生活中的舌尖現象（tip of the tongue phenomenon）就是提取失敗理論的最好註解，明明知道或者記得某件事情，但就是不能回憶出來，而事後又能夠回憶起，比如很熟悉的人相見卻叫

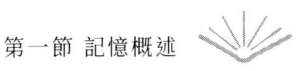

不出名字,很熟悉的字偏偏寫不出來等等。提取失敗理論認為遺忘是一時難以提取出需要提取的訊息,然而一旦有了正確的搜尋線索,所要提取的訊息就會被提取出來。

3. 干擾理論。該理論認為遺忘是因為個體在學習和回憶之間受到了其他刺激的干擾,如果這些干擾排除了,記憶就能夠有效恢復。該理論最有力的支持證據就是前攝抑制和倒攝抑制(詳情見後)。

4. 痕跡衰退理論。該理論認為遺忘是由於記憶痕跡得不到強化而逐漸減弱,以致最後消退。這與巴夫洛夫經典條件反射中關於反射建立後不再進行強化會導致已經形成的條件反射衰退的原理是一致的。已經識記的經驗因為沒有強化,其痕跡會逐漸減弱而使個體難以提取相關訊息,最終產生遺忘。

(二) 遺忘的規律

德國心理學家艾賓浩斯是最早對記憶保持量的變化進行研究的,後來人們都認為這就是對遺忘規律的研究。艾賓浩斯編制了無意義的德語單詞,以自己為受試者,以再學時的節省率作為保持量的指標,總結出了艾賓浩斯遺忘曲線(見圖6-2),顯示出個體所記憶的東西在記憶之後立刻開始遺忘,保持量急劇下降,之後保持量逐漸穩定下降,到一定時間之後保持量接近水準狀態(Ebbinghaus,1913)。其他學者使用不同的測量方法和指標研究記憶的保持量,得到的結果有所不同(見陸志韋的研究,如圖6-3所示),但總體趨勢是:遺忘的速度是先快後慢,到一定時間後趨於平穩。

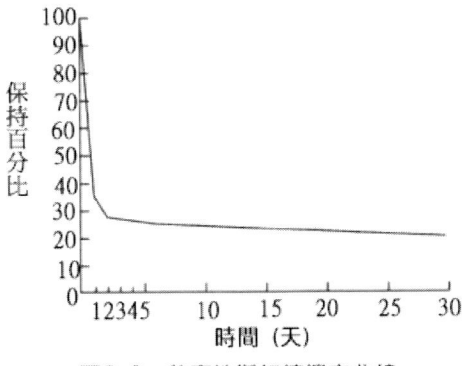

圖6-2 艾賓浩斯記憶遺忘曲線

圖6-3　不同性質材料的保持曲線

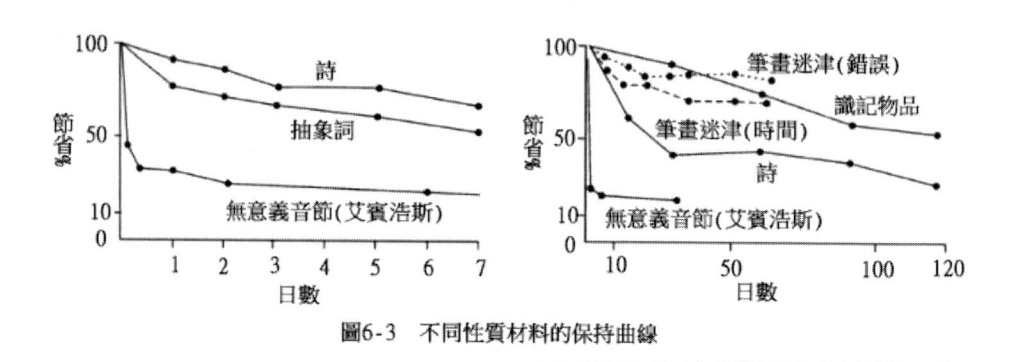

（三）記憶恢復

　　一般情況下，隨著時間的推移，遺忘會逐漸增加，保持量會減少，但巴拉德卻發現了記憶恢復（reminiscence）的特殊現象（見圖6-4）。記憶恢復是在某些特殊條件下，學習後間隔2～3天時間測量的保持量反而比學習後立刻測量的保持量要多（Ballard，1913），這種現象在兒童中比在成人中更普遍。對此有兩種解釋：一種觀點認為，識記後立即回憶，學習者對材料的儲存零散，沒有形成統一整體，因而回憶正確率比較低。之後一段時間學習者可能採取了有效的學習方法，可以將學習材料進行整合，故回憶的效果要好於識記後的回憶；另一種觀點認為，識記時可能存在累積抑制，會影響識記後的立即回憶，經過一段時間後，這種抑制會解除，記憶成績就可能提高。

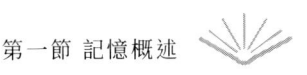

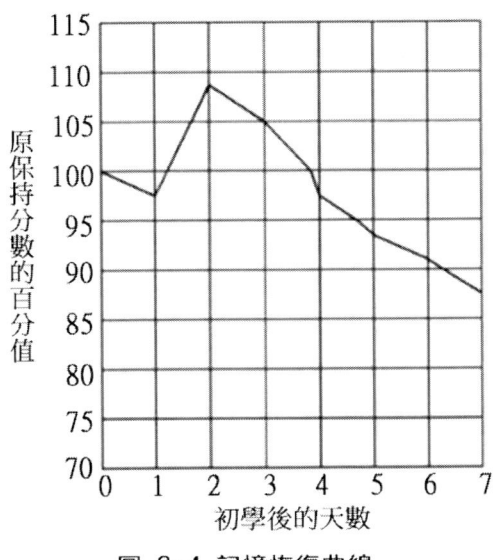

圖 6-4 記憶恢復曲線

擴展閱讀

阿茲海默症與遺忘

阿茲海默症（Alzheimer's disease，AD），是老年期及老年前期的一種原發性退行性腦病，在中國曾被稱為帶有歧視性的「老年痴呆症」。阿茲海默症的主要表現有近記憶減退（對過去的事情記憶深刻，但越近的事情越容易忘記，甚至瞬間即忘，事後也無法回憶起）；計算能力減退；視空間技能損害（比如經常出門後找不到回家的路，在家附近迷路；記不住從何處來到何處去）；思維貧乏，言語單調（經常忘記時日，甚至對自己的子女也記不清楚，多有自言自語現象，且言語表達不確切）；性格和情感改變（如變得過分膽小或脾氣暴躁、固執、多疑等，對自己的親人也敏感多疑）；行為異常等（行動詭祕但動作愚鈍可笑，也有出現偷竊、撒謊、不知羞恥的反常行為，或者是作息時間異常等）。

其中資料表明，中國現有 600 萬左右的阿茲海默症患者，人數已居世界各國之首，然而能夠意識到自己患病，並到醫院就診的卻只有 15%。有統計

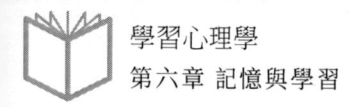

數據顯示，該病三分之二的患者是女性。該病具有一定遺傳性，母親有病，子女患病風險會加倍。

複習鞏固

1. 記憶的過程包括哪些環節？

2. 記憶系統由哪些部分構成？

3. 解釋遺忘心理原因的理論有哪些？

4. 短時記憶的主要特點有哪些？

第二節 記憶與學習

記憶是心理活動的基本條件，人類的所有智慧活動均來源於記憶。記憶也是學習的重要條件，因此瞭解影響記憶效果的因素，訓練、掌握科學的記憶策略和方法有助於學習效果的提高。

一、影響記憶的因素

影響記憶效果的因素眾多，包括從記憶的訊息加工過程的各個方面到個體記憶相關的心理活動和成分以及記憶材料的性質等方面。

（一）記憶訊息加工過程各階段對記憶的影響

1. 識記階段

識記階段屬於訊息加工的輸入和初步編碼階段。要提高記憶效果，良好的識記是必不可少的。在識記階段，事先有無目的對識記的效果影響很大。事先沒有預定目的，在實際過程中也不需要意志努力、自然而然進行的識記被稱之為無意識記；而事先有預定目的，採取了相應的方法和步驟，並需要一定的意志努力而進行的識記被稱之為有意識記。研究表明，在相同條件下，有意識記的效果明顯強於無意識記。

在識記過程中，根據識記材料有無意義聯繫以及學習者是否理解其內容，識記又被分為機械識記和意義識記。前者由於識記材料缺乏內部或外部聯繫，

識記者也不能理解其意義，只能按照材料的外在聯繫進行多次重複識記；後者則是在理解的基礎上，依據材料的內在聯繫或與已有知識經驗之間的聯繫進行識記（包括材料本身無聯繫但可以根據自己的理解而賦予一定意義）。實驗也證明，意義識記的效果要優於機械識記。

2. 保持階段

保持階段屬於訊息加工的編碼和儲存階段，複述的類型是影響保持的重要因素。一般來說，精製性複述由於對訊息進行了聯想編碼、組織編碼、形象編碼等諸多形式的綜合編碼，更有利於訊息的保持和以後相關訊息的提取。

3. 再認和回憶

再認和回憶是從記憶庫中提取訊息的過程，是體現記憶水準和效果好壞的重要指標。

在再認環節，影響再認效果和水準的因素有以下四個方面：

（1）呈現的事物或經驗與已經經歷過的事物或經驗相似的程度，相似程度越高，再認的程度越高。

（2）經歷過的事物或經驗鞏固的程度。若經歷過的經驗或事物越清晰、越準確地保持，將越能準確、迅速地再認。

（3）線索的清晰化和擴大化程度。識記和保持的經驗若清晰明了、能更大範圍地與某些線索產生聯繫，則更容易被準確再認。

（4）再認障礙也會影響到再認的效果。主要有兩種：似曾相識症是對一些新的、生疏的東西產生熟悉感，把當前事物的印象同過去不同而類似的事物混為一談，是屬於錯誤的再認；舊事如新症，過去曾經體驗過且比較熟悉的環境、事情或人物再次出現時，個體對其產生似乎從來不曾見識過的新奇或陌生感。

在回憶環節，有無意回憶和有意回憶的區分。前者無預定目的任務，也無意志努力，彷彿觸景生情一樣；後者則需要在明確目的作用下對過去經驗的回憶，回憶對像是特定的。也有將回憶分為直接回憶和間接回憶的，直接

回憶是由當前事物引起對過去經歷事物的回憶，而間接回憶則需要借助中介因素進行回憶。追憶是回憶中的特殊形式，需要透過積極的思維活動和較大的意志努力進行回憶，通常需要正確的中介聯想和平靜的情緒狀態才能有較好的回憶效果。一般來說，回憶的水準和效果，較多地受到識記和保持水準的影響。當然，也存在著因為病症而導致的回憶障礙，比如說錯構症和虛構症。錯構症是指個體過去曾經有過某種經歷，但在某個時間段此經歷並未發生，可個體卻將該經歷錯誤地當作在該時間段內發生和經歷過的事情，堅持其真實性；虛構症所回憶的事情或經歷，本身並不存在，純屬虛構或幻想，但個體堅持其真實性和正確性。

（二）影響記憶效果的其他因素

1. 位置效應

Murdock 的研究表明，處在記憶內容不同位置的內容，其記憶效果是存在差別的。處於詞表開頭部分的單詞回憶率較高，稱為首因效應（primary effect）；而處於詞表尾部的單詞的回憶率也較高，稱之為近因效應（recency effect）；處在中間位置的學習內容最容易被遺忘，回憶率相對較低（如圖6-5）。

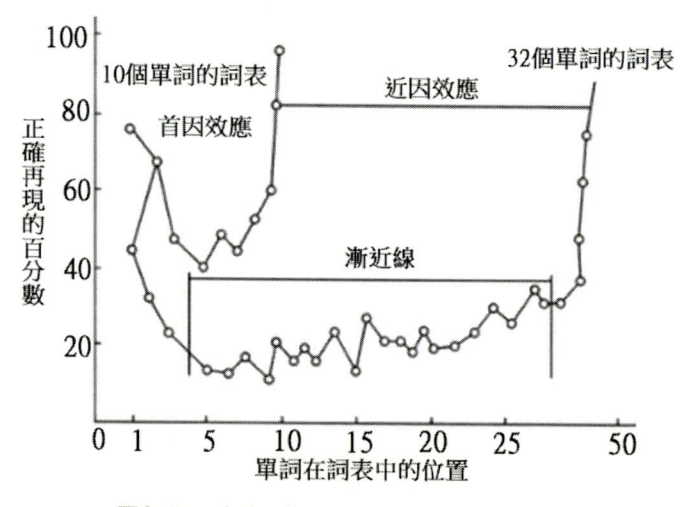

圖6-5　自由回憶中的首因效應和近因效應

2. 干擾抑制

先學習的材料對後學習的材料的識記和回憶起干擾作用，稱為前攝抑制。後學習的材料對先學習的材料的保持和回憶起干擾作用，稱為倒攝抑制。倒攝抑制受前後兩種學習材料的類似程度、難度、時間的安排以及識記的鞏固程度等種種條件的制約。

前攝抑制和倒攝抑制通常會在學習兩種不同但又彼此類似的材料時產生，如：當我們學習英語單詞時，我們以前學習過的漢語拼音對我們記憶英語單詞有干擾，這就是前攝抑制；而當我們能熟練使用英語單詞時，英語單詞又對我們回憶漢語拼音產生干擾，這就是倒攝抑制。導致兩種抑制產生的原因有以下三個方面：

（1）材料的相似性

先後學習的兩種材料完全相似時，後繼學習相當於複習，不會產生相互干擾作用。若先後兩種學習材料完全不相似時，互不相干，也不會產生相互作用。只有當兩種材料處於既相似又有不相似的狀況時，干擾作用才最大。

（2）先後學習材料的時間間隔

先後學習材料之間的時間間隔越小，所產生的抑制作用越大，隨著時間間隔加大，抑制作用減少。

（3）學習材料的鞏固程度

先學材料的鞏固程度越高，內部聯繫越緊密，越能抵禦倒攝抑制的干擾作用。前攝抑制也是如此，如果後學習材料掌握得很牢固，受前面材料的影響就會小一些，否則就會受到嚴重干擾。

3. 學習材料的數量

在學習程度相等的情況下，記憶材料的數量與遺忘的速度成正比，即學習材料越多，遺忘的數量越大，而學習的材料越少，遺忘的數量越少。

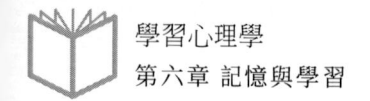

4. 學習的程度

剛剛能背誦的材料比在已經能背誦後再識記數次的材料更容易被遺忘，一般在剛剛能背誦的基礎上，超量學習50%的記憶效果最佳（如圖6-6）。

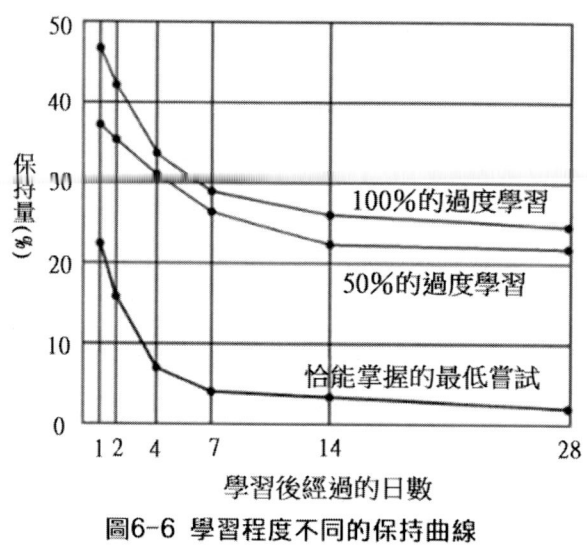

圖6-6 學習程度不同的保持曲線
（轉引自黃希庭《心理學導論》，人民教育出版社，2002）

5. 識記材料的性質

吉爾福特的研究表明，對詩歌、散文和無意義音節等不同性質材料的識記結果不一致，有各自的遺忘曲線，但符合先快後慢的遺忘規律。綜合各項研究的結論是，與記憶者關係密切或熟悉的材料（如常用物品）識記效果要好於一般材料，自身具有一定意義的材料（如散文和詩歌）比由無意義音節或單個詞語堆積的材料更容易識記和保持，遺忘程度相對要低。

6. 複述的精細程度

複述是識記訊息有效保持的手段，複述的不同類型和精細程度會在一定程度上影響記憶保持的效果。

7. 睡眠狀況

識記後是否睡眠對記憶的效果有一定的影響。Jenkins 和 Dallenbach 讓受試者識記無意義音節字表，到剛剛能背誦的標準後，分別在睡眠後和繼續日常工作狀態下測試，結果（見圖6-7）表明識記之後睡眠所獲得的記憶效果要優於日常工作狀態下的。此外，對不同睡眠狀態下的記憶效果的研究表明，有夢睡眠比無夢睡眠狀態下的保持效果要差（Yarouch et al，1971）。

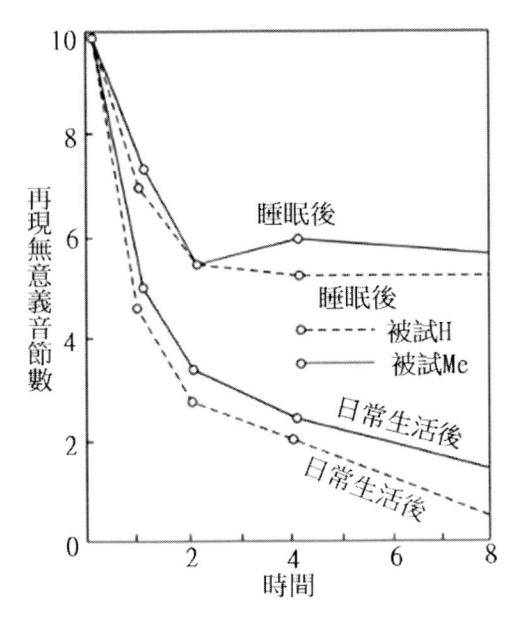

圖6-7　睡眠對記憶的影響
（轉引自黃希庭《心理學導論》
人民教育出版社，2002）

8. 個性特徵

個性心理特徵會賦予心理活動不同的特點，心理活動的速度和行為反應的快慢會有差異，因而個性特徵也會影響到記憶活動的準確度和速度，使個體的記憶存在著更大的差異。

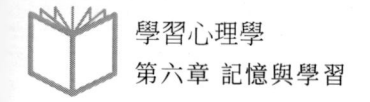

9. 動機作用

學習動機會影響記憶的效果。根據學習者是否按照預定任務進行識記，可以將識記分為有意識記和無意識記。研究表明（Gleitman Gillett，1957），對於同樣的學習材料，有意識記組的回憶成績明顯優於無意識記組。有意識記組將學習材料進行複述並構建了有意義的大組塊，從而提升了記憶的效果。當然，無意識記也有優勢，其選擇性較大，與個體生活關係密切的材料容易被記住。個體自我在學習過程中參與的程度是學習動機強度的一種表現方式。研究證明，自我參與度高，記憶的效果更好（石黑，1963）。此外，在試圖回憶的過程中，學習者處於積極進取狀態，並及時瞭解自己的學習成績，能更有效地激發個體學習的動機，對記憶的效果也有較好的促進作用。

二、增強記憶效果的措施

為了增強個體記憶的效果，促進學習，個體可以注意以下措施的實施。

1. 保證足夠的休息時間

多項研究表明，個體獲得良好的休息，特別是有效的睡眠，有助於記憶材料的保持。因此，在學習過程中，為了獲得良好的記憶效果，從身體的角度首先要保證有良好的休息。

2. 強調動機的作用

無論是在識記過程還是在回憶過程，主動、有意識地根據預定任務進行識記和回憶都能夠獲得比無意識記和無意回憶更好的記憶效果，較強的學習動機和參與意識起重要的作用。故在記憶過程中，及時調整個體的學習動機，能有效促進記憶的效果。

3. 合理規劃記憶材料和時間間隔，避免相似材料之間的干擾

由於既相似又不相似的材料加上不合理的時間間隔容易產生前攝抑制和倒攝抑制，因此在學習過程中安排兩個學習任務時要避免前後之間的相似性和合理的時間間隔，如學習了物理方面的運算，最好接著學習語言或文科類的知識，中間間插著一定的小運動量的體育活動或者休息。特別是在大學生

考研複習或期末備考複習的過程中，更要根據學習材料的性質，結合自己記憶的特點，進行有效的安排。

4. 強調對自己記憶特點的認真探索

每一個個體的記憶能力和特點都具有較大差異，因此每個個體要仔細分析，認真鑽研，尋找適合自己能力和特點的記憶方法，最好能創造性地使用，使各種記憶方法的功效發揮到最佳狀態。

5. 教師要依據學生的記憶特點因材施教

教師除了教給學生知識和訓練能力，另一個非常重要的任務應該是對學生的記憶品質進行準確的鑑別，並根據相應品質因材施教，對學生的記憶能力進行訓練，促進學生記憶能力的提升，進而使學生學習效果達到最佳。考查學生的記憶品質，要從記憶的敏捷性、準確性、持久性和準備性等四個方面綜合考慮。記憶的敏捷性是指識記速度的快慢，以單位時間內記住材料的數量為衡量標準；記憶的準確性是指對經歷過的事物的識記和提取是否準確無誤的品質；記憶的持久性是指識記內容在記憶系統中保持時間長短方面的特點；記憶的準備性是指能迅速地從記憶中提取當時所需要的知識經驗的品質。

三、記憶術

任何牢記材料或改善記憶的技術都被稱之為記憶術（mnemonic），利用記憶的規律，挖掘記憶的潛能，總結、借鑑形成的各種記憶術有助於個體提升記憶能力和效果。

（一）記憶教材的方法

學生在對教材學習、記憶的過程中，採用六步法可以有效掌握相關教材（黃希庭，2007），該方法常被稱之為 PQ4R 方法。

1. 預習（preview）。粗略瞭解全章各節的內容，把提問、閱讀、思考和複述四個環節應用到各綱目的內容學習上。

2. 提問（question）。對各綱目提出問題，可以將各個綱目的標題改為適當的問句，如針對「記憶教材的策略」可以改為「什麼是記憶教材的策略」或「記憶教材的策略有哪些」。

3. 閱讀（read）。仔細閱讀這一綱目中的文字，重點學習概念的定義及圖表，並嘗試自己回答自己提出的問題。

4. 反思（reflect）。在閱讀的過程中積極思考、嘗試理解，對相關問題能使用一定的例子進行解釋或說明，力圖建立起知識之間的聯繫和問題與知識之間的聯繫。

5. 複述（rehearsal）。在學習完一個綱目下的內容後，進行嘗試回憶，力圖回答自己在本綱目下提出的所有問題。若不能回憶，則重讀記憶困難的部分。

6. 複習（review）。學習全章後，回憶整章要點，爭取能將各要點寫出來，嘗試回答各節提出的問題，並注意安排好複習的時間間隔。

（二）5R 課堂筆記法

5R 課堂筆記法又稱為康奈爾筆記法，對一切課堂教學都比較適合（張大均，2006），能較好地幫助學生掌握課堂學習的技術，提升記憶效果。

1. 記錄（record）。在聽講或閱讀的過程中，在主欄（見圖 6-8）中儘量多記有意義的概念、論據等。

2. 簡化（reduce）。隨後（課後）將主欄中內容恰當概括，並簡明扼要地寫進輔助欄（回憶欄）中。

詳記課堂講授內容	簡化、概括課堂筆記
$\dfrac{2}{3}$	$\dfrac{1}{3}$

圖6-8　5R筆記形式(引用自張大均《教育心理學》,人民教育出版社,2006)

3. 背誦（recite）。遮住主欄內容，以回憶欄中的內容為線索，敘述課堂上或閱讀中學習過的材料。最好在充分理解的基礎上用自己的語言敘述，敘述之後核實敘述內容的正誤。

4. 反省（reflect）。把自己聽課或閱讀時的想法、意見等，寫在卡片上或筆記本的特定位置，與課堂筆記記錄的內容分開，並加上標題、索引，編製成提綱、摘要、分類等。

5. 複習（review）。每週花一定的時間快速瀏覽筆記，主要看回憶欄。

（三）有效識記的策略

結合識記規律，利用有效的識記策略有助於識記效果的提升（李紅，2009）。

1. 強化有目的的識記

有目的的識記可以增強識記的積極性、主動性，能較好地給識記打下堅實的基礎。

2. 深化對識記材料的理解程度

理解是意義識記的基礎，意義識記的效果優於機械識記，因此對識記材料的理解能更好地提升識記的效果。對識記材料的理解可以從材料本身的邏輯關係理解，也可以創造性地從自己或學生感興趣的內容點加強理解，人為地製造一定的聯繫（這種人為的興趣點會因為個人的原因，特別有利於識記材料的保持）。

3. 強調多種感官協同參與識記活動

多種感官參與識記，實際上是採用多種編碼方式進行識記，有利於使識記印象深刻，且多種感官的協調識記便於形成更多的提取線索，即只要獲得其中的一條線索，就有可能對識記材料進行有效的提取。

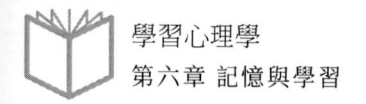

4. 重視整體識記與部分識記的結合

對識記材料進行整體識記，有利於形成對識記材料的完整理解，但因量大而不利於保持，且耗時較多；部分識記是把識記材料分為若干部分然後逐一識記，各個部分容易識記和保存，但對整體缺乏理解，不利於整體的融合。前者對於識記形象的、較短的材料更有效，後者對抽象的、較長的材料更有效。在實際的過程中，根據材料的性質，將兩者有機結合，可以發揮二者的優勢，利於識記效果的保持。

（四）高效複習的策略

1. 及時複習

根據記憶遺忘進程先快後慢的規律，為了節省學習和記憶時間，獲得更好的學習效果，需要在大量遺忘產生之前進行複習。

2. 適當的過度學習

過度學習是指在剛剛能背誦以後的附加學習，是以學習中初次對學習內容 100% 正確回憶為標準，高於這個標準的學習量是過度學習，低於這個標準的學習量是低度學習。根據研究（見圖 6-6），50% 的過度學習可以獲得最經濟的時間花費和最有效的學習效果。切不可貪圖更多的過度學習，以為學習時間越多學習效果就越好，因為太多的時間花費既增加了個體的學習負擔，又容易引起厭學，反而達不到更好的效果。

3. 使用多樣化的複習方法

在複習的過程中，綜合使用多種複習方法，調動多種感官協同活動，如背誦、讀寫、問答、討論、辯論、做練習、實驗等，避免了單一複習方法產生的疲勞感，活躍了學習氣氛，激發了主體的興趣，可以有效提高複習效果。

4. 嘗試回憶與反覆識記相結合

研究表明，對識記材料已經能記住部分或大部分的情況下，積極地嘗試回憶，只有在無法回憶的情況下再進行識記。這種方式會使已經記住的印象更加深刻，沒有能夠回憶的也可以透過及時的識記而形成更牢固的記憶。

5. 合理分配複習時間

對剛剛學習過的材料要及時複習，也需要適當延長複習的時間。一般來說，隨著記憶鞏固程度的逐漸提高，複習的次數和時間應該逐漸減少，複習之間的時間間隔也可以適當延長。

6. 巧用集中複習和分散複習

連續進行的複習稱之為集中複習，有一定時間間隔的複習稱之為分散複習。研究證實，由於集中複習過程中大腦神經容易產生抑制的累積，而分散複習則有較多的時間間隔使得這種抑制得以消除，且利於練習鞏固，故分散複習效果比集中複習效果好。在分散複習過程中，應該根據材料的性質、數量和難度來確定分散複習的時間間隔，一般是「先密後疏」。

（五）有效提取的策略

記憶的提取包括回憶和再認，學習過程中透過提取相關知識而達到對已學過的知識的有效鞏固。提取過程一般包括線索產生、搜尋、決定和做出反應四個環節（黃希庭，2002）。提取過程通常是由某種線索啟動的，線索種類有外部線索（視覺刺激或語言刺激）、內部線索（飢餓感或疼痛感）等。這些線索被加工後產生進一步的線索，線索產生是提取的第一個環節。比如有人問你「2013年的元旦你跟哪些同學出去玩耍了」，這是給你提供了一個線索，你會想到那天有哪些人、在什麼地方、怎麼玩等等，會產生進一步的線索。與儲存訊息發生聯繫的過程就是搜尋環節。所提取的訊息可能是當時提取的目標，也可能是非目標的其他訊息，如前面的問題中，你回憶起的外出玩耍的人中，除了自己的同學，還有其他的人員。因此需要透過決定環節來判定回憶的訊息是否就是當時提取任務實際需要的東西。最後的環節是做出反應，通常是以言語反應的方式，如說出你回憶出來的訊息（在需要的時候也有無聲的活動）。當然有可能你的提取並不一定都是成功的，有可能只是完成了部分提取（像前面的問題，你肯定只是回憶起了部分同學，還有其他同學的名字你可能一直沒有回憶出來）。

在提取過程中，使用以下策略可以有效提升提取效果。

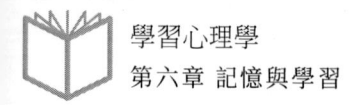

1. 重視對材料的複述

複述是將識記材料訊息保持在短時記憶系統之中和將短時記憶訊息送入長時記憶系統的重要手段。要更好地對記憶訊息進行提取，必須重視複述。一般而言，對相對簡單的材料，可以使用單純的複述方法把原有內容原樣複述；而對於比較複雜的材料，適宜採用精細加工的複述方式，透過對材料的理解，用自己熟悉的語言進行組織，達到對材料的較好識記，從而有利於對相關訊息的提取。

2. 預防和減少前攝抑制和倒攝抑制的干擾

我們需要根據兩種學習材料的性質合理安排，避免出現先後學習兩種性質相似的材料。實在不得已而為之時，可以透過對兩種材料的精細加工來避免一般意義上容易產生的干擾，如深入探討兩種材料之間的差異和共同點，達到對相應知識的精確掌握而減少相互之間的干擾。此外還可以增大兩種材料學習之間的時間間隔。

3. 保持良好的情緒狀態

在輕鬆、愉悅、平靜的情緒狀態下，回憶的效果要優於在過分緊張、焦慮的不良情緒狀態下的效果。經歷過指考的大學生經常談論到，某同學平時成績如何如何的好，但是指考考砸了，其主要原因可能就是在指考的過程中因為緊張焦慮的不良情緒而影響了其記憶訊息的提取，並因此而帶來更緊張、焦慮的惡性循環，最終導致失利。看來及時調整好自己的情緒狀態以應對重要事件對於學生來講是十分重要的。

4. 善用推理

當不能很好地實施記憶的提取時，可以利用推理的方法來協助完成提取。利用事物之間的本質聯繫和規律進行推理，為回憶提供一定的線索，能提供的線索越多，越有利於回憶。所以在追憶的過程中，要盡可能地回憶起有關的線索，並透過這些線索進行合理的推理，最終獲得需要提取的相關訊息。

（六）具體的記憶術

在《18小時超級記憶速成教程》一書中給大家提供的是多種具體的記憶術，讀者可以根據自己的實際情況，靈活地借鑑使用以提升自己的記憶效果。

1. 聯想法

即由一種事物聯想到另一種事物，主要有七種聯想：

（1）接近聯想。由某一事物想到在時空上與其接近的另一種事物。記憶過程中可以使一些識記對象與特定的、具有一定時空關係的線索聯繫在一起，便於今後的回憶或再認更加準確、迅速。如「重慶」與「火鍋」，「北京」與「故宮、長城」，「法國」與「波爾多紅酒」，「巴黎」與「埃菲爾鐵塔」等。

（2）因果聯想。由某一事物聯想到與之有因果聯繫的另一事物，比如從某些農產品的豐產聯想到該農產品價格會降低或者生產種植該農產品的種植戶會因為豐產而不豐收等。

（3）對比聯想。從某一事物的性質或特點聯想到與之相反或對立的另一種事物。比如從優點聯想到缺點，看到紛飛的大雪聯想到熱浪撲鼻的盛夏等。

（4）相似聯想。從某一事物想到形式或性質與其相似的另一種事物，如從季節變換聯想到人情冷暖，從秋天紛飛的落葉聯想到生命的凋零等。

（5）奇特聯想。透過離奇的、特別的聯想並在頭腦中呈現出相應的物象來記憶，即使這些聯想是不符合常規的，但只要是有利於記憶，我們都可以大膽進行聯想。

（6）表象聯想。將需要識記的東西與其實物表象建立聯繫促進記憶的方法。如識記某種動物的概念，只記這個動物的名字不易鞏固，必須在腦子裡浮現出這種動物的相應物象才行。浮現物象時，頭腦要像展開的銀幕那樣，看著文字，聽著讀音，當場把銀幕上的物象描繪出來。這樣經過多次練習，養成習慣，就容易把物象印到腦海裡。

（7）聚散聯想記憶法。運用聚合思維對一定數量的知識透過聯想，按照一定的規律組合到一起或運用發散思維對同一知識從多方面進行聯想的記憶

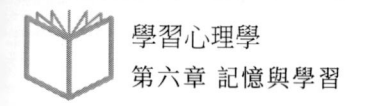

方法。包括聚合聯想記憶法和發散聯想記憶法，互為逆過程。聚散聯想記憶法有助於學習時舉一反三，觸類旁通，擴大思路，建立相關知識的「聯想集團」。如有關赤道的知識，可運用發散思維從下列各點進行說明：「地理上最長的緯線，緯度最低的緯線，距南北兩極距離相等的緯線，南、北半球的分界線，南北緯度劃分的起始線，地轉偏向力為零的緯線。」反之，運用聚合思維可以說明上述所指緯線都是赤道。

2. 直觀形象記憶法

即將抽象的材料加以形象化、直觀化的記憶方法。

3. 數字特徵記憶法

在記憶一些枯燥的數字或無意義的材料時，人為地發掘識記材料的外在特徵而進行記憶。數字特徵記憶法可分為以下幾種：

（1）諧音法。如圓周率 3.14159，可依諧音背成「山巔一寺一壺酒」；3.1416，可依諧音背成「山巔一獅一鹿」。再如，3 的算術平方根是 1.732050，如果把 2 讀成斤兩的「兩」，0 讀成「洞」，那麼這個數依諧音可讀成「一起商量懂不懂」。

（2）運算法。對歷史年代和電話號碼可以將數據轉化成簡單的算式，由於運算記憶法對枯燥無味的數據進行了形象有趣的加工，使之增加了易於聯想的內容，從而幫助記憶。例如，愛因斯坦的朋友認為自己的電話號碼 24361 很不好記。愛因斯坦馬上次答：「這有什麼難記的！兩打（24）加 19 的平方（361）就是了。」運算記憶的常用方法有以下幾種：

①加法。例如，李時珍於 1578 年寫成聞名世界的藥物學巨著《本草綱目》，可想為 15=7+8。

②減法。例如，東周開始的時間是公元前 770 年，可想為 7-7=0。

③乘法。例如，1644 年清軍入關，明朝滅亡，可想為 16=4×4。

④除法。秦於公元前 221 年統一中國，可想為 2÷2=1。

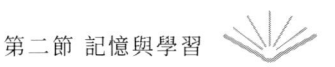

4. 歌訣記憶法

在識記多種材料的過程中，根據材料的具體情況，可以將材料編成合仄押韻的歌訣進行記憶。編制歌訣的常用方法有以下幾種：

(1) 羅列法。如《現代漢語修辭歌》為：「比喻、借代、比擬，誇張、雙關、反語，設問、反問、反覆，對照、對偶、排比。」

(2) 概括法。如《歷史朝代歌》為：「夏代商代與西周，春秋戰國亂悠悠；秦漢三國晉統一，南朝北朝是對頭；隋唐五代又十國，宋元明清帝王休。」

(3) 簡縮法。如《二十四節氣歌》為：「春雨驚春清穀天，夏滿芒夏暑相連，秋處露秋寒霜降，冬雪雪冬小大寒。」

歌訣最好自己編定，語言力求準確精練，內容必須透徹理解。個體還可以用自己最熟悉的音樂、歌曲為調子，將需要識記的材料經過處理後作為詞，形成一些獨特的新歌曲，在吟唱中迅速記憶，並且保持久遠。

5. 概括記憶法

即透過對識記材料進行提煉、抓住關鍵來記憶的方法。必須提煉出材料中的關鍵部分，然後進行綜合概括，形成一個或一組簡單的「訊息符號」，便於大腦接收、儲存和提取。概括記憶的形式一般有如下幾種：

(1) 主題概括法。抓住綱、線，把內容、要點系統完整而又概括性地串在一起，再去記憶就方便多了。如學習《實踐論》這篇難度較大的論文，如果不總結出中心思想，學過的理論就像一盤散沙，很難實踐應用。可以將其「主題概括」為：「論述了實踐是認識的基礎；闡明了在實踐的基礎上，從實踐到認識，由認識到實踐的二次飛躍；揭示了認識過程的反覆性、無限性、前進性；強調了主觀和客觀、理論與實踐的具體的歷史的統一」。

(2) 數字概括法。利用數字概括事實、內容或語句而增強記憶。如：「三綱五常」「四書五經」等等，都是人們約定俗成，寓意鮮明，容易引起回想的記憶方法。學習中有些較複雜的內容，也可思索一些用數字概括幫助記憶的方法。

（3）順序概括法。按照需要識記的事實材料的順序進行概括後幫助記憶的方法。如歷史事件的發生，各種條約的條款，歷史上的各種變法、改革等內容，都可編成簡化順序，用概括詞記住較複雜的內容。如「王安石變法」的五項內容是：①青苗法；②募役法；③農田水利法；④方田均稅法；⑤保甲法。記憶時可順序概括為一青、二募、三農、四方、五保。

6. 比較記憶法

對於識記中容易產生混淆的相似而又不同的材料，可以透過對比分析弄清各自的異同，辨別各個材料間的細微差別，從而對材料的認知形成分化，保證牢固記憶。比較的方法主要有對立比較法、對照比較法、順序比較法、類似比較法等。比較的基本原則一是「同中求異」，即在識記材料共同點之外找出不同點，不要停留在對材料表面現象的認識，而應著眼於對本質屬性的比較，把握細微特徵進行記憶。原則二是「異中求同」，即在識記材料不同點外努力找出它們的相同或相似點。透過事物紛繁複雜的表面現象，找到他們在本質上的相同或相似點。如果能從這兩個角度獲得相應的訊息，就會把它們記得更紮實。

7. 歸類記憶法

歸類是去蕪存菁，減少相應材料，縮短學習時間，提高記憶效率。歸類可以把紛繁複雜的事物系統化、條理化，易於記憶。歸類的標準不是單一的或局部的，需要個體在學習中根據實際情況來確定，選擇更適合個體的規則或標準。

8. 列表記憶法

把某些容易混淆的識記材料列成表格進行記憶，達到促進記憶的目的。列表記憶法具有明顯性、直觀性和對比性的特點。比如，要識記質數、質因數、互質數這三個概念的區別，就可列成表來幫助學生記憶。

9. 圖像聯想記憶法

針對英語單詞的記憶，張海洋提出了圖像記憶法，它是一種四步背單詞技術（張海洋，2007）。運用圖像記憶法來記憶英語單詞，關鍵在於把抽象

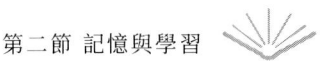

的字母轉化為熟悉的圖像，然後把這些圖像組合起來進行聯想。這樣，原本抽象的單詞就能變成一個個生動的畫面，就能像看電視、看電影那樣來進行記憶，不僅記得快、記得牢，而且記憶的過程充滿著樂趣，從而由討厭背單詞到愛上背單詞！其單詞記憶的方法可歸納為簡單的四個步驟：

第一步：找單詞（包括找完整單字、近似單字、字根字綴）；

第二步：找拼音（包括找全拼、近似拼音、拼音首字母）；

第三步：找編碼（找字母編碼）；

第四步：找諧音（包括整體諧音和部分諧音）。

此外，像馬德高提出的英語單字「星火式記憶法」，實際上也是對上述多種記憶技術的綜合應用，建議讀者業餘時間可以鑽研一下，進一步提升自己英語單詞的記憶水準和應用能力，進而提升英語水準。

10. 地點法

就是把識記的材料想像為擱置在自己熟悉地方的不同位置上，回憶的時候要在頭腦中對每一個位置逐個進行檢索。此法可應用在社交活動中，幫助記憶見到的不熟悉人員，將他們的姓名和職位等訊息分別存放在頭腦中虛擬的某個空間的不同位置，回憶時就依據空間的不同位置尋找。

生活中的心理學

如何更快更準確記憶以下材料？

半坡氏族時期的社會生活情況：

1. 普遍使用磨製器，使用磨製器的時代叫新石器時代，他們還使用弓箭。

2. 原始農業已有發展，種植糧食作物粟。中國是最早培植粟的國家，已學會飼養豬狗雞牛羊。

3. 已使用陶器。

4. 已學會建造房屋，過著定居的生活，已形成村落。

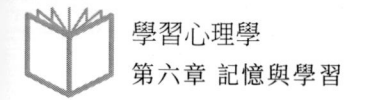

《18小時超級記憶速成教程》一書給出了這樣的記憶方法。

A. 每條答案劃分出若干個關鍵字，具體劃分如下：

1. 磨製石器、新石器時代、弓箭；

2. 種植粟、飼養豬狗雞牛羊；

3. 陶器；

4. 建造房屋、定居、村落

B. 為了記憶方便，便於聯想，將其順序排列為：2，1，3，4

C. 進行聯想：首先將題幹「半坡氏族」與「種植粟」進行聯想，可這樣進行聯想：半山坡上的原始人充分利用山坡的資源種植粟，（種植粟）然後接著聯想，誰想沒人飼養的野豬、野狗、野雞、野牛、野羊（即飼養豬狗雞牛羊）都來吃粟，他們很生氣，就磨製石器來打獵，新石器實在（新石器時代）不好使，於是製造了弓箭來狩獵（即磨製石器、新石器時代、弓箭）。

半坡人把捕獲的獵物飼養起來，可它們很淘氣（陶器）到處亂跑，於是人們想到了建造房屋，圈養動物，同時自己也定居下來，人多了就漸漸成了村落（即建造房屋、定居、村落）。

友情提醒：所有的記憶術都是「死」的，人需要靈活使用記憶術，才能夠使記憶術變活，否則會讓自己在本來就記憶不好的情況下，再去平添新的、複雜、死板的記憶內容。

複習鞏固

1. 增強記憶效果的措施有哪些？

2. 簡述有效識記的策略。

3. 簡述高效複習的策略。

4. 實踐操作

結合自己所學專業或某個學科的具體特點，嘗試針對其中的某些學習材料，運用具體的記憶術進行加工，從而達到最優化的記憶效果，並將其思考過程與同專業和其他專業的同學進行交流，以獲得記憶效果和方法總結能力的提升。

本章要點小結

記憶概述

1. 記憶是原先的刺激消失後所保持的有關刺激、事件、意象、觀念等訊息的心理機能。

2. 記憶過程包括識記、保持、回憶和再認四個環節。

3. 記憶系統由感覺記憶、短時記憶和長時記憶構成。

4. 感覺記憶保持感覺刺激的瞬時印象，保持時間很短。

5. 短時記憶是訊息呈現後，保持的時間約為 20 秒至 1 分鐘，編碼方式可因記憶材料經驗的不同而相應變化；容量有限為 7±2 組塊（chunk）；加工方式是複述；訊息的提取有平行同步檢索、系列全掃描和系列自動中斷掃描方式。

6. 長時記憶是訊息在頭腦中儲存超過 1 分鐘以上，直至保持終生的記憶。容量無限，保持時間長，編碼方式是雙重編碼，提取形式是再認和回憶。

7. 遺忘是識記過的材料不能回憶或再認，或者是錯誤的回憶或再認。其有四種理論解釋：動機性遺忘理論、提取失敗理論、干擾理論和痕跡衰退理論。

記憶與學習

1. 再認環節中影響再認效果和水準的因素有：事物或經驗與原有經驗相似的程度；經驗的鞏固程度；線索的清晰化和擴大化程度；某些再認障礙也會影響再認的效果。

2. 影響記憶效果的其他因素有：位置效應、干擾抑制、學習材料的數量、學習的程度、識記材料的性質、複述的精緻程度、睡眠狀況、個性特徵、動機作用。

3. 增強記憶效果的措施有：保證足夠的休息時間，強調動機的作用，合理規劃記憶材料和時間間隔，避免相似材料之間的干擾，強化對自己記憶特點的認真探索，教師要依據學生的記憶特點因材施教。

4. 有效識記的策略有：強化有目的的識記，深化對識記材料的理解程度，強調多種感官協同參與識記活動，重視整體識記與部分識記的結合。

5. 高效複習的策略有：及時複習，適當的過度學習，使用多樣化的複習方法，嘗試回憶與反覆識記相結合，合理分配複習時間，巧用集中複習和分散複習。

關鍵術語

記憶 識記 保持 再認 回憶 感覺記憶 短時記憶 長時記憶 遺忘 記憶恢復 前攝抑制 倒攝抑制 記憶術

單項選擇題

1. 短時記憶的容量是（ ）

A.4～6 個組塊 B.5～9 個組塊 C.4～8 個組塊 D.5～10 個組塊

2. 短時記憶保持的時間是（ ）

A.4 秒鐘 B. 終生 C.20 秒至 1 分鐘 D.1 分鐘以上

3. 下列關於感覺記憶的說法，錯誤的是（ ）

A. 容量無限 B. 保持時間超過 1 分鐘

C. 語義編碼 D. 部分訊息進入短時記憶

4. 下列關於長時記憶的說法，錯誤的是（ ）

A. 容量有限 B. 保持時間超過 1 分鐘

C. 語義編碼 D. 表象編碼

5. 把記憶分為形象記憶和動作記憶等的依據是（ ）

A. 記憶內容的性質 B. 提取訊息是否有意識

C. 是否主動記憶 D. 記憶的內容

多項選擇題

1. 記憶的過程包括（ ）

A. 識記 B. 保持 C. 回憶 D. 推理 E. 再認

2. 對遺忘的心理原因的理論解釋有（ ）

A. 位置效應理論 B. 動機性遺忘理論 C. 提取失敗理論

D. 干擾理論 E. 痕跡衰退理論

3. 關於遺忘的規律，正確的說法是（ ）

A. 只要記住了就不會產生遺忘

B. 剛剛記住之後就立刻產生了遺忘

C. 一段時間之後保持量逐漸平穩

D. 不同性質的材料遺忘的速度有差異

E. 記憶恢復的現象成人比兒童更普遍

4. 高效複習的策略有（ ）

A. 延時複習 B. 適當過度學習 C. 多樣化複習

D. 嘗試回憶與反覆識記相結合 E. 集中複習與分散複習相結合

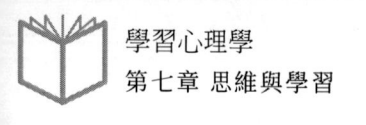

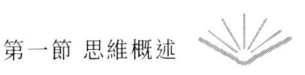

第七章 思維與學習

　　一天，在清晨日出時分，一個修道士開始沿著盤旋的山路爬到山頂的一個修道院。山路狹窄，只有一兩步寬。這個修道士爬山時，時快時慢，一路上多次停下來休息，他在日落前到達了修道院。在修道院停留幾天後他便沿原路下山，也是日出時起程，以變化的速度行走，同樣在路上休息多次。然而，他下山的平均速度卻要比上山時快。試證明修道士在往返途中將於一天中的同一時刻經過同一地點（Adams，1990）。

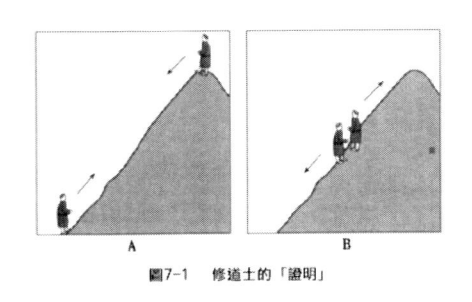

圖7-1　修道士的「證明」

　　A顯示了兩個修道士，一個從山腳開始，一個從山頂開始。

　　B顯示了他們肯定在這天的某個時候相遇。用一個修道士替換這兩個修道士，你就能找到你的證明方法！想要快速準確地找到解決問題的方法，那就快來學習本章的知識吧！

第一節 思維概述

一、思維的概念及特徵

　　思維（thinking）是借助語言、表象或動作實現的、對客觀事物概括和間接的認識，是認識的高級形式。它能揭示事物的本質特徵和內部聯繫，並主要表現在概念形成和問題解決的活動中。思維透過對輸入刺激進行更深層次的加工，揭示事物之間的關係，形成概念，並利用概念進行判斷、推理，解決人們面臨的各種問題。但思維離不開感覺、知覺、記憶活動所提供的訊息，人們只有在大量感性訊息的基礎上，在記憶的幫助下，才能進行推理，

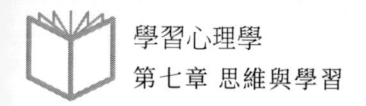

從而做出假設並驗證這些假設，進而揭示出感覺、知覺、記憶所不能揭示的事物的內在聯繫和規律。思維具有以下幾個特徵：

（一）概括性

思維的概括性是指在大量的感性材料的基礎上，把一類事物的共同特徵和規律抽取出來加以概括。概括在人們的思維活動中有著重要的作用，它使人們的認識活動擺脫了具體事物的侷限性和對事物的直接依賴關係，這不僅擴大了人們的認識範圍，也加深了人們對事物的瞭解。所以概括水準在一定程度上表現了思維的水準。另外，概括是人們形成概念的前提，也是思維活動能迅速進行遷移的基礎。概括是隨著人們認識水準的提高而不斷發展的。人們認識水準越高，對事物的概括水準也就越高。

（二）間接性

思維的間接性是指人們借助於一定的媒介和知識經驗對客觀事物進行間接的認識。由於思維的間接性，人們才能超越感知覺提供的訊息，認識那些沒有直接作用於人的感官的事物和屬性，從而揭示事物的本質和規律。從這個意義上講，思維認識的領域要比感知覺認識的領域更廣闊、更深刻。

（三）對經驗的改組

思維是一種探索和發現新事物的心理過程。它常常指向事物的新特徵和新關係，這就需要人們對頭腦中已有的知識經驗不斷地進行更新和改組。在從事科學研究、探索世界的奧祕時，人們需要對已有的知識經驗進行重建、改組和更新。

思維活動常常是由一定的問題情景引起的，並試圖解決這些問題。例如，人們設計新的計算機程序時，不是簡單地把頭腦中有關的原理和經驗通通呈現出來，而是根據設計的要求、課題的性質、材料的特點等重新組織已有的知識，提出種種可行的方案，然後進行檢驗，逐步形成一種新的可行方案。所以思維不是簡單地再現經驗，而是對已有的知識經驗進行改組、構建的過程。

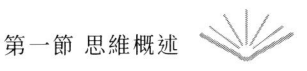

二、思維的過程

思維是透過一系列比較複雜的操作（operation）來實現的。人們在頭腦中，運用儲存在長時記憶中的知識經驗，對外界輸入的訊息進行分析、綜合、比較、抽象和概括的過程，就是思維過程，或稱之為思維操作（thinking operation）。

（一）分析與綜合

分析與綜合是思維的基本過程。分析是指在頭腦中把事物的整體分解為各個屬性或各個部分。例如，把一朵花分為花柄、花托、花被（花萼、花冠）、花蕊（雄蕊、雌蕊）。人們對事物的分析往往是從分析事物的屬性和特徵開始的。綜合是在頭腦中把事物的各個屬性、各個特徵、各個部分結合起來，瞭解它們之間的聯繫，形成一個整體。例如，把文章的各個段落綜合起來，就掌握了整篇文章的中心思想。綜合是思維的重要特徵，只有把事物的屬性、特徵、部分等綜合起來，才能更好地把握事物之間的關係與聯繫，抓住事物的本質。

分析與綜合是緊密聯繫而又相反的同一思維過程的不可分割的兩個方面。分析是把部分作為整體的部分，從它們的相互聯繫上進行分析。綜合是透過對個體特徵、各部分的分析來實現的，所以分析又是綜合的基礎。任何一種思維活動都既需要分析，又需要綜合。

（二）比較

比較是把各種事物和現象加以對比，確定它們的相同點、不同點及它們之間的相互關係。分析是比較的前提，只有在思想上把不同對象的各個部分或特徵區別開來，才能進行比較。同時，比較還要確定它們之間的關係，所以比較又是一個綜合的過程。

比較是重要的思維方法，也是重要的思維過程。它在人們的日常生活、學習和研究工作中都發揮著重要作用。有比較才有鑑別，人們透過比較才能辨別事物的真假，人心的善惡，也才能找到要探索的科學問題，做出恰當的研究結論。

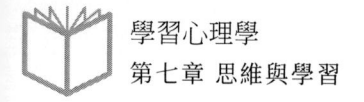

(三) 抽象與概括

抽象是在思想上抽出各種事物的共同屬性和特徵，捨棄其個別屬性和特徵的過程。例如，鉛筆、圓珠筆、鋼筆、中性筆都能寫字，因此「能寫字」就是它們的共同屬性，這種認識是透過抽象得到的。日常生活中人們所使用的高度、重量、面積、年齡以及忠誠、勤奮、果敢等概念，也都是思維抽象的結果。

在抽象的基礎上，人們就可以得到對事物的概括認識。概括分為初級概括和高級概括。一般我們認為初級概括是在感覺、知覺、表像水準上的概括，這種概括水準相對較低。高級概括是根據事物的內在聯繫和本質特徵進行的概括，如一切概念、定義、定理都是高級概括的產物。

三、思維的種類

(一) 直觀動作思維、形象思維和邏輯思維

根據思維任務的性質、內容和解決問題的方法可以將思維分為以下三種。

1. 直觀動作思維

直觀動作思維又稱實踐思維（practical thinking），其面臨的任務具有直觀的形式，解決問題的方式依賴於實際的動作。如半導體收音機不響了，先用電表檢查，看看是否電池已經用完了。如果電池還有電，再檢查線路是否接觸不良，三極管是否出了毛病……最後找出收音機不響的原因。三歲前的幼兒只能在動作中思考，他們的思維基本上屬於直觀動作思維。例如，幼兒將玩具拆開，又重新組合起來，動作停止，他們的思維也就停止了。成人有時也運用表象和動作進行思維，但這種直觀動作思維要比幼兒的直觀動作思維水準高。

2. 形象思維。

形象思維（imagery thinking）是指人們利用頭腦中的具體形象（表象）來解決問題。例如，去城市的某個地方參觀，我們事先會在頭腦中想出可能到達目的地的道路，經過分析與比較，最後選擇一條短而方便的路。這樣的

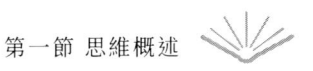

思維就是形象思維。形象思維在問題解決中具有重要的意義。藝術家、作家、導演、設計師等更多地運用形象思維。

3. 邏輯思維

當人們面對理論性質的任務時，運用概念、理論知識解決問題時，這種思維稱為邏輯思維（logical thinking）。例如，學生學習各種科學知識，科學工作者進行某種推理、判斷都要運用這種思維。它是人類思維的典型的高級形式。

（二）輻合思維和發散思維

根據思維探索的方向，可把思維分為輻合思維和發散思維。輻合思維（convergent thinking）是指人們根據已知的訊息，利用熟悉的規則解決問題。也就是從給予的訊息中，產生邏輯結論。它是一種有方向、有條理、有範圍的思維方式。

發散思維（divergent thinking）是指人們沿著不同的方向思考，重新組織當前的訊息和記憶系統中儲存的訊息，產生大量的、獨特的新思想。例如，別針有什麼用途？回答這樣的問題人們可以從生活中的不同方面進行思考，從而想出諸如別胸卡、掛日曆、別文件、掛窗簾、釘書本等用途。

（三）常規思維與創造思維

根據思維的獨創性，可把思維區分為常規思維和創造性思維。常規思維（conventional thinking）是指運用已獲得的知識經驗，按現成的方案和程序直接解決問題，如學生運用已學會的數學知識解決同一類型題目的思維。這種思維缺乏獨創性，是運用已獲得的知識的過程，不會產生新的思維成果。

創造思維（creative thinking）是產生新的並有社會價值成果的思維，具有獨創性。在從事文藝創作、科學發現、技術發明等創造性活動時，創造性思維的表現特別典型。

複習鞏固

1. 簡述思維的含義及特徵。

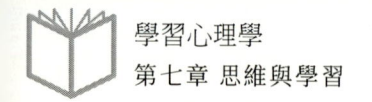

2. 簡述思維的過程。

第二節 思維與學習

一、問題解決

問題解決是一個非常複雜的活動，包括整個認知過程、情緒和意志活動，其中思維活動是最關鍵的。問題解決（problem solving）就是由一定的問題情境引起，經過一系列具有目標引向性的認知操作使問題得以解決的心理歷程。

斯芬克斯出了一個謎語：「什麼東西早晨用四條腿走路，中午用兩條腿走路，黃昏時用三條腿走路？」伊底帕斯給出的答案是人，從而避免了斯芬克司對人類的威脅。儘管我們在日常生活中所遇到的問題，可能並不像年輕的伊底帕斯遇到的問題那樣有不朽的價值，但是，問題解決活動是日常生活的基本部分。為了瞭解問題解決的本質，可以試著解決圖 7-2 中的問題。當你做完之後，我們再看一下心理學研究如何能幫你清楚地瞭解自己的行為，而且我們也會為如何改進你的行為提供一些策略。

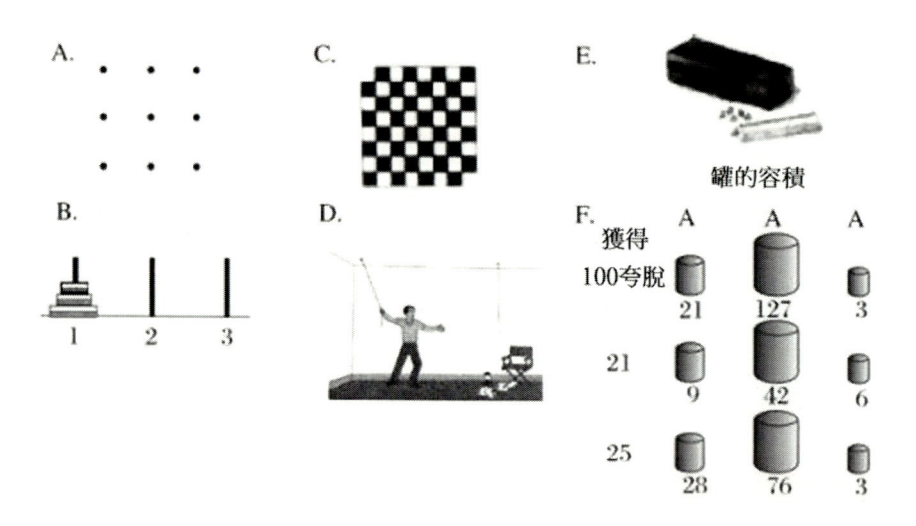

圖7-2　你能解決嗎？

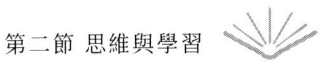

請嘗試解決下列問題：

（A）你能不抬起筆畫四條首尾相連的直線，把圖中所有的點連上嗎？

（B）1柱上有3個圓盤，小圓盤在上面，大圓盤在下面。怎麼將1柱上的3個盤移動到3柱上？注意：每次只能移動1個圓盤，在任何柱上永遠是小盤在上大盤在下，移動次數越少越好。

（C）棋盤的兩個角被切掉了，剩下62個棋盤格。你有31張多米諾骨牌，每張正好覆蓋兩個棋盤格。你能用這些多米諾骨牌覆蓋整個棋盤嗎？

（D）你處於圖中所示情形，你的任務是把兩條繩子系到一起。如果你抓住一條繩子就夠不到另一條繩子。你知道怎麼做嗎？

（E）給你圖中所示的一些物體（一支蠟燭、一些大頭釘和一些裝在火柴盒裡的火柴），任務是把一枝燃燒的蠟燭安裝到門上。你知道怎樣做嗎？

（F）給你3個「水罐」。僅用3個容器（水不限），你能獲得每個情況下所指的水嗎？（一）問題解決策略

（一）問題解決策略

問題解決策略（strategy of problem solving）是指使問題發生某些變化並由此提供一定訊息的處理、試驗或探索。問題解決中所使用的策略可以分為兩大類：算法式和啟發式。

1. 算法式

算法式（algorithm）是一種按邏輯來解決問題的策略。它是一定能得出正確答案的特定程序。例如，解一個6個字母的字迷（如 source），假如確實有這樣一個詞存在，你只要系統地改變這6個字母的次序，每次到詞典中去查字母構成的排列，最終就能找到一個匹配詞（如 source 或者 course）。運用這種策略，問題解決者可能需要做出720種排列。因此，算法式的最大缺點是浪費時間。

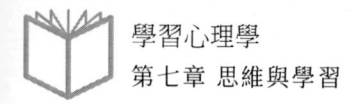

2. 啟發式

啟發式（heuristics）是由以往解決問題的經驗形成的一些經驗規則。如果你曾經換過汽車輪胎，當你的汽車輪胎在公路上出毛病時，你可能會想到用千斤頂抬起來換輪胎這種有用的啟發式策略。與算法式不同，啟發式並不能保證得到答案，但這種缺點可以透過其容易且速度快的優點而得到補償。在以往的研究中，心理學家已經發現人類經常使用的幾種有效的啟發式策略：手段—目的分析、順向工作、逆向工作和假設檢驗。

（1）手段—目的分析

手段—目的分析（means-ends analysis）是指問題解決者不斷將當前狀態和目標狀態進行比較，然後採取措施盡可能縮小這兩種狀態之間的差異。當問題可分成若干個各自具有目標的更小問題時，人們常常採用手段—目的分析啟發式。用手段—目的分析來解決圖 7-2 中 B 所示的系列（可增加 1 柱上的圓盤而提升難度），就是把一個問題分成若干個比較小的問題，每個小問題都有自己的目標，透過子目標的實現使問題的當前狀態達到最後的目標狀態。手段—目的分析是人們解決問題最常用的一種策略。

（2）順向工作

順向工作也稱順向推理（working forward），是指從問題的已知條件出發，透過逐步擴展已有的訊息直到問題解決的一種策略。例如，解下面這個密碼算題：

$$\begin{array}{r} \text{DONALD} \\ +\text{GERALD} \\ \hline \text{ROBERT} \end{array}$$

已知：D=5

任務要求：把字母換成數字；字母換成數字後，第三行數字答案必須等於第一行和第二行數字之和。

問題解決者往往採用順向推理的策略，先從 D=5 這一訊息出發，找出可能性最小的一列，從中獲得更多訊息，再利用加法中的某些規則進行推理，一步一步地找到正確答案。順向工作是專家問題解決行為的一個重要特點。專家在看到問題時，首先是要發現問題中提供了什麼訊息，再想用哪些方法能從這些訊息中推出新的訊息，從而對問題中各要素的相互關係進行分析，達到問題解決這一目的。

（3）逆向工作

逆向工作也稱逆向推理（working backward），是指從問題的目標狀態出發，按照問題組成的邏輯順序逐級向當前狀態遞歸的問題解決策略。其主要特點是將問題解決的目標分解成若干個子目標，直至使子目標按逆推途徑與給定條件建立直接聯繫或等同起來，即目標─子目標─子目標─現有條件。例如，解下面問題：已知圖 7-3 中的 ABDC 是一個長方形，證明 AD 與 BC 相等。從目標出發，進行反推時問題解決者可能會問：如何才能證明 AD 與 BC 相等？如果我能證明三角形 ACD 與三角形 BDC 全等，那麼就能證明 AD 與 BC 相等。下一步的推理就是：如果我能證明兩邊和一個夾角相等，那麼就能證明三角形 ACD 與三角形 BDC 全等。這樣從一個子目標出發反推到另一個子目標，以達到問題的解決。新手往往是採用這種策略來解決問題的。

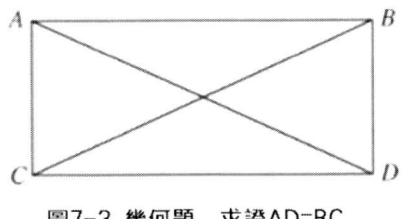

圖7-3 幾何題，求證AD=BC

（4）假設檢驗

假設檢驗（generate and test）一般分為兩步進行：①產生一個「候選」答案；②檢驗它是否是真實答案。如果被否定，則產生另一個「候選」答案，並再度檢驗，直到找出真正的答案為止。這種策略的缺點是：①沒有提供盡

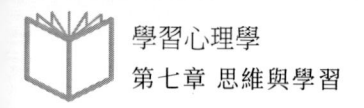

快選擇「候選」答案的方法，對答案的選擇可能較費時；②解決問題的答案要求是完整的，否則難以檢驗，而要完整地列出所有「候選」答案也是比較困難的。

總之，在問題解決時，人們可以選擇不同的策略。但人們一般不去尋找最有效的策略，而是找到一個較滿意的策略。因為即使是解決最簡單的問題，要想得到次數最少、效能最高的問題解決策略也是很困難的。

（二）影響問題解決的因素

問題解決的思維過程受多種心理因素的影響。有些因素能促進思維活動對問題的解決，有些因素則妨礙思維活動對問題的解決。下面討論其中主要的幾種。

1. 問題表徵

問題表徵（problem representation）是在頭腦中對問題進行訊息記載、理解和表達的方式。要解決一個問題，不僅依賴於我們分解該問題的策略，也有賴於我們對該問題如何表徵。如圖 7-4 所示的九點方陣和火柴排列兩個問題，看似簡單，做起來並不容易，不容易的原因是由於受到了知覺情境的限制。左圖的 9 個點，很容易使人在知覺上構成一個封閉的四邊，從而讓人難以突破知覺經驗，但四段直線必須延伸到 9 點構成的區域之外才能達到目的；右圖的 6 根火柴是在平面上排列的，但想在平面上排成 4 個連接的三角形，6 跟火柴無法達到目的，唯一的可能是將 6 跟火柴架成立體的。

有不中斷的4條
直線貫穿9個點

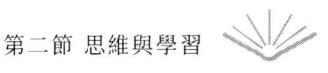

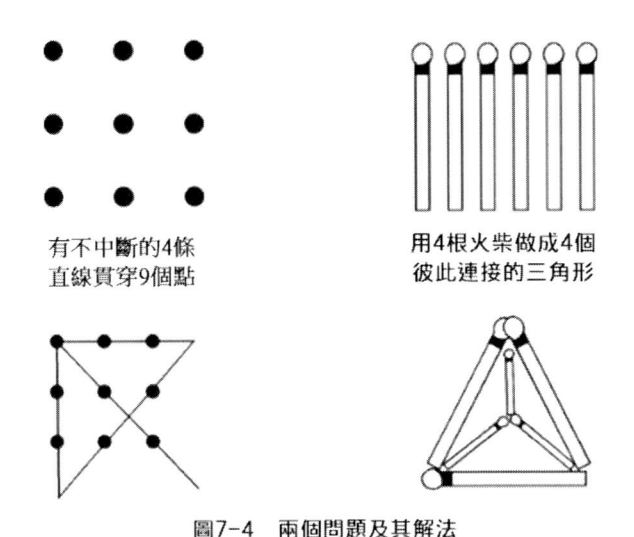

用4根火柴做成4個
彼此連接的三角形

圖7-4　兩個問題及其解法

再看下面的例子，已知一個圓的半徑是 6 公分，請問圓的外切正方形的面積是多少？這個問題的知覺呈現方式有兩種（見圖 7-5）。對於初學這些知識的學生來講，圖 a 較難看出圓半徑與外切正方形邊長之間的關係，而圖 b 較容易看出圓半徑與外切正方形邊長之間的關係，所以他們一般在解決圖 a 問題時出錯多，解決圖 b 問題時出錯少。

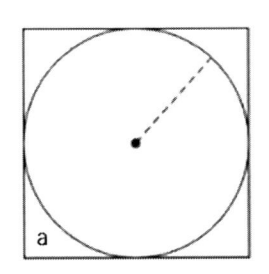

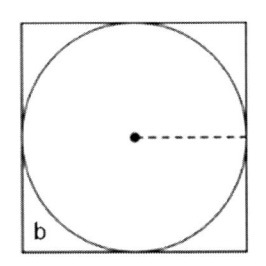

圖7-5　兩種圓外切正方形

2. 思維定式

思維定式（set of thinking）是個體先前的思維活動形成的心理準備狀態對後繼同類思維活動的決定趨勢。定式常常是意識不到的，有時有助於問題的解決，有時會妨礙問題的解決。

定式對問題解決的妨礙作用可以從陸欽斯（Luchins，1942）的實驗中看到。在實驗中告訴受試者有三個大小不同的杯子，要求他利用這三個杯子量出一定量的水。其實驗程序見表 7-1。實驗結果表明，透過序列 1～5 的實驗，由於受試者形成了利用 B—A—2C 這個公式的定式，結果，對序列 6 和序列 7 也大都用同樣方式加以解決，竟然沒有發現原本應該顯而易見的簡單方法（即 A-C 和 A+C）。在這個例子中，定式使問題解決的思維活動刻板化。

表 7-1 陸欽斯的量水問題實驗序列

序列	三個杯的容量 A	三個杯的容量 B	三個杯的容量 C	要求量出水的容量
1	21	127	3	100
2	14	163	25	99
3	18	43	10	5
4	9	42	6	21
5	20	59	4	31
6	23	49	3	20
7	15	39	3	18

3. 功能固著

功能固著（functional fixedness）指一個人看到某個物品有一種慣常的用途後，就很難看出它的其他新的用途。如果初次看到物品的用途越重要，也就越難看出它的其他用途。這是一種特殊類型的定式。鄧克爾（Duncker，1945）在他的一個實驗中，讓學生想辦法在一塊垂直的木板上放置蠟燭，並要使蠟燭能夠正常地燃燒。鄧克爾給每個學生三根蠟燭以及火柴、紙盒、圖釘和其他東西。受試者中有一半人分到的是放在紙盒裡的材料，另一半人分到的東西都散放在桌子上。鄧克爾發現，把東西放在盒子裡提供給受試者，會使問題變得更困難，因為此時盒子會被看成是容器，而不是能夠參與解決問題的物體。在這個實驗中，解決問題的方法是要先將盒子釘在木板上，把它當燭臺用。

功能固著也是思維活動刻板化的表現。在日常生活中經常碰到，硬幣好像只有一種用途，很少想到它還能夠用於導電；衣服好像只有一種用途，很少想到它還能夠用於撲滅烈火。這類思維方式使我們趨向於以習慣的方式運用物品，從而妨礙以新的方式去運用它解決問題。

4. 醞釀效應

當反覆探索一個問題的解決而毫無結果時，把問題暫時擱置一段時間，幾小時、幾天、幾星期，然後再回過頭來解決，反而可能很快找到解決問題的辦法，這種現象稱為醞釀效應（incubation effect）。在醞釀期間，個體的問題解決雖在意識中斷斷續續地進行著，但透過醞釀，最近的記憶和已有的記憶被整合在一起，弱化了心理定式的效應，並容易啟動較遙遠的思維線索，因而容易重構出新的事物，產生對問題的新看法，從而使問題得以順利解決。

經濟鏈問題證明了該效應（見圖7-6）：「你面前有四條小鏈子，每條鏈子有三個環。打開一個環要花兩分錢，封合一個環要花三分錢。開始時所有的環都是封合的。你的任務是要把這十二個環全部連接成一個大鏈子，但花錢不能超過十五分錢。」（這個問題的解法是：把一條小鏈的三個環都打開，用這三個環把剩下的三個小鏈連接起來。）實驗要求三組受試者都用半個小時來解決問題。第一組有55%的人解決了問題；第二組，在半小時中間插入半小時做其他事情，結果有64%的人解決了問題；第三組，在半小時中間插入四小時做其他事情，結果有85%的人解決了問題。研究發現第二、三組受試者回頭來解決問題時並不是接著已經完成的解法去做，而是像原先那樣從頭做起（Silveira，1971）。因此可以認為，醞釀效應打破瞭解決問題不恰當思路的定式，從而促進了新思路的產生。

図7-6　經濟鏈問題

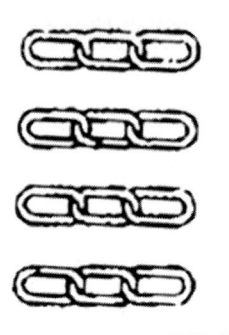

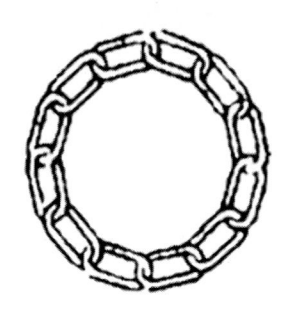

5. 知識經驗

解決問題的知識經驗越豐富，越有利於問題的解決。善於解決問題的專家與新手的區別在於，前者具備有關問題的知識經驗並善於運用這些知識來解決問題。例如，一位老醫生與一位剛參加工作的年輕醫生，在面對一位具有很多症狀的患者時就採取了不同的處理方式。年輕醫生透過獲得病人各種各樣檢驗單數據，進而有了一套幾乎完整的症狀訊息之後，才可能做出正確的診斷。但有經驗的老醫生很可能會立即認定這些症狀符合某種或少數幾種疾病的診斷模式，僅對病人做了個別的檢查後便很快做出了相當準確的診斷。

6. 動機和人格

人在解決問題的過程中，總會伴隨一定的動機，如人們的社會責任感、學習態度、學習興趣等都可稱為活動的動機。心理學家的研究表明，適中的動機水準有利於問題的解決，過強或過弱的動機水準不利於問題的解決。因為太強的動機水準，會使人處於高度的緊張狀態，容易忽視解決問題的重要線索。而動機太弱，個體又容易被無關因素所吸引。

個體的人格差異也會影響解決問題的效率。理想遠大、意志堅強、自尊、自信、自立、自強等優秀的人格品質會提高解決問題的效率，而缺乏理想、意志薄弱、驕傲懶惰、缺乏自尊等消極的人格特點會妨礙問題的解決。

總之，影響問題解決的心理因素是多方面的。它們不是孤立的，而是互相聯繫、互相影響，綜合地影響問題解決的思維過程。

二、創造性思維的激發技術

未來經濟、軍事、教育和科技的競爭,就是創造性人才的競爭。因此,創造性思維的訓練和培養是科技發展、社會進步的必然要求,也是世界各國教育發展的必然趨勢。那麼,如何訓練和培養創造性思維呢?

下面將介紹幾種已經在實踐中大量使用的激發技術。

(一) 智力激勵法

智力激勵法,是一種集思廣益,相互啟發的方法。它透過小型的,甚至三四人的座談會進行交流。由於個人在起點、觀察問題的角度、知識結構和研究方法等方面的差異,會產生各自的獨特見解,然後透過相互激勵、啟迪、補充甚至是追問、責難,使創造性設想產生共鳴,誘發更多的新觀點、新見解,直到獲得創造性設想(張慶林,2002)。

1. 腦力激盪法

奧斯本(Orsborn,1953)的「腦力激盪法」(brain storming),又稱「智力激勵法」,是指運用人的智慧去衝擊問題。它採用開會形式,組織人們對特定問題進行討論,使他們互相啟發,引起聯想,產生較好較多的方案和設想。當一個成員提出一種設想時,就會激發其他成員的聯想,而這些聯想又會激發更好更多的聯想。最後就形成了一股「腦力激盪」。腦力激盪的目的就是在短時間內產生解決某一問題的方法。想法越多,最後得到有價值、有見解的可能性也就越大。因此透過腦力激盪,常常可以得到一些意想不到的解決問題的有效途徑。

運用此法需遵循的原則:

①追求數量;

②要求創新;

③沒有批評;

④需要對發散出來的多種想法進行組合和重建。

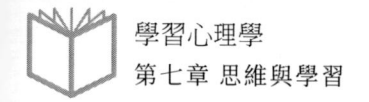

會前要認真做的準備：

①確定會議主題；

②選擇會議主持人；

③確定參加會議的人選；

④提前下達會議通知。

在會議進行時要注意：

①先進行「熱身活動」；

②明確要解決的問題；

③讓大家自由暢談。會議結束後應組織專人進行整理。

2. 默寫式激勵法（635法）

德國研究創造性的學者們根據他們民族長於沉思的性格特點對奧斯本的智力激勵法加以改良，提出一種以書面為主的智力激勵法——默寫式激勵法。此法規定：每次會議有6人參加，要求每位與會者必須在5分鐘內提出3個設想，故又稱「635法」。

默寫式智力激勵法的具體做法如下：會議主持人先宣布議題，並對與會者提出的問題加以解釋，隨後發給每人幾張設想卡片。每張卡片上標有號碼1、2、3，號碼之間留有較大的空白，用以填寫新的設想。填寫時，字跡務必要清晰。在第一個5分鐘內，每人針對議題填寫3個設想，然後將卡片傳給右鄰的與會者。在第二個5分鐘內每人可以從別人所添加的設想中得到啟發，再添上3個設想，再傳給右鄰者。如此多次傳遞，半小時內可傳遞6次，總共可產生108個設想。

3. 六六討論法

此法由Philips（1961）首創，是一種以智力激勵為基礎，適用於大團體討論的方式。將大團體分為每六人一組的小組，進行六分鐘小組討論，再回到大團體中分享成果，最後進行評估。

方法與程序：

①決定主題後，六個人一組，每組推選一位主席，由主席指定一位記錄、一位計時及一位發言人；

②六個人輪流發言，每人限時一分鐘，而且要剛好講足一分鐘；

③一分鐘到，主席應立即切斷發言，輪到第二位發言；

④每個人發言一次恰好用時六分鐘；

⑤發言人整合六個人的意見，上臺報告本組的結論，用時一分鐘。

六六討論法的實施要訣：

①各組主席應準確掌控時間；

②發言時應去除客套話、越簡潔越好；

③實施前應有帶動氣氛的熱身活動；

④探討的主題不宜太專業，以交換心得為佳；

⑤以打破原有族群建製為分組原則。

六六討論法的優點：

①讓每個人都有參與感；

②發掘人才，經驗交流的絕佳方法；

③能在極短的時間內帶動起熱鬧的討論氣氛。

（二）檢查表技術

提出問題能激發人們的創造性思維，而大量的思考和有序的檢查，也可能產生新的設想或創意。根據這一特點，人們設計了檢查表技術，其中 Orsborn 檢查表法則是該項技術的基礎。

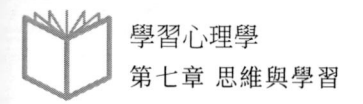

1. Orsborn 檢查表技術

檢查表技術（check-list technique），是從一個與問題有關的列表上尋找解決問題線索的方法，用以訓練人們的周密思維。首先將問題列成一張分析表，然後寫出表中每一項需要處理和解決的要點，最後注意考慮每一要點可供改變的方向。也可以使用「可能解答表」方法，用智力激勵提出各種可能的解決方法，將這些方案列表考慮。

Orsborn 檢查表的內容從下列 9 個方面提問：

①有無其他用途？

②能否借用？

③能否改變？

④能否擴大？

⑤能否縮小？

⑥能否代用？

⑦能否重新調整？

⑧能否顛倒過來？

⑨能否組合？

檢查表技術的特點：

①可提供創造活動的最基本的思路，便於針對目標集中思考。

②它是一種多角度發散性思考，思路開闊，廣思之後再深思和精思，效果更好。

③它是一種帶有強制性的思考，有利於突破不願提問的心理障礙。

在運用此技術時，既要注意對檢查對象的分析，因為這是檢查創造的基礎；又要明確檢查思考的要求，因為這是運用檢查技術思考的核心。

2. 其他類別的檢查表技術

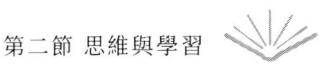

(1) 美國創造學家發明創造了由 6 個問題構成一條思路的方法，即 Who（誰？）When（何時？）Where（何處？）What（什麼？）Why（為什麼？）How（怎麼樣？），取其首寫字母縮寫為 5W1H 技術法。

(2) 人們根據解決專項問題的需要，創造出的專項問題檢查表法。如「科技選題」「人才管理」「合理化建議」等專項檢查工具，從而為從事具體創造活動的人提供思維軟件。

（三）卡片式智力激勵法

卡片式智力激勵法由日本創造開發研究所所長高橋誠創立，其特點是對每個人提出的設想可以進行質詢和評價。該方法又可分為 CBS 法和 NBS 法兩種。CBS 法根據 Orsborn 的智力激勵法改良而成；NBS 法是日本廣播電臺開發的一種智力激勵法。

CBS 法的具體做法是：會前明確會議主題，每次會議由 3 至 8 人參加，每人持 50 張名片大小的卡片，桌上另放 200 張卡片備用。會議大約舉行 1 個小時。最初十分鐘為「獨奏」階段，由到會者各自在卡片上填寫設想，每張卡片上寫一個設想。接下來的 30 分鐘，由與會者按座位次序輪流發表自己的設想，每次只能宣讀一張卡片，宣讀時將卡片放在桌子中間，讓與會者都能看得清楚。在宣讀後其他人可以提出質詢，也可以將其發出來的新設想填入備用的卡片中，餘下的 20 分鐘，讓與會者相互交流和探討自己提出的設想，從中再誘發出新的設想。

NBS 法的具體做法是：會前明確會議主題，每次會議由 5 至 8 人參加，每人必須提出 5 個以上的設想，每個設想填在一張卡片上。會議開始後，各人出示自己的卡片，並對此做說明。在別人宣讀設想時，如果自己發生了「思維共振」，產生新的設想，應立即填寫在備用卡片上，待與會者發言完畢後，將所有卡片集中起來，並按內容進行分類，橫排在桌上，在每類卡片上加一個標題，然後再進行討論，挑選出可供實施的設想。

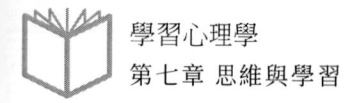

（四）特徵列舉法

特徵列舉法由 Crawfod（1954）提出。他認為，創造是對舊事物的改進，透過改進某事物的特徵，或把某一事物的特徵添加到另一事物上，從而完成創造過程。因此，特徵列舉法的程序首先是列出一產品的關鍵特徵，然後列出每一特徵可能進行的改變，或設想把一事物的特徵加到另一事物上去，使該物體產生新用途。

列舉分析是人們常用的一種思維方式。它可以把複雜問題或事物分解成簡單要素，然後分別進行研究。這樣有助於人們集中主要精力進行創造性思維，以求得問題解決或事物的完善。

1. 希望點列舉法

希望點列舉法是一種「積極主動」的創造技法。創造者從社會需求或個人願望出發，透過列舉希望來提出批評或進行創造的目標，從而開展創造活動。

希望點列舉法的運用，首先要重視發散思維，透過多向思維的運用，展開自由聯想，列出盡可能多的希望；其次要將列舉的希望進行分析與鑑別；最後在確定希望點及相應的設想後，應設計擬定具體方案。

2. 缺點列舉法

缺點列舉法是有意識地、甚至「吹毛求疵」地盡力列舉現有事物的缺陷，透過歸納、分析，提出改進設想，進行改革創造。其實質是一種否定思維。

運用缺點列舉法，可以個人進行，但以小組形式進行為好。其具體操作程序為：

①決定主題，做好心理準備；

②以「吹毛求疵」的精神，集中列舉對象的「缺點」；

③對「缺點」進行分析歸類，找出造成「缺點」的原因；

④針對主要「缺點」採用智力激勵法，提出改進性設計方案。

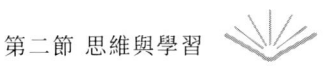

3. 特性列舉法

特性列舉法是抓住事物的特徵進行分析，並對其加以改變或拓展，透過創造性思維，去探索改進事物的新設想。最基本的方法是將事物的整體、部分、材料、製造方法（指名詞特性）、性質（指形容詞特性）、動能（指動詞特性）等方面進行特性分析，經過分析研究後再提出改進設想。

（五）形態分析法

該法由美國 Zwicky（1948）首創，後由 Allen 加以發展。它是一種組合或重組方法。這種方法的出發點是：許多發明創造並不是一項全新的東西，而是對舊東西的重新組合。實施時可分四步進行：

①問題的敘述要儘量廣泛；

②列舉出有關這個問題的獨立要素；

③列舉出每一獨立因素的可變元素；

④使這些元素相互結合，形成更多新觀念。

形態分析法的基本原則有以下七點：

①任何一種概念都不完全；

②知識無限；

③任何領域都在尋求整體的知識；

④要徹底解決一個問題，應從所有已知元素的所有可能的關係中去尋求；

⑤各事物之間有一種一般的關係存在；

⑥綜合法應先依賴分析法；

⑦先尋求各種價值的形態結構，而後才尋求所需的觀念或答案。

（六）分合法

分合法是 Gordon（1961）提出的一套團體問題解決方法。他將創造過程分為兩種心理操作：一是使熟悉的事物變得新奇，這叫由合而分；二是使

新奇的事物變得熟悉，這叫由分而合。由合而分的過程是用新穎而有創意的觀點重新瞭解熟悉的事物，以產生學習的興趣；由分而合是在熟悉陌生事物的過程中增進對新奇事物的理解，一般可用類推法和分析法來熟悉陌生事物。Gordon 的分合法主要運用類推技術，他提出四種類推的方法：

（1）狂想類推：找出不同尋常的解決問題的方法；

（2）符號類推：是運用符號象徵的類推；

（3）直接類推：讓兩種不同的事物彼此類推，從而觸類旁通，舉一反三；

（4）擬人類推：是將事物「擬人化」或「人性化」的類推。

上面所提及的方法都是在實踐中已被證明了的，是行之有效的創造性激發技術，個體或組織可以在教學或創造過程中加以綜合應用以獲得具有創造性的產品。

三、學生創造性思維的發展與培養

（一）學生的思維發展

1. 學生思維發展的一般特點

第一，思維結構的發展。中小學生的邏輯思維發展較快，並在國中階段開始占主要地位。抽象邏輯思維的發展為中小學生學習各種理論材料提供了必要條件。在高中階段，個體的抽象思維不僅占絕對的優勢，而且由經驗型向理論型過渡，已經能運用理論做指導，來分析各種事實材料，從而擴大自己的認識領域。辯證邏輯思維是人類最高級的思維形式，在中小學階段迅速發展，並於高中階段達到基本成熟的水準。中小學生的動作思維和形象思維仍在發展，並與抽象邏輯思維和辯證邏輯思維相融合。動作思維的發展促進了中小學生技術能力的發展，形象思維的發展促進了藝術能力的發展。

第二，思維深刻性的發展。中學生的思維處於半成熟狀態。一方面，隨著抽象邏輯思維水準的提高和知識經驗的不斷豐富，國中生能較好地利用各方面的知識來加強對抽象材料的理解，表明國中生的思維具有一定的深刻性。但也同時存在一定的表面性和片面性。比如：國中生往往比較容易偏激和極

端，愛鑽牛角尖，常常抓住一點不計其餘；在分析問題時經常被事物的外部特徵所困惑，不能深入到事物的本質。高中生的思維基本上接近於成人，處於成熟水準，主要表現在以下幾個方面：首先，能擺脫具體事物的限制，較好地運用理論假設進行思維活動；其次，思維具有較高的預見性，對事物間的關係已有了深刻的瞭解；最後，能自覺地使用形式邏輯規則進行思維活動。應指出的是，雖然高中生思維的深刻性高於國中生，但有時也存在著一定的片面性。

第三，思維創造性的發展。隨著中小學生自我意識的不斷增強，其思維的創造性也日益增強，國中生已表現出明顯的創造性和批判性。他們具有強烈的求知慾和探索精神，喜歡奇特的幻想，喜歡別出心裁和標新立異，他們不滿足於被動地接受教師的講解，力圖證實自己的能力和才華。國中生思維創造性和批判性的發展是相一致的。國中生不會輕易地接受別人的觀點，對別人的意見往往要進行一番審查，有時甚至持過分懷疑和批判態度。高中生思維的創造性比國中生有了很大的發展，能創造性地進行學習，獨立地分析問題、解決問題，他們的小製作、小發明、小論文的數量明顯增多，質量也有明顯的提高。但無論是國中生還是高中生，其思維的創造性都是不成熟的，表現為鑑別力不強、易受錯誤思維的影響、在遇到困難時容易動搖。

第四，思維自我監控能力的發展。思維的自我監控能力是個體對自己的思維過程進行監視和監控的能力，是元認知能力的重要成分。國中生思維的自我監控能力開始發展，並能夠根據思維活動的結果對簡單的思維活動進行一定的調節。然而這種調節只是初步的。國中生思維的計劃性還不夠完善，不能根據嚴密的邏輯規則確定思維活動的程序，存在一定的隨意性。他們主要透過思維活動結果的反饋訊息調節思維活動，不善於在思維過程中對思維進行自我控制。在高中階段隨著高中生對思維方法和相應的邏輯規則的掌握日益熟練，高中生思維的自我監控能力有了明顯的提高。高中生能夠根據需要確定解決問題的思路，並在思維活動過程中對思維活動進行監控，以確保思維活動的正確性和高效率。

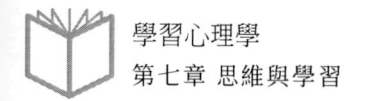

2. 學生創造性思維的發展

首先，中小學生創造性思維能力的結構日趨完整。創造性思維是由求同思維（聚合思維）和求異思維（發散思維）構成的，且求異思維是創造性思維的核心。創造性思維結構的完整性表現為求同思維和求異思維的協同發展。研究表明，國一、國二學生的求同思維優於求異思維，而從國三開始學生的求異思維的發展速度明顯加快，並超過求同思維的發展速度。高中生的創造性思維進入了以求異思維為主，求同思維和求異思維協同發展的階段。

其次，中小學生創造性思維品質日益提高。創造性思維品質的高低，主要是由求異思維（發散思維）的品質決定。求異思維具有流暢性、變通性、獨特性三種品質。中小學生思維的流暢性、變通性有很大的發展，他們可以從不同角度思考問題，運用不同的方法、規則、公式、原理去解決問題，會舉一反三，觸類旁通。但相比較而言，思維的獨特性發展相對緩慢。雖然中小學生的小製作、小發明、小論文的數量和質量隨著年齡呈增長趨勢，但表現出的獨創性仍不明顯。這表明，中小學生創造性思維還不夠成熟。

最後，中小學生創造性思維品質的發展還具有明顯的個體差異。研究發現，個體在流暢性、變通性、獨特性方面存在著明顯的差異。這種個體差異還表現為：獨特性的個體差異最大，變通性的個體差異次之，流暢性的個體差異最小。

（二）學生思維的培養

個體的思維品質主要包括思維的敏捷性、廣闊性、深刻性、邏輯性、靈活性、獨特性、批判性、創造性等，其中最主要的就是思維的敏捷性、深刻性和創造性。

1. 思維敏捷性的培養

思維敏捷性是指個體能迅速而有效地解決問題的思維品質，是個體最重要的思維品質，其重要指標是迅速和有效。培養學生思維敏捷性應注意以下幾點。

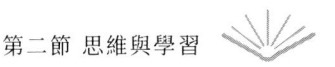

第一，要養成良好的注意習慣。保持注意力高度集中是迅速而有效解決問題的基本前提。在日常的思維訓練中，要有意識地矯正學生的拖沓、懶散的習慣，培養學生排除干擾、迅速集中注意力的能力。同時，為保證學生注意力的集中，要及早培養學生的默讀能力。

第二，培養強烈的講究效率的競爭意識。中小學生具有爭強好勝、愛動的心理特點，可設計安排一些富有情趣的遊戲來激發學生的積極性。教師要有意識地培養學生在讀書、做作業時講究效率的能力，如要求他們在做作業時要有速度，要講究「又快又對」。

第三，培養說話和寫字的速度。思維敏捷才會說得快、反應快。教師在課堂上應訓練學生的口語快速表達能力，寫字的速度也要加強鍛鍊，使手眼腦配合得又快又好。

第四，在保證正確率的前提下，日常的思維訓練始終要有數量與速度的要求。為了培養思維的敏捷性，提高學生的解題速度，日常教學必須定時定量訓練，並鼓勵學生解題時敢於打破常規、銳意創新，使學生在多變、多解、多思中把握問題的本質。對思路閉塞的學生要積極引導，幫助其衝破思維定式的束縛從而提高思維的敏捷性。

第五，引導學生總結解決問題的方法。好的方法不僅會大大提高解決問題的效率，還能充分保證思維活動的正確性。

2. 思維深刻性的培養

學生對客觀世界的深刻認識來源於學生認真的思維活動。學生只有對所學的知識認真地分析、綜合、比較、抽象和概括，才能獲得深刻的認識。因此，教師應高度重視引導學生對其思維過程進行組織。

第一，提供感性材料，組織從感性到理性的抽象概括。中小學生邏輯思維的顯著特徵是從具體的感性表象向抽象的理性思考啟動，隨著學生對具體材料感知數量的增多、程度的增強，邏輯思維也逐漸開始發展。因此，教學中教師必須為學生提供充分的感性材料，並組織好學生對感性材料從感知到抽象認識的活動過程進行概括，從而幫助他們建立新的概念。

第二，指導積極遷移，推進舊知向新知轉化的過程。教學的過程是學生在教師的指導下系統地學習間接知識的過程，而指導學生知識的積極遷移，推進舊知向新知轉化的過程，正是學生繼承前人經驗的一條捷徑。中小學教材各部分內容之間都有著共同因素，他們之間存在有機的聯繫。教師應挖掘這種因素，溝通其聯繫，指導學生將已知遷移到未知、將新知同化到舊知，讓學生用已獲得的判斷進行推理，再獲得新的判斷，從而擴展他們的認知結構。

第三，強化練習指導，促進從一般到個別的應用。學生在瞭解概念、認識原理、掌握方法的過程中，不僅要經歷從個別到一般的發展過程，而且要從一般回到個別，即把一般的規律運用於解決個別問題。這是伴隨思維過程而發生的知識具體化的過程。因此，一要加強基本練習，注重基本原理的理解；二是要加強變式練習，使學生在不同的學習情境中實現知識的具體化，進而獲得更為具體和精確的認識；三要加強實踐操作練習，促進學生的動作思維。

第四，指導分類、整理，促進思維的系統化。教學中指導學生把所學的知識，按照一定的標準或特點進行梳理、分類、整合，可使學生的認識組成某種序列，形成一定的結構，結成一個整體，從而促進思維的系統化。例如出示各種類型的循環小數，讓學生自定標準進行分類，使之在學生頭腦中有個「泛化—集中」的過程，以達到思維的系統化，獲得結構性的認識。

3. 思維創造性的培養

創造性，亦稱創造力，是指運用個人的才智產生出新穎、獨特而有價值的產品的能力，其核心成分是創造性思維。人人都有創造的潛力，人人都能成為有創造力的人。

第一，保護學生的好奇心。好奇心、求知慾與創造性思維是緊密相連的，它們是創造性思維的先導。當學生對某些事物、某些問題產生強烈的好奇心併力圖求知求解達到入迷的地步時，就會進行積極的思索，並且產生靈感。世界上許多發明家從小就有很強的好奇心、求知慾，正是這種好奇心、求知慾驅使他們克服種種困難，進行不懈的追求，終於攻克了一個又一個科學的

難關。好奇心、求知慾的培養是發展創造性思維能力的重要條件。因此，在教學過程中，教師應充分利用啟發式教學，透過創設問題情境，調動學生思維活動的積極性和自覺性，使學生逐漸養成勤於思考和善於思考的技能，增強自信，激發創造性思維的動機。

中小學生處於好勝心盛、求知慾強的發展階段。他們面對現實生活中的各種事物經常會提出許多教師意想不到的問題，也會用教師想不到的思路進行思考，有時也可能會出現教師沒有預料到的想法。對於這些，教師都應熱情鼓勵、積極引導，從而激發學生的創造性思維。

第二，培養學生獨立的個性。創造力強的學生往往具有鮮明的個性特徵，表現為活躍，獨立性強，很少從眾。這些學生的某些特點可能會與教師的要求不一致，教師對此應有正確的理解，不可強行壓抑他們的個性。

教師應改變「教師全能」的傳統觀念，允許學生自行探索，容納各種不同的意見，鼓勵學生大膽想像，積極思維，主動地去瞭解、認識新奇未知的事物，探求不同事物的關係，體驗探索的艱辛和成功的喜悅，在學習中發覺自己內在的潛力，培養、發展各種能力，不斷提高創造力。

第三，保護學生的實踐能力。學生的實踐活動不但可以實現其創意，把思想轉化為一定的「產品」，還能驗證自己的假設，並在活動中發現新問題或找到解決問題的新方法。

在日常教學生活中，應在學生學好抽象理論的同時，加強實踐環節訓練，建立創新基地，為學生提供創新機會。要重視課程設計和畢業設計在培養學生創造性方面所起的作用。要改變實驗方法，減少驗證性實驗，增加設計性、創新性實驗，鼓勵學生參加課外科技製作活動。

生活中的心理學

有利於問題解決的 10 種方法：

Asbcraft（1998）在總結前人的研究成果的基礎上，提出了有利於問題解決的 10 種方法。

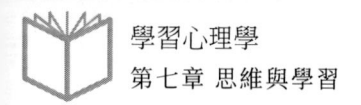

1. 增加相關領域的知識

2. 使問題解決中的一些成分自動化

3. 制訂比較系統的計劃

4. 做出推論

在解決問題之前,要根據問題中給定的條件做出適當的推論。這樣,既可避免使問題解決走入死胡同,又可消除對問題的錯誤表徵。

5. 建立目標

6. 逆向工作

7. 尋找矛盾點

在諸如回答「有可能……」或「有什麼方法」這類問題時,可採用尋找矛盾點的方法。

8. 尋找當前問題與過去問題的聯繫性

9. 發現問題的多種表徵

當問題解決遇到障礙時,回到問題的初始狀態,重新形成問題的表徵。

10. 多多練習

解決代數、物理和寫作等課堂中遇到的問題,多練習是一種良好的方法。

(資料來源,Asbcraft,1998)

複習鞏固

1. 影響問題解決的因素有哪些?

2. 創造性思維激發的技術有哪些?

本章要點小結

1. 思維是借助語言、表象或動作實現的對客觀事物的概括和間接的認識。具有概括性、間接性、對經驗的改組等特徵。

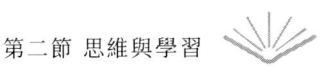

2. 問題解決策略是指使問題發生某些變化並由此提供一定訊息的處理、試驗或探索。問題解決中所使用的策略可以分為兩大類：算法式和啟發式。算法式是一種按邏輯來解決問題的策略，它是一定能得出正確答案的特定程序。啟發式是由以往解決問題的經驗形成的一些經驗規則。

3. 問題表徵是在頭腦中對問題進行訊息記載、理解和表達的方式。

4. 思維定式是個體先前的思維活動形成的心理準備狀態對後繼同類思維活動的決定趨勢。功能固著指一個人看到某個物品的一種慣常用途後，就很難看出它的其他新用途。如果初次看到物品的用途越重要，也就越難看出它的其他用途。這是一種特殊類型的定式。

5. 創造性思維激發的技術有：智力激勵法，檢查表技術，卡片式智力激勵法，特徵列舉法，形態分析法，分合法。

6. 學生思維的培養可以從思維敏捷性的培養，思維深刻性的培養，思維創造性的培養等方面著手。

關鍵術語

思維 功能固著 問題解決 算法式 啟發式 問題表徵 思維定式 醞釀效應

單項選擇題

1. 思維的特徵有間接性、對經驗的改組以及（ ）

A. 直接性 B. 抽象性 C. 發散性 D. 概括性

2. 根據思維探索的方向，可把思維分為輻合思維和（ ）

A. 發散思維 B. 創造性思維 C. 常規思維 D. 命題思維

3. 思維的基本過程是（ ）

A. 分析與綜合 B. 概括 C. 抽象 D. 比較

4. 以下思維類型不是根據思維任務的性質、內容和解決問題的方法進行分類的是（ ）

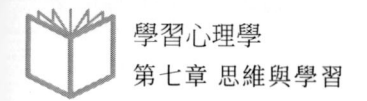

A. 輻合思維 B. 邏輯思維

C. 直觀動作思維 D. 形象思維

5. 下列方法不屬於智力激勵法的是（ ）

A. 腦力激盪法 B. 希望點列舉法

C. 六六討論法 D. 默寫式激勵法

6. 根據思維探索的方向，可把思維分為（ ）

A. 輻合思維和發散思維 B. 常規思維和創造性思維

C. 直觀動作思維和形象思維 D. 邏輯思維和實踐思維

7. 當反覆探索一個問題的解決而毫無結果時，把問題暫時擱置一段時間，然後再回過頭來解決，反而可能會很快找到解決問題的辦法，這種現象稱為（ ）

A. 問題表徵 B. 功能固著

C. 醞釀效應 D. 知識與經驗

多項選擇題

1. 下列對思維的表述正確的是（ ）

A. 借助語言、表象或動作實現的 B. 對客觀事物概括和間接的認識

C. 是認識的高級形式 D. 它能揭示事物的本質特徵和內部聯繫

E. 主要表現在概念形成和問題解決的活動中

2. 問題解決中的啟發式策略有（ ）

A. 手段 - 目的分析 B. 順向工作

C. 逆向工作 D. 假設檢驗

E. 算法式

3. 影響問題解決的策略有（ ）

A. 問題表徵與思維定式 B. 功能固著

C. 知識與經驗 D. 動機和人格

E. 醞釀效應

4. 下列方法屬於智力激勵法的是（ ）

A. 腦力激盪法 B. 默寫式激勵法（635 法）

C. 六六討論法 D. 檢查表技術

E. 卡片式智力激勵法

5. 腦力激盪法需遵循的原則是（ ）

A. 追求數量 B. 要求創新

C. 確定會議主題

D. 需要對發散出來的多種想法進行組合和重建

E. 先進行「熱身活動」

6. 形態分析法實施的步驟包括（ ）

A. 各事物之間有一種一般的關係存在

B. 列舉出有關這個問題的獨立要素

C. 列舉出每一獨立因素的可變元素

D. 使這些元素相互結合，形成很多新觀念

E. 問題的敘述要儘量廣泛

7. 運用缺點列舉法以小組形式進行為好，其具體操作程序為（ ）

A. 決定主題，做好心理準備

B. 以「吹毛求疵」的精神，集中列舉對象的「缺點」

C. 使這些元素相互結合，形成很多新觀念

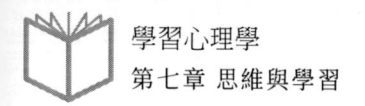

D. 針對主要「缺點」採用智力激勵法,提出改進性設計方案

E. 對「缺點」歸類分析,找出造成「缺點」的原因

8. 創造性思維激發的技術有（ ）

A. 算法式 B. 啟發式

C. 卡片式智力激勵法和特徵列舉法 D. 形態分析法

E. 分合法

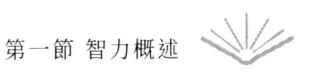

第八章 智力與學習

　　對生活在南太平洋島國上一個小部落的特魯克人（Trukese）來說，在開闊的海洋中航行 100 英里是輕鬆平常的事。儘管他們的目的地僅是很小的一塊地方而不是一個很寬闊的範圍，但特魯克人在不借助指南針、計時儀、六分儀以及其他航海工具的情況下，仍然能夠準確地航行，甚至在有風向干擾迫使他們不得不選擇之字形航行路線的時候仍能如此。

　　特魯克人為什麼能夠如此高效地航行呢？他們又是如何學會並熟練掌握這種航海能力的呢？如果讓他們做一個關於航行知識或理論的西方式標準化測驗，或者做一套傳統的智力測驗，他們或許只能得到很低的分數。但他們在廣闊海洋中的航行卻是成功的。這一問題說明了把握智力概念的困難，表現出智力所具有的多種不同意義，同時也給智力的培養與學習指出了多方面的要求與途徑。

第一節 智力概述

一、智力的性質

（一）什麼是智力

　　智力是人人皆知的概念。我們常常說某人聰明、某人愚笨，實際上就是對智力水準高低的評價，可見，普通公眾心目中都有一個模糊的智力概念。儘管心理學界對智力及智力測驗一直很重視，但由於其概念本身的複雜性，心理學家們對智力的看法尚未達成一致。中國心理學家大多認為，智力（intelligence）是指在認知方面的穩定的心理特徵，包括注意力、觀察力、記憶力、想像力和思維能力等，而思維能力是智力的核心。智力是個體順利完成某項活動所必需的，表現為有目的地行動、合理思考及有效地應付環境等方面。

　　此處，我們再來綜合看一下歷史上一些著名心理學家們對智力的概念認識，其中有些人物在後續內容講述中將被再次提及。推孟（Terman，

1914）將智力定義為「進行抽象思維的能力」，抓住了人類智力的核心內容。桑代克（Thorndike，1921）認為，智力是「一種適當反應的能力」，即在某種特定情境中越能做出適當反應的個體，其智力水準越高。美國心理學家斯騰伯格（Sternberg，1981）則從社會適應的新角度來界定智力，指出智力是「有機體對於新環境完善適應的能力」，將智力概念的範疇加以擴展。從中我們可以看出，智力是一種綜合性能力，具有高低之分。

中國心理學家張厚粲等人（1994）曾對城市普通居民的智力觀念和對高智力者重要特徵的評定情況做了調查分析。結果表明，公眾對兒童智力特徵的前10項評定是：好奇心強、愛思考和提問、富有想像力、反應快、富有創造性、觀察能力強、記憶力強、動手操作能力強、模仿能力強和興趣廣泛；成人的前10項是：邏輯思維好、接受新事物能力強、適應能力強、有洞察力、富有創造性、富於想像、自信、獨立性強、富有好奇心和記憶力好。其中，有5項是共同的，體現出高智力者的共有特徵；對兒童特徵和成人特徵重要性的評定次序不同，表現出對不同年齡段人群智力活動的要求不同。

（二）與智力相關的概念

1. 智力與能力的關係

平時，我們經常拿智力和能力來替換使用，這種現象也普遍發生在心理學教材之中。的確，這兩個概念有著諸多共同之處。能力（ability）同樣也是人順利地完成某種活動所必須具備的那些心理特徵，是保證活動取得成功的基本條件。能力總是和人的某種活動相聯繫，並且在該活動中得以表現。人具有許多種能力，可區分為一般能力與特殊能力、模仿能力與創造能力、優勢能力與非優勢能力等。其中，一般能力是指在許多基本活動中都會表現出來，並且要完成各種活動都必須具備的能力，如觀察力、記憶力、思維力、想像力等。智力通常指的就是一般能力的綜合。

2. 智力與創造力的關係

創造力表現在對問題的一種新穎、獨特、有社會價值的解決過程中，所需的核心能力即為創造性思維。智力是創造力的主要成分，創造行為是智

在創造活動中獨特發展的結果。同時，創造過程能夠進一步推動智力的發展，兩者密切關聯。正如皮亞傑對智力的定義：「智力就是創造力」，一語道出人類智力中最重要、最高級的表現形式就是創造力。已有研究表明，智力水準高是創造力的必要條件（但不是充分條件），智力低的人不可能有高創造力。

3. 智力與非智力因素的關係

非智力因素是指智力因素以外的，但對智力發揮或發展有影響的那些心理因素，主要包括動機、興趣、情感、意志、性格等。典型非智力因素有成就動機、求知慾、學習熱情、自信心、好勝心、責任感、榮譽感、自制性、堅持性、獨立性等。

智力因素和非智力因素之間也是相互依存、相互促進的。一方面，在個體透過智力與認識活動來認識世界、掌握其發展規律時，不僅要求自己的非智力因素處於良好狀態，而且其認識結果可進一步鞏固和促進其非智力因素的發展。另一方面，智力活動的成功離不開非智力因素的參與和支持。沒有強烈的求知慾、濃厚的學習興趣、堅韌的意志力，一個超常兒童也不可能取得重大成就。可見，具有良好的非智力品質對智力活動與智力發展有著積極的作用。所謂的「勤能補拙」就充分說明了非智力因素對智力的作用。

二、智力理論

所謂智力理論，是指心理學家對人類智力的內涵所做的理論性與系統性的解釋。在很大程度上，人們對智力結構的理論認識是伴隨智力測驗的發展而不斷深化的。反過來，有關智力結構的理論也促使人們對智力測驗進行反思和改進。智力理論與智力測驗對智力開發與學習培養具有指導意義。

（一）單因素說

最初，多數人主張單因素論，即認為智力只是一種總的能力。例如，高爾頓、比納、推孟等人就主張智力是單因素的，他們所編制的智力測驗也只提供單一分數（智商），只測一種智力。

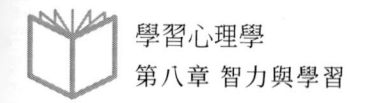

(二) 斯皮爾曼的二因素說

英國心理學家斯皮爾曼（Spearman，1927）將智力區分為一般因素（G因素）和特殊因素（S因素），前者是所有智力操作的基礎，而後者與特殊領域的智力活動相關聯。智力二因素說認為，人完成任何一項活動都需要G和S兩種因素的結合。例如，完成一項算術作業需要G+Sa加以實現，完成另一項言語測驗則是G+Sb。也就是，每項智力活動中可以包含各自不同的S因素，但必定包含始終不變的G因素（圖8-1）。斯皮爾曼還認為，G因素是智力構成的基礎和關鍵，也是智力測驗所關注的核心內容。該理論簡單明確，為智力測驗技術提供了理論依據。

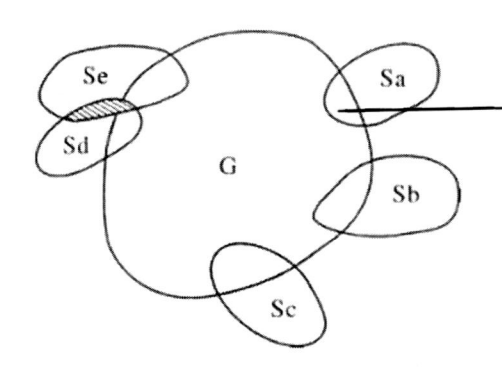

圖8-1　智力二因素模型

(三) 卡特爾、霍恩的液態智力與晶態智力

美國心理學家卡特爾（Cattell，1963）和霍恩（Horn，1968）按心理功能上的差異，將智力劃分為兩種類型：液態智力與晶態智力。液態智力（fluid intelligence）反映了人們的感知能力、訊息加工能力和記憶能力等，是人與生俱來就能進行智力活動的能力，它依賴於先天的稟賦，反映的是更為一般、基礎的智力；而晶態智力（crystallized intelligence）則是人們經驗累積起來的、能應用於問題解決情境中的訊息、技能和策略，是一個人透過其液態智力而習得的、並得以完善的能力，它依賴於後天知識經驗的多寡，更多反映出人所處的文化環境對智力的影響。從個體智力發展來講，液態智

力在成年早期達到頂峰，之後逐漸開始衰退；而晶態智力則可以在一生中持續增長。

（四）吉爾福特的三維智力結構

吉爾福特（Guilford，1961）透過分析、檢驗許多與智力相關的任務，提出了三維智力結構模型（圖8-2）。他把智力區分為三個維度：內容（contents）、操作（operations）和產品（products）。「內容」指的是智力活動的加工材料，細分為五個方面：視覺的、聽覺的、符號的、語義的、行為的；「操作」指的是由任務材料所引起的智力活動過程，細分為五個方面：認知、記憶、發散思維、聚合思維、評價；「產品」指的是智力活動所得到的結果，細分為六個方面：單元、類別、關係、體系／系統、轉換、蘊含。

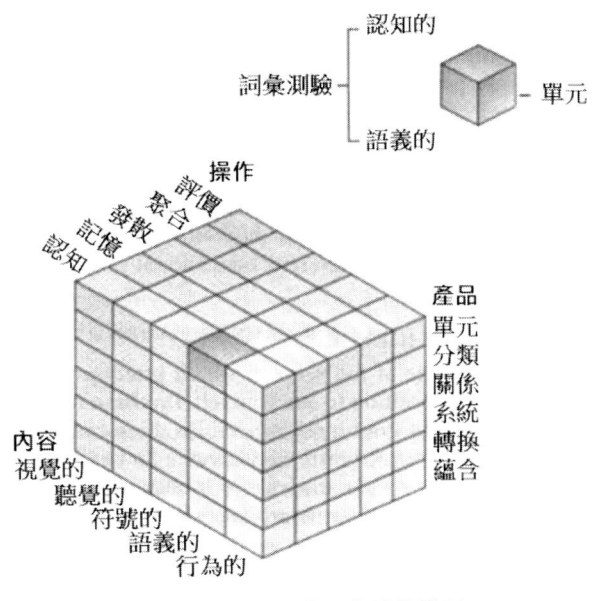

圖8-2 智力的三維結構模型

根據此模型，人的智力就可以區分為 5×5×6=150 種。吉爾福特認為，這些不同的智力都可以運用不同的測驗來檢驗。例如，呈現一系列四個字母的組合，如 PYAL，要求重新組合成熟悉的單詞，如 PLAY。該詞彙測驗中，智力活動的內容為符號、操作為認知、產物為單元，即根據產物的數量就可

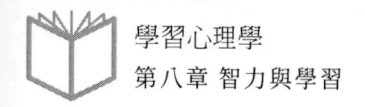

測出一個人的符號認知能力。該結構模型將有助於智力測驗研究工作的深入進行，並幫助個體去發現自己的優勢與非優勢能力，有助於進一步的因材施教。

（五）斯騰伯格的智力三元論

美國心理學家斯騰伯格（Sternberg，1985，1988）提出的智力理論試圖在更廣泛的意義上解釋智力行為。他認為，多數已有的智力理論僅從認知角度來解釋智力是不完備的，一個適宜的智力理論應該考慮智力與內在世界、外在世界及人的經驗等相互之間的聯繫。因此，他創立了智力三元論，即將智力區分為三個部分：成分智力、經驗智力和情境智力，以代表智力操作的不同方面。成分智力（componential intelligence）是指人們在計劃和執行一項任務時的心理機制，更多體現在透過分析思維解決常規問題（類似於傳統意義上的智力）；經驗智力（experiential intelligence）更多表現為運用以往所累積的知識經驗，透過創造思維解決新問題的能力，更多涉及處理新任務、新環境及訊息加工自動化等方面；情境智力（contextual intelligence）涉及的是透過實踐思維來解決日常問題，表現為有目的地適應、選擇和塑造環境的能力。

智力三元論是當代智力理論的代表之一，它對智力提出了全新的解釋。該理論更貼近生活實際，增加了自身的生態學效度，有助於我們更全面地看待一個人的智力狀況。而如何平衡運用這三種智力，使人成功地交往、工作和生活，這將是更實際的問題。

（六）加德納的多元智力理論

美國心理學家加德納（Gardner，1983，1999）採取社會生活中多方面心智活動來代表智力的觀點，也提出了一個超出傳統智力測驗所定義的、影響深遠的理論——多元智力理論。至今，加德納已歸納出八種智力，每種智力都與其他智力相對獨立（詳見表8-1）。作為這些不同智力的典型代表，加德納舉出了詩人埃利奧特、科學家愛因斯坦、畫家畢加索、作曲家斯特拉文斯基、舞蹈演員格雷厄姆、精神病學家弗洛伊德、領導人甘地和博物學家達爾文。

表8-1 加德納提出的八種智力

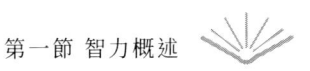

智力類型	內涵
語言智力	指人對語言的掌握和靈活運用的能力。能說會道、妙筆生花是語言智力高的表現。
邏輯—數理智力	指解決數學問題、邏輯推理及科學分析的能力。
視覺—空間智力	指人對環境中事物的色彩、形狀、空間位置等要素的準確感受、表達並加以運用操作的能力。
音樂智力	指對音樂的感受、辨別、記憶和表達的能力。加德納認為，這種智力更多是一種天賦。
身體—運動智力	主要指運用四肢和軀幹的能力表現為能良好控制自己的身體、對事件做出適當的身體反應、善於運用肢體語言等。
社交智力	指準確理解他人言行舉止、並做出有效反應的能力。社交智力高的人擅於了解別人的心理，能更好地與人交往、處理人際關係。
自省智力	指個體認識、洞察和反省自己的能力。自省智力高的人能更準確地了解自己的內心感受、善於進行有效的自我內省。
認識自然的智力	指辨別生物(動植物)以及對自然世界各方面特徵及其類別的敏感能力。

多元智力理論一經提出，就對教學實踐產生了重大影響。加德納認為，傳統智力理論更多強調的是語言智力和邏輯-數理智力，而智力是多元化的，不同社會文化背景對於某種智力發展的要求程度是不同的。例如，與美國等個性化的社會相比，日本這樣的群體社會更強調合作行為和公眾生活，因而社交智力更為重要。同時，對於這些智力的評價，僅有紙筆測驗和簡單定量測量是遠遠不夠的，更需要對個體在許多生活情境下的行為進行觀察和評估。

三、智力測驗

智力水準影響著人的活動效率，那麼為了認識自己，智力測驗自然成了人們的必然需要。距今1400多年前，中國北齊時代的劉晝就提出「使左手畫方，右手畫圓，令一時俱成」的雙手並用分心實驗，這實際上是世界上有記載的最早的單項特殊能力測驗。現在尚流行於民間的七巧板、九連環、華容道等一些非文字的測驗工具，也是很早就出現的智力遊戲。

在西方歷史上，系統進行智力測驗的首次嘗試卻建立在一個錯誤的假設基礎之上：19世紀末，英國生物學家高爾頓（Galton）採用「生理計量法」，如頭部大小和形狀、感官敏銳度等生理指標，來測定人類的智力。雖然該理

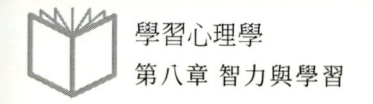

論後來被證明完全錯誤，但高爾頓至少第一個提出了人的智力可以被量化，並且可以用客觀方法來測定。

（一）史丹佛—比納智力量表

1905 年，世界上第一個真正意義上的、實用的智力測驗「比納—西蒙智力量表」誕生了。它是法國教育部為了設計一種鑑別兒童學習能力的工具而聘請本國心理學家比納和西蒙編制的。該量表採用「作業計量法」，共含有 30 個題目，按照難度由淺而深排列，以透過的題數的多少作為鑑別智力高低的標準。1908 年做首次修訂，增至 58 個題目，並按年齡分組，適用於 4～14 歲的兒童。

比納—西蒙智力量表奠定了智力測驗編制的科學基礎。理論上，比納-西蒙智力量表首創了心理年齡（mentalage）的概念。先將量表題目根據難度進行年齡分組，然後根據兒童在量表上透過的題目層次及題目數，確定其心理年齡。而心理年齡的觀念，在心理測驗的編制上使用至今。實踐上，由於比納—西蒙智力量表是根據語文、算術、常識等題目的實際作業成績來判定智力的高低，這不僅符合一般的看法，而且也具有教學上的實踐意義，為其後智力測驗的廣泛流行奠定了良好基礎。

後來，美國史丹佛大學的心理學教授推孟先後經過四次修訂後，形成了應用性更強更廣的史丹佛—比納智力量表。該量表包括一系列的分測驗，每一個分測驗適合一個特定的心理年齡。而其中的最大改變是將原來表示智力高低的心理年齡改用智力商數（即智商）來表示。智商（intelligence quotient，IQ）是心理年齡（MA）除以實足年齡（CA）後的商數（再乘 100），因而也叫比率智商。由此公式可以看出，智商為 100 者，其智力相當於其同齡人的一般水準，屬於中等智力。智商越高於 100，表明其智力越好；低於 100，則智力較差。在普遍人群中，智商呈正態分布，即中等水準的人居多數、兩極端的為少數。

多年的實踐結果表明，史丹佛—比納智力量表的應用效果令人滿意，能對普通人群、智力發育遲滯者和天才人群進行較準確的測定與鑑別。在中國，

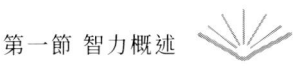

該量表經陸志韋和吳天敏等人的三次修訂，現在也已普遍推廣使用。總之，史丹佛—比納智力量表已成為當代應用廣、權威性強的個別智力測驗。

（二）韋克斯勒智力量表

雖然史丹佛—比納智力量表已被證明非常有效，但它仍有弊端：由於比率智商的公式所限，它不適用於測量成人的智力水準。而美國心理學家韋克斯勒透過對智商公式的修改，很好地解決了這一問題。

韋克斯勒智力量表包含有三個子量表：韋氏成人智力量表（測定16歲以上成人的智力）、韋氏兒童智力量表（測定6至16歲少年兒童的智力）、韋氏學前兒童智力量表（測定4至6歲兒童的智力）。為了更好地、有區分地測量一個人的智力狀況，各韋氏量表均分為言語測驗和操作測驗，可以分別測量個體的言語能力和操作能力。以韋氏兒童智力量表為例，言語分量表包含的測驗項目有：常識、理解問題、算術、發現兩物的相似性和詞彙等；操作分量表包含的測驗項目有：整理圖片、積木、圖像組合、譯碼和迷津等（詳見表8-3）。

表8-3 韋氏兒童智力量表測驗專案舉例

言語分量表	操作分量表
1.常識：太陽在哪個方向落下？油為什麼浮在水面上？ 2.理解：如果你把朋友的皮球丟了你應該怎麼辦？用磚或石頭蓋的房子比用木頭造的房子有哪些好處？ 3.數學：每一塊糖8分錢，3塊糖值多少錢？如果你買兩打鉛筆，每打4角5分，你應從付出的1元錢中找回多少？ 4.找出相似性：蘋果和香蕉有何相似？貓和老鼠有何相似？ 5.詞彙：「小刀」、「帽子」、「勇敢」等詞是什麼意思？ 6.複述數字：按順序複述以下的數：3-6-1-4-25；倒著複述以下的數：1-7-3-5-8-2。	8.整理圖片：把次序打亂了的圖片，按事件的意義順序，把圖片如「野餐」，排成一個合理的故事。 9.積木：看圖案，用積木把圖案重堆出來。 10.圖像組合：把一套拆開並打亂了的圖像(如女孩)組合板：拼成一個完整的圖。 11.解碼：給一些物體配上各種規定的符號，或給1～9的每個自然數配上各種無意義的符號。

為了能真實地測定個體（尤其是成人）的智力，韋氏智力量表突破性地採用了「離差智商」，用標準分數 Z 來表示智商。其智商的計算公式是：IQ=15×Z+100，Z=（X-M）/SD。其中，X 為該受試者在所屬年齡組測驗的原始分數，M 是該年齡團體分數的平均值，SD 是該年齡團體分數的標準差。（X-M）/S 是標準分數，它是以標準差為單位，表示某數據在所屬數據分布中的相對位置量數。根據此公式，韋氏量表能算出個體在總量表以及言語、操作各自分量表上的離差智商，可以對其智力結構中的諸因素做進一步的比較和分析。

值得注意的是，以上所介紹的兩種智力測驗均屬於個別測驗，即只能一對一進行，不適合於大規模的團體施測。因此，在實踐中如有需要進行團體智力測驗的，還需找另外適宜的測評工具（如瑞文氏推理測驗、學生團體智力測驗等）。

另外，除了上述的智力測驗（即針對一般能力的測驗）還包括對某些特殊能力的測驗，如音樂能力測驗、繪畫能力測驗以及創造力測驗等。

（三）正確認識智力測驗的結果

智力測驗是應現實生活的需要而誕生的，目前已廣泛應用於發現人才、選拔員工、因材施教和臨床診斷等眾多領域。但是，智力測驗本身仍存在一定的侷限性，我們在看待「智商」時，必須要正確、科學地去認識和對待。

1. 智力測驗本身可能是不公平的

一些智力測驗可能會存在「文化偏見」問題，導致不利於其他不同文化背景下的人群進行測定。一般而言，由於常用的智力測驗都是由美國心理學家針對「大多數中產階級白人」而編制的，那些題更多是該類人所熟悉、所擅長、所能考慮得到的內容。那麼，如果這種量表讓另外文化背景下的黑人、亞洲人、少數民族的人來做的話，其結果可想而知。這種不公平導致所測得的「智力差」，並不是真正意義上的不聰明，而是本身該智力測驗不適合。這也是為什麼「史丹佛—比納智力量表」在最初引入中國時，並不是直接翻譯成中文就可以了，而需要中國學者進行多達三次的重大修訂。同時，這也

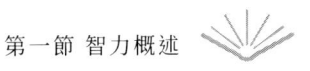

告訴我們，在進行智力測驗之前，必須先選擇好適宜於所施測人群的智力量表。

針對這種情況，目前已出現不少以圖畫、工具、模型等為測量材料的非文字智力測驗（如瑞文氏推理測驗，示例見圖 8-3，根據左邊各圖之間的邏輯關係從右邊選出符合選項），這類測驗可以較好地排除文化背景因素的影響，同時還適於測定受教育程度低者的智力水準，並且適合進行跨文化研究。

2. 智商只是智力水準的參考值

智力測驗是能在一定程度上反映人的智力水準，但是智力測驗的得分——智商仍只是該測驗所能測出的智力水準的參考值，它和智力根本不是一回事。在之前講述的「智力理論」中，我們已經瞭解到，智力是由各種各樣的能力所構成，而多數智力測驗只是相對侷限地測量了智力的某個或某些方面而已（如韋氏智力量表也只測了「言語」和「操作」這兩個智力品質）。

3. 智商和學業成績只是中等正相關，和未來成就不存在明顯聯繫

再退一步說，即使智商那個分數能真實地反映出其智力水準，但智力仍只是個內在心理特徵，我們需要把它轉化為實際的成果並透過實踐活動表現出來才行。不然，縱使有個 140 的高智商，但是，如果作為學生沒有好的成績、作為社會一員沒取得什麼成就，那麼，140 這個數據仍然毫無意義（即所謂的「天才白痴」現象）。

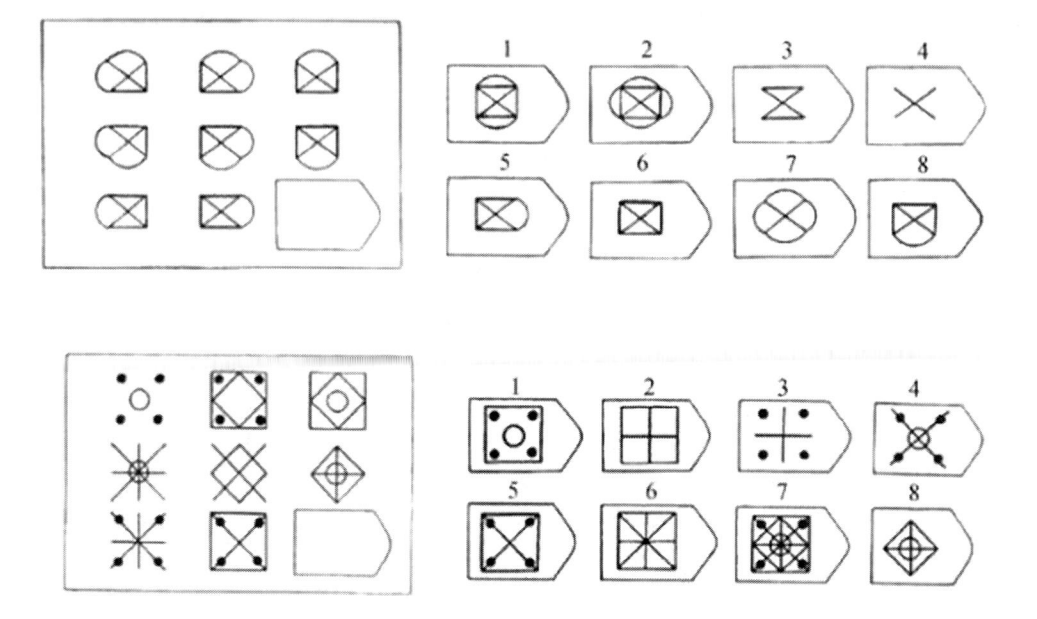

圖8-3　瑞文氏圖形推理測驗題舉例

此外，已有研究表明，智商和學業成績只是中等的正相關，和未來成就不存在明顯聯繫。其結論就是，智商只是學業成績的一個影響因素，還有如學習動機、努力程度、學習方法、意志品質等眾多非智力因素影響著學習成績；而對於未來成就，智商就更沒有預測功能了，不少後來在事業上取得了重大成就的，其測得的智商並非都是「高於一般人」（如之前所述的智力三元論提出者斯騰伯格等）。我們只能說智商過低的人較難取得較大成就，一定水準的智商只是未來有重大成就的必要非充分條件。因此，在應用智力測驗的同時，我們有必要結合一些有效的非智力因素測驗來進行綜合評定。

4. 人的智力是可以透過後天教學加以提高的

在人的成長歷程裡，智力一直是處於發展變化的，所以現在測得的智商並不意味著一輩子都是這個智商。智力並不是由遺傳基因所決定的固定品質，透過進一步的學校教育、自我學習、社會成長，個體的智力水準可以一直處於持續增長的狀態。在個體的畢生發展中，自我學習與培養是開發智力、提高綜合能力的重要手段。

實際上，近幾十年以來，普遍人群的可測智力一直在提高，當年韋氏智力量表所確定的「標準」（即用於比較的同齡人一般水準）已經不再適宜了，正確解釋現在所測得的智商則需要更有效的、現在的常模。該現象也反過來說明，人的智力是可以改變和提高的。

四、智力發展

（一）個體智力發展的規律

在人的一生中，智力的高低程度會隨著年齡的增長而發生變化。對此，研究者們利用各種能力測驗得分，透過橫向和縱向研究，均得出類似的規律：12 歲～13 歲之前智力處於快速上升階段，增加到 20 歲左右其發展速度明顯減緩，大約到 26 歲後基本保持穩定狀態，60 歲以後會下降。

上述規律在相當長一段時間裡被研究者普遍認可，直到卡特爾關於液態智力和晶態智力的研究提出以後，這一觀點才發生了變化。如之前所述，兩種智力不僅來源不同，其發展模式也不一樣。液態智力在青春期以後增長緩慢，並且更早表現出衰退；而晶態智力發展較遲，在青春期之後仍處於上升趨勢，如無特殊原因（如疾病），晶態智力會保持持續穩定的正向發展直至老年（及死亡）（圖 8-4）。這也表明，智力發展不僅受腦生理狀態的制約，也與個體後天知識的學習、經驗的累積密切聯繫。同時，該結論也說明了，為何一個知識經驗豐富的老年人仍然可以保持清醒、靈活的頭腦，表現出高智力水準。

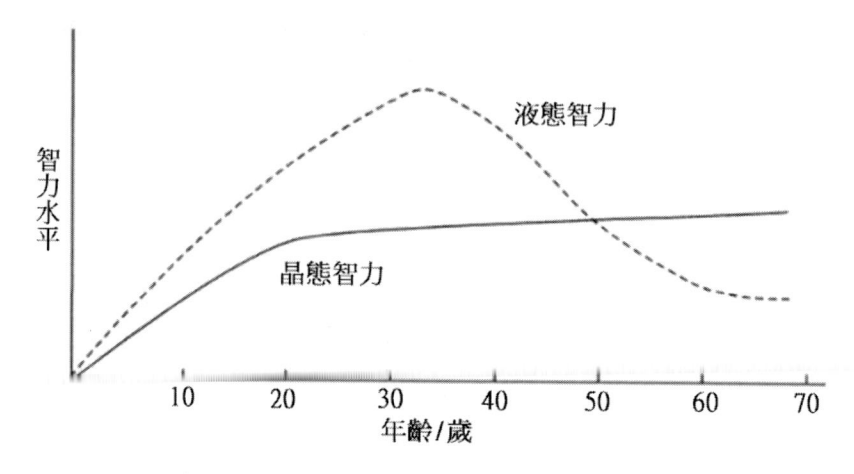

圖8-4 液態智力和晶態智力的發展曲線

另外，還有研究者對不同智力成分的發展趨勢進行了研究。總體來說，比較簡單的智力成分（如知覺速度）發展較早，停止發展和衰退的時間也較早；比較複雜的智力成分（如語詞運用能力）發展較晚，停止發展和衰退也較晚。

（二）智力發展的個體差異

智力發展的個體差異有多種表現形式，不僅表現在發展水準上，也表現在結構類型、表現早晚等方面。

1. 智力水準上的差異

我們已經知道，智力高低肯定存在著個體差異，的確有些人聰明些、有些人愚笨些。從總體來看，智力發展的水準在整個人群中呈正態分布，即智力水準很高的人與智力水準很低的人為少數，而大多數人的智力水準處於中等。

智力低下者也叫智力落後或智障，占人口總數的1%～3%，指智力發展水準明顯低於同齡者的平均水準，表現為在智力功能、概念理解、社會交往以及實際適應性技能等方面都存在明顯的障礙。他們的智商一般在70分以下，知覺速度緩慢、內容貧乏，記憶力差，語言發展遲緩、詞彙量少而且

缺乏連貫性，生活自理能力差，難以適應複雜的社會環境。實際上，這些人並不像人們普遍認為的那麼低能和遲鈍，只要給予一定程度的特殊照顧、讓他們接受特定的教育，那些有智力缺陷的人同樣可以過完全正常的生活，並且有時他們透過努力甚至可以做出比常人更為突出的貢獻。因此，對於他們，如何發掘其智力的全部潛力是社會予以關注的焦點。

社會同樣需要關注的還有如何去發掘那些智力超常者的全部潛力。智力超常者是另一個極端，約占人口總數的1%～2%。這些人的智商通常在140分以上，表現為智力的高度發展，觀察細緻準確、注意力集中並容易轉換、記憶力強、思維靈活、富有創造性、獨立性強。另外，智力超常者並非如大家想像的由於（過於）聰明而不好接近、社會能力差，實際上大多數智力優異的人同時也具有良好的非智力心理特徵，如為人友好、擅於調節自己、易於適應新環境並且受人歡迎。

2. 智力類型上的差異

在「智力理論」中我們已經講述過，智力由多個成分構成，因此，每個人的智力在其不同成分類型上的發展水準及表現會有所差異。例如，有些人觀察力強、有些人記憶力強、有些人想像力強、有些人抽象思維能力強、有些人形象思維能力強；同樣是觀察力強，有些人善於注意細節、有些人更能把握整體。也就是說，即使是同樣程度的智力水準，每個人智力的優勢（劣勢）方面仍會各有不同。因此，在智力發展歷程中，如何發揮一個人的優勢智力類型、彌補其劣勢則是個人成長及其學習的關注課題。

3. 智力表現時間上的差異

智力發展的個體差異還體現在智力表現時間上的早晚。有些人很早就表現出超人的才華，年紀輕輕就能夠完成強於同齡人的一些智力活動，這叫「人才早熟」（即所謂的「神童」）。例如，王勃6歲就善於言辭、10歲能賦、13歲寫出膾炙人口的《滕王閣序》；莫扎特5歲開始作曲、8歲試作交響樂、11歲創作歌劇。超常兒童在經過良好教育後均能取得較大成就，為人類做出貢獻；但若不加以適當的培養與教育，有些超常兒童在步入成年後也會泯然眾人矣。

另一種情況則是「大器晚成」，即智力的充分發展在個人成長的較晚年齡段才表現出來。這些人在早年並不出色，到中年時才逐漸嶄露頭角，取得重大成就。其原因可能是這些人早期不努力或沒機會，或者是由於所從事的工作需要做長時間的累積。例如，達爾文年輕時被認為智力低下，到五十多歲才開始有研究成果，最終卻寫成巨著《物種起源》，成為生物進化論的創始人；齊白石少年時只讀過半年書，做過牧童及 15 年木匠，後來才投師學畫，40 多歲才表現出繪畫才能，最終成為一代著名畫家。這些例子也暗示著，人的智力水準可以透過後天的勤奮學習而取得高度發展，智力表現晚不等於智力發展水準低下。

（三）影響智力發展的因素

智力究竟是先天存在的呢，還是後天形成的？在智力發展的決定因素上，先天遺傳決定論與後天環境決定論進行著長期的爭論。大量研究事實表明，遺傳和環境均影響著智力的發展。因此，目前遺傳—環境共同作用學說已被廣泛接受。

1. 遺傳因素

總的來說，遺傳與生理成熟是智力形成與發展的生物前提，對智力發展的影響主要體現在身體素質上（如感官、四肢和運動器官、腦的形態和結構等生理解剖特徵）。而身體素質又是智力形成與發展的自然前提，沒有這個前提，任何能力都無從談起。如良好的視力和聽力是形成繪畫和音樂能力的基本素質。

但遺傳素質不等於智力本身，智力發展水準本身是不能透過生物學的方式直接遺傳給後代的。先天遺傳只能為智力發展提供一種潛在的可能，而要讓這種可能變為現實，還必須要有後天環境的影響。也就是說，即使某人有著優越的遺傳素質，但沒有後天的教育與個人的實踐努力，其智力發展水準仍會低於一般人。

2. 環境因素

環境是指個體所處的客觀現實，是物質生活條件和精神生活條件的總和。在個體的畢生發展中，絕大多數人都會經歷產前胎兒環境、家庭環境、學校教育環境等。

環境因素從受精卵形成的那一刻就對智力發展產生作用。孕婦的身體健康狀況、是否接觸菸酒、毒品及其他藥物等，都可能影響胎兒的成長。已有研究表明，如果孕婦營養不良，那麼胎兒腦細胞的數量就會相對少些，導致出現智力低下；維生素 C、D 的缺乏會影響胎兒的生長速度，導致肢體缺陷和學習能力降低等現象。

家庭環境對孩子智力的發展有明顯的影響。父母對孩子的教養方式可以影響到孩子的智力發展水準。民主型教養方式下的孩子智力發展就較好些；而專制型或放縱型方式下的孩子智力發展相對較差。另外，家庭經濟狀況、代際關係等家庭因素不但影響到兒童的個性成長，也會影響到其智力發展。

學校教育是一種有目的、有計劃、有組織的自覺活動，它是由一定的教育者按照一定的教育目的對環境的影響加以選擇，組織成一定的教育內容，並採取一定的教育方法對受教育者施加系統性的影響，對學生智力發展起主導作用。其中，教師作為孩子新的學習榜樣，其教學過程中的知識技能傳授，對學生智力的發展造成積極的促進作用。「名師出高徒」就說明了學校教育對發展智力的重要意義。另外，學生時代的同伴關係也會對身心及智力產生多方面的影響。

3. 遺傳—環境共同作用學說

綜上所述，我們總結出遺傳與環境共同作用學說的一些基本觀點：

第一，遺傳與環境對智力發展的作用是相互制約、相互依存的。一方面，同樣遺傳素質的兩個人，最終發展能達到的智力水準受制於後天環境的好壞；另一方面，即使是相同的教育環境，不同遺傳素質的兩個人，其最終發展能達到的智力水準也會不同。簡而言之，遺傳給了智力發展的潛在可能，而環境使這種可能成為現實。

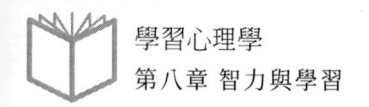

第二，遺傳與環境對不同類型的智力發展影響不同。一般而言，在發展的低級階段，感知、動作及初級語言等這些較為簡單的能力受先天遺傳的影響較大；而抽象邏輯思維、想像力、創造力等高級能力則更多受後天環境和教育的制約。

要思考的重要問題，不是遺傳和環境哪個是智力發展的決定因素，而是該如何採取措施促使個體智力潛能最大化。例如，我們該考慮的是，如何透過豐富家庭環境、學校環境等後天因素來最終實現每個人最大潛能的發揮，從而促進個體及社會的良好發展。

擴展閱讀

正確認識智力障礙者

我們先來看一位人物：患有唐氏綜合症的克里斯·伯克剛出生時，醫生就建議其父母把孩子送到特殊教育的專門機構接受訓練。克里斯的父母沒有採納該建議，而是按普通兒童方式來撫養。這一決定讓克里斯有了不同尋常的人生，他後來為社會做出了巨大貢獻。現在他經常代表有發展障礙的人群發言、與人合作寫書、頻繁出現在各種電視節目上。

根據我們剛學過的知識，我們知道，患有唐氏綜合症的克里斯·伯克具有一些先天智力不足的缺陷。但在後天教育方面，他父母的培養做得很好，讓克里斯揚長避短，挖掘出其潛能所在。這一事例也告訴我們，即使有一定程度先天不足的智力障礙者，只要得到合適的後天教育與情感關心，他仍然能做到自力更生，仍然可以為社會做出貢獻。

複習鞏固

1. 簡述加德納的多元智力理論。

2. 簡述智力發展的影響因素。

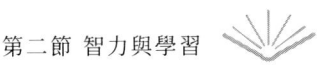

第二節 智力與學習

智力與學習密不可分，在承認遺傳對智力發展有重要作用的前提下，一個人的智力水平都需要透過後天的學習與實踐來得以培養和開發，才能使個人智力得到良好的發展。

一、在學習中開發智力的基本模式

我們已經知道，智力具有可變性和可提高性，可以透過後天環境的有效作用來加以操縱。這也就給了智力開發的可能性和可行性。智力開發具有多種模式，鍾建軍、陳中永（2006）根據對智力性質與內容的理解以及重點開發內容，將智力開發活動總結為下述幾種基本模式。每個模式都從不同的角度給出了智力開發與能力學習的建議。

（一）心理管理與反省經驗開發模式

該模式的兩個理念來源為：一是工作記憶的中央控制系統與智力水準存在較高相關；二是控制加工的元認知過程在不同智商群體中的差異表現。據此，該模式認為智力行為中的可控制加工相當於中央控制管理系統下的軟件加工過程，可以透過優化控制管理過程實現。

心理管理和反省經驗開發模式主張對元認知策略進行開發，主要是增加元認知知識與體驗，提高對認知活動過程的監控和管理能力，其具體實踐如交互式互動教學，意在培養推理類比形成假設等能力的兒童哲學教程，Feuerstein的工具強化式訓練，以及透過自我言語、自己設問的方法進行閱讀及問題解決的元認知訓練。

（二）多元智力開發模式

就如同之前所講述的加德納的多元智慧、斯騰伯格的智力三元論等觀點，該模式認為在每個人身上都會表現出多種智力類型，每種智力都有各自表徵符號的系統和加工過程，每一個社會活動領域都需要幾種智力的參與，任何領域技能都反映了不同的智力。個體可以透過不同符號系統的智力過程取得同等智力水準，一種智力活動過程可以透過其他智力活動的輔助來發展。因

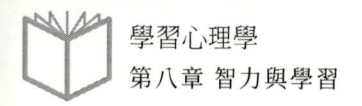

此智力的開發應該關注處理與能力傾向的交互作用，任何領域的智力開發可以從多項智力入手，憑藉不同符號系統的智力活動過程來獲得。

加德納認為，教學中的智力開發宜採用：對同一個主題可以透過使用不同符號的智慧來理解，如角色扮演、邏輯演繹、故事複述或者其他符號系統的表述；對不熟悉的主題可以憑藉對熟悉主題的類比來進行推理；對相同訊息可以使用不同模式符號語言（如圖表、論文、戲劇等）來表達。斯騰伯格則強調：不同的智力其有效開發方式是不同的。他以教學方式為自變量，觀察了不同智力傾向與教學方式的交互作用，發現了與智力傾向相匹配的教學取得了較好的學習成績，從而也就能夠促進智力發展。

（三）知識表徵重組開發模式

該模式認為知識成分在智力活動中造成模式性調節作用，對這些知識的重組和改造、形成良好的適應性智力管理模式，是智力開發的主要內容。知識表徵包括概念性、信念性、價值性、情感性的陳述性知識以及有關思考過程、認識過程、反省和管理這些過程的程序性知識，這些知識或者以內隱的智力理論、認知理論造成方法論作用，或者透過個體的知識背景起調節作用，或者透過智力技能組織方式直接影響智力操作。例如，不良程序性知識驅動的四種不適應性認知形式為思維草率、思維狹窄、思維模糊以及思維缺乏組織。

因此，針對智力開發問題，除了傳授學生知識，知識表徵重組開發模式更強調在教育過程中要教會學生如何學習、如何形成有效的學習策略和問題解決策略、如何有效養成內隱的智力活動習慣。有關的開發實踐常應用於教育領域內學習策略訓練和學習方法指導。這方面的開發包括了記憶策略、注意策略、思維策略、創造技法等程序性知識學習以及對學習過程的認識瞭解和體驗活動。

（四）環境重組開發模式

該模式認為智力是適應環境的主要機制，不同環境會對個體適應提出不同的挑戰和機遇，透過其適應結果好壞的評價來得出智力水準和典型智力活

動方式的個體差異。那麼，透過創造和改變環境以加強適應能力的提升，就可以達到智力的開發。因此，該模式的理念即為：改善環境有助於提高智力。

環境重組開發模式提出兩種實現途徑：透過直接改變環境特徵，或者透過改變個體與環境的關係狀況。前者是透過提供更有利於個體的環境刺激來實現智力開發，後者是透過改變個體對環境的認識來改變個體對環境的行為反應、進而影響個體智力。這兩種改變實質上是透過改善個體在環境中使用智力活動的機會、動機水準、智力活動的複雜程度，從而提高智力水準的。實踐中可以透過組織學生文體活動、社團活動、自然科學考察、科技攻關等方式來創建豐富多彩的操作、互動環境，從而開發學生的智力。

上述眾多智力開發的觀點與實踐有些已比較成熟，有些才剛剛興起，但均從不同角度正確地評價了智力及其開發的可行性，極大完善了智力開發的理論基礎，使得所提出的途徑有理有據。同時，這些模式也讓我們認識到，只要條件充分、開發方法得當，最大限度地開發人類智力潛能是可以做到的。

二、教學中的智力開發

（一）認知技能的學習

認知技能是智力活動中所必需的基本要素，實質上認知能力本身就是智力的基礎，表現在觀察力、記憶力、注意力、思維能力、創造力等幾個方面。

1. 從觀察力入手進行智力訓練

觀察力是智力活動的訊息源泉和門戶。良好的觀察行為是一種有計劃、有目的、有持久性的認知活動。人們只有透過觀察，才能獲得大量有關事物的感性材料，再經由思維活動的加工，上升到理性認識，從而促進智力的發展。觀察力是可以培養的，其主要的訓練內容及方法如下：

（1）觀察的目的性訓練。在觀察活動之前，應適時地給學生提出一些要求，下達一定的任務，確定一定的觀察目的，使觀察能有計劃地進行。在明確任務和目的之後，指導學生列出一個圍繞該任務的項目表，促使學生持續、有效地保持注意力，有計劃、有目的地觀察與任務有關的內容。

(2) 觀察的準確性訓練。準確性強調的是觀察的完整和有序，這就要求學生在觀察時需圍繞觀察對象展開一系列的觀察活動，以求在多次系統性的觀察中正確地把握和理解該事物的現象和本質。

(3) 觀察方法的訓練。在觀察過程中，要做到條理分明。首先要學會從不同角度或不同順序去觀察，並按部就班地進行。常用的觀察順序可以是從上到下、從左到右、從近到遠、由表及裡、從整體到部分再到整體等。然後，經有序觀察後，進一步找出同類事物之間的異同、並分析其間的聯繫，這樣做可以提高觀察者的觀察分析與思維能力。

(4) 觀察重點的訓練。觀察事物要在全面的基礎上，對事物進行重點觀察，以便於對被觀察事物有更深入的瞭解。某事物的重點，通常都是區別其他事物的主要現象和特點。這就要求觀察者能夠分清現象中的主要表現和次要表現。

(5) 觀察累積的訓練。觀察累積就是指把觀察到的現象和結果記錄下來，並養成累積觀察資料的好習慣。它不但能透過對材料的系統化組織來提高觀察分析能力，還能透過累積習慣的培養以形成良好的觀察自覺性。隨感法是最簡單最基本的手段，即隨看隨記、隨想隨記，字數不定，形式自由。但這種材料的累積會顯得過於簡單且很零亂，這時就需要在隨感式摘記的基礎上寫觀察日記，把自己觀察到的一系列材料進行有效的整理，從而把握到其中的本質與規律。

2. 從記憶力入手進行智力訓練

記憶力的好壞主要表現在訊息保持的持久性和準確性上，其中又關係著識記、儲存和提取三個重要環節。「增強記憶力」的具體內容可參閱「記憶」一章，此處僅對記憶力培養與良好習慣養成中的注意事項予以提及。

(1) 識記的效果依賴於諸多因素，要想有一個良好的識記過程，就應該做到：識記時目的與要求要明確，識記材料的性質及其呈現方式要適宜，每次識記的訊息量要適度、動員多感覺通道加入到識記過程中，識記時嘗試著即時回憶等。

（2）複習是保持訊息持久性和準確性的最有效途徑，同時複習還可以讓所學知識更具條理性、更能深入理解。合理組織複習的一些主要條件：及時複習，適度的過度學習，複習的方式、方法要多樣化，合理選擇集中複習和分散複習等。

（3）記的最終目的是憶，為了能最大限度地將保存的訊息有效提取出來，在憶的環節還應該注意到「線索」對訊息提取的重要性；另外，再認或回憶時的情緒狀態也會影響提取效果，一般保持輕鬆愉快的情緒會幫助我們恢復記憶。

3. 從思維能力入手進行智力訓練

思維能力是人類智力的核心，學生運用思維能力來學習知識的同時，也透過掌握知識來進一步增強思維能力。因此，對思維能力的訓練在智力開發中占據著重要地位，其訓練方案主要包括對問題解決能力的訓練、思維品質的訓練等。

（1）問題解決能力的訓練。關於問題解決技能的訓練一直存在兩種不同的思路：一種思路是訓練學生一般問題的解決策略，許多現代科學的課程就是專門教一些產生假設、設計、檢驗之類的策略；另一種思路是從專家與新手在問題解決中的不同思維模式出發，認為只有使學生學會並掌握結構完備的專業知識，他們的問題解決能力才可能得到提高。在實際訓練中，應有針對性地區別或結合這兩種思路來開發智力。

（2）推理能力的訓練。推理區分為歸納與演繹兩種。由於歸納推理需要人們得出一條普遍性的規則，所以歸納推理訓練任務的基本形式就是先呈現一組元素，然後再要求歸納出一個規則式，最後把規則又應用到某一個例子中。通常用於訓練的任務有以下幾類：1）系列完成任務，要求根據已有部分的特點完成該系列；2）類比推理問題，包括言語類比、數字類比、幾何類比等。而對於演繹推理，一種常見的訓練方法就是把一些三段論推理程序教給學生。

（3）思維品質的訓練。思維的品質主要包括思維的流暢性、靈活性、深刻性、周密性、獨立性、創造性、批判性等，它是思維個體差異的表現。透過訓練思維品質可以達到提高思維能力的目的。例如，在培養創造思維過程中，運用詞的聯想、發散式地指出物體的用途、從隱藏的形狀上找完整體、解釋寓言揭示寓意等方法來訓練思維品質。大量的實踐證明，以思維品質為智力訓練的突破口是一條行之有效的開發智力的捷徑，而且對智力的研究具有重大的指導意義。

（二）元認知技能的學習

元認知是對認知的認知，表現在學生身上就是個體關於自己學習或如何學習的知識，它對學習活動造成監控、調節的功能。元認知技能的養成在智力發展中也有著舉足輕重的作用。如何提高元認知技能呢？可以教會學生一些掌握學習的方法和策略，讓學生去正確評價自己的學習程度、學習計劃和學習能力。概括起來，元認知策略有三種：一是計劃策略，包括設置學習目標、瀏覽閱讀材料、產生待回答的問題以及分析如何完成學習任務；二是監控策略，包括閱讀時對注意力的跟蹤、對學習材料進行自我提問，考試時監視自己的速度和時間；三是調節策略，包括發現問題則採取相應的補救措施、根據學習效果的即時檢查來修正調整其認知策略等。此外，擁有良好元認知技能的學生同時也會形成較高的自我效能感。

（三）非智力因素方面的培養

非智力因素，包括動機、情感、意志、品德、價值觀等，儘管不屬於智力層面，但會影響到智力活動的成敗，並且決定著個體智力發展的積極程度。針對學生的智力開發，非智力因素的培養主要包括：

（1）激發學習動機。再聰明的學生，如果沒有學習動機、沒有進取心，仍會一無所獲。

（2）加強情感教育。要讓學生懂得追求成功體驗、善於把握機會進行自我激勵、正確識別自己和他人的情緒、處理好人際關係，同時這也是現代所提倡的情緒智力對學生的要求。

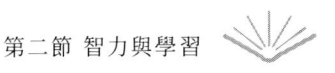

（3）良好性格及意志品質的養成。有調查研究表明，具有堅持性、自信心、恆心、獨立性、好質疑等性格及意志品質的學生學業成績更好，而學業本身也是一項智力活動，這也意味著，良好的性格及意志品質促進了智力在智力活動中的作用效果，使智力水準在實踐中得以充分發揮。

三、特殊能力的學習與培養

（一）音樂能力的培養

1. 早期教育中音樂能力的培養

在早期教育中（尤其是嬰幼兒教育），音樂教育已日漸引起家長和幼兒教師的重視。良好的音樂教育可以使兒童的感知能力、想像力、自我認識和自我情感等諸多方面都能得到一定的發展。同時有專家指出，對於大多數人來說，音樂能力的培養有一個關鍵期，如果在此期間各種音樂知識的學習累積受到限制，那麼音樂能力就得不到大力發展，也就間接地影響了幼兒各方面潛能的開發。因此，早期的音樂教育不容忽略。

（1）透過兒歌等形式，培養音樂節奏的韻律感

1961年布里杰所做的實驗表明，大多數嬰兒已具備敏銳地辨別不同頻率聲音的能力和自然地對音樂做出反應的本能。而學齡前後是兒童對節奏感受力迅速增長的時期。這一時期，充滿童趣和具有教育意義的兒歌陪伴著兒童成長，對於培養兒童的基本音樂能力具有重要意義，因為幼兒音樂能力的培養正是始於兒歌。

透過兒歌的學習，兒童可以體驗穩定的節拍規律、加強節拍與節奏的實踐練習，包括能切身感知節拍重音及二拍子、三拍子的節拍規律等。在學習中，應該引導兒童逐漸地發現有的一拍中有一個音，有的一拍中有兩個或更多的音；為了幫助兒童感受節奏，教學者可以利用有趣的象聲詞代替原來的詞語來表現節奏，因為象聲詞比一般的詞語更易使幼兒感覺到節奏長度的區別。練習時可以讓兒童一邊吟誦象聲詞，一邊拍擊穩定節拍，讓他們在比較中理解節奏與節拍的關係。進一步練習時可以讓幼兒一邊默念兒歌，一邊拍擊兒歌的節奏，以發展他們的節奏記憶。在引導兒童感知重拍音和節拍的強

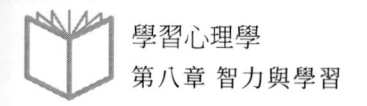

弱變化時，教學者可以為兒歌的朗誦配上表示強拍、弱拍的身體動作，如重拍拍手、輕拍拍腿（或肩），或讓兩組幼兒選用不同的打擊樂器，分別敲擊強拍和弱拍，以此幫助兒童理解二拍子、三拍子的節奏特徵。

（2）在韻律活動中培養幼兒的音樂能力

「動作」是兒童認識周圍世界的重要工具之一。有節奏動作的韻律活動可以提高兒童辨別音樂性質的能力，並且發揮出兒童對音樂的想像力和創造力。因此，在韻律活動中兒童的音樂能力潛移默化地就得到了學習與培養。

在韻律活動中，教學者首先引導幼兒靜靜地聽音樂，感受音樂的節拍、節奏、強弱及其所表現的音樂形象和渲染的氣氛，而不是要求幼兒去演唱、演奏這些音樂。在幼兒聽懂音樂之後，我們讓幼兒合著音樂的節拍，做一些拍手、拍腿、拍肩或模擬日常生活、勞動的動作，逐步培養幼兒的節奏感。當兒童感受音樂，受到音樂美的薰陶而漸漸產生了一種強烈的表現慾望，他們會自然地、創造性地用身體動作來表現音樂所要表達的情感及音樂形象，從而促進音樂思維能力、表現能力和想像能力的提高。

另外，韻律活動還可增強兒童對音樂的感受力。音樂感受力是指幼兒在聽音樂時不僅感受音的高低長短，還體驗到音樂反映的情緒和思想感情，並產生共鳴的一種能力。在韻律活動中，兒童不僅要學習用聽覺去感受音樂，同時還須用整個身心去感受節奏的疏密、旋律的起伏、情緒的變化。對此，一些富有情趣的韻律操是很有幫助的，比如紅花操（手持紅花聽音樂進行操練）、綵帶操（手持綵帶聽音樂進行操練）、武術操（聽音樂學做武術的基本動作）、舞蹈操（聽各民族的有代表性音樂，表演各民族的舞蹈基本動作）等，讓幼兒邊聽邊做動作，進一步感受音樂，表現音樂。

（3）在音樂遊戲中培養幼兒的音樂能力

兒童鍾愛遊戲，音樂遊戲則可以讓兒童在聽聽、唱唱、動動、玩玩的過程中，增強節奏感，培養唱歌的興趣，提高辨別音樂性質的能力，促進動作的協調，還能發展音樂想像力和創造能力。

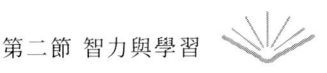

兒童音樂遊戲多種多樣，有純粹在歌聲中遊戲的，有純粹在樂曲聲中遊戲的，還有一些有情節、有角色的音樂遊戲，兒童玩起來注意力集中、富有創造想像、情緒愉悅、很感興趣，常常是玩了還想玩。這類遊戲雖然「玩」的成分較大，但遊戲期間兒童的音樂能力同樣也會得到發展。另外也有一些遊戲，「學習」的成分比較大，但趣味性稍差。總之，採用這種遊戲的方式來培養幼兒的音樂能力比單調地呆板地去辨別音色、音高、音強等要有效得多。因此，教學者在對兒童進行音樂遊戲的過程中，要根據兒童的實際水準來針對性地培養其音樂能力。

雖然音樂學習和音樂能力培養的關鍵期是嬰幼兒，但大學期間的音樂教育也不容忽視。此處所講的高校音樂教育並非音樂專業教育，而是指非音樂專業教育，其學習音樂的目的在於加強大學生對音樂藝術的感受力和理解力，提高其審美水準，作為進一步拓展知識的一種手段。正如上述的加德納多元智力理論中所給出的一種基本智力——音樂智力：對音樂的感受、辨別、記憶和表達的能力，大學生作為一個需要全面發展的人，對音樂的學習、音樂能力的培養是必需的。音樂藝術有利於大學生思維能力、心理健康、審美情感、理想教育等多方面的培養。

2. 大學生音樂能力的培養

針對大學生音樂學習和音樂能力的培養，可以從以下幾點入手：

（1）激發欣賞音樂的興趣

流行音樂因其通俗易懂、旋律優美、情感豐富、朗朗上口、具有現代氣息而廣受大學生的喜歡，而民族音樂和古典音樂則相對沒那麼受歡迎。因此，宜逐漸用流行音樂的眼光欣賞民族和古典音樂，在民族和古典音樂作品中適宜加入一些流行音樂的屬性，從而激發欣賞音樂的興趣。像2009年中國的春節聯歡晚會上，周杰倫和宋祖英共同演繹的《本草綱目》，以其新穎的形式和獨特的魅力獲得廣大青少年的喜愛，是吸取民族音樂的精華並與之完美結合的典範。

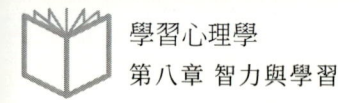

(2) 由淺入深、由易入難地選擇音樂欣賞作品

選擇音樂欣賞作品要有針對性。有調查顯示，民歌因其曲調短小、旋律優美，更受大學生的喜愛和理解，並且民歌與人們的生活密切相關，富有生活氣息。因此，在提升音樂藝術的開始階段，我們可以選擇《茉莉花》、《達坂城的姑娘》、《半個月亮爬上來》等具有濃郁地方特色的明快歌曲，學習在優美的旋律中探究民歌產生的歷史原因、不同民族的民歌所具有的特點以及作品表現的情感特點等，逐漸對音樂作品產生融入感和親近感。在掌握了一些音樂欣賞的基本常識後，我們就可以適當地欣賞一些相對簡單的標題性古典音樂作品，如《動物狂歡節》、《藍色多瑙河》等，以此循序漸進的方式逐步提高音樂欣賞能力。

（二）繪畫能力的培養

與音樂相同，繪畫也是藝術能力的重要組成部分，繪畫教育也是早期教育中備受關注的一種能力培養。繪畫能力由多種心理因素綜合而成，主要包括：對比例估計的能力、對亮度比的辨別能力、對垂直和水準方向的視知覺能力、空間想像能力、感官與動作的協調能力等。這些既是繪畫活動的先決條件，又是其活動結果所增強的能力。在繪畫學習的過程中，個體的感知、觀察、記憶、想像、創造等心理過程都可以得到發展，同時也能建構起美感、道德感和評價美的能力。

（1）正確引導兒童的塗鴉繪畫

塗鴉是兒童早期（2～3歲）繪畫的重要表現形式，興趣的激發、原創性繪畫的啟蒙，都由此開始。塗鴉可以培養手、眼、腦的活動協調性，逐漸掌握控制雙手的力度，打好繪畫能力的基礎。對於幼兒的塗鴉作品，教學者切不可從成人的角度去看待，不能用「好壞」、「像或不像」之類的標準來評價，也無須去教他們該怎麼畫、不該怎麼畫，不要給他們造成挫折感。儘管是一些亂七八糟的線、圈、點或無意義的形狀，這一時期「亂塗亂畫」仍是必要的。教學者更應用溫和的態度、有趣的言語來啟發幼兒自由大膽地作畫，至於畫什麼不重要，重要的是培養幼兒對形象的觀察、記憶和識別，進而培養對形象的創造。同時教學者也要善於透過觀察幼兒的行動來瞭解其需

求，更好地接納和理解他們，真正成為幼兒繪畫學習的夥伴與支持者。經過一段時間的塗塗畫畫，幼兒塗鴉動作會趨於精細靈活，這時教學者應順應幼兒的能力發展，設計一些像糖葫蘆、摩天輪等趨於多個圓形或波浪線的物體，讓幼兒體驗不同的塗鴉方法，進而增強繪畫能力與學習興趣。

(2) 實物與象徵性繪畫的良好結合

3～4歲的幼兒已逐步具備較強的具體形象思維，在不斷觀察、識記並試圖表現客觀事物的過程中，幼兒對事物形象的反應能力增強了。這時宜適當誘導、啟發幼兒在繪畫中逐漸有意識地去表現那些接觸過的較為熟悉的事物。這時的實物繪畫並不要求幼兒畫出結構完整、比例正確的形象，通常還是讓他們想什麼就畫什麼，自己喜歡什麼就畫什麼。由於該年齡特點，他們缺乏對物體的精確認識和細節的觀察，因此一般只能畫出常見物體的簡單形態，比如描繪的各個部分雜亂無章、比例失調、位置錯亂、彼此不能協調地組成一個整體，這些失誤完全是正常現象。此期間幼兒的繪畫特點正是以抽象的線條和符號作為替代物來象徵實體的，具有非具象性、無空間概念、忽略次要部分的特點。教學者千萬不能操之過急、為追求細節完美而予以打擊，而更應該注意培養幼兒觀察的能力。多在日常生活中引導兒童養成觀察的習慣，多貼近大自然和社會，讓其欣賞美的自然景物、建築、雕塑、玩具、工藝品、圖畫等，潛移默化地為繪畫藝術能力奠定基礎。同時也透過學習繪畫的過程發展幼兒的想像力，鼓勵幼兒展開豐富的聯想，在作品上添筆畫、添背景，將自己的所想用自己的方式表現出來。另外提醒一句，此時幼兒的手腕和手臂運動已經基本熟練，宜透過常見的基本圖形畫法的鍛鍊，增強對手臂、手腕、手指力度與方向的控制能力，關注繪畫線條（而不是整體）的長短、粗細、力度適宜性及流暢程度。

4歲之後，兒童的繪畫基本功開始慢慢成形，他們開始努力也非常有興趣地將頭腦中的表象用繪畫的方式表現出來，觀察力、形象思維能力及情感的發展等也促使兒童繪畫內容開始豐富、具體、細緻，並能夠透過畫面上的形象表達自己的認知和想像。這時，教學者應該幫助兒童理解形象的平面圖形符號組合規律及變化特徵，鼓勵孩子畫一些意願畫和記憶畫，也可以與閱

讀結合起來，讓孩子邊講邊畫。在觀察事物時要開始多角度多方面地看待。比如，觀察猴子時，引導兒童從正面、後面、側面多角度觀察，並讓兒童模擬並記憶猴子的各種姿勢；觀察花朵時，啟迪兒童多感官地去感受、去發現花朵的顏色、味道、花瓣形狀、四季變化規律等。平時還可以提供大量的優秀圖畫書給兒童，潛移默化地影響他們。在兒童進行繪畫時，宜提供八開或四開的大張紙以滿足兒童頭腦中日益豐富的自主繪畫內容。

擴展閱讀

如何提高實踐智力

1. 重視內隱知識的獲取

內隱知識是個體自己領會、體驗得到的，而不是他人教會的或從書本上直接就能學到的知識。這類知識通常帶有行為導向，利於個體解決問題、實現目標。內隱知識的學習依賴於現有的知識和技能，如「熟讀唐詩三百首，不會作詩也會吟」講的就是這個道理。

2. 注意提高自己學習之外的能力

在應聘工作過程中，實踐智力比學業成績更為重要。這就要求我們從社會生活中去學習、領悟和體驗，如培養人際交往技巧，學會自我管理，妥善處理日常事務，知道什麼對自己來說是最重要的，應該優先處理哪些事情等等。

3. 保持謙虛謹慎的態度

一個人保持一種謙虛謹慎的態度，虛心向同行、長者或專家請教，是獲取內隱知識、提高實踐智力的有效方式，這就是西方心理學家強調的學徒關係學習策略。學徒關係學習策略就是鼓勵一個人主動與經驗豐富的專家溝通和互動，從而獲取某項任務或領域的內隱知識。

4. 更多地參與社會實踐

斯騰伯格指出，「學了多少以及在哪裡學往往並不是關鍵，關鍵是他是否已經成功地將其所學運用於實踐當中。」實踐智力就是強調知識的運用能

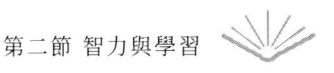

力。一些學校開展的研究式學習就是促使學生深入實踐，真正開發學生的實踐智力。

複習鞏固

1. 如何從觀察力入手進行智力訓練？

2. 如何從思維能力入手進行智力訓練？

3. 非智力因素培養的內容有哪些？

4. 簡述教學中的智力開發所包含的主要內容。

本章要點小結

1. 智力是指在認知方面的穩定的心理特徵，包括注意力、觀察力、記憶力、想像力和思維能力等，而思維能力是智力的核心。智力是個體順利完成某項活動所必需的，表現為有目的地行動、合理思考以及有效應付環境等方面。

2. 斯皮爾曼的二因素說將智力區分為一般因素（G 因素）和特殊因素（S 因素），前者是所有智力操作的基礎，而後者與特殊領域的智力活動相關聯。

3. 液態智力反映了人們的感知能力、訊息加工能力和記憶能力等，是人與生俱來就能進行智力活動的能力；晶態智力則是人們經驗累積起來的、能應用於問題解決情境中的訊息、技能和策略，是一個人透過其液態智力而習得的、並得以完善的能力。

4. 斯騰伯格的智力三元論將智力區分為成分智力、經驗智力和情境智力。該理論更貼近生活實際，增加了自身的生態學效度，有助於我們更全面地看待一個人的智力狀況。

5. 世界上最早的智力測驗工具為「比納—西蒙智力量表」，使用「作業計量法」，首創心理年齡的概念。推孟修訂的「史丹佛 - 比納智力量表」採用比率智商 [即心理年齡除以實足年齡後的商數再乘 100] 表示智力水準，韋

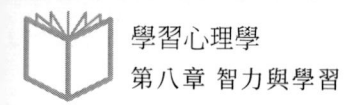

克斯勒智力量表改用離差智商 [IQ=15×Z+100，Z=（X-M）/SD]，很好地解決了比率智商不適用於測量成人智力水準的缺陷。

6. 12～13歲之前智力處於快速上升階段，增加到20歲左右其發展速度明顯減緩，大約到26歲後基本保持穩定狀態，60歲以後會逐步下降得比較明顯。並且，智力發展還表現出水準、類型、表現時間等方面的差異性。遺傳和環境共同影響著智力發展，遺傳給了智力發展的潛在可能，而環境使這種可能成為現實。

7. 教學中的智力開發主要體現在：透過觀察力、記憶力、思維能力的智力訓練來獲得認知技能的學習；透過計劃策略、監控策略、調節策略來獲得元認知的學習以及透過非智力因素的培養來開發智力。

8. 在音樂能力的培養方面，我們可以採用兒歌、韻律活動、音樂遊戲等形式，同時激發興趣、併合理選擇音樂欣賞作品。在繪畫能力的培養方面，我們應做到正確引導兒童的塗鴉繪畫，使其對實物與象徵性繪畫進行良好結合。

關鍵術語

智力 能力 創造力 非智力因素 液態智力 晶態智力 智力三元論

單項選擇題

1. 「心理年齡」這一概念首次出現在1908年發表的（　）

　A. 洛奇—桑代克智力測驗 B. 比納—西蒙智力量表

　C. 史丹佛—比納智力量表 D. 韋克斯勒智力量表

2. 吉爾福特的智力三維結構理論把智力區分為三個維度，即（　）

　A. 內容、操作和產品 B. 認知、情緒和意志

　C. 記憶、思維和想像 D. 大因素、小因素和特殊因素

3. 韋克斯勒智力量表的重要特點是廢棄傳統的比率智商，而改用（　）

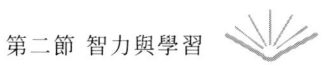

A. 智力年齡 B. 離差智商 C. 差異係數 D. 情緒智力

4.20 世紀初推孟將天才兒童界定為該兒童的智商達到或超過（ ）

A.80 B.100 C.115 D.140

5. 提出智力三元理論（成分智力、經驗智力、情境智力）的心理學家是（ ）

A. 卡特爾 B. 吉爾福特 C. 斯騰伯格 D. 塞斯頓

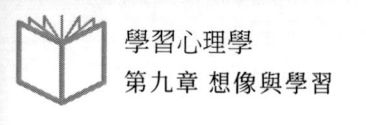

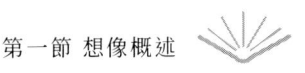

第九章 想像與學習

　　在幼兒園，一位外國教育專家用粉筆在黑板上輕輕一觸，黑板上就出現了一個小白點，他問這些孩子：「這是什麼？」孩子們活躍極了：這是星星，這是小蟲，這是路邊的石子，這是樹上的甜果⋯⋯各種各樣的答案，豐富多彩的想像。接著這位專家來到一所中學，做了同樣的動作，提了一個同樣的問題，全班同學茫然了：「這是幹什麼？」專家語調輕輕地解釋：「沒有什麼別的意思，只是問，這是什麼？」全班同學這才釋然，齊聲回答：「這是粉筆點。」沒有一點雜音。專家感嘆說：「透過幾年的教育，學生的思維都被訓練成單向和固定的，缺乏想像力。」愛因斯坦曾說過：「想像力比知識更重要，因為知識是有限的，而想像力概括著世界上的一切並推動著世界的進步，想像才是知識進化的源泉。」

　　本章我們將主要學習想像的相關概念、種類、功能和其認知加工過程以及想像對學習的作用和如何去提高我們想像力來幫助我們更有效地學習。

第一節 想像概述

一、什麼是想像

　　想像是指人對頭腦中的表象進行加工和改造，從而形成新形象的過程，它是一種高級的認知活動。例如：人們在聽廣播、看小說的時候，在自己的頭腦中所產生的各種情景和人物形象就屬於想像。

　　想像具有形象性和新穎性。想像是在感知的基礎上，透過對自己已有的表象進行加工，從而創造出新的形象。它加工的對象主要是圖形訊息而不是語言或者符號訊息。透過想像所產生的新的形象與表象不同，是對已有表象的新的改造或組合。因此想像不但可以創造出人們從未知覺過的事物的形象，同時還可以創造出在現實生活中根本不存在的形象。例如：一位編劇在創作新的劇本時，雖然劇本裡一些人物故事也許是編劇從來未曾知覺過的，但他

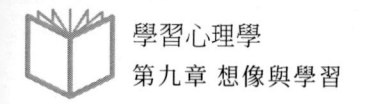

們的形象已經出現在了編劇們的頭腦中；又如，我們頭腦中關於神話或童話故事裡的人物的形象，其實他們在我們的日常生活中是並不存在的。

想像是以形成新的形象的形式從而對客觀現實的間接的、概括的一種反映，因此我們也可以將想像看作一種特殊的思維形式。同時想像與思維有著非常密切的關係，經常交織在一起。其共同之處有：第一，想像與思維都是認知過程的高級階段，具有間接概括事物本質屬性的特點；第二，想像與思維都能使人們認識過去、預示將來和超前地反映現實。但想像與思維兩者也有著明顯的區別．首先，想像是以借助記憶表象的形象思維為主，而思維則是以借助語言為工具的抽象思維為主；其次，想像是以組織起來的形象系統的形式對客觀現實進行超前反映，而思維則是以組織起來的概念系統的形式對客觀現實進行超前反映。

有研究表明想像是人的大腦皮層對已有的暫時的神經聯繫系統按照一定的要求進行篩選、搭配和組合，從而構成新的暫時的神經聯繫系統的過程，是兩種信號系統協同活動產生的結果（彭聃齡，2004）。近年來的一些研究結果表明，人的下視丘邊緣系統與大腦皮層一起參與了想像的形成及其活動。如果下視丘邊緣系統受到損傷，人可能會產生特殊的心理錯亂，人的行為就不再受一定的程序支配，甚至不能擬定簡單的行動計劃和預見行動的後果，因而破壞人的想像活動（彭聃齡，2004）。可見，人的下視丘邊緣系統與人的大腦皮層的協同活動，是人類想像的生理機制。

二、想像的種類

根據想像活動是否具有目的性和計劃性，可以把想像分為無意想像和有意想像。

（一）無意想像

無意想像又稱為不隨意想像，是指沒有預定的目的，在一定刺激的作用下，不自覺地產生的想像，是一種最簡單、初級形式的想像。例如：當抬頭仰望天空變幻莫測的浮雲時，頭腦中產生起伏的山巒、柔軟的棉花、活動的羊群、嘶鳴的奔馬等事物形象；當看到北方冬季窗戶上的冰花時，會覺得它

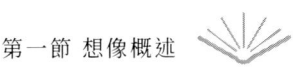

像梅花或樹葉等，都是無意想像的具體表現。兒童的想像往往沒有預定目的，因此，他們經常產生的是無意想像。

夢是在睡眠狀態下產生的正常心理現象，是無意想像的一種特殊表現形式。人在睡眠時，整個大腦皮層處於一種瀰漫性的抑制狀態，但仍有少部分神經細胞興奮著，由於意識控制力的減弱，這些記載著往日經驗的細胞便不隨意、不規則地結合在一起，形成一個個離奇古怪、荒誕絕倫的夢境。有人認為夢與人的智力活動有關，是人腦的一種工作程序，是對白天接受的訊息進行篩選和儲存的過程，而且夢裡的隱喻和聯想能幫助做夢者處理不斷發展的個人問題。夢有時候對創造性問題的解決具有一定的啟迪作用，能促發發明創造活動的進行（彭聃齡，2004）。精神分析學派則認為透過對夢的分析，可以瞭解在現實生活中不能實現的願望或欲求，獲得象徵性的滿足。當然，過多或內容過於離奇古怪的夢，可能是過度疲勞或心理失調的表現，甚至會干擾人的正常思維活動和行為表現。不管夢境如何不可思議、多麼離奇，夢仍是人腦對過去經驗和訊息的組合，「日有所思，夜有所夢」是對個體生存狀態的反映。

（二）有意想像

有意想像又稱為隨意想像，指根據預定的目的，在一定意志努力下自覺進行的想像。科學家提出的各種假設，文學家、藝術家在腦中構思的人物藝術形象，學生完成某項學習任務和獲得的某些知識與經驗，工程師的建築藍圖設計等，都是有意想像的結晶。因此，有意想像具有一定預見性和方向性，它在人的想像過程中調節和控制著想像活動的方向和內容。有意想像在人類認識世界和改造世界的活動中具有極其重要的意義。

根據有意想像的新穎性、獨立性和創造性程度的不同，可以把有意想像分為再造想像和創造想像。

1. 再造想像

再造想像是指根據言語的描述或圖形符號的示意，在人腦中形成相應事物新的形象的過程。例如，閱讀魯迅先生的《孔乙己》時，腦中出現穿長衫、

站著喝酒的人物形象；機械製造工人根據圖紙想像出機器的主要結構；看到祖國地圖形狀，腦中產生山川、湖泊、河流、高原、山脈等形象，建築工人根據設計圖紙想像出未來的高樓大廈的形象等，都屬於再造想像。

再造想像形成的新形象是相對的，雖然對於想像者來說是新穎的，但實際上是在社會環境中已經存在的事物，只是根據某種圖形提示或語言描述再造出來而已。從某種意義上說，再造想像仍然具有一定創造性。由於每個人的知識、經驗、興趣、愛好、人格特徵上的不同，每個人再造想像的內容和水準必然存在著一定的差異。例如：想像「朝辭白帝彩雲間，千里江陵一日還。兩岸猿聲啼不住，輕舟已過萬重山。」詩中描繪的形象時，每個人再造出來的形象各不相同，都是按照自己的理解和經驗來形成和構成新的形象。

再造想像對人的各種實踐活動，尤其是學生在掌握知識和理解知識的學習活動中具有重要意義。在接受間接經驗的書本知識時，可以透過再造想像幫助個體擺脫狹窄的思路，生動形象地認識到自己沒有感知過或者不可能直接感知的事物，在腦中形成與概念相應的形象，理解和掌握知識，擴大認識的範圍，從而豐富自己的知識經驗。因此，在學校教學過程中，教師要透過生動的語言描述或者圖標和模型演示，使學生借助再造想像，在頭腦中形成與概念相應的生動形象，深刻地理解教材，牢固地掌握知識，獲得有用的經驗。

再造想像對個體的人格塑造具有重要的作用。再造想像的過程，其實是榜樣的言論和行為在學習者身上人格特質的內化過程。例如，兒童觀看了英雄人物的事跡，往往會在腦中想像自己也要像英雄人物那樣表現某些行為，體驗某些情感，並指導自己的行動。因此，在思想教育和品德教育中，應運用各種方式喚起學生的再造想像，使榜樣的品質潛移默化地移植到學生的人格特徵中，塑造出優秀的人格品質。

形成正確的再造想像有賴於兩個重要的條件：一是正確理解言語或語詞的描述和圖形或符號標誌的實物的意義。再造想像是由語言或符號喚起的，如果言語不能引起表象，那麼再造想像活動將難以進行。例如，不懂外語的人，就無法在腦中形成外語原版作品中描繪的生動的人物形象。教學中教師

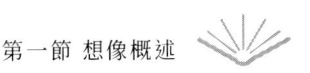

一方面要正確地運用語言，形象生動地描述事物或現象；另一方面要有意識地進行各種符號的指導，促使學生把符號與標誌相應事物的形象結合起來。二是豐富的表象儲備。記憶表像是想像的基礎，記憶表象儲備越豐富，再造想像就越準確和充實。因此，教師要有計劃地組織學生進行參觀、訪問、調查、實驗等活動，盡可能地使用現代化教學手段，以豐富學生的表象儲備，促進再造想像的形成與不斷發展。

2. 創造想像

創造想像是指根據一定的目的和任務，不依據現成的描述，在腦中獨立地創造出某種新形象的心理過程。例如，設計師在腦中構思新型航天飛機的形象；作家在腦中塑造新的典型人物的形象；發明家對自己將要發明的工具形象的構思等都屬於創造想像。創造想像中的形象不是依據別人的描述，而是以有關記憶表象為基礎，按照自己的創見來創造具有社會價值的新形象。創造想像與創造性思維緊密結合，它們是人們一切創造性活動不可少的重要組成部分。

創造想像具有獨立性、首創性、新穎性的特點，是人類創造性活動中不可或缺的心理成分。無論是科學發明還是文藝創作，都必須首先在腦中形成想像活動的最終產品的形象，即進行創造想像。創造想像是創造性活動的必要環節，沒有創造想像，創造性活動就難以順利進行。

創造想像是一種比再造想像更為複雜的智力活動，它的產生必須具備下列條件：

（1）強烈的創造意識。創造意識是人們對創造活動主要意義的認識，包括創造的需要、願望和動機，這是創造想像的內驅力。創造想像和創造活動是異常艱巨的腦力勞動，往往要經過多次的挫折、失敗後才能成功，沒有強烈的創造意識，就不能堅忍不拔地從事艱苦的創造性勞動。

（2）積極的思維活動。這是創造想像的關鍵。創造想像與思維活動是經常交織在一起的。科學家的發明、工程師的設計都充滿著積極的思維活動。

(3) 豐富的知識經驗。豐富的知識經驗是創造想像的基礎，想像的火花迸發於豐富的知識寶藏，知識經驗越豐富，創造想像的空間越寬闊。

(4) 原型啟發。「原型」是與所要創造的東西類似、對創造想像造成啟發作用的事物。它是激發創造想像的起點。人的任何創造發明，在其準備或開始階段總會受到一種類似的事物或模型的啟發，透過聯想，打開思路，建立新聯繫，找到在原型基礎上解決問題的新途徑，想像出新事物的形象。

(5) 靈感與機遇。在創造活動中，有時新思想或新形象不期而至，突然出現，這種現象稱為「靈感」，它具有在潛意識中醞釀形成，突然飛躍，躍然於意識狀態的特點。靈感是一種最富有創造性的高度緊張的精神力量和心理狀態，靈感到來時，情緒高漲，注意力高度集中，思維異常活躍，創造意識敏銳清晰，對已有表象積極再現和改造，工作效率迅速提高。

3. 幻想

幻想是指與個人生活願望相結合，並指向未來發展的想像。幻想是創造想像的準備階段，是創造想像的特殊形式。幻想不同於再造想像，因為它比再造想像有較多的創造性成分。它也不同於創造想像，其區別在於：一方面，創造想像不一定是個體讚美或嚮往的形象，而幻想的形象往往是個體追求、嚮往和憧憬的事物；另一方面，幻想不與當前的創造性活動發生直接聯繫，不一定產生現實的創造性成果，僅是未來創造活動的前奏和準備，而創造想像與創造性活動緊密相關，兩者不可分開。

幻想的品質與人的世界觀或思想狀態緊密聯繫，根據幻想的社會價值和有無實現的可能性，幻想可以分為積極的幻想和消極的幻想。積極的幻想是指符合事物發展規律，具有一定社會價值和實現可能性的幻想，又被稱為理想。理想指向未來，與人展望未來的美好願望和前景、激發人的信心和鬥志、鼓舞人頑強地去克服內外困難相聯繫。消極的幻想是指不符合或違背事物發展規律，毫無實現可能性的幻想，因此又被稱為空想或白日夢。空想是一種毫無意義的想像，它常使人脫離現實，想入非非，逃避艱苦的勞動，以無益的想像代替實際行動。因此，在現實生活過程中，要使個體力戒空想，堅持正確遠大的抱負，培養克服內外困難的意志力，以實現自己所追求的理想。

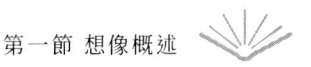

三、想像的功能

想像對人的心理活動具有重要的功能，主要表現在以下四個方面。

（一）預見作用

想像能預見活動的結果，指導人們活動的方向。同時想像的新穎性和形象性也是人們創造活動中不可缺少的因素。科學家的發明、設計師的設計、作家的人物塑造、藝術家的藝術造型、工人的技術創新、學生的學習，所有的這些活動都離不開人的想像，所以愛因斯坦曾說過「想像力比知識更重要」。

（二）補充知識經驗

在實際生活中，有許多事物是人們不可能直接感知的。如宇宙的星球，原始人類生活的情景，古典小說中人物的形象，這些空間遙遠或時間久遠的事物，人們是無法直接感知的。但是透過想像可以補充這種知識經驗的不足。例如《紅樓夢》中王熙鳳的形象是無法直接感知的，但當人們讀到「一雙丹鳳三角眼，兩彎柳葉吊梢眉，粉面含春威不露，丹唇未啟笑先聞」的人物描寫時，透過已有的「丹鳳」、「三角眼」、「柳葉」、「粉面」和「丹唇」等表象的作用，就能在頭腦中想像出王熙鳳的人物形象。

（三）替代作用

當人們的某些需要得不到實際滿足時，可以利用想像的方式得到滿足或實現。例如，幼兒想當一名汽車司機，但由於他們的能力所限而不能實現，於是他們就在遊戲中，把排列起來的小板凳想像成小汽車，手握方向盤開起了小汽車。人們在精神失常時，有時也從想像中得到寄託和滿足。

（四）調節作用

想像對機體生理活動過程具有調節作用，它能改變人體外周部分的機能活動過程。早在中世紀，人們就已經發現了這樣的事實，對某些患有歇斯底里症的病人，要求他們按照聖經上的描寫，想像耶穌基督被釘在十字架上的痛苦。病人想像後，在手掌和腳掌上出現了血斑，甚至有潰瘍的標記，當時

人們把它稱之為聖斑（李敏，2009）。近年來，人們對生物反饋的研究，也證明想像對人的機體有調節控制作用。例如，有一研究機構，對一位具有鮮明想像與表象的人進行了多年的研究。結果發現，只要這個人說他想像出了什麼事物，就可以觀察到他的機體發生了奇異的變化。例如，他說「看見右手放在爐邊，左手握著冰」，這時就可以檢測到他的右手溫度升高 2 度，左手溫度降低 1.5 度；當他說「看見自己跟著電車奔跑」時，就可以檢測到他的心跳加快，在「看見自己安靜地躺在床上」時，心跳就減慢（朱立峰，2003）。

四、想像的認知加工方式

想像是一種高級的認知活動。想像對已有表象的認知加工，是一種複雜的分析與綜合活動。在想像時，人們從已有的表象中抽取出必要形象元素，再將它們按照一定的構思重新結合，構成新的形象。想像常用的認知加工方式有四種：

（一）黏合

黏合就是把客觀事實中從未結合過的屬性、特徵、部分在頭腦中結合在一起而形成新的形象。透過這種綜合活動，人們創造了許多童話、神話中的形象。如孫悟空、人頭馬、豬八戒等。這種創造都是將客觀事物的某些特徵分析出來，然後按照人們的要求，將這些特點重新配置，綜合起來，構成了人們所渴求的形象，以滿足人們的某種需要。黏合的形象在內容上，受到一定的社會文化、民族風俗習慣的影響。在科學技術的發明創造中也有運用這種綜合方式的，如水陸兩用坦克，就是坦克與船的某些特徵的結合。

（二）誇張

誇張又稱為強調。這是透過改變客觀事物的正常特點，或者突出某些特點而略去另一些特點而在頭腦中形成新的形象。例如，人們創造的千手觀音、九頭鳥、小矮人等形象，都是採用這種方式進行的綜合。

（三）典型化

典型化是根據一類事物的共同特徵創造新形象的過程，它是文學、藝術創作的重要方式。例如，裝飾圖案畫中的花瓣、樹葉等形象，就是來自各種植物的共同特徵。小說中的人物形象的創造，也是作家綜合某些人物的特點之後創造出來的。例如，魯迅先生在談創作經驗時曾指出：人物模特兒沒有專門用過一個人，往往是嘴在浙江，臉在北京，衣在山西，是一個拼湊起來的角色。

（四）聯想

由一個事物想到另一個事物，也可以創造新的形象。想像聯想不同於記憶聯想，它的活動方向服從於創作時占優勢的情緒、思想和意圖。例如，一位詩人在某種情緒狀態下，看到「修理鐘錶」幾個字，會聯想到「修理時間」，進而想出這樣的字句「請替我修理一下年代吧，它已不能按時間度過」。這是一種異乎尋常的聯想，它打破了日常聯想的習慣，因而引起了新的形象。

複習鞏固

1. 簡述想像的概念。
2. 想像的種類有哪些？
3. 簡述想像的功能。

第二節 想像與學習

想像是指人對頭腦中的表象進行加工和改造，從而形成新形象的過程，它是一種高級的心理認知活動。想像力是人在已有形象的基礎上，在頭腦中創造出新形象的能力。比如當你說起汽車，我馬上想像出各種各樣的汽車的形象來就是這個道理。因此想像一般是在掌握一定的知識面的基礎上完成的。想像力是在你頭腦中創造一個念頭或思想畫面的能力。愛因斯坦曾經說過：「想像力比知識更重要，因為知識是有限的，而想像力概括著世界上的一切，推動著世界的進步，並且是知識的源泉。」科學技術的發展和人類的學習經

驗表明：想像是知識進化的條件之一，沒有想像，人類就不可能抽象、概括出反映自然和社會發展規律的定理、定律，就不可能有發明、創造；想像又是基本的學習能力之一，不但學習數、理、化等抽象複雜的學科需要豐富的想像力，就是學習語文、政治、音樂、美術和各種實用知識也需要一定的想像力。

一、高想像力的優勢

（一）運行快，耗費資源小

由於想像力是在頭腦中做「實驗」，所以運行速度快，且不需要什麼成本。比如孫臏的田忌賽馬，孫臏想出調換己方上中下三等馬的出場次序從而贏得了比賽，這個方案非常巧妙。而孫臏並沒有真正讓實際的馬做實驗，他僅是在頭腦中演練了若干種次序，顯然這樣節省時間，也沒有什麼消耗。而如果真的讓各種馬匹按照不同的出場次序進行實際的演練，那就得需要非常大的排場，而且也需要耗費相當長的時間。再比如，我們搬入新居進行家具擺放時，如果我們毫無想像力，一遍一遍地擺放各個家具到不同位置，然後觀看擺放是否合理，顯然這樣極為麻煩，既費時又費力。而如果我們在擺放家具前，先在頭腦中想像一下家具的擺放位置，當想出較為合理的布局後，再進行實際的搬動，顯然這樣就方便多了。

（二）促使反應迅速

最典型的例子是司馬光砸缸和曹沖稱象。這兩個例子中，兩個小孩反應都非常迅速，在較短的時間內就想出了很好的解決辦法。司馬光快速的反應救了小孩一命；而曹沖快速的反應，則使得問題在現場就得到了很好的解決。另外，曹沖想到的稱象辦法是一個相當有想像力的創意。

（三）應用廣泛

在我們的生活以及工作中，解決很多問題或事情都有現成的答案，我們只需要記住該怎麼辦就可以處理好事情了。比如我們買回一臺新式樣的彩色電視機，雖然彩色電視機的功能很多，但是我們只要翻閱一下使用手冊，記住相關操作，我們就可以自如地操縱電視機來觀看節目了。很多人也總是想

方設法地提高自己的記憶力，希望在面對任何問題時都能夠用記住的東西「照葫蘆畫瓢」解決問題。記憶力當然很重要，而且我們確實要記住很多東西來完成生活和工作中的任務。然而，還有相當多的事情，並沒有現成答案。若想解決問題，需要具備想像力，要能夠在頭腦中反覆地做實驗，然後籌劃出方案。如建築設計師，其必須在頭腦中進行反覆地想像，考慮外形該怎麼設計，該採用什麼樣的內部結構，什麼樣的外形與結構搭配才是合理的且合乎使用方的意願，只有經過這種在頭腦中不斷的試驗磨合才能形成一個好的方案，如果他僅是照抄別人設計的建築物，那他也不能被稱為建築設計師了。同樣，一個服裝設計師，如果不能在頭腦中運用想像力進行各種面料、色彩、款式的組合搭配，不能設計出新款服飾，那他也只能被稱為服裝裁剪師。音樂家當然也要能在頭腦中進行各種音符的組合、旋律的搭配，經過反覆實驗後，才能創作出曲子來。一個鐘錶設計師進行鐘錶機械設計時，如果他不具備發達的想像力，不能在頭腦中進行機械結構的三維立體想像，那他根本不能設計鐘錶。所以，對於設計、策劃、創作以及制訂計劃等這類較為複雜的工作，想像力的作用可能更大。

（四）協助制訂出較為完善的方案

許多人反應很快，這一方面是由於他們確實能在短時間內快速地進行想像、快速地在頭腦中做實驗。另一方面的原因則是，他們早已預見到了問題的發生，而且早已在頭腦中想好了對策，所以當問題發生時，只需按照事先想出來的方案照辦就是。對於一名營銷人員來說也是如此，如果其在約見客戶之前不在頭腦中模擬見面時的場景，也不想像會出現什麼情況，也不預見對方會向其提出的諸多問題，什麼也沒考慮，那麼面對對方拋出的問題，因為倉促之間很難給出一個令客戶滿意的答覆，這次會面十有八九會失敗。而家庭主婦在做家務前，沒在頭腦中進行一下計劃，沒有安排好做事的順序，比如她決定先掃地，再擦拭家具，然後再洗衣服。可以想像，如果先掃完地再擦家具，而擦家具會落下灰塵及紙屑，這樣剛掃過的地又會被弄髒，還得重掃一遍。而把洗衣服安排在最後做，這會使得洗衣機自動漂洗衣物時，家庭主婦無事可幹。這樣的安排次序既費力（多掃了一遍地）又浪費時間，這種低效率的做法顯然不是一種好的選擇。由此可見，如果具有了相當的想像

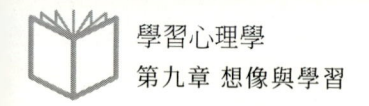

力，則會在做事前透過在頭腦中的反覆實驗，從而選定一個比較完善的方案，這顯然會使做事效率高且易成功。

二、如何提高想像力

想像力被稱為「智力騰飛的翅膀」，對人類生活中的各個方面都發揮重要的作用。心理學家的研究表明，人類大腦皮層的想像區域至今仍未被充分開墾，即使一個想像力極為豐富的文學家、藝術家也僅僅利用了他的想像潛力的 15% 左右。也就是說，我們每個人都具有極大的想像潛力有待開發。可以斷言，一個人如果能將自己的想像潛力的 50% 開發出來，他的智力必定會騰飛到一個新的高度。那麼怎樣培養想像力？要培養和發展個體的想像力，應著重從以下四個方面著手。

（一）儲存表象

想像的結果似乎是離開現實、超脫現實的，但製作想像成果的原材料，卻不是憑空想像出來的，而一定是來自現實之中的。正因為想像的材料必定要來自現實，因此不同歷史時期的人對相同事物經想像所創造的形象會不大一樣。《西遊記》作者吳承恩，他能依據當時的現實材料創造出《西遊記》中的一切人物、環境和場合。但他的想像力再豐富也不可能「超脫」當時條件的限制，去構思出電子計算機、人工電腦、宇宙飛船等形象。同樣，不同地區的人，出於人種之差，他們創造出的形象也不盡相同。「西天古佛」是以印度人為原型創造的，「玉皇大帝」是以漢人為原型創造的，「聖子耶穌」是以猶太人為原型創造的，這充分說明，形象的創造是植根於現實之中，以現實中的材料為依據的。因此，要豐富自己的想像，發展自己的想像力，就必須首先豐富想像的素材，這種素材就是「表象」，表像是想像不可或缺的基本素材，俗話說「巧婦難為無米之炊」也可以反映出表象對於想像的重要性。如果我們頭腦中未曾儲備足夠的表象，那麼頭腦就無法憑空進行想像。一個畫家如果不儲存十分豐富的人物和事物的視覺表象，則不可能透過想像創作出栩栩如生的繪畫作品；一個建築師如果不儲存大量關於樓房橋梁的表象，他也就無法透過想像設計出新穎別緻的高樓、橋梁；一個發明家如果不儲存各式各樣的物體表象，他就根本不可能透過想像創作出前所未有的新產

品。總之，表像是進行想像的基本材料，想像的水準以一個人所具有的表象的數量和質量為轉移。表象越貧乏，想像越狹窄、膚淺；表象越豐富，想像越開闊、深刻，想像力就越強。

那麼怎樣才能儲備豐富的表象呢？如前所述，客觀事物是引起表象的原型。因此要使自己頭腦中儲存大量的表象。豐富學生表象儲備的方法很多，學校的各科教學對擴大學生的表象儲備、發展想像力都有積極的作用。例如，語文教學可以透過引導學生閱讀、欣賞文藝作品，增強學生對藝術形象的感受；自然常識教學可以引導學生觀察、理解生活中的物理、化學現象，認識動植物的形態、結構、特性等。在教學中教師要充分利用直觀教具和形象化的教材，組織學生參觀、遊覽、看電視或電影以及參加文藝、體育、科技活動等來拓寬小學生的視野。在實際活動中，要引導學生廣泛接觸各種事物，仔細地、全面地、準確地觀察、比較、分析、綜合，教師也可用富有感染力的生動形象的語言進行口頭講述，使他們累積豐富和準確的表象，保證想像活動的順利進行。

（二）累積語詞

表像是進行想像的原材料，而表像是否豐富生動與語詞密切相關，因語詞能力與相應的表象建立牢固的對應關係。如「花」這個詞就與各種「花」建立了聯繫，「紅」這個詞也與「紅色」的物體建立過聯繫。因此，只要一聽到「紅花」這個語詞，我們頭腦中就會出現「紅花」這一表象。當我們把許多語詞按一定的順序組織起來的時候，也就能把每一詞有聯繫的表象組織了起來。所以語詞可以引起表象，並能對表象進行分解與綜合、放大與縮小、增高與加寬、移動與翻轉等等。比如，當他人用詞語來形容猴子的活潑動作：蹦跳、打滾、攀爬等等時，我們頭腦中就會呈現出猴子的各種動作表象，而這些動作表象會隨著語詞的變化而發生相應的變化。語詞越豐富生動，變化越大，對猴子形容得越逼真，頭腦中出現的表象也就越清晰、完整、生動。所以，語詞豐富、表達能力強的人，所引起的表象變化也比較多樣化，想像力一般也比較豐富。要想豐富自己的語詞與表達能力，可以透過以下三種方法來進行訓練。

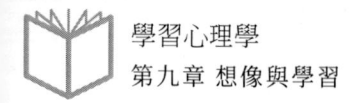

1. 利用傳播媒介，在聽中累積語言

當今傳播媒介豐富多彩，電視、廣播、錄音機及多種電子記錄設備等都是學生喜聞樂見的語言文字傳播手段。透過這些傳播媒介學習語言，對學生來說是沒有負擔的，反而能從聲情並茂的講解中瞭解情節，認識人物的個性，知道事物的善惡，對所聽的內容留下深刻的印象，對未講的內容產生強烈的好奇心，會有再聽的慾望。學生耳熟能詳，就會從中累積語言文字，有時會有「踏破鐵鞋無覓處，得來全不費功夫」的感受。這些都有賴於教師對學生的引導，特別是要努力增強學生的主體意識。

2. 擴大課外閱讀，在讀中累積語言

累積語言材料光靠課內加強對課文的朗讀和背誦是遠遠不夠的，還必須在課外引導學生廣泛地進行閱讀。如果讓學生多讀點，多累積些，天長日久，待到自己說話作文時便能呼之即出，信手拈來，隨心所欲，左右逢源。「熟讀唐詩三百首，不會作詩也會吟」說的就是這個道理。許多文字上有造詣的作家、學者總結自己成長經歷時，總少不了青少年時期博覽群書，即便是班上語文成績較好的同學也常常是對課外書刊情有獨鍾。因為，只有博覽群書，才能給大腦皮層形成多側面的語言刺激，而且在閱讀過程中，能再次強化大腦皮層已有的語言訊息，使大腦中已形成的聯繫系統更為完整、嚴密。基於此，在教學中應注意引導學生儘量擴大自己的課外閱讀面。

3. 增加習作密度，從寫中累積語言

熟讀背誦是透過語言的輸入增加大腦皮層的語言訊息，習作訓練則是調動大腦中的語言訊息來激發大腦皮層細胞之間的訊息回憶、交流、篩選，從而達到鞏固、運用語言的目的，因此，習作是更高層次的累積語言。要使大腦內語言訊息系統靈活自如地運轉，必須加大語言周轉的密度，為此，學生要常練筆。不過，千萬不能讓他們覺得這是一種負擔，應該讓他們在輕鬆愉快的心態下來做這件事。需要在設計習作練習和講評習作上花力氣，經過探索，做到口頭與書面結合、片段與成文結合、大作與日記結合、自由作與統一作結合，可以分步練、集中練，可以教師評、學生評，靈活多樣，不拘一格。並且一旦發現好的習作，立即投稿，當見到自己的習作換成了鉛字，會進一

步激發學生習作的興趣，讓習作成為他們內在的願望。學生在不斷運用語言中，既啟動了自身的語言積澱，又吸收了他人的新鮮語彙，不斷豐富自身語言。

（三）豐富知識

語詞能引起相應的表象，但語詞要引起表象，必須以理解語詞為前提。如果對語詞不甚理解，語詞所對應的表象就不會出現在頭腦中。通常，一個小學生去看中學生的教科書，他無法理解字裡行間的含義，看了也等於白看，頭腦中仍是白紙一張。要理解語詞就要運用知識，知識是理解語詞的基礎。知識越豐富，對語詞的理解就越深刻，頭腦中呈現出的相應表象就越準確完善。用這種表象作為材料，透過想像建立起來的形象其價值意義就比較大。

此外，知識也是理解具體事物的基礎。具體事物被理解後，才能在腦中建立起正確的形象。一個古生物學家面對生物化石就能正確建立起這個古生物的形象；一個機械製圖師面對一張設計圖，頭腦中就會呈現出機器的形象。所以，一個人的知識越多，想像力的翅膀可以馳騁的天地也越廣闊。

知識有利於想像力的發揮，但知識與想像力也並非完全呈正比關係。一個人有了豐富的知識，掌握了許多客觀規律，但若因循守舊、墨守成規，被傳統觀念所束縛，知識則可能成為發揮想像力的障礙。一般而論，缺乏知識的想像力只能成為空想，是毫無疑問的。

（四）發展聯想

事物不是彼此孤立而是彼此相互聯繫的。因此，從客觀事物所得來的知識也不是孤立和零碎的，而是相互關聯的。正因為知識在頭腦中是相互聯繫的，所以我們回憶某一事物時，總會連帶想到其他的事物。比如，聽到「打雷」就會連帶想到「下雨」，看到「下雨」就會連帶想到「雨傘」。這種連帶想起其他有關事物的心理過程，就稱為「聯想」。

從一定意義上講，聯想是想像的重要途徑。想像要形成新的形象，必須借助於聯想這條「紐帶」。透過聯想作用，才能把頭腦中的知識或表象聯結起來，形成一系列新形象。比如，提到「大海」，就會使我們想到一望無際

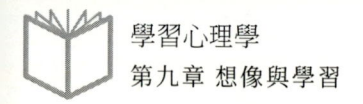

的海邊，想到波濤洶湧的海浪，想到自由飛翔的海鷗等等。同樣，提到「蘇州」就會使我們想到虎丘雲岩寺的詩、鐘、碑刻等，這就是說聯想能使我們進入想像狀態，在頭腦中勾勒出一幅幅生動、清晰的形象。想像是透過聯想實現的，要發展自己的想像力必須發展聯想。

除了表象、語詞、知識、聯想四個要素對培養想像力發揮重要的作用外，一些基本的能力（如記憶力、觀察力、思維力等）與想像也有不同程度的聯繫，這些基本能力的增強也有助於想像力的增強，這些基本能力對想像力的促進也應當予以關注。

三、想像規律在教學過程中的應用

（一）在教學過程中發展學生的再造想像

再造想像在學生的想像過程中具有非常重要的作用。首先，學生可以借助教師在教學過程中的言語、教具、模型等，引起再造想像，以此擺脫狹小的家庭、班級環境下形成較低層次的想像，形成和掌握自己不曾感知過或無法親自感知過的事物的形象。再造想像可使人「思接千載，視通萬里」。教師可以透過正確的言語描述和圖形解釋等，利用學生已有的再造想像去認識事物，瞭解宇宙，預見未來以及展現將來的生活場景等等。其次，再造想像是學生理解和掌握客觀事物規律與內在聯繫必不可少的心理條件。掌握知識，獲得經驗，必須要有積極的再造想像。由於學校中傳授的知識大多是透過教師、書本、詞彙或圖表、模型、教具等傳遞給學生的，只有當這些內容在學生腦中產生並形成與所學概念相應的事物形象，才能使學生真正理解和掌握，否則只能停留在機械識記水準上。第三，再造想像是思想教育的重要形式之一。如用生動的語言對英雄人物、勞動模範、科學家等的描述，可以在學生腦海中形成鮮明的榜樣形象，從而加強思想品德教育的感知性。「榜樣的力量是無窮的」，透過榜樣教育、利用再造想像的心理活動，對學生進行思想教育是一種很好的形式。

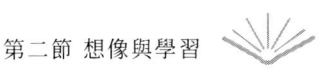

（二）在教學過程中培養學生的創造想像

創造想像是學生在目前和將來從事創造活動的重要心理條件。在教學活動中，教師要透過課堂教學有意識地培養學生的創造想像，為此應該做到以下四個方面。

1. 豐富學生的表象儲備

創造想像的程度與水準主要是由表象的數量與質量決定的。教師在教育教學活動過程中要創設條件，採取多種手段和運用不同措施來豐富學生的表象儲存，改進表象的質量，以提高學生創造想像。例如，在語文教學過程中，教師可以透過引導學生閱讀和欣賞文藝作品中的人物、情景或事件的發生、發展，讓學生在接受藝術形象的塑造以及對人物的描述以及情節發展的過程中，喚起再造想像，使學生能夠深受感染，引起心理上的共鳴而激發創造想像。在科學常識課的教學中，教師可以採用引導學生觀察生活中的實例，認識動物、植物等的不同形態、不同結構等，在引起再造想像的同時激發其創造想像。在教學過程中，教師還要充分利用直觀教具、多媒體教學手段以及形象化教材等，使學生在觀看、觸摸、試聽等方面產生創造想像。在課外可以讓學生參加文藝、體育、科技等興趣活動，來激發學生的創造想像。

2. 擴大學生的知識經驗

想像並不是憑空產生的，它是人腦對客觀現實的主觀反映，除了需要豐富的表象儲備基礎外，還需要大量的知識與經驗。發明家愛迪生一生中有兩千多項科學發明，就是源於他的勤奮好學，廣泛涉獵各種書籍，累積了豐富的科學知識，激發了他的豐富想像力，為發明創造打下了堅實基礎。實踐證明，人的知識經驗越豐富、廣博，頭腦就越充實，想像力也就越豐富。為此，教師要使學生在努力學習各科知識，打下堅實的理論基礎的同時，鼓勵學生廣泛涉獵課外有益書籍，獲得多學科、多領域的知識，並要積極鼓勵學生參加各項課外活動，例如，課外閱讀、科技製作、繪畫寫作、科學實驗、文藝創作和各項興趣小組，豐富學生的生活經驗，擴大學生的知識範圍，為學生的創造想像的激發和發展奠定基礎。

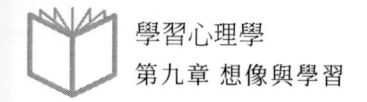

3. 想像力訓練

教師要結合各學科的教學活動，有目的地訓練學生的想像力。例如，在上語文課時，可以讓學生帶著感情朗讀課文，鼓勵他們透過想像力，體會文章中主人翁的思想和感情，想像文章中所敘述的事情發生的緣由以及可能的發展趨勢。指導學生閱讀健康有益的課外書籍，書籍是培養學生創造想像的最好材料，透過書中的文字描述，能夠發展學生的再造想像，同時也激發學生的創造想像。在音樂課上，歌詞與樂曲是激發學生情感，同時也是激發創造想像的重要方式。學生的繪畫、手工、雕刻、科技小製作以及文藝演出等活動，亦是培養和提高學生想像力的有效手段。

4. 引導學生積極幻想

理想是符合事物發展規律、能夠實現的幻想，學生具有合理的理想，積極的幻想對學生的想像活動具有直接推動作用。學生的幻想，尤其是小學生的幻想正處於遠離現實幻想向現實幻想過渡的階段，教師要把學生的幻想與學生的實際生活有機結合起來，既要培養學生具有遠大的崇高理想，把自己的學習與祖國的現代化建設相結合，也要培養他們的科學幻想，鼓勵學生從小向科學進軍的志氣和勇氣，激發他們去發明創造。教師要鼓勵學生面對現實生活，展開想像的翅膀，大膽想像，以培養自己的科學幻想。

生活中的心理學

艾倫·漢斯克——《十大準則》

美國優秀教師、教育新聞網專欄作家艾倫·漢斯克提出培養想像力應遵循十大準則，因其受到美國眾多學校和家庭的信奉，作為「金玉良言」被美國教育界一直實踐和運用著。

準則一：不只有美術和音樂才能開發想像力。

準則二：改變固有思路。

準則三：從小事入手，腳踏實地。

準則四：多接觸新事物。

準則五：別對孩子最初的想法評頭論足。

準則六：對孩子的作品多提問題。

準則七：玩新玩具不如創造新玩法。

準則八：不吹捧孩子的進步。

準則九：始終保持開放的思想。

準則十：重要的是過程而不是結果。

複習鞏固

1. 提高個體想像力的方法有哪些？

2. 教師如何在教學過程中發展學生的創造想像？

本章要點小結

想像概述

1. 想像通常指人對頭腦中的表象進行加工和改造，從而形成新形象的過程，它是一種高級的認知活動。

2. 根據想像活動是否具有目的性和計劃性，可以把想像分為無意想像和有意想像。根據有意想像的新穎性、獨立性和創造性程度的不同，可以把有意想像分為再造想像和創造想像。

3. 想像具有預見、補充個體知識經驗、替代和調節機體某些生理活動的功能。

想像的認知加工包括黏合、誇張、典型化、聯想四種形式。

想像與學習

1. 由於想像力是在頭腦中做實驗，所以運行快，而且不需要什麼成本。

2. 發達的想像力還可以使人反應迅速。

3. 較為發達的想像力能夠使人制訂出較為完善的方案。

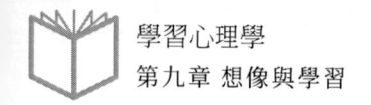

4. 在很多方面，想像力是必不可少的。

5. 透過儲存表象、累積語詞、豐富知識、發展聯想可以提高個體的想像力。

6. 教師可以透過豐富學生的表象儲備、擴大學生的知識經驗、想像力訓練、引導學生積極幻想來提高學生的創造想像。

關鍵術語

想像 無意想像 有意想像 再造想像 創造想像 幻想 黏合 誇張 典型化 聯想

多項選擇題

1. 想像的類型包括（ ）

A. 無意想像 B. 創意想像 C. 再造想像 D. 創造想像 E. 有意想像

2. 想像的認知加工過程包括（ ）

A. 黏合 B. 誇張 C. 典型化 D. 遷移 E. 聯想

3. 要培養和發展個體的想像力，可以從哪幾個方面著手（ ）

A. 儲存表象 B. 累積語詞 C. 豐富知識 D. 發展聯想 E. 發展思維

4. 在教學過程中培養學生的創造想像可以運用的方法有（ ）

A. 豐富學生的表象儲備 B. 擴大學生的知識經驗

C. 想像力訓練 D. 引導學生積極幻想

E. 在教學過程中使用多種教學方式

5. 對培養想像力造成重要作用的因素包括（ ）

A. 表象 B. 語詞 C. 知識 D. 聯想 E. 記憶力

6. 想像對人的心理活動具有重要的功能，主要表現在（ ）

A. 預見作用 B. 補充知識經驗

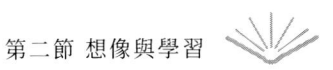

C. 替代作用 D. 對機體生理活動過程具有調節作用

E. 改變人體外周部分的機能活動過程

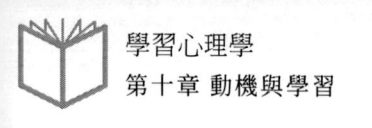

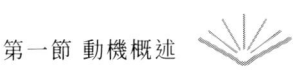

第十章 動機與學習

　　心理學家愛德華·德西隨機安排學生單獨解一些有趣的智力難題。第一階段，全部學生在解題時都無獎勵；第二階段，所有實驗組的學生每完成一個難題後，就得到1美元的獎勵，而無獎勵組的學生仍像原來那樣解題；第三階段，研究人員觀察在每個學生想做什麼就做什麼的自由休息時間中，學生是否仍在做題，以此作為判斷學生對解題興趣的指標。結果發現，無獎勵組的學生比獎勵組的學生花更多的休息時間去解題。實驗證明：當一個人進行一項愉快的活動時，給他提供獎勵反而會減少這項活動對他內在的吸引力，此即「德西效應」。

　　「德西效應」給教師以極大的啟迪——當學生尚沒有形成自發內在學習動機時，教師從外界給以激勵刺激，以推動學生的學習活動，這種獎勵是必要和有效的。但是，如果學習活動本身已經使學生感到很有興趣，此時再給學生獎勵不僅顯得多此一舉，還有可能適得其反。

　　什麼是學習動機？學習動機與學習過程有怎樣的聯繫？如何利用學習動機理論更好地促進學習？本章將引導我們尋找這些答案。

▌第一節 動機概述

一、動機和學習動機

（一）動機

　　動機是推動個體從事某種活動，並朝一個方向前進的內部動力，是為實現一定目的而行動的原因。動機是個體的內在過程，行為是這種內在過程的表現。引起動機的內在條件叫做需要，引起動機的外在條件叫做誘因。

　　在研究心理現象時，可直接觀察到外界施加的刺激和機體（人與動物）做出的反應（行為）。人的機體為什麼會出現這樣或那樣的行為，在心理學回答涉及行為起因的問題時便假設一個中間變量，即動機，以解釋行為的起

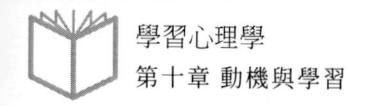

因和動力。動機問題歷來是心理學研究的核心論題之一。它與人類行為的源泉、動力和原因有密切的關係,最能反映人類行為的主觀能動性的特徵。

動機是在需要的基礎上產生的。需要是一切行為動力的源泉,需要成為個體行為的動力必須要轉化為動機。那麼需要要怎樣才能轉化為動機呢?心理學家的研究表明:需要本身是主體意識到的缺乏狀態,但這種缺乏狀態在沒有誘因出現時,只是一種靜止的、潛在的動機,表現為一種願望、意向。只有當誘因出現時,需要才能被啟動,成為內驅力從而驅使個體去趨向或接近目標,這時需要才能轉化為動機。

動機是行為活動的內在原因,因此它不能被直接觀察到,只能根據刺激情境和行為反應去推測。如何從個體外顯的行為或活動中去推測這種內部原因,就成為現代心理學中的一個特別重要而又比較困難的課題。因為只有對隱藏在個體行為背後的原因有科學的瞭解,人們才能更有效地理解人的外顯行為。

(二) 學習動機

學習動機是發動維持個體的學習活動,並使之朝向一定目標的內部動力機制,是直接推動學生學習的內部動因。透過個體學習活動的外部表現可以判斷學生的動機狀況,是直接影響學生學習效果的心理條件之一。它並不是某種單一的結構,學生的學習活動是由各種不同的動力因素組成的整個系統所引起的。其心理因素包括:學習的需要,對學習的必要性的認識及信念;學習興趣、愛好或習慣等。從事學習活動,除要有學習的需要外,還要有滿足這種需要的學習目標。由於學習目標指引著學習的方向,可把它稱為學習的誘因。學習目標同學生的需要一起,成為學習動機的重要構成因素。

它涉及這樣三個方面的問題:

①引發行為的起因是什麼?

②使行為指向某一目的的原因是什麼?

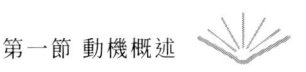

③維持這一行為的原因是什麼？在許多有關動機的文獻中，心理學家們往往用動機作用這一術語來描述個體發放能量和衝動，指引行為朝向某一目的，並將這一行為維持一段時間的種種內部狀態和過程。

學生的學習受多方面因素的影響，其中主要是受學習動機的支配，但也與學生的學習興趣、學習的需要、個人的價值觀、學生的態度、學生的志向水準以及外來的鼓勵緊密相連。對知識價值的認識（知識價值觀）、對學習的直接興趣（學習興趣）、對自身學習能力的認識（學習能力感）、對學習成績的歸因（成就歸因）四個方面，是學生學習動機的主要內容。

從動機來源劃分，可以將學習動機分為內部動機和外部動機。

內部動機是人們對學習本身的興趣所引起的動機，動機的滿足在活動之內，不在活動之外，它不需要外界的誘因、懲罰來使行動指向目標，因為行動本身就是一種動力。具有內部動機的學生能在學習活動中得到滿足，他們積極地參與學習過程，而且在教師評估之前能對自己的學業表現有所瞭解，他們具有好奇心，喜歡挑戰，在解決問題時具有獨立性。

外部動機是由外部誘因所引起的動機，指人們由外部誘因所引起的動機的滿足不在活動之內，而在活動之外，是對學習所帶來的結果感興趣。具有外部動機的學生一旦達到了目的，學習動機便會下降。另一方面，為了達到目標，他們往往採取避免失敗的做法，或是選擇沒有挑戰性的任務。

二、學習動機理論

（一）自我效能感

自我效能感是指人對自己能否成功地進行某一成就行為的主觀判斷，是個體對自己是否有能力完成某一行為所進行的推測與判斷。這一概念是班杜拉於 20 世紀 80 年代提出的。

班杜拉認為，人的行為受行為的結果因素與先行因素的影響。行為的結果因素就是通常所說的強化，但他關於強化與傳統的行為主義對強化的看法不同。他認為，在學習中沒有強化也能獲得有關的訊息，形成新的行為。而

強化能激發和維持行為的動機以控制和調節人的行為。他提出，行為出現的概率是強化的函數這種觀點是不確切的，行為的出現不是由於隨後的強化，而是由於人認識了行為與強化之間的依賴關係後對下一步強化的期望。他的「期望」概念也不同於傳統的「期望」概念。傳統的期望概念指的只是結果的期望，而他認為除了結果期望外，還有一種效能期望。結果期望指的是人對自己某種行為會導致某一結果的推測。如果人預測到某一特定行為將會導致特定的結果，那麼這一行為就可能被啟動和被選擇。例如，兒童感到上課注意聽講就會獲得他所希望取得的好成績，他就有可能認真聽課。效能期望指的則是人對自己能否進行某種行為的實施能力的推測或判斷，即人對自己行為能力的推測。它意味著人是否確信自己能夠成功地帶來某一結果的行為。當人確信自己有能力進行某一活動，他就會產生高度的「自我效能感」，並會去進行那一活動。例如，學生不僅知道注意聽課可以帶來理想的成績，而且還感到自己有能力聽懂教師所講的內容時，才會認真聽課。人們在獲得了相應的知識、技能後，自我效能感就成了行為的決定因素。

　　班杜拉認為自我效能感會增強或減弱個體的動機。高自我效能感的個體會選擇更具挑戰性的任務，為自己設置較高的目標，並堅持達到它。一般效能感能夠部分預測個體動機的類型和水準。有研究表明，國中生的自我效能感不僅影響近期的學習目標，還影響長期的學習目標，這說明自我效能感是作為動機而起作用的（班杜拉，1977）。研究表明自我效能與各種認知期望、動機因素、學生學業成就是相關的，對學生學業任務的完成與學業成就有直接影響（池麗萍，2006）。這些研究支持了班杜拉自我效能理論的基本觀點，自我效能信念會透過影響學生學習的努力程度、堅持性和克服困難的毅力，從而影響學業任務的完成和學業成就。

（二）需要層次理論

　　馬斯洛的需要層次理論認為，所有的行為都是有意義的，都有其特殊的目標，這種目標來源於我們的需要。不同的人有不同的需要，而且這些需要會隨著時間等因素的變化而變化，這就是為什麼兩個不同的人在相同的情境下會產生不同的行為，同一個人在不同的時間裡產生不同行為的原因。在大

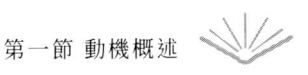

學生的學習過程中，如果更低層次需要如生存需要、安全感、歸屬感滿足不到位，就會影響他們投入學業上的精力。

馬斯洛認為，人的需要主要由生理需要、安全需要、社交需要、尊重需要和自我實現需要五種不同層次的需要構成。

生理需要。生理需要是人們最原始、最基本的需要，如吃飯、穿衣、喝水、性需要等等。若不滿足，則有生命危險。顯然，這種生理需要具有自我和種族保護的意義，以飢渴為主，是人類個體為了生存而必不可少的需要。

安全需要。安全需要要求勞動安全、職業安全、生活穩定、希望免於災難、希望未來有保障等，安全需要比生理需要高一級，當生理需要得到滿足以後就要保障這種需要。每一個在現實中生活的人，都會產生安全感的慾望和自由的慾望。

社交需要。也叫歸屬與愛的需要，涉及社交欲與歸屬感，是指個人渴望得到家庭、團體、朋友、同事的關懷愛護理解，是對友情、信任、溫暖、愛情的需要。社交的需要與個人性格、經歷、生活區域、民族、生活習慣、宗教信仰等都有關係，這種需要是難以察悟，無法度量的。

尊重需要。尊重需要可分為自尊、他尊和權力慾三類，包括自我尊重、自我評價以及尊重別人。基於這種需要，人們願意把工作做得更好，希望受到別人重視，藉以自我炫耀，指望有成長的機會、有出頭的可能。顯然，尊重的需要很少能夠得到完全的滿足，但基本上的滿足就可產生推動力。這種需要一旦成為推動力，就將會令人具有持久的幹勁。

自我實現需要。自我實現需要是最高層次的需要。滿足這種需要就要求完成與自己能力相稱的工作，最充分地發揮自己的潛在能力，成為所期望的人物。這是一種創造的需要。有自我實現需要的人，似乎在竭盡所能，使自己趨於完美。自我實現意味著充分地、活躍地、忘我地、集中全力全神貫注地體驗生活。

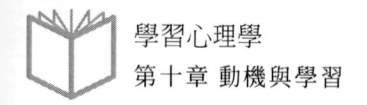

人都潛藏著這五種不同層次的需要，但在不同的時期表現出來的各種需要的迫切程度是不同的。人的最迫切的需要才是激勵人行動的主要原因和動力。人的需要是從外部得來的滿足逐漸向內在得到的滿足轉化。

在馬斯洛看來，人類價值體系存在兩類不同的需要：一類是沿生物譜系上升方向逐漸變弱的本能或衝動，稱為低級需要和生理需要；一類是隨生物進化而逐漸顯現的潛能或需要，稱為高級需要。在高層次的需要充分出現之前，低層次的需要必須得到適當的滿足。低層次的需要基本得到滿足以後，高層次的需要會取代它成為推動行為的主要原因。有的需要一經滿足，便不能成為激發人們行為的起因，於是被其他需要取而代之。

（三）成就動機理論

成就動機促使人努力以較高水準達到較高目標，並在這一過程中追求成功。其實質是一種追求成就的內在心理傾向。教師在給學生安排學習任務時，可以根據其學習表現，激發其達到卓越目標的心理需要，持續而穩定地增加任務難度，在實際操作中提高他們的學習能力和鍛鍊效果。

成就動機是個體在完成任務過程中，力求獲得成功的內部驅力或動因，即個體願意去做自己認為重要、有價值的事情，併力求達到完美的一種內部推動力量。麥克里蘭將成就動機解釋為在具有某種優勝標準的競爭中對成功的關注，將成就動機視為一種穩定的人格特質或內在的心理傾向。1963 年，阿特金森進一步深化，提出了成就動機模型，這是一種期望價值理論，認為動機水準依賴於人對目的的評價以及達到目的可能性的評估。之後韋納、班杜拉又分別提出了歸因理論、自我效能感。其中，韋納認為個體的成就動機水準取決於對行為解釋的結果，並用三個維度確定了四種解釋的原因；班杜拉則認為個體的成就動機變化是因為自我對是否能夠順利完成任務的主觀推測和判斷，實際上與韋納的歸因理論有密切聯繫。

進入 20 世紀 90 年代，在傳統成就目標理論的基礎上出現了多重目標理論，而且目標之間存在交互作用。1997 年，Harju 等人提出了三種不同的成功定位，分別是學習趨向、成績趨向和過失趨向。

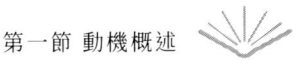

余安邦、楊國樞認為成就動機就是「與內在或外在優秀標準相競爭的衝動」，其差異主要表現在成就動機取向上，即社會取向成就動機與自我取向成就動機（余安邦、楊國樞，1988）。他們的研究認為，中國人的成就動機主要為一種社會取向成就動機，這種動機主要根植於傳統中國社會是以家庭為中心的集體主義與家庭主義，主要強調團體主義，個人的成就目標以家庭或家族的目標為準，提倡合作性的成就，反對競爭而致的成功。

（四）歸因理論

歸因理論強調人對自己行為結果原因所做的知覺評價，是個體行為的內部動因。韋納及其同事在1972年發展了海德的歸因理論。韋納認為，個體有尋求瞭解自身行為及其結果的動機，個體對行為後果的歸因是複雜多維度的，其歸因還將影響之後類似行為動機的強弱。

阿布拉姆森等依據習得性無助的研究對失敗的歸因做了補充，提出了第3個方面，即普遍—特殊方面。一個學生數學考試失敗了，如果屬於內部—穩定—普遍一欄，即對該學科的習得性無助擴散到其他學科，就可以預測他將來在各門課程考試上都不會好；如果屬於內部—穩定—特殊一欄，則只能預測他將來在數學考試上不會好。

凱利在1973年提出，可以使用3種不同的解釋說明行為的原因：

（1）歸因於從事該行為的行動者；

（2）歸因於行動者的對手；

（3）歸因於行為產生的環境。這3個原因都是可能的，問題在於要找出一個真正的原因。凱利認為，要找出真正的原因主要使用3種訊息：一致性、一貫性和特異性。一致性是指該行為是否與其他人的行為相一致，一貫性指行動者的行為是否一貫，特異性指行動者的行為在不同情況下對不同的人是否相同。凱利認為如果一致性低、一貫性高、特異性低，則應歸因於行動者；如果一致性高、一貫性高、特異性高，則應歸因於對手；如果一致性低、一貫性低、特異性高，則應歸因於環境。凱利強調了三種訊息的重要性，所以他的理論又稱為三度理論。這個理論是個理想化的模型，人們實際上往

往得不到這個模型所要求的全部訊息。在這種情況下,人們如何解釋行為呢？凱利提出了因果圖式的概念。人們在生活經驗中形成某種看法,即圖式,以此解釋特定的行為。如父親擁抱兒子這件事,可能有幾個原因,一個是父親是個熱情的人,另一個是兒子做了什麼好事。如果我們知道兒子沒做什麼好事,那麼我們會認為父親是個熱情的人;如果我們知道父親不是個熱情的人,那麼我們會認為兒子做了什麼好事。

瓊斯和K.E.戴維斯1965年提出的歸因理論稱為對應推論。該理論主張,當人們進行個人歸因時,就要從行為及其結果推導出行為的意圖和動機。推導出的行為意圖和動機與所觀察到的行為及其結果相對應,即對應推論。一個人關於行為和行為原因所擁有的訊息越多,他對該行為所做出的推論的對應性就越高。一個行為越是異乎尋常,則觀察者對其原因推論的對應性就越大。

影響對應推論的因素主要有3個:

(1) 非共同性結果:指所選行動方案有不同於其他行動方案的特點。

(2) 社會期望:一個人表現出符合社會期望的行動時,我們很難推斷他的真實態度。

(3) 選擇自由:如果從事行動是自由選擇的,便認為這個行為與某人的態度是對應的。如果不是自由選擇的,則難於做出對應推論。

上述這些歸因理論都是繼承海德的「樸素心理學家」的傳統,把人看作是理性的,在歸因上是進行因果分析。事實上人在歸因時並非總是按理性行事,D.卡尼曼和A.特威斯基特別指出了這一點。他們不把人看成是「樸素心理學家」,而看成是認知經濟學家,在歸因上注意節約能量,走近路達到結論。他們提出,在日常生活中人們往往利用兩種啟發法進行推理判斷:一是代表性啟發法,二是可得性啟發法。前者指人們在進行推理判斷時往往選擇有代表性的事例,後者是指根據事物在個人印象中的可得性來判斷其可能性,一般是無意識非理性的。對於行動者來說,情境是突出的,對於觀察者來說,行動者是突出的。突出的東西容易被記住,從而容易回憶起來。這個

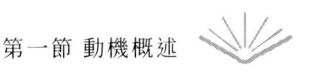

例子也說明突出性影響歸因，突出性使觀察者傾向於個人歸因，而行動者傾向於情境歸因。

20世紀80年代起，歸因被認為是學習動機系統的一個重要方面。很多研究者普遍認為，將失敗歸因於缺乏努力，這樣有利於提高學生的學習動機；不良歸因是將成功歸因於運氣，這樣會導致學習動機水準下降（韋納，1985）。

（五）親和動機理論

親和動機指個體在社會情境中，對其他人所存有的與之親近的內在需要。需要別人關心，需要友誼，需要愛情，需要別人的認可支持與合作等，均可視為親和動機。

1. 學生與群體關係

一個人通常把自己看作是一個家庭、一個集體、一個組織以及其他群體的成員。這種群體成員的資格感或力求隸屬於某一群體的願望可以增強活動的積極性。

2. 師生關係

教育應促進所有學生的成長，不應將學困生排斥在外。引導他們走上努力學習正道，師生關係親和動機是影響學習的一種因素，可以從以下三個方面來討論這一問題：第一，學生與教師建立了親和性的關係；第二，被視為可愛的、聰明的、有發展前途的，所有這一切將會使他感到滿足；第三，有意識地使自己的行為符合教師的標準和期望，以便從教師那裡得到更多的讚許和愛護。

3. 同伴關係學生的同伴關係也會影響學習。一個學生看到同伴認真學習他也會受到感染。當然，學習也是選擇同伴的一個因素。與努力學習的學生結為同伴會促進他們的學習，而與不努力學習的學生結為同伴會使他們的學習更加糟糕。

從學生與群體的關係、師生關係、學生的同伴關係三個方面可以看出親和動機作為影響學習的一個重要因素是每個教育工作者應該重視的。但親和動機畢竟只是一種外部學習動機，它不是因對學習過程本身感興趣而學習。而內部動機對學習的促進作用是更為持久有效的，且內部動機會使學習活動變得有趣，使學習者透過探索而激發智慧潛能。所以教育者應善於將作為學習動機的親和轉化為內部動機，使學生首先因學習活動有趣而專注於學習過程本身。

複習鞏固

1. 簡述動機的含義。

2. 簡述學習動機的含義。

第二節 動機與學習

一、學習中動機缺失的表現與原因

學習動機是影響個體的學習最具能動性的因素之一，它不僅影響學習的發生，而且還影響到學習的進程和學習的結果。從調查結果看，造成學困生缺乏學習動機的原因有：學習目的不明確、不恰當的學習方法和習慣、缺乏理想的學習環境、學生學習缺乏信心。

目前，受社會家庭教育條件的制約及學生自身的影響，學生的學習動機表現出缺乏動機、強度不足、傾向偏差等問題。

（一）缺乏動機

部分學生缺乏學習動機中的期待因素源於自身的需要。需要是動機產生的基礎，當人產生需要而未得到滿足時，會產生一種緊張不安的心理狀態，在遇到能夠滿足需要的目標時，這種緊張的心理狀態就會轉化為動機，推動人們去從事某種活動，去實現目標，目標得以實現就獲得生理或心理的滿足，緊張的心理狀態就會消除。隨著整個社會的發展，部分學生的家庭條件比較優越，家長也非常寵愛他們，家長為他們做好了各種準備，竭盡所能使他們

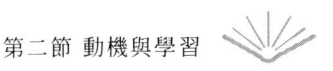

生活得更舒適，他們能想出來的各種需求家長都一一滿足，在這種環境下成長起來的學生，他們自身並沒有感受到學習知識和技能的需要，缺乏追求的目標，從而缺乏學習動機。

（二）強度不足

學生的外在學習動機強於內在學習動機。內部學習動機是學生因對活動本身感興趣而產生的動機；外部學習動機是由學習活動以外的外部的誘因激發出來的學習動機，如為了得到表揚或避免受到懲罰等。內在動機是持久的，當一個人從學習中獲得積極的情緒體驗時，他的內在動機得到進一步加強，內在動機的加強又促使他更加努力地學習，就這樣相互作用，持續不斷。當一個人缺乏學習動機時，外部的誘因可能激發出學習動機。高中階段，在家長和老師的共同作用下，德西效應很容易產生，不少學生把指考取得好成績，考上好大學而獲得家長的獎勵和老師的表揚作為學習的外加報酬，完全失去了尋找學習內感報酬的意識。

（三）傾向偏差

學生的近景性學習動機強於他們的遠景性學習動機。近景性學習動機是指由活動的直接結果所引起的對活動的動機，如學習是為了應付考試、為了找好工作等，這種動機很具體，效果比較明顯，但不夠穩定。遠景性學習動機與學習活動本身沒有直接聯繫，而與學習的社會意義或個人未來的長遠目標相聯繫，如以個人未來的出路為學習志向，這類學習動機與學習者對學習意義的認識有關。有無遠大志向與他們的人生觀和世界觀的性質有極為密切的關係，是一種比較深刻的、穩定的、持久的學習動機，不易為情境中的偶然因素所動搖。透過大學學習，大學生應該學會學習，學會做事，學會與人相處。

二、學習中如何提升動機

（一）創設問題情境，實施啟發式教學

啟發式教學與傳統的「填鴨式」教學相比，具有極大的優越性。而要想實施啟發式教學，關鍵在於創設問題情境。所謂問題情境，指的是具有一定

難度,需要學生努力克服,而又是力所能及的學習情境。當問題的難度係數為 50%時,學生的學習動機最強。因此,在學習過程中,如果僅僅讓學生簡單地重複已經學過的東西,或者是去學習力不能及的東西,學生都不會感興趣。只有在學習那些「半生不熟」、「似懂非懂」、「似會非會」的東西時,學生才感興趣並迫切希望掌握它。因此,能否成為問題情境,主要看學習任務與學生已有知識經驗的適合度如何。如果完全適合(太易)或完全不適合(太難),均不能構成問題情境;只有在既適應又不適應(中等難度)的情況下,才能構成問題情境。那麼,教師應怎樣去創設難度適宜的問題情境呢?首先要求教師熟悉教材,掌握教材的結構,瞭解新舊知識之間的內在聯繫;此外要求教師充分瞭解學生已有的認知結構狀態,使新的學習內容與學生已有發展水準構成一個適當的跨度。

　　創設問題情境的方式可以多種多樣,它既可以用教師設問的方式提出,也可以用作業的方式提出;它既可以從新舊教材的聯繫方面引進,也可以從學生的日常經驗引進。例如,在講解「蒸汽變水」時,教師問:「在寒冷的冬天,我們在室外說話,空氣裡會出現什麼東西?」學生答:「一團團的哈氣。」教師又問:「那麼,我們冬天在室內說話,為什麼沒有哈氣呢?」學生一般答不上來,從而構成了問題。這是從學生的日常經驗引進,以教師設問方式創設的一種問題情境。又如,在講授「乘法運算」時,可以先讓學生做一些加法題,如「2 個 5 是幾?」、「3 個 5 是幾?」、「10 個 5 是幾?」等,然後提出「100 個 5 是幾?」、「1000 個 5 是幾?」等。這時,學生可能試圖寫出 100 個或 1000 個「5」的連加算式。教師可引導學生發現,這樣列式會很長,並且算起來相當麻煩,有沒有簡便算法呢?學生一般找不到。教師就可以告訴學生:「簡便算法是有的,它叫乘法運算。從現在開始,就來學習這種簡便運算。」這是從新舊教材的聯係引進,以作業方式來創設的一種問題情境。

　　在教學過程中和教學結束時,也可以創設問題情境。例如,在實驗課上,教師先演示實驗或學生先按教師要求進行實驗操作,然後針對實驗中學生看到的現象,要學生說明現象變化的原因。

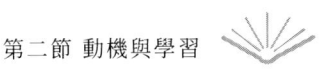

（二）根據作業難度，恰當控制動機水準

學習動機和學習效果之間有著相互制約的關係。在一般情況下，動機水準增加，學習效果也會提高。但是，動機水準也並不是越高越好，動機水準超過一定限度，學習效果反而更差。耶克斯（Yerks）—多德森（Dodson）定律發現，最佳的動機水準與作業難度密切相關：任務較容易時，最佳的動機水準應較高；任務難度中等，最佳動機水準也適中；而任務越困難，最佳的動機水準越低（簡稱倒「U」曲線）。

由此可知，教師在教學時，要根據學習任務的不同難度，恰當控制學生學習動機的啟動程度。在學習較容易、較簡單的課題時，應儘量使學生集中注意力，使學生儘量緊張一點；而在學習較複雜、較困難的課題時，則應儘量創造輕鬆自由的課堂氣氛，在學生遇到困難或出現問題時，要儘量心平氣和地慢慢引導，以免學生過度緊張和焦慮。

（三）充分利用反饋訊息，給予恰當的評定

心理學研究表明，來自學習結果的種種反饋訊息，對學習效果有明顯影響。這是因為，一方面學習者可以根據反饋訊息調整學習活動，改進學習策略；另一方面學習者為了取得更好的成績或避免再犯錯誤而增強了學習動機，從而保持了學習的主動性和積極性。例如，在布克（W.F.Book）和諾維爾（L.Norvell）的一項研究中，讓學生又快又準確地練習減法，每次練習30秒，共練習75次。在前50次練習中，讓甲組學生知道每次練習的結果，不斷鼓勵和督促他們繼續努力，並對所犯錯誤進行分析，而對乙組學生不進行反饋，結果甲組學生成績比乙組學生好。在後25次練習中，給予乙組充分的反饋訊息，而甲組學生不知道學習結果，結果乙組學生成績優於甲組學生。這一實驗說明，有關學習結果的反饋訊息，對學習動機具有激發作用，有利於提高學習成績。

所謂評定，是指教師在分數的基礎上進行的等級評價和評語。對於是否給予學生等級評價而促進學習動機，存在著分歧。但哈特（W.Harter）和佩奇（E.B.Page）對作文評價的實驗表明，等級評定有其弊端，但不一定完全廢除它，關鍵在於恰當地評定等級。合理的評定是必要的，透過評定等級可

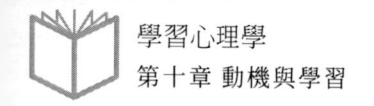

以表明學生進步的大小,即評定的分數或等級並非表明個體的能力而是其進步快慢的指標。讓學生明白等級評定的作用,並且教師在評定等級後再加上適當的評語,兩者相結合,就會有良好的結果。

(四) 妥善進行獎懲,維護內部學習動機

1. 獎勵和懲罰對學習的影響

在學生學習過程中,獎勵和懲罰對於學生動機的激發具有不同的作用。一般而言,表揚與獎勵比批評與指責能更有效地激發學生的學習動機,因為前者能使學生獲得成就感,增強自信心,而後者恰恰造成相反的作用。赫洛克(E.B.Hurlook)的研究表明,適當表揚的效果優於批評,所以在教學中要給予學生更多的表揚(獎勵)而非批評(懲罰)。

2. 有效地進行表揚和獎勵

雖然表揚和獎勵對學習具有促進作用,但使用過多或者使用不當,也會產生消極作用。有許多研究表明,如果濫用外部獎勵,不僅不能促進學習,而且可能破壞學生的內在動機。但班杜拉(1982)認為,如果任務能提高個體的自我效能或自我價值感,則外在獎勵不會影響內部動機。外部強化物究竟是提高還是降低內部動機,這取決於個體的感受與看法。摩根(Morgan,1984)認為個體如何看待獎勵非常重要,當個體把獎勵視為目標,而任務僅是達到目標的手段時,內部動機就會受損;而當獎勵被看作是提供有關成功或自我效能的訊息時,內部動機則會提高。

布洛菲(Brophy,1983,1986)認為有效的表揚應具備的關鍵特徵有:

①表揚應針對學生的良性行為;

②教師應明確學生的何種行為值得表揚,應強調導致表揚的那種行為;

③表揚應真誠,體現教師對學生成就的關心;

④表揚應針對學生投入適當的努力,且將來還有可能成功;

⑤學生喜歡這項任務,努力並受到表揚。

但事實上，有效地進行表揚也確實不是一件容易的事。在課堂中有大量的表揚沒有針對學生的正確行為，而經常給予了那些不值得表揚的行為，或者當學生有進步、值得表揚時，卻未能得到表揚。有時，在競爭情境中，某些學生似乎永遠得不到表揚，久而久之就會失去對學習的興趣。另外，表揚是否具有內在價值，即是否為學生所期望、所看重，這都影響著表揚的效用。因此，如何適時地、恰當地給予表揚應引起高度重視。教師應根據學生的具體情況進行獎勵，把獎勵看成某種隱含著成功的訊息，其本身並無價值，只是用它來吸引學生的注意力，促使學生由外部動機向內部動機轉化，對訊息任務本身產生興趣。

（五）合理設置課堂環境，妥善處理競爭和合作

學生的學習主要是在課堂中進行的，課堂中的合作與競爭環境無疑是影響學習動機的一個重要的外部因素。成就目標理論認為，個體在學習過程中，主要受到掌握目標、表現目標和社會目標的支配。個體具體選擇哪一種成就目標，取決於他所持有的內隱能力觀念和外在的課堂環境。

1. 課堂目標結構

關於課堂環境對學習動機影響，多伊奇（M.Deutsch，1949）認為，由於團體中對個人達到目標的獎勵方式不同，導致在達到目標的過程中，個體之間相互作用的方式也不同。研究表明，個體相互作用的方式主要有相互對抗、相互促進和相互獨立三種形式，與此相對應，也存在著三種現實的課堂目標結構：競爭型、合作型和個體化型。在競爭型目標結構（competitive goal structure）中，團體成員之間的目標具有對抗性，只有其他人達不到目標時，某一個體才有可能達到目標，取得成功；如果其他人成功了，則降低了某一個體成功的可能性。在合作型目標結構（cooperative goal structure）中，團體成員之間有著共同的目標，只有所有成員都達到目標時，某一個體才有可能達到目標，取得成功；如果團體中某一人達不到目標，則其他人也達不到目標。在這種情境中，個體會以一種既有利於自己成功也有利於同伴成功的方式活動，因此同伴之間的關係是促進、積極的。在個體化目標結構（individualistic goal structure）中，個體是否成功與團體中的

其他成員是否達到目標無關，個體注重的是自己對學習的完成情況和自身的進步幅度。在這種情境中，個體尋求對自己有益的結果，而並不在意其他個體是否取得成功，因此同伴之間的關係是相互獨立、互不干涉的。大量研究表明，三種課堂結構激發的是學生三種不同的動機系統。

2. 競爭型課堂結構激發以表現目標為中心的動機系統

競爭使學生的注意力指向他們自己能夠完成學習的能力，而不是指向「怎樣」完成目前的學習。所獲得的成績本身並無意義，只有同別人進行相互比較後才變得可以解釋，從中鑑別出自己能力的高低（Nicholls，1979）。競爭情境的最大特點是能力歸因，學生認為獲勝的機會與個人的能力直接相關。當一個人認識到自己有競爭能力時，就會積極活動，爭取成功。當認為自己無競爭能力時，自尊就會受到威脅，因而會逃避競爭情境。

競爭激發了學生用社會標準進行比較，而社會標準充分地提供了關於一個人的能力訊息。在這種情況下，唯獨最有能力、最自信的學生動機得到了激發，而能力較低的學生明顯感到將會在競爭中失敗，他們通常迴避這種情境。一般來說，他們所採取的迴避競爭和社會比較的方式是，選擇極為簡單或極為困難的學習任務，而迴避中等難度的學習任務。然而，在實際教學情境中，中等難度的學習（即具有挑戰性的學習）是最恰當的學習任務，可以使學生在已經掌握的知識基礎上提高更快。

埃姆斯（Ames，1983）的研究發現，競爭突出了個體對能力的感知。競爭獲勝者誇大他們的能力，認為自己比競爭對手更聰明，更優越；而競爭失敗者則認為自己天生無能。也就是說，能力的自我感知很容易隨著成功的出現而被誇大，隨著失敗的出現而被貶低。

3. 合作型課堂結構激發以社會目標為中心的動機系統

合作情境涉及為共同目標而工作，因此，在合作情境中常常出現幫助行為。幫助既是援助他人，也是承擔合作學習中的工作，幫助和合作是不可分的。研究發現，取得成功的合作小組成員，都認為同伴的幫助是取得成功的關鍵因素。合作情境的另一明顯特點是共同努力。學生之間存在著積極的相

互依賴關係，他們共同努力，共享成功的獎勵。在合作情境中，每個成員都盡全力為集體的成功而工作，積極承擔集體義務。

當要求兒童在合作性集體中學習時，即使兒童之間的成績具有顯著差異，兒童也認為他們的水準、能力是相近的。也就是說，這種關係會引起一種平等的自我評價，強調了「我們共同」的感受。尤其在能力的自我感知上，合作情境下學生注意力的中心放在個體特徵之外的集體成就上。

在進行自我評價時，集體目標或集體成就顯得十分重要，而不僅僅是自我的因素。在成功與失敗的集體結果下，即使是成就相近的個體，他們對自己的成就也會有不同的評價。

4. 個體化課堂結構激發以掌握目標為中心的動機系統

個體化結構很少注重外部標準，強調自我發展和自身進步。由於個體化結構強調的是完成學習活動本身，即個體對學習本身的興趣，而不注重他人是否完成任務，因此它強調只要自己努力就會完成任務，獲得自我的進步和水準的提高。在這種情況下，往往將成功歸因於自己的努力，產生很強的自豪感；失敗則會產生內疚感，但也不會認為自己無能，而是透過增加努力或尋找更好的學習方法來爭取下次的成功。

由於個體化情境強調對學習任務的掌握，注重自己與自己比較，不在意別人的學習如何，因此學生堅信，只要自己努力就會成功。他們對自己表現出自信，相信自己的能力會不斷提高。這種學生即使在遇到失敗時，也不會否定自己的能力和水準，不會降低自我評價，而是認為自己努力不夠或方法不對，堅持認為自己有能力獲得成功。

總之，三種課堂結構都能在不同的方面激發學生的學習動機。但是大量的研究表明（Slavin，1995），合作型目標結構能最大限度地調動學習的積極性，更有利於激勵學生的學習動機和改善同伴關係。不過，他認為，要使得合作學習有效，必須將小組獎勵與個人責任相結合。當合作小組達到規定目標時，必須給予小組獎勵。這樣，才能使小組成員感到有共同的奮鬥目標，從而激發學習動機，提高學習成績。同時，小組的所有成員必須都對小組的

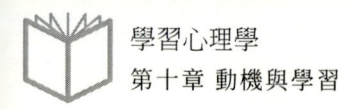

成功做出貢獻。當每一名小組成員對小組的成績都負有責任時，所有成員才會積極地參與到小組的活動中去，使所有成員都有取得進步的機會。否則，極有可能產生責任擴散和「搭便車」現象。

5. 正確認識並妥善組織競賽

雖然大量研究表明，競爭對學生的學習動機存在一定的消極影響，但完全取消競爭也是不現實的，關鍵是如何正確使用競爭手段。學習競賽以競賽中的名次或勝負為誘因，可以滿足學生的附屬和自我提高的需要，從而在一定程度上可以提高其學習積極性，影響其學習效果。當然，學習競賽對於不同水準的學習者的影響不同。對於成績中上的學生影響最大，因為這種人透過努力可以不斷提高名次。而對成績極優或極差者，學習競賽的影響甚微。因為優等生每次都取得好名次，從而認為自己無須努力也能成功，故激勵作用不大；而差等生從來沒取得過好名次，認為自己根本沒有成功的希望，故競賽對他們也沒有什麼作用。並且，學習競賽往往是對不合作的一種無形的鼓勵，不利於團結協作的集體主義精神的建立。

總之，學習競賽既有積極作用，也有消極影響，我們既不能簡單地全盤肯定，也不能簡單地全盤否定。如果在競賽中不注意思想教育，把競賽僅僅作為激勵學生個人自尊心與榮譽感的措施，勢必會產生消極影響；相反，如果能在競賽中結合思想教育，使競賽成為激勵學生集體榮譽感與責任感的手段，則是可取的。當然，要想發揮其積極作用，在競賽標準上應體現出鼓勵進步和團結互助，儘量多用集體或小組競賽，而少用個人競賽，並鼓勵學生開展「自我競賽」。

（六）適當進行歸因訓練，促使學生繼續努力

1. 歸因方式對學習動機的影響

研究表明，不同的歸因方式將導致個體不同的認知、情感與行為反應，具體表現在以下四個方面。

（1）對成功與失敗的情感反應。當學生成功時會感到高興，但只有將成功歸因於內部因素時，個體才會感到自豪與滿意；如果認為成功是源於他人

或外部力量，則學生的情感反應是感激而不是自豪。相反，如果將失敗歸因於內部因素，如不努力或無能，則會感到自責、內疚或羞愧；如果歸因於外部因素，則會感到生氣或憤怒。

（2）對成功與失敗的期望。學生將成敗歸因於穩定因素時，對未來的結果的期待是與目前的結果一致的，也就是說，成功者預期以後的成功，失敗者預期以後的失敗。例如，把失敗的原因看作是自己能力差，那麼個體就會擔心下一次還會失敗，因為能力是比較穩定的，很難在短時間內得到改變。相反，若將成敗歸因於不穩定的因素，則對以後成敗的預期影響較小。

（3）所投入的努力。如果學生認為失敗是由於不努力造成的，即如果自己努力學習，確實有能力取得成功，則他們在以後有可能更加努力，遇到困難也能堅持。若將失敗歸因於缺少能力，也就是說，即使努力也不能成功，則他們很容易放棄，儘管有些任務是他們以前成功地完成過的。研究表明，後一類學生很容易產生習得無助感（learned helplessness）。

（4）自我概念。隨著學生年齡的增長，他們越來越堅信能力是一個相對穩定的、不可控制的心理特性。如果不斷地成功，則他們的自我概念中就會包含著較高的自我效能，否則自我效能感就會較低。

2. 積極歸因訓練

既然不同的歸因方式會影響到個體今後的行為，也就可以透過改變個體的歸因方式來改變個體今後的行為。這對於學校教育工作是有實際意義的。在學生完成某一學習任務後，教師應指導學生進行成敗歸因。一方面，要引導學生找出成功或失敗的真正原因，即進行正確歸因；另一方面，更重要的是，教師也應根據每個學生過去一貫的成績的優劣差異，從有利於今後學習的角度進行積極歸因，哪怕這時的歸因並不真實。

積極歸因訓練對於差生轉變具有重要意義。由於差生往往把失敗歸因為能力不足，導致產生習得性無助感，造成學習積極性降低。因此，有必要透過一定的歸因訓練，使他們學會將失敗的原因歸結為努力，從失望的狀態中解脫出來。在對差生進行歸因訓練時，往往是使學生多次體驗學習的成功，

同時引導學生將成敗歸因於努力與否。如韋納歸因模式所述，努力這一內部因素是可以控制的，是可以有意增加或減少的。因此，只要相信努力會帶來成功，那麼人們就會在今後的學習過程中堅持不懈地努力，並極有可能導致最終的成功。

德韋克（1973）曾對一些數學成績差又缺乏自信的學生進行歸因訓練。在訓練中，讓他們解答一些數學題。當他們取得成功時，告訴他們這是努力的結果；而當他們失敗時，告訴他們這是因為努力還不夠。經過一段訓練後，學生不僅形成了努力歸因，而且增強了學習的信心，提高了學習成績。再如，香克（D.Schunk，1984）的研究表明，在歸因訓練過程中，一方面使學生感覺到自己的努力不夠，把失敗的原因歸結為努力因素；另一方面也應對學生努力的結果給予反饋，告訴他們努力獲得了相應的結果，使他們不斷感到自己的努力是有效的。這樣，他們才能真正從無助感中解脫出來，從而堅持努力去取得成就。

總之，激發學生學習動機的方式和手段多種多樣。只要教師們有效地利用上述手段來調動學生學習的積極性，學生就有可能學得積極主動，並學有成效。

（七）親和動機培養

明確親和動機的重要性，提高主動性，增強人際交往和抗挫折能力，讓人與人之間形成親近關係，交往範圍的擴大使人類逐步超越了血緣圈、地緣圈的界限，從而推動人類社會的進步。離開親和動機，人就會成為孤單的個體，無法更好地進行社會化。大學生親和動機的實現依然不同程度地存在障礙，要對大學生進行交往技術教育，利用課堂、講座、校報、廣播等多種途徑，向大學生介紹必要的交往知識；發揮班團組織和學生社團的作用，開展健康的交往活動，讓學生在實踐中增強親和能力；幫助學生樹立正確的挫折觀，明白在人才成長的道路上挫折是不可避免的，人為地避免挫折有弊無利；開設專業課程，進行普遍心理健康訓練，鼓勵他們進行心理諮詢，調適心理障礙，客觀地自我分析、自我監督、自我評價，改善心理素質，增強抗挫折能力。

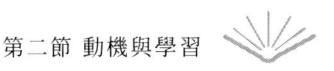

生活中的心理學

凱瑟琳在一所經濟狀況欠佳的小學執教二年級。她所教的很多學生閱讀能力低於年級水準。於是，凱瑟琳提出了一個閱讀激勵計劃以便促使學生進行更多閱讀。她在教室的牆上貼了一張很大的表格用以記錄學生的進步。每當學生讀完一本書，就告知凱瑟琳，然後凱瑟琳就在表格上學生的姓名後放一顆星星。只要一個月內讀完 5 本書，任何學生都可以從班上設立的獎品盒中抽取一份獎品。在任何指定的月分中，讀書最多的學生可以獲得一份大獎。當凱瑟琳把新的激勵計劃告訴學生的時候，他們都非常高興。

「太好了！」喬伊高興地說，「我將得到最多的星星！」

「不可能，」彼得反駁說，「塞米將得到最多的星星。她愛看書。她是我們班最好的閱讀者。」

計劃執行的第一個星期，學生的興致都很高。學生每天都給凱瑟琳講他們閱讀的情況。表格裡開始出現星星。一週結束時，除了塞米之外，每個學生的姓名後面都至少出現了一顆星星。該月的最後一個星期，很多學生都將閱讀選為自習時間的活動。學生都迫切地希望他們至少能得到一份獎品，許多學生瘋狂地讀書希望成為當月的「閱讀者之王」。一個月下來，凱瑟琳的 25 個學生中就有 23 人得到了 5 顆星星。唯一的例外是塞米和邁克爾，塞米只有一顆星星，邁克爾這個月得了水痘。喬伊的話應驗了，他得到的星星最多——15 顆。學生們非常激動地選擇自己的獎品。

接下來的一個月裡，學生們的讀書狂熱持續不減。塞米也加入了爭奪星星數量的行列，她一共得到 30 顆，成了班上當月的閱讀之王。喬伊得到了 25 顆星星而位居其次。班上每個學生得到的星星都在 5 顆之上，都有權利得到獎品。因為他們做了如此多的閱讀功課，凱瑟琳為學生舉辦了一次星期五下午的聚會，學生們一邊看動畫片，一邊吃爆米花。

類似的活動模式持續了大概幾個月的時間。星星在表格中的填充速度很快。凱瑟琳認為學生的閱讀量已經夠了，完全可以在每年的州級成就測驗中取得好成績。她為學生們的進步興奮不已。凱瑟琳決定在測驗後取消激勵計

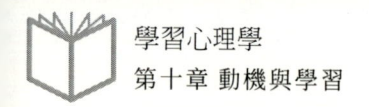

劃，並悄悄地瞭解學生們的閱讀情況。然而，取消激勵計劃之後，她發現自習時間閱讀的學生再次寥寥無幾。甚至塞米在完成了其他作業後也沒有閱讀，她現在開始畫畫了。

問題：

1. 本例中存在哪些問題和動機有關？

2. 請從內在動機和外部動機的角度分析本案例。

3. 請從目標取向的角度來分析本案例。

4. 你認為塞米為什麼從第一個月的一顆星星轉變為第二個月的 30 顆星星？她為什麼隨後在學校的自習時間裡不再閱讀了呢？

5. 這種激勵計劃有什麼問題？怎麼才能制訂一個不損害學生閱讀動機的激勵計劃？

複習鞏固

1. 學習中動機缺失的表現有哪些？

2. 有效表揚的關鍵特徵是什麼？

本章要點小結

1. 學習動機是發動維持個體的學習活動，並使之朝向一定目標的內部動力機制，是直接推動學生學習的內部動因。

2. 學習動機理論主要有強化理論、自我效能感理論、需要層次理論、成就動機理論、歸因理論和親和動機理論。

3. 動機缺失會嚴重影響學習效果，表現在缺乏動機、強度不足、傾向偏差。

4. 可從教學情境、作業難度、恰當反饋、妥善獎懲、課堂環境、歸因訓練和培養親和動機等方面著手加以激發動機。

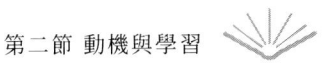

關鍵術語

動機 誘因 學習動機 自我效能感 成就動機 親和動機

選擇題

1. 激發、維持和指引個體學習活動的心理動因或內部動力稱為（ ）。

A. 學習需要 B. 學習期待 C. 學習動機 D. 學習態度

2. 把動機分為認知內驅力、自我提高內驅力和附屬內驅力的是（ ）。

A. 奧蘇貝爾 B. 桑代克 C. 布魯納 D. 史金納

3. 能夠激起有機體的定向行為，並能滿足某種需要的外部條件或刺激物稱為（ ）。

A. 需要 B. 動機 C. 強化 D. 誘因

4. 人們對自己能否成功地從事某一成就行為的主觀判斷稱為（ ）。

A. 自我期待感 B. 自我歸因感 C. 自我預期感 D. 自我效能感

5. 最早提出自我效能感概念的是（ ）。

A. 班杜拉 B. 奧蘇貝爾 C. 桑代克 D. 布魯納

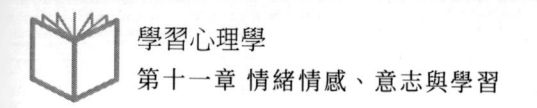

第十一章 情緒情感、意志與學習

第一節 情緒情感與健康情緒情感的培養

一、情緒情感概述

（一）情緒情感定義

常言道：「人非草木，孰能無情？」，這裡的情就是包括情感在內的各種情緒，例如喜悅、憤怒、悲哀、恐懼、苦惱、煩悶、讚歎等，它們時常影響到我們的生活和工作，人人都有切身的體驗。

1. 情緒情感定義

情緒（emotion）是一種複雜的心理現象，它包含情緒體驗、情緒行為、情緒喚醒和情緒刺激等複雜成分（黃希庭，2007）。除了情緒的概念外，在心理學上還經常使用「情感」概念。情感（feeling）就是情緒的感受方面，即情緒過程的主觀體驗（黃希庭，2007）。情緒這個概念既可以用於人類也可以用於動物，但情感這個概念通常只用於人類，特別是對人的高級社會性情感的描述。此外，心理學中也用感情這一術語。感情（affection）通常是用來表示情緒、情感這一類心理現象的籠統稱謂。它既包含與生理需要相聯繫的低級情緒，也包含與社會需要相聯繫的高級情緒情感。這個概念在日常用語中很常見。在心理學中，精神分析學派在談到情緒時常用「感情」這個詞，而情緒則被看成是無意識的表現。

2. 情緒體驗的維度

情緒體驗的維度包括強度、緊張度、快感度和複雜度四個維度。

強度指的是情緒體驗有由弱到強的不同等級的變化。如「喜」的情緒體驗，從最弱的適意，逐漸增強到愉快、歡樂，強度再強就是大喜、狂喜；再比如「怒」的情緒體驗，從輕微的不滿、生氣，到稍強的慍怒、激憤，再到

更強的大怒、暴怒，強度是在不斷地提高。對情緒體驗的強度更多受到對象意義的影響，意義越大，則引起的情緒越強。

緊張度是指緊張的情緒體驗通常與活動的緊要關頭、最有決定性意義的時刻相聯繫。活動或事件的成敗對個體的意義越重大，關鍵時刻到來時情緒就越緊張，而關鍵時刻過後更能體驗到輕鬆或緊張的解除。

快感度是指情緒體驗在快樂或不快樂程度上的差異，它與是否得到滿足有關，得到滿足就會體驗到快樂，不能得到滿足或與需要牴觸的體驗就是不快樂，但有些情緒體驗如憐憫、驚奇既不是明顯的快樂也不是明顯的不快樂。同時，情緒的強度會影響到快感度，比如「渴望」一般有快樂的體驗，但是過於強烈且持久的「渴望」通常會是不快樂的體驗。

複雜度是指各種情緒的複雜程度不一樣，即使對立的兩種情緒體驗，其複雜程度也不是對等的。比如「愛」的體驗有柔情和快樂的成分，而「恨」的成分則包括憤怒、懼怕、厭惡等成分。

(二) 情緒情感的外部表現——表情

情緒情感在有機體身上的外顯行為稱為情緒表現，也稱為表情（emotional expression），包括面部表情、言語表情和身段表情。表情有通訊的作用，特別是面部表情是人際交往的重要工具。

研究表明，表情具有先天遺傳模式，兒童未經教育便表現出的哭泣、歡樂、發笑等表情都是與生俱來的。人類的多數面部表情也存在著共同性，與個人成長的文化無關，類似圖 11-1 展示的常見表情，相信對於絕大多數人來說，基本都能比較準確地識別，明確其比較接近的情緒狀態。

當然了，人的基本情緒表現也具有一定的社會制約性，受到自己所處文化環境的制約和影響，情緒越複雜受文化影響越明顯。在日益複雜的社會環境中，個體表情的表現也與其所處的環境有關聯，有時候往往需要掩蓋一些真正的情緒表現，誇大或修飾自己的表情，或故意表現出與自己真實情緒表現不一致的表情，這是心理學上的「表露規則」。

第一節 情緒情感與健康情緒情感的培養

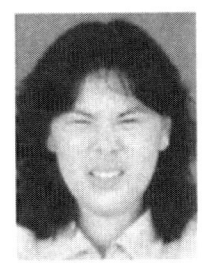

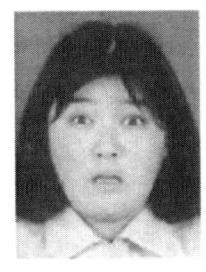

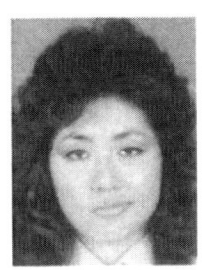

圖11-1 常見表情圖
第一行從左至右依次為：高興、驚奇、生氣、厭惡；第二行從左至右依次為：恐懼、悲傷、輕蔑
(引自[美]理查德・格里格、菲力普・津巴多著；王壘、王甦等譯《心理學與生活》，人民郵電出版社，2003)

二、情緒情感的區別

情緒和情感是兩種既有區別又有聯繫的主觀體驗。情緒與情感有著緊密的聯繫：情緒是情感的表現形式；情感是情緒的本質內容。

情緒與情感也有區別，主要表現在以下兩個方面。

（1）情緒帶有極大的情境性，情感則帶有很大的穩定性。由於情緒與相應的情境有著密切的關係，使得情緒的表現帶有很大的情境性，通常在相應的情境消失之後或離開相應的情境後這種情緒就會很快消失。比如憤怒、懼怕、狂熱之類的情緒，會因為外部環境的消失很快就會消失，通常不會很長時間保持這種情緒，如果長時間保持這樣的情緒狀態，可能導致精神性異常的出現。而情感由於是對某一類事物較長時期以來形成的是否滿足或符合自己的意願的內在主觀體驗，因而具有較強的穩定性，相對不容易發生改變，比如說對某人或某事物的愛的情感，通常持續很長的時間都不會發生改變。

(2) 情緒比較低級、簡單，不僅人具有，動物也常發生；情感則是高級的複雜的內心體驗，是人所特有的心理現象，是個體在社會化過程中發生的，具有社會性。情緒反應是一種比較簡單、低級的心理活動方式，人和動物都具備，比如人接近動物時，或對動物有可能存在一定威脅時，動物都會做出一種本能的反抗行為，同時伴隨有強烈的情緒反應，像咆哮、警覺、對立甚至進攻等外在表現方式實際上就是其強烈情緒的一種表現方式。而動物通常不具備有情感的心理活動。因為情感是一種高級複雜的內心體驗，一種獨特的心理活動，通常是動物所不能做到的，只有具備高級神經活動性能的人才能夠實施和擁有。

三、情緒情感對心理活動的影響

情緒情感對個體的心理活動有重要影響，主要表現在以下四方面（孟昭蘭，2005）。

1. 情緒是適應生存的心理工具

情緒是進化的產物，當特定的行為模式、生理喚醒及相應的感受狀態三成分出現後，就具備了情緒的適應性，其作用在於發動機體中能量使機體處於適宜的活動狀態；將相應的感受透過行為（表情）表現出來，以達到共鳴或求得援助。所以，情緒自產生之日起便成為適應生存的心理工具。人類繼承和發展了動物情緒這一高級適應手段，人類個體發育幾乎重複了動物種系發生的過程。人類嬰兒在出生時，由於腦的發育尚未成熟，不具有獨立行動和覓食等維持生存的基本能力，他們靠情緒訊息的傳遞而得到成人的哺育。成人也正是透過對嬰兒的情緒反應體察他們的需要，並及時調整他們的生活條件的。

情緒的適應功能本質上是服務於改善和完善人的生存和生活條件的。無論是兒童或成人，透過快樂表示情況良好，透過痛苦表示急需改善的不良處境，透過悲傷和憂鬱表示無奈和無助，透過憤怒表示行將進行反抗的主動傾向。同時，人生活在高度人文化的社會裡，情緒的適應功能的形式也有了很大的變化。例如，人們用微笑來向對方表示友好，透過移情和同情來維護人

際聯結，掩蓋粗魯的憤怒行為等，這時情緒發揮促進社會親和力的作用。但是，在個人之間和社會上挑起事端也會產生較強的情緒對立，有著極大的破壞作用。總之，各種情緒的發生，時刻都提醒著個人和社會，需要去瞭解自身或他人的處境和狀態，以求得良好適應。社會有責任去洞察人們的情緒狀態，從總體上做出規劃去適應人類本身和社會的發展。

2. 情緒是激發心理活動和行為的動機

情緒構成了一個基本的動機系統（motivational system），它能夠驅使有機體產生反應，從事活動，為人類的各種活動提供動機。情緒所表現出來的動機作用體現在人們的生理活動和心理活動中。

情緒對生理活動的作用表現在能夠放大內驅力的信號，從而更強有力地激發相應的生理行動（S.Tomkins，1973）。例如，人在缺水或缺氧的情況下，血液成分發生變化，產生補充水分或氧氣的生理需要。但是這種生理驅力本身並沒有足夠的力量去驅策行動，而這時產生的恐慌感和急迫感發揮放大和增強內驅力信號的作用，並與之合併而成為驅使人行動的強大動機。此外，情緒不但能根據主客觀的需要及時地發生反應，而且可以脫離內驅力而獨立地起動機作用。例如，無論在任何時候和何種情況下發生，恐懼均能使人退縮，憤怒會引發攻擊，厭惡一定引起躲避等。

情緒的動機作用體現在對認識活動的驅使，主要是透過興趣明顯地表現出來。興趣和好奇心促使人去認識事物，興趣作為認識活動的動機，導致注意的選擇與集中，支配感知的方向和思維加工，從而支持著對新異事物的探索。

3. 情緒是心理活動的組織者

情緒作為獨立的心理過程對其他心理活動具有組織的作用（A.Sroufe，1976，1979），一般說來，正性情緒起協調的、組織的作用；負性情緒起破壞、瓦解或阻斷的作用。

有研究證明，情緒能影響認知操作的效果，其影響效應取決於情緒的性質及強度。中等喚醒水準的愉快和興趣情緒為認知活動提供最佳的情緒背景。

愉快強度與操作效果曲線呈倒「U」形，過低或過度的愉快喚醒均不利於認知操作。這些研究結果符合關於不同喚醒水準的情緒對認知操作的不同效應的耶克斯—多德森規律（A.Welford，1974）。而對負性情緒來說，痛苦、恐懼的強度與操作效果呈直線相關，情緒強度越大，操作效果越差。與痛苦、恐懼不同的是，由於憤怒情緒具有自信度較強的性質和指向於外的傾向，中等強度的憤怒一旦爆發出來，有可能組織個體傾向於面對的任務，導致較好的操作效果（孟昭蘭，1984，1987）。這些研究結果則補充了耶克斯—多德森曲線。上述結果表明，情緒執行著監測認知活動的功能，不同性質和不同強度的情緒發揮不同程度的組織或瓦解認知活動的作用。

情緒的組織功能也體現在對記憶的影響方面。鮑維爾的研究表明，當人處在良好的情緒狀態時，更容易回憶那些帶有愉快情緒色彩的材料；如果識記材料在某種情緒狀態下被記憶，那麼在同樣的情緒狀態下，這些材料更容易被回憶出來（G.Bower，1981），表明情緒具有一種干預記憶效果的作用，使記憶的內容根據情緒性質進行歸類。

情緒的組織功能還表現在影響人的行為上，人的行為常被當時的情緒所支配，如人處在積極、樂觀的情緒狀態時，傾向於注意事物美好的一面，態度和善、樂於助人並勇於承擔；而消極情緒狀態則使人產生悲觀意識，失去希望與渴求，也更易產生攻擊性。

4. 情緒是人際溝通的重要手段

情緒和語言一樣，具有服務於人際溝通（interpersonal communication）的功能。情緒透過獨特的無詞溝通手段，即由面部肌肉運動模式、聲調和身體姿態變化所構成的表情來實現訊息傳遞和人際間互相瞭解，其中面部表情是最重要的情緒訊息媒介。情緒訊息的傳遞是對語言交際的重要補充，而且，在許多情景中，表情能使言語交流所造成的不確定性和模稜兩可的情況明確起來，成為人的態度、感受的最好註解；而在另一些場合，人的思想或願望不宜言傳，也能夠透過表情來傳遞訊息。在電影業發展早期，無聲電影正是透過演員的各種表情動作來向觀眾傳遞訊息的。

情緒的功能向我們揭示，情緒既服務於人類基本的生存適應需要，又服務於人類社會群體生活的需要。人們每時每刻發生的情緒過程，都是自然環境和社會環境對人發生影響相結合的反應。情緒捲入人的整個心理過程和實際生活，成為人們活動的驅動力和組織者。

四、情緒情感的類型

（一）情緒的類型

1. 基本情緒

從中國古代的思想家和古希臘時期的思想家，再到當代的心理學家，都承認基本情緒的存在。基本情緒，也稱為初級情緒，是人類和動物共有的、與生俱來的，通常具有特定的生理模式和相應的表情。目前，大多數心理學家都認同四種基本情緒：快樂、憤怒、悲傷和恐懼。

快樂是期盼的目的達到、緊張解除後隨之而來的情緒體驗。快樂的程度取決於願望滿足的意外程度。一般來說，願望較低，目的無足輕重，快樂的體驗程度會比較低；而目標高遠，且意外達到目標，更容易體驗到極大的快樂。快樂情緒通常會對個體產生積極的影響。快樂的人認為世界更安全，做決定更容易，合作精神更高，更容易表現出親社會行為，人際關係更加和諧。

憤怒類似於日常生活中的生氣或發脾氣。它是由於願望或目的不能達到或者頑固地、一再地受到妨礙而逐漸累積形成的。如果是由於不合理的原因或者他人的蓄意、不公正、可以避免的行為引起時，更容易產生憤怒。憤怒情緒有一定的積極作用，可以激發能量以備自我防衛，可以向對方表達負向感受，引起別人注意而調整不平衡關係。但是若長期處於憤怒情緒下，容易使意識狹窄，理性分析問題的能力降低，自我控制能力減弱，使得個體對自己的行為控制力減弱，容易導致攻擊或暴力行為。同時長時間的憤怒情緒也容易導致身心疾病，不利於身心健康。

悲傷是失去所期盼的、所追求的東西或有價值的東西而引起的以不愉快、心情低落為主要表現的負性情緒。依據失去東西的價值的多寡，悲傷的程度從低到高可以分為遺憾、失望、痛苦、難過、悲哀、哀傷等。悲傷通常會伴

隨著哭泣、失眠、難過、憂鬱、焦慮、食慾減退等身心反應。悲傷對人有消極作用，它是一種減力情緒，嚴重的悲傷可能會轉化為憂鬱或憂愁，使人失去動力，陷入無助，個人幸福感降低，也會使個人的認知能力下降，同時帶來身心功能失調。但悲傷也具有積極意義，個體因悲傷而獲得社會同情和支持，也會激發個體面對問題而勇於改變。

恐懼是企圖擺脫、逃避某種可怕情境而產生的強烈的、不愉快的、害怕的情緒體驗。恐懼通常是由於缺乏處理或擺脫可怕情境的力量和能力而導致的，通常伴有強烈的生理喚醒，具有很強的感染性。恐懼是一種警報系統，可以使身體為逃離和避免危險做好準備，但恐怖程度過強或時間過長容易使人產生迴避動機，降低主觀滿意度，也會出現身體不適、倦怠和枯竭等身心症狀，出現焦慮症和恐懼症，從而影響個體的社會適應和生存。

2. 情緒狀態的表現形式

情緒狀態是個體在情緒過程中顯現出來的身體變化及自覺或不自覺的意識狀態，具有持續性、外顯性、情境性和個體性等特點。情緒狀態的主要表現形式有心境、激情和應激。

心境是一種微弱、平靜而持久的帶有渲染性的情緒狀態，往往在一段長時間內影響人的言行和情緒。心境有別於其他情緒狀態之處在於它不具有特定的對象，是一種帶有渲染性的情緒狀態。生活中的重大事件、工作成敗、生活條件、健康狀況、人際關係的協調與否等等，會對心境產生不同程度的影響。個體的心境與生物節律關係密切，有研究表明，大學生的心境變化與其作息時間有關（黃希庭，鄭湧，2005）。心境有積極和消極之分。積極心境催人振奮，樂觀向上，朝氣蓬勃，即使面臨困境仍然積極向上，不向困難低頭而終獲成功。消極的心境容易導致個體頹廢悲觀，缺乏積極性，感覺生活枯燥；此外，憤怒的心境容易形成遷怒於人的不良情緒，懼怕的心境又易導致疑神疑鬼，缺乏信任感，對工作任務的完成和生活質量的提高不利。

激情（intense emotion）是一種短暫、迅速爆發式的情緒狀態。激情通常是由強烈的慾望和明顯的刺激引起的，如對立意向的衝突、危險情境的突然出現、失戀、遭受侮辱等都容易引起激情，會出現難以克制的強烈的憤

怒感、絕望感、喜悅感或悲痛感，通常還伴隨有機體的劇烈變化和明顯的表情動作。處於激情狀態下的個體通常自我捲入程度很深，心身失去平衡，不能自我控制，不能預見行為的後果，也不能評價自己的行為及其意義。

應激（stress）是出乎於意料之外的緊張狀況所引起的情緒狀態，是一種複雜的心理和生理反應，通常會將個體的各種資源加以調動來應對緊張狀況。在應激狀態下，生理的強烈變化可能會帶來焦慮、煩躁、恐懼、情緒波動、激動、發脾氣、自責、自卑、自罪、害羞等諸多負性情緒體驗，也會隨之產生注意力不集中、思維中斷或混亂、記憶減退、決策力下降等諸多心理問題，不利於身心健康，故個體一般不宜較長時間處於應激狀態。

（二）情感的類型

情感是人所特有的心理現象之一，是同人的社會需要相聯繫的主觀體驗。人類的高級情感主要有道德感、理智感和美感。

道德感是指人的思想意識和行為舉止是否符合社會道德規範而產生的內心體驗，它通常與人的道德觀念和對各種社會行為所做出的道德評價相關聯。道德感有政治道德感、對他人行為及其人際關係的道德感和個人行為的道德感三種。道德感在不同的社會歷史時期、不同的社會政治制度、不同的階級中的標準是存在差異的。

理智感是人的認識需要得到滿足而產生的內心體驗，通常與人的求知慾、認識興趣、解決問題的需要相聯繫。理智感是在個體的認識過程中發展起來的，也會推動人的認識的進一步深入。具有理智感的人，通常會對新的發現產生愉快和喜悅之情，對矛盾之事流露出疑惑與驚訝，對猶豫不決產生疑慮。

美感是人在欣賞自然景物和文學藝術作品時所體驗到的崇高、優美的情感。美感也受社會生活環境的影響，不同社會歷史發展階段、不同社會制度、不同風俗習慣和社會階層因審美標準的差異，產生的美感也是有區別的。

五、情緒調節

所謂情緒調節是對情緒內在過程和外部行為所採取的監控、調節,以適應外界情境和人際關係需要的動力過程(孟昭蘭,2005),其過程本質上也是一個學習的過程。情緒是行為的調節者,也是調節的對象。情緒調節既是人類早期社會發展的重要方面,也是個體適應社會生活的關鍵,更是個體心理健康的必要保證。

(一) 情緒與生活壓力

現代人生活在壓力的陰影下已經為人們所公認,在心理上的表現就是更多地處於緊張和焦慮的情緒狀態。現代醫學研究證明,情緒活動既是心理活動,同時又是生理活動。情緒變化過程中機體的呼吸、心跳、血壓、血糖以及內分泌也會產生相應的變化,而不良的生理變化會影響到人的心理健康。在現代生活中,導致不良情緒產生而致不良生理變化的主要原因來源於生活壓力。只要合理減輕生活壓力導致的情緒問題就可以更好地促進身心健康。

生活中壓力的來源主要有重大應激事件和低強度的持續的應激事件兩大類。重大應激事件是指個體日常生活秩序上發生的重大改變,像影響個人命運的指考、突然的車禍、地震、親人病故等都屬重大應激事件,容易引起過度的恐懼、焦慮、憂愁或悲傷的應激狀態,體驗到較嚴重的負面情緒,若超出自我調節的範疇,可能對身體帶來極大威脅,甚至可能危及生命安全。低強度持續的應激事件是指由日常學習、生活、工作中的煩瑣小事引起的壓力強度較低或不明顯,但又經常出現而無法避免的事件,也稱之為慢性壓力。雖然每次低強度持續的應激事件不會帶來嚴重後果,但多次累積導致的不良結果同樣不可小視,長期的負面情緒也會影響個體身心健康。

(二) 情緒調節

為促進個體心理健康,合理的情緒調節的策略主要有以下幾個方面。

1. 樹立正確的人生觀,確立遠大的志向

青少年時期是個體人生觀、世界觀和價值觀發展的重要時期,很多卓有成就的社會精英在回憶自己的成長經歷時都表示青年時期對其人生發展的重

大影響，他們在這一時期逐步樹立了正確的人生觀，確立了遠大的志向，鍛鍊了良好的意志力，在成功的道路上一步一個腳印，客觀、正確地面對生活中的各種挫折，培養良好、健康的情緒情感，也對其成才造成了輔助作用。

2. 組織、參加各種活動，豐富人生閱歷

情感深刻性的提高，與個人的知識水準和社會經驗密切相關，必須在實踐活動中逐步累積、提高。只有在接觸和瞭解了更多的社會生活和學習情境及其在相應情境下個體的正確情緒情感表現方式後，再透過一定的條件進行訓練和提高，使個體的應對經驗更加豐富，生活體驗更加完備，才有可能形成健康的情緒情感，促進個體的健康發展。

3. 發展正確需要

情緒是由客觀事物與我們需要的關係決定的。馬斯洛的需要層次說認為我們有不同層次的需要：即生理→安全→社會歸屬→自尊→認識→美感→自我實現等需要，該理論對促進個體健康情緒情感有重要價值。在複雜的社會生活中，青少年心理會出現各種矛盾，他們的需要日益增長，但他們對需要的合理性的認識水準卻不高；需要雖有合理成分，但也有不合理成分。於是，主觀需要與客觀現實之間經常處於錯綜複雜的矛盾之中，不斷增長的個體需要，有時能得到滿足，有時則被否定。這是青少年發生複雜的、搖擺不定的強烈情緒的社會原因。我們可以適當地根據學生的實際情況，幫助學生確立正確的各種需要，並提供一定的條件幫助其滿足相應的合理需要，使之獲得良好的情緒情感，增進自信心，提升成就動機。

4. 掌握控制和調節情緒的方法和技術

要形成良好的情感品質，要做兩個方面的工作。一是培養積極的情感品質，二是有效調控消極的情緒情感。下列相關方法和技術需要讀者掌握，以便在生活和學習工作中使自己處於良好的情緒情感狀態。

（1）情感昇華

情感昇華也就是自我轉化，採取迂迴的辦法，把情感和精力轉移到其他活動中去。處於青春期的青少年，很容易對自己鍾情的異性產生朦朧的愛意，

很多時候卻得不到對方的回應或認可，得到的也很可能是拒絕，這很容易使他們陷入情緒煩悶的境況。此時可以採用自我轉化的方法，將自己的精力和時間全身心地投入學習或工作中，既可以轉移此時的不良情緒，又可以透過對學習或專業技術的鑽研獲得自身的成功，從而使對方可能改變對你的一些看法，獲得你所期待的某些結果。即使沒有得到你所期待的特定結果，但自身的強大和發展會給你更多的發展空間和潛力，而成就自己的事業或學業，為美好生活打下堅實的基礎，正所謂「失之桑榆，收之東隅」。

（2）更好的自我控制

良好的自我控制能力，對於一些不良情緒情感有較好的抑制作用。透過培養自制力，可以消除不良情緒的影響。

（3）善於自我安慰

個體在遭遇到挫折和不幸的時候，不應侷限於已經形成的不良後果，否則會使自己陷入痛苦的泥淖中不能自拔。要學會自我安慰，應該想到：事情原本可能更糟呢，那現在的結果比預計的壞結果要好很多，我們還有什麼理由陷入更不好的境地呢？恰當的自我安慰策略和方法，可以使個體從不良的結果導致的不良情緒情感中解脫出來。但不可濫用自我安慰，否則凡是不順就自我安慰，容易導致個體降低自我要求，使個體奮鬥中追求的目標和層次降低，不利於個體成才。

（4）請人疏導

常言道「當局者迷」，處在情緒情感不佳的時候，自己總是很難從這種狀態中脫離出來，對情緒可能帶來的不良後果意識不到，此時最好的辦法是找人疏導。個體應該有意識地找心理諮詢師或者信得過的良師益友，把自己的苦惱和煩悶告訴他們，請他們給予及時的疏導，緩解或減輕不良情緒帶來的痛苦。

（5）暫時避開

離開使你傷心的地方或情境，從而使誘發你不良情緒情感的外在環境發生改變，會促使你的情緒也相應地發生改變。生活中，電影裡，某些人受到

了生活的創傷，於是離開受傷的環境，到風光優美的外地去旅遊觀光，很快會將不良情緒消除掉，迎來好的情緒，給自己的生活或工作學習帶來新的起色。

（6）巧用宣洩

當你悲痛欲絕時，可以放聲大笑一場，或向至親好友傾訴，抑或可以向一個陌生人宣洩，都可以調整好自己的情緒。《EQ情商》中的一個故事，提供了一種獨特的情感宣洩的方法：一天深夜，一個陌生女人打電話來說：「我恨透了我的丈夫。」「你打錯電話了。」我告訴她。她好像沒聽見，滔滔不絕地說下去：「我一天到晚照顧五個小孩，他還以為我在享福。有時候我想出去散散心，他都不肯，自己天天晚上出去，說是有應酬，誰會相信！」「對不起。」我打斷她的話，「我不認識你。」「你當然不認識我。」她說，「這些話我會對親友講而弄得滿城風雨嗎？現在我說了出來，舒服多了，謝謝你。」她掛了電話。

（7）運用多種幽默技術

幽默技術有助於個體面對一些煩惱、痛苦事情的時候保持一種良好的心態。聽聽幽默詼諧的笑話，可以在詼諧的環境中忘記煩惱，身心愉快；看看幽默小說、故事，可以借助對其中人物和事件的戲劇性變化來排遣愁悶；也可以自己主動幽默一下，將一些尷尬痛苦或者不愉快的前兆消除。幽默大師蕭伯納在街上散步時，一輛自行車衝來，雙方躲閃不開，都跌倒了。蕭伯納笑著對騎車的人說：「先生，您比我更不幸。要是您再加點勁，那就可作為撞死蕭伯納的好漢而永遠名垂史冊啦！」兩人握手道別，沒有絲毫難堪，自然避免了形勢的惡化而導致的情緒痛苦或不愉快。

（8）廣交朋友

朋友是你痛苦或不開心時候的開心良藥。相同或相似的興趣、愛好和長期的良好關係本身就是增進友誼、促進開心的良好途徑，尤其是心胸開闊、性格開朗的朋友更能夠理解朋友的喜怒哀樂，知道如何有效地調節朋友的情

緒情感變化，化朋友的不愉快、消極情緒情感於無形之中。廣交朋友（尤其是良友），是個體提升良好情緒情感、促進生活質量的有效方式。

（9）熱愛學習和工作

學習和工作使人忘卻煩惱，給人帶來歡樂。一個人最快活的時光往往是在他最努力學習和認真、艱苦工作的時候。在追求工作成就中，在探討事實的真相過程中，在解決困難的操作中，個體投入了大量的精力和精神，既體會了成功的喜悅，又避開了不良情緒情感的困惑，實為一舉兩得。這是一種有效的自我轉化技術。

（10）掌握好放鬆技術

當個體面臨情緒焦慮和緊張狀態時，可以使用放鬆技術進行調整，主要的放鬆技術包括音樂放鬆、意念放鬆和呼吸放鬆等。

複習鞏固

1. 簡述情緒體驗的維度。

2. 簡述情緒情感對個體的心理活動的影響。

3. 人的四種基本情緒是什麼？

4. 人類的高級情感主要有哪些？

第二節 意志和良好意志品質的培養

一、意志的含義

現實生活中，個體的心理活動都打上了意志活動的烙印。寒冬來臨時，遠在幾里外上學的山村學生為了能夠準時趕到學校上課，早晨五點鐘就從溫暖的被窩中起來，投身到凜冽的寒風。學生冒著凜冽寒風上學的過程與意志有關，那麼，什麼是意志呢？意志（will）是個體為了一定的目標，自覺地組織自己的行為，並與克服困難相聯繫的心理過程。個體必須克服種類各異

和程度不同的困難才能達到自己預定的目的，因此，隨著克服困難的不同而表現出來的意志活動就出現了不同。

意志活動是有目標的行動。動物對於外界的活動有一定目的，會產生一定影響，但這些影響是偶然的、無意中發生的。而人「對自然界的作用就帶有經過思考的、有計劃的、向著一定的和事先知道的目標前進的特徵」（恩格斯）。意志是意識的能動作用，只有人才有意志活動。但並非所有自覺的有目標的行動都有內心意志努力的性質。例如，平時我們隨便的走路行為，這是有意識行動，但不一定有內心意志努力成分。然而，當受傷的警察流著鮮血，一步一步地艱難行走去抓罪犯的時候，平時非常簡單不需意志努力的走路行為，在這個時候就需要克服巨大的困難，需要做出巨大的意志努力。所以，意志活動總是與克服困難相聯繫的。

二、意志的心理結構

意志的心理結構比較複雜，我們主要關注以下幾種主要的心理成分（黃希庭，2007）。

（一）目標

目標（purpose）是個人確立並指導其行為的內部心理表徵。個人的目標是指那些引導個人的行為目的或目標的心理表徵，它具有指引和定向的作用。個人訂出計劃來實現目標，並以目標的心理表徵來檢驗行為，瞭解到自己是否要繼續維持某種行為、是否正在接近目標。例如，某人到商場購物，她需要關注購買哪些物品以備家庭需要（臨時發現的具有較大使用價值的物品除外），因此到了商場後她會關注相應物品的情況，進行對比和選擇。她預先的計劃安排可以使其行為合理地指向未來的目標。行為不是由未來引導的，而是由對未來的某種心理表徵來指引的。如果心裡沒有追求的某種表徵，人就不可能有目的性的行為。在現實生活中，人們並不是隨時都能意識到自己的目標，有時候我們能說出為什麼要這樣做，但又經常可能無法準確地解釋自己的行為或雖能給出一些為社會所接受的理由，但其並非行為的真實原

因。這說明理由和動因是有區別的；前者是指人們給出的解釋，而後者則是行為實際的決定因素。

目標就是個人憑藉有關功能來維持頭腦裡的某種心理表徵並調整自己的行為以符合它。目標具有以下特點。

1. 多樣性

目標的多樣性體現在可以從多個角度去進行認識。人們所追求的目標可以是複雜的，也可以是簡單的；可以是十分重要的，也可以是較不重要的；可以是近期重要的（如做好某頓飯菜），也可以是長遠重要的（例如立志成為優秀的科學家）。還可以把目標分為正向接近目標和負向迴避目標，即一個目標既可以是我們努力尋求獲得的東西也可以是我們力圖迴避的事物。此外，每個人都還有高度獨特的目標和目標結構。幾乎任何事情都可能成為某人的目標，要麼是想獲得的要麼是想迴避的。對一個人是很重要的目標，而對另一個人可能只是次要的目標。兩個或多個目標在一個人身上可能是協調整合的，但在另一個人身上卻可能相互衝突。

2. 組織性

個人所追求的目標實際上是一個大的系統。個人追求的目標系統是可以按高層次目標和多重下屬目標形成等級系統排列的。例如，一個人追求高層次的目標是做一個生活幸福的人，其較高的下屬目標可能是美滿家庭和事業有成，再次的下屬目標就是有較高和穩定的經濟收入，還可以繼續往下進行劃分。目標的系統結構是可以改變的，例如較重要的目標也可能變為較不重要的下屬目標。目標系統結構一旦做出改變，意志努力的方向也會做相應的調整。目標系統結構也可能是不協調、相衝突的。個人的目標出現衝突通常會感到痛苦，往往會因矛盾衝突帶來個體情緒情感上的較大變化。

3. 動力性

遠離或趨近目標方向的行動可能會給個體帶來消極或積極的情緒體驗。在追求目標的過程中，個體透過對心理表徵的持續關注、自我強化一步步地達成子目標而產生的自豪感或羞恥感，促使意志行動持續進行下去。為了保

持長期的努力，我們必須在頭腦中建立目標系統（例如劃分為近期、中期和長期目標），並在內心激勵自己向著目標不斷努力。當我們達成了目標並感到滿意時，或者當我們評價進一步努力已毫無意義時，就會終止對該目標的追求，無論遇到上述的哪一種情況，另一個目標就會取代先前的目標追求行動。因此，建立合適的近期、中期和遠期目標就顯得非常重要。在現實中，人們更願意追求價值高、實現可能性大的目標，而不去追求價值低、實現可能性小的目標，協調好價值的高低和實現可能性大小之間的關係對於是否實現目標有重要作用。

在理解目標的動力作用時，應當注意以下三點。

第一，個體的意志行動是非常複雜的，個體可以包含對多個目標的追求。例如我們的學習行動是由多重原因決定的，包含著多個目標。

第二，同一目標可以透過不同的行動計劃實現，而一種行動也可以表現為對不同目標的追求，實現一個目標不會只有一種途徑或計劃。現實中，某些人談戀愛容易形成在一棵樹上吊死的結局，這就是看不到實現目標的途徑是多方面的。戀愛的目的是過上幸福的生活，要過上幸福的生活並非只有你所希望的夢中情人才能實現，其他的人同樣可以實現這個目的，或許達到的目的使你更滿意。

第三，不同性質的目標，其動力作用是不同的。一般來說，特定的、有挑戰性的、現實的和近期的目標比模糊的、無挑戰性的、不現實的和長遠的目標更有助於自我激發（Bandura，1989）。因此，要使目標更具動力作用，個人應該設定特定目標，使其具有挑戰性。研究還表明，要提高活動的成效，目標和反饋訊息都是很重要的因素（Bandura，1989），反饋訊息中如果有更多趨近於成功的訊息會有助於總體目標的實現。因此在確立目標的時候能將目標分解為較小的可以實現的目標，則總目標實現的可能性會更高。

目標系統的功能與主觀幸福感及健康有關，即具有明確具體且可實現目標的人，比沒有目標、目標模糊、目標難以實現、目標相互衝突的人，有更好的健康狀況和較高的主觀幸福感。

（二）抱負水準

抱負水準（level of aspiration）是指個人在做某件實際工作之前估計自己所能達到的成就水準，它與一個人目標的確定和選擇密切相關。成就高於抱負水準時就會導致成功感；反之，則導致失敗的主觀體驗。因此，抱負水準制約著對行動目標的追求。

個人的抱負水準是後天社會環境下逐步形成的，影響個人抱負水準的因素有：

1. 自信心

自信心強的人通常抱負水準也較高，他們在確定工作和生活目標時常常會把任務目標的實際性和挑戰性結合起來考慮，通常會建立立足於實際，並能夠透過一定努力就可以達到的較為合理的抱負水準。

2. 個體成敗經驗

個體成功的經驗一般能導致抱負水準的提高，因此成功的經驗愈多、愈強烈，以後的抱負水準就會越高；相反，失敗的經驗一般則導致抱負水準的降低，失敗得愈厲害，以後的抱負水準就會降得愈低，並且變化也很大。當然，也有意志力堅定的個體，越是遭受失敗越是會激發其奮鬥的意志力，最終獲得成功。

3. 團體成敗經驗

團體的成敗經驗一般會間接地影響個人的抱負水準。隸屬於某個團體的個人，由於缺乏經驗，往往以他人或團體的成敗經驗為「定位點」來確定自己的抱負水準。有研究表明，在確定抱負水準的過程中，自己缺乏直接的成敗經驗時才傾向於以他人或團體的經驗為定位點（Chapman Volkman，1939）。

（三）衝突與矛盾心理

意志行動中常常伴隨著衝突與矛盾心理。在採取決定和執行決定的兩個階段都可能產生衝突和矛盾心理。所謂衝突（conflict）是指存在於兩

個或多個追求目標之間的鬥爭,需要從中做出一個選擇;所謂矛盾心理(ambivalence)是指在對一個目標追求的過程中所產生的混雜感情。也就是說,衝突與兩個或多個目標有關,而矛盾心理與一個目標有關。

衝突與矛盾心理的表現形式複雜多樣,主要有以下四類。

1. 雙趨衝突(approach-approach conflict)

即通常所說的魚和熊掌不可兼得的關係。一個人同時想追求兩個目標,但由於條件限制卻只能選擇其一,像這種被迫放棄自己所愛的目標之一的衝突,稱為雙趨衝突。雙趨衝突的解決辦法是衡量兩種目標的輕重以及完成目標的難易程度,選擇一個而放棄另一個。

2. 雙避衝突(avoidance-avoidance conflict)

個體同時遇到兩個有威脅性而都想躲避的目標,而他又必須接受其一才能避免其二,像這種從兩個厭惡或要躲避的目標中必須擇其一的困擾心理狀態,稱為雙避衝突。例如,家庭中一個比較疏於做家務的丈夫,做家務是其痛苦的事情(不想做),又害怕不做家務會招致妻子的強烈不滿而產生嘮叨和責備,這時他就面臨雙避衝突。在他看來,要麼不做家務而受到夫人的嘮叨和責罵,要麼忍受做家務的痛苦而避免夫人的嘮叨和責罵,這兩者對他都是一種威脅,他必須選擇其一。

3. 趨避矛盾(approach-avoidance ambivalence)

個人在追求一個目標時同時產生兩種不同的情感:一方面具有好的情感而趨之,另一方面具有厭惡的情感而想躲避之。這種對一個目標的追求過程中兼具好惡的情感,稱為趨避矛盾。例如,一些名牌大學的畢業生就業時,一方面希望透過自主創業獲得自身經濟和社會價值的實現,但又非常擔心自己的名牌大學畢業生身分在自主創業過程中會被他人誤解為學業不好找不到工作或可能創業失敗,就會產生趨避矛盾心理。

4. 多重趨避矛盾（multiple approach-avoidance ambivalence）

當一個人面對兩個或兩個以上的目標，且每一個目標又分別具有趨避兩方面的不同好惡情感，則稱為多重趨避矛盾。例如，一位男士想投資，卻又擔心投資失敗血本無歸；他想參加俱樂部健身，又怕太累；想參加一些社會公益活動，又擔心耽誤時間太多，影響家庭生活，這些情況就會產生多重趨避矛盾心理。有研究（EmmonsKing，1988）表明，衝突和矛盾心理與高焦慮、憂鬱症、負面情感及身心疾病有關；衝突與矛盾心理所導致的生理症狀甚至會持續一年之久。

（四）自信心

自信心（self-confidence）也叫自信，是個人信任自己，對自己所知的和所能的有信心，對自己所做出的判斷和所做的事情不懷疑。自信心是意志的一個重要心理結構。自信心不僅會影響到意志決定階段對目標的選擇和行動計劃的制訂，更會影響到執行決定階段對取得成績的判斷和後續的努力程度。高自信心者，會不滿足於已有較低成績，會有更強烈的後繼努力而傾向於取得更高水準的業績，而低自信心者則可能降低要求難度，缺乏後繼的努力（黃希庭，2007）。

一般來說，有四種因素會影響個人的自信心：第一，已有的成功經驗或已取得的績效是影響自信心的最有力的因素。第二，他人的成功經驗或榜樣可以有效提升自信心。第三，真誠、有效的社會說服和支持促進個體自信心。第四，生理和心理喚醒。

三、意志品質

構成意志力的穩定因素稱為意志品質（volitional characteristic），主要包括堅定的目的性、獨立性、堅定性、果斷性和自制力等（黃希庭，2007）。

（一）堅定的目的性

意志的目的性（steady purposiveness）是指是否對行動目的有明確的認識，尤其是認識到行動的社會意義，主動進行目的調節和支配行動方面的意志品質。意志的目的性是意志的首要品質，貫穿於意志行動的始終。目的性強的人，通常不在瑣事上耗費精力，能明確社會的要求和利益，確切知道為什麼而奮鬥，向什麼方向前進，把社會要求和個人的目標和諧地融合在一起，在行動中能主動積極地完成符合國家和人民需要的任務，並能自覺調整個人利益、集體利益與國家利益三者之間的關係，不為物質利誘而動心。在爭取實現個人目標的同時也在爭取達成社會目標。目的堅定的人，也能夠廣泛地聽取別人的意見並進行取捨，吸收有益的成分，獨立自主地確立合乎實際的目標，自覺地克服困難，執行決定，對行動過程及結果進行自覺反思和評價。

與目的性相反的意志品質是缺乏目的性與獨斷性。缺乏目的性的人，不知道自己要做什麼，整天磨磨蹭蹭，拖拖沓沓，精力不集中，無所事事。獨斷性的人則盲目自信，一意孤行，固執己見，拒絕他人的合理意見和勸告。獨斷性是缺乏對事物自覺、正確的認識，分不清是非曲直，而去遵循盲目的傾向，容易導致意志行為的失敗。

（二）獨立性

意志的獨立性（independency）表現為一個人自己有能力做出重要的決定並執行這些決定，有責任並願意對自己的行為所產生的結果負責，且深信這樣的行為是切實可行的。獨立性不同於武斷。武斷表現為置他人的意見於不顧，不考慮具體情境而一意孤行。獨立性則是與理智地分析和吸取他人的合理意見相聯繫的。獨立性的人對於自己的決定和執行這些決定是經過理智思考的：決定的實行，從社會的角度來看，是可以實行的；從道德的角度來看，也是正確的。

與獨立性相反的意志品質是受暗示性。受暗示性強的人通常表現為盲從、行動缺乏主見，自信心低，很容易受他人的影響。易受暗示性的人行為動機不是從自己已形成的觀點和信念產生的，而是受他人影響的結果。

（三）堅定性

意志的堅定性（steadfastness）是指在意志行動中能否堅持決定，百折不撓地克服困難和障礙，最終完成既定目的的意志品質，這是最能體現人的意志的一種品質。堅定性強的人有頑強的毅力，充滿必勝的信念，善於總結經驗教訓，既不為無效的願望所驅使，也不被預想的方法所束縛。能根據目的要求，在長時間內毫不鬆懈地保持身心的緊張狀態，在任何情況下，都堅持不變，直至達到目的。不怕困難，不怕挫折，在遇到困難時，它能激勵自己樹立起克服困難的信心，始終如一地完成意志行動。所謂「鍥而不捨，金石可鏤」，是意志堅定性的表現。凡有成就的人，都有極強的意志堅定性。正如貝弗里奇所說的，幾乎所有有成就的科學家，都有一種百折不回的精神。春秋時期的越王勾踐，國破之後為打敗吳王夫差，堅持多年臥薪嘗膽，克服了重重困難，最終復國報仇，傳為歷史佳話，其堅定的意志力是其成功的保證。可見，意志的堅定性品質是事業成功的重要條件。

與堅定性相反的意志品質是頑固執拗（剛愎自用）和見異思遷。頑固執拗（剛愎自用）的人對自己的行動不做理性評價，執迷不悟，總是獨行其是，不能客觀地認識形勢，儘管事實證明他的行為是錯的，但仍一成不變，自以為是，或者是明知不可為而為之。見異思遷者則是行為缺乏堅定性，不會朝著固定的有一定難度的目標前進，經受不起挫折，一旦受到挫折就容易發生動搖，或者隨意更改目標和行動方向，這山望著那山高，最終也只能庸庸碌碌，終生無為。頑固執拗（剛愎自用）和見異思遷表面上有不同的表現形式，實質上都是對待困難的錯誤態度，屬於消極的意志品質。

（四）果斷性

意志的果斷性（determination）是指一個人是否善於明辨是非，迅速而合理地做出決定和執行決定方面的意志品質。果斷不同於輕率，它是以充分的根據、經過周密思考為前提的。果斷性強的人，當需要立即行動時，能迅速地做出決斷對策，使意志行動順利進行；果斷的人對自己的行為目的、方法以及可能的後果，都有深刻的認識和清醒的估計，而當情況發生新的變

化，需要改變行動時，能夠隨機應變，毫不猶豫地做出新的決定，及時行動，毫不動搖，毫不退縮，以便更加有效地執行決定，完成意志行動。

與果斷性相反的意志品質是優柔寡斷和草率決定。優柔寡斷的人容易陷入無休止的動機衝突中，遇事猶豫不決，患得患失，顧慮重重；在認識上分不清輕重緩急，思想鬥爭時間過長，即使執行決定也是三心二意，決定後又反悔，甚至開始行動之後，還懷疑自己決定的正確性。草率決定的人則相反，通常在沒有辨明是非之前，不負責任地做出決斷，憑一時衝動，憑一方面的訊息條件，不考慮主、客觀條件和行動的後果就草率做出決定，往往導致對事物或活動認識不全面，做出的決定片面、不符合客觀實際，使得相應的活動失敗或解決不徹底不完善。優柔寡斷和草率決定都是意志薄弱的表現。

（五）自制力

意志自制性（self-control）是指能否善於控制和支配自己行動方面的意志品質。如善於控制自己的行為和情緒反應的能力等，在執行行為時遇到特別大的困難，能控制自己不利於該執行行為出現的相應行為和情緒情感表現，從而加強或促進相應執行行為的正常實施。意志自制性的表現形式通常也稱之為自制力。自制力強的人，在意志行動中，通常不容易受無關誘因的干擾，能有效排除外界誘因的干擾，能很好地控制自己的情緒，堅持完成意志行動。同時能制止自身不利於達到目的的行動，為了崇高的目的，不僅能夠忍受各種痛苦和災難，而且在必要時還能視死如歸。比如烈士在敵人陣地前埋伏，被敵人的燃燒彈火焰燒著，仍嚴守紀律，克制著自己一動不動，最後壯烈犧牲，使部隊完成了潛伏任務，就是具有高度意志自制性的典範。

與自制力強相反的意志品質是任性和怯懦。任性的人更多以自我為中心，易衝動，意氣用事，自我約束能力較差，不能有效地調節自己的言論和行動，行為更多地由情緒所控制，更不容易控制自己的情緒。怯懦的人膽小怕事，缺乏自制力，不能有效調整自己的行為，特別是在遇到困難或情況突變時驚慌失措，畏縮不前，不能有效實施意志行為。

必須指出，對意志品質的評價必須結合其具體內容進行，離開了意志品質的具體內容的評價是空洞而缺乏說服力的。同時，意志品質的評價也需要更多地從社會和道德的角度來加以評價。

四、意志過程

意志過程（willed process）是指意志行動的發生、發展和完成的歷程。這一過程大致可以分為兩個階段：採取決定階段和執行決定階段。前者是意志行動的開始階段，它決定著意志行動的方向，是意志行動的動因；後者是意志行動的完成階段，它將內心追求的目標、計劃付諸實施，以達成該目標（黃希庭，2007）。

（一）採取決定階段

採取決定階段通常包含選擇目標、設定標準、制訂計劃、心理衝突和矛盾、做出決策等許多環節。目標是個體透過行動而期望最終要達到的結果。在行動中，個人所追求的目標具有多樣化和多重性的特點。目標有時是明確的，有時則是模糊的；而有些目標有時是眼前亟須完成的，有時又是較長遠的規劃等等。有時行動追求的目標只有一個，別無選擇，這時確定目標不會產生內心衝突；有時則有多個可供選擇的目標，在選擇目標時會因此產生較為複雜的心理衝突，需要做出意志努力。目標確定之後，需要對達到目標的行動方式和方法做出選擇，並據此擬訂出切實可行的行動計劃。對於行動的方式、方法的選擇，也有各種不同情況。有時只要一提出目標、行動的方式，方法便可以確定，這無須意志的努力。在通常的情況下，達到目標的方式、方法也要進行選擇，需要比較各種方式、方法的優缺點、可行性及可能導致的諸多結果，這時也可能產生內心猶豫不決：時而想採取這種方式、方法，時而想採取另一種方式、方法，難以下決心擬訂出行動計劃。因而在確定行動計劃做出決策時也會產生矛盾心理，也需要做出意志努力。

（二）執行決定階段

做出決定之後，便過渡到執行決定階段，進入實際行動環節，執行決定是意志行動的最重要環節。因為無論在做出決定階段如何的有決心，有信心，

只要這些決心、信心沒有見之於行動，這些決心和信心依然是空頭支票，意志行動便不能完成。

從做出決定到執行決定之間的時間會根據具體情況的不同而有所不同。有的執行決定階段是在決定階段後立即實行，比如軍事行動的決定做出後要立刻執行以便實現相應的軍事目的，這就需要行動的目標和實現行動的方式、方法比較明確具體，完成行動的主客觀條件基本具備，而行動又要求不失時機地去完成。而有的決定是比較長期的任務或是未來行動的綱領、方向，這就不需要立即付諸行動。比如我們計劃今年完成一項研究課題，目標、計劃都已經明確了，決心也下了，但可以不立刻行動，因為條件還不完全具備，只是一種打算，需要一步一步地實施。

在執行決定的過程中，已經確立起來的決心和信心並不是一成不變，也可能會發生動搖，其主要表現情況如下：

（1）執行決定時遇到很大的困難，需要付出很大的努力，而與個體已形成的消極的人格特徵（如懶惰、驕傲、保守、壞習慣等）或興趣愛好發生矛盾，從而使決心和信心發生動搖。

（2）面對多種期望的目標，在做出決定時雖然選擇了一種目標，其他目標僅受到暫時的壓抑，但仍然很有吸引力。在執行決定的過程中，受到其他外界因素的影響，先前暫時受到壓抑的期望又可能重新抬頭，產生了新的心理衝突，可能使原有的決心和信心發生改變。

（3）在執行決定的過程中，個體可能會因為在處理各種新問題的過程中產生新期望、新意圖和新方法，並同預定的目標發生矛盾，令人躊躇，從而使原有的決心和信心發生改變，干擾行動的進程。

（4）由於在採取決定階段可能比較倉促，沒有充分考慮到完成意志行為需要的各種主客觀條件，沒有預見到事物的發展變化，就有可能在執行決定時遇到新情況，出現新問題，而個體又缺乏應付新情況、解決新問題的知識和技能，也可能使個體猶豫不決。這些矛盾都會妨礙意志行動貫徹到底。只有解決了這些矛盾才能將意志行動貫徹到底，達到預定的目標。

當意志行動達到了預定目標後，又會增強克服困難的毅力，提高克服困難的勇氣。優良的意志品質，正是在克服困難的實際鬥爭中鍛鍊和培養起來的。

五、良好意志品質的培養策略

良好的意志品質不是天生的，而是在後天的教育和實踐中逐步形成和發展起來的，是有意識培養的結果。實施素質教育是當前教育的主旋律，培養學生的意志品質已經成為教育的有機組成部分，特別是面對現在的獨生子女學生，他們在家都有一個或兩個甚至更多的家長和親戚寵著愛著，能夠得到非常良好的物質條件，不容易、不願意吃苦，在意志品質方面較弱，長期這樣下去將不利於個體的成才和發展。著力培養學生的意志品質應該是學校和家庭教育的一個重要環節，培養中學生的意志品質主要透過以下途徑和方法。

（一）強化目的性教育

自覺的目的是意志行動的指南和行為的最高調節器，加強目的性教育是培養良好意志品質的基本條件。目的性教育包括形成目標觀念和以目的調節行動兩個方面。形成目標觀念，指在學生心理上形成牢固的目標意識，即每次行動必須有一個明確而正確的目標，形成包括近期目標和長期目標的目標體系，避免盲目行動的發生。長遠目標作為人的理想，是人的精神支柱，對行為具有持久的動力作用。僅有長遠目標是不夠的，因為不能轉化為具體行動，所以，還必須培養學生確立切實可行的近期目標，因為近期目標是行為的直接推動力量，把近期目標的直接動力與長遠目標的持久動力結合起來，才能培養學生良好的意志品質。近期目標的切實可行性，也可以促進個體建立良好的目標體系，否則個體只能是空有遠大理想而無實現理想的有效途徑，一事無成。另一方面，必須引導學生以目的調節自己的行動，發揮目標對行為的定向、調節、控制作用。因此，教師和家長不僅要求孩子在教育、教學和日常生活活動中有明確的目的性，而且要善於培養學生自覺確立明確的目的並把目的迅速轉化為行動的能力，形成自覺、堅定的意志品質。

（二）積極利用課堂教學手段培養學生的意志品質

課堂教學是培養中學生意志品質的一條重要途徑。結合各學科教學的特點，教師積極採用多種教學方法和手段可以有效促進學生意志品質的提高。比如說，可以採用遊戲教學法培養學生的意志品質。所謂遊戲教學法就是指以遊戲的方式組織學生進行練習，學生在條件變化的情況下掌握和運用相關的知識、技術、技能，培養機智、靈敏和獨立創造能力；同時也培養集體主義精神、自覺遵守紀律和勇敢、果斷的意志品質。

（三）組織各種實踐活動

堅強是意志品質的重要特徵，也是意志品質培養的重點和難點。堅強意志品質的培養，主要透過實踐活動，特別是在克服各種困難的實踐活動中，透過有意識的鍛鍊才能逐漸形成。教師可以結合教育、教學工作需要，經常組織相應的實踐活動，如主題班會、演講比賽、體育競賽、勞動競賽等多種具有競爭性的實踐活動，來培養學生的目的性和行動的堅韌性品質。組織實踐活動要有明確的目的，活動要有一定的難度但透過一定努力又能成功，要由易到難有計劃地進行，將成功的訊息及時反饋給學生，既使學生能體會到成功而增強信心，也應將失敗的訊息反饋給學生，幫助學生分析失敗的原因，培養學生正確面對失敗，增強學生戰勝困難的勇氣，使學生在活動中自覺地對待困難，不斷地克服困難而獲得成功，從而在體驗成功的過程中達到增強意志力的目的。

（四）充分發揮班級的集體教育作用

班集體是一種巨大的教育力量。蘇聯教育家馬卡連柯特別重視班集體對學生的教育作用，認為「集體是個人的教師」，班集體對學生心理的影響有社會助長作用和規範作用，可以透過班集體的輿論、規範、集體目標和心理氣氛等因素來實現。因此，教師要特別重視班集體對學生意志品質形成中的重要作用，一開始就要建立一個良好的班集體，培養班集體的團結協作精神，奮勇向上的風貌，勇於競爭克服困難的意志等優良品質，讓學生置身其中，充分發揮班集體的群體教育作用，為形成學生的良好意志品質創造一個優良的集體環境。

（五）合理利用榜樣的教育影響

榜樣是一種無形的教育力量，在培養學生意志品質過程中具有特殊作用。由於榜樣通常是社會成功人士，青少年對於成功人士都有著強烈的崇拜心理，有著強烈的求知慾和爭勝心理，對於榜樣的諸多品質會十分關注和模仿，從榜樣中提取出來的優秀的意志品質會對青少年意志品質的培養發揮潛移默化的重要影響。需要注意的是，榜樣的提供需要根據青少年的具體特徵來進行，可以是科學家、發明家、革命先烈、領袖人物、勞動模範以及文藝作品中的優秀人物，同時也要用身邊和周圍的優秀榜樣作為其學習的楷模，應該將這些榜樣人物的某些優秀品質提取出來，有針對性地幫助學生獲得學習和改變。切忌給予其高不可及的榜樣進行模仿和學習，因為這些近乎完美的榜樣在現實生活中難以獲得，使學生在學習的過程中產生畏難情緒，讓他去完成不可能完成的任務和學習，不僅不能培養其良好的意志品質，反而會增添更多的失敗體驗，打擊其自信心，不利於其良好意志品質的形成。同時，教師還可以以身作則，善於用自己良好的意志行動，激發影響學生形成良好的意志品質。

（六）啟發學生加強自我鍛鍊

人的意志品質的形成不僅受著周圍人的影響，更重要的是依靠自我教育和自我鍛鍊，為此，教師要滿腔熱情地啟發和幫助學生掌握自我鍛鍊的方法，形成自我鍛鍊習慣，引導他們擬訂自我鍛鍊計劃，使他們在日常學習和生活實踐中，不斷地嚴格要求自己，積極鍛鍊他們的意志。同時，要教育他們採取決定要充分估計主、客觀條件，做到合理可行；執行決定要態度堅決、有始有終、持之以恆。還應該要求他們養成自我檢查、自我監督、自我暗示和自我鼓勵的好習慣，促使他們自覺鍛鍊意志品質。總之，應使學生的內部積極性和良好的外部條件結合起來，以達到培養學生堅強意志的目的。

（七）根據個別差異，採取有針對性的措施

人的意志類型存在著個別差異。要根據個體意志品質的不同特點，採取不同的措施培養意志品質。對於容易盲從、輕率行事的學生，應多啟發他們意志的自覺性，讓其參加一系列的需要鍛鍊意志自覺性的活動，比如規劃和

辦理集體的某些重要活動，讓學生各自提出活動方案，讓同學們對其活動方案進行評判，提出改進意見，或者讓個體置身於需要個體精緻分析、謹慎行事的環境之中處理相關事宜，透過對其活動的評價使之意識到意志的自覺性的重要性，也在獲得改進意見的過程中得到提高。對於膽小、猶豫不決的學生，應培養他們大膽、勇敢果斷的意志品質，比如說參加鍛鍊勇氣的團隊拓展訓練，既可培養勇敢精神，也可使學生意識到團隊合作的重要性。對於任性、缺乏自制力的學生，要培養他們控制行為的能力，告訴他們任性可能導致的不良後果，使其意識到任性在生活中的危害性，激發他們改變任性的信心，之後可以透過角色扮演或置身於特定情境的方式，鍛鍊其自制力。對於缺乏毅力、做事虎頭蛇尾的學生，應激發他們的堅韌精神和克服困難的信心，可以分析其缺乏毅力、做事虎頭蛇尾會導致事情得不到有效的解決，使之意識到這種不良意志品質的危害性，可以透過體育運動培養其堅強的毅力，結合實踐活動來訓練他們認真做事、堅持始終的良好品質。

複習鞏固

1. 簡述意志的心理結構。

2. 簡述意志的品質。

3. 簡述意志過程的階段。

生活中的心理學

「笑」的神奇功效

美國記者諾曼·卡曾斯由於器官結締組織嚴重損傷，因而行動艱難。醫生認為這是一種不治之症。卡曾斯得知這一消息後冷靜地想到：「悲觀會導致生病，快活有益於治療。」為了達到快活，他想出了一個奇妙的自我治療方法：讓自己笑。他借來大量喜劇幽默錄影帶，每天欣賞娛樂。他高興地發現，10分鐘大笑，竟能緩解疼痛，能使他安靜地睡上兩個小時。後來他索性看幾小時就笑幾小時，「吃飯」、「大笑」、「睡覺」成為其生活內容的主要三部曲。10年過去了，這位記者奇蹟般地活過來了，而且身體越來越好。

美國醫生雷蒙德·穆迪解釋了笑為什麼在這位病魔纏身的記者身上顯示了神奇的功效。笑，不僅達到運動面部肌肉，也使胸、腹部肌肉和四肢、頸部肌肉得到共同運動而加強了血液循環，促進了新陳代謝，使身體各器官更好地發揮協調作用，使內分泌穩定，從而抑制了病情的發展。如果這位記者不是用笑驅病，而是陷入憂鬱、絕望的情緒中，那麼他的身體的免疫反應就會被抑制，病情就會惡化。

在生活和工作中，當我們遇到幽默開心歡樂的事情的時候，儘管放聲大笑，這會使我們變得非常開朗，促進身心健康。

本章要點小結

情緒情感和健康情緒情感的培養

1. 情緒是一種複雜的心理現象，它包含情緒體驗、情緒行為、情緒喚醒和情緒刺激等複雜成分，情感是情緒的感受方面，即情緒過程的主觀體驗。情緒體驗包括強度、緊張度、快感度和複雜度四個維度。

2. 情感是情緒的表現形式，情感是情緒的本質內容。但人和動物都具有情緒，情緒帶有極大的情境性；情感是人特有的心理現象，具有社會性和很大的穩定性。

3. 情緒情感對個體的心理活動的影響表現在：情緒是適應生存的心理工具，是激發心理活動和行為的動機，是心理活動的組織者，是人際通訊交流的重要手段。

4. 四種基本情緒是快樂、憤怒、悲傷和恐懼，情緒狀態的主要表現形式有心境、激情和應激，人類的高級情感主要有道德感、理智感和美感。

5. 合理的情緒調節的策略主要有：樹立正確人生觀，確立遠大志向；組織、參加各種活動，豐富人生閱歷；發展正確需要；掌握控制和調節情緒的方法和技術（情感昇華，更好自我控制，善於自我安慰，請人疏導，暫時避開，巧用宣洩，運用多種幽默技術，廣交朋友；熱愛學習和工作；掌握好放鬆技術）。

意志和良好意志品質的培養

1. 意志是人為了一定的目標，自覺地組織自己的行為，並與克服困難相聯繫的心理過程。意志的心理結構主要包括目標，抱負水準，衝突與矛盾心理，自信心。

2. 構成意志力的穩定因素稱為意志品質，主要包括堅定的目的性、獨立性、堅定性、果斷性和自制力等。

3. 意志過程是指意志行動的發生、發展和完成的歷程。這一過程大致可以分為採取決定階段和執行決定階段兩個階段。

4. 良好意志品質的培養策略主要有強化目的性教育、積極利用課堂教學手段培養學生的意志品質、組織各種實踐活動、充分發揮班級的集體教育作用、合理利用榜樣的教育影響、啟發學生加強自我鍛鍊、根據個別差異，採取有針對性的措施。

關鍵術語

情緒 情感 表情 基本情緒 快樂 憤怒 悲傷 恐懼 心境 激情 應激道德感 理智感 美感 重大應激事件 低強度持續的應激事件 意志 意志的目的性 意志的獨立性 意志的堅定性 意志的果斷性 意志的自制性 目標 抱負水準 衝突與矛盾心理 自信心

單項選擇題

1. 一個人同時想追求兩個目標，但由於條件限制只能選擇其一，像這種被迫放棄自己所愛的目標之一的現象，可稱之為（　）

A. 雙趨衝突 B. 雙避衝突 C. 趨避矛盾 D. 多重趨避矛盾

2. 下列說法正確的是（　）

A. 各種情緒的複雜程度是一樣的 B. 情緒的強度會影響到快感度

C. 情緒帶有極大的穩定性 D. 情感帶有很大的情境性

3. 下列不屬於公認的基本情緒的是（ ）

A. 快樂 B. 悲傷 C. 恐懼 D. 美感

4. 與堅定性相反的意志品質是（ ）

A. 受暗示性 B. 見異思遷 C. 獨斷性 D. 優柔寡斷

5. 失去所期盼的、所追求的東西或有價值的東西而引起的以不愉快、心情低落為主要表現的負性情緒是（ ）

A. 快樂 B. 悲傷 C. 恐懼 D. 憤怒

多項選擇題

1. 人類基本的情緒有（ ）

A. 快樂 B. 憂鬱 C. 憤怒 D. 悲傷 E. 恐懼

2. 情緒狀態的主要表現形式有（ ）

A. 心境 B. 憤怒 C. 激情 D. 應激 E. 高興

3. 意志的心理結構主要包括（ ）

A. 目標 B. 抱負水準 C. 意志力

D. 衝突和矛盾心理 E. 自信心

4. 人類的高級情感主要有（ ）

A. 道德感 B. 憤怒 C. 理智感 D. 美感 E. 應激

5. 意志品質主要包括（ ）

A. 目的性 B. 獨立性 C. 堅定性 D. 果斷性 E. 自制性

6. 目標的特點包括（ ）

A. 多樣性 B. 衝突性 C. 果斷性 D. 組織性 E. 動力性

7. 情緒體驗的維度有（ ）

A. 強度 B. 緊張度 C. 快感度 D. 調節度 E. 複雜度

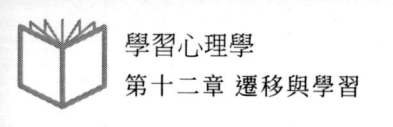

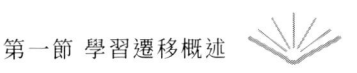

第十二章 遷移與學習

禪宗裡有這樣一個故事：

一個後生來到一座寺廟，在路上他看到了一件有趣的事，想以此考考老禪師，冷不防地問了一句：「為何團團轉？」「皆因繩未斷。」老禪師隨口答道。後生聽了，頓時目瞪口呆：「你怎麼知道的？」後生接著說：「我在路上看到一頭牛被繩子穿了鼻子拴在樹上，牛想離開這棵樹，到草地上去吃草，但牠轉過來轉過去都不得脫身。我以為禪師沒看見，肯定答不出來，哪知禪師出口就答對了。」老禪師微笑著說：「你問的是事，我答的是理，你問的是牛被繩縛而不得解脫，我答的是心被俗物糾纏而不得超脫，一理通百事啊！」

我讀完後，給我6歲多的女兒講了這個故事，然後問她：「爸爸媽媽為什麼圍著你轉？」沒想到孩子笑著回答說：「因為爸爸媽媽被一根無形的繩子牽著。」

在這個故事裡，有兩個遷移的現象，一個是老禪師的答問，一個是小女兒的答問，他們都是應用已有的經驗解決新的問題，這種現象就是遷移。本章將主要介紹學習遷移的基本概念、影響因素，主要理論及其對策。

第一節 學習遷移概述

一、學習遷移的概念

學習是一個連續的過程，學習之間的相互影響是普遍存在的一種現象。人們通常所說的「觸類旁通」、「舉一反三」就說明學習之間是相通的。學習之間的相互影響被稱為遷移，是一種學習對另一種學習的影響，也就是學生已獲得的知識經驗、認知結構、動作技能、學習態度、策略和方法等，與新知識、新技能的學習之間所發生的影響。如學習過法語之後，學習英語就容易些。也有與此相反的現象，如不良的學習習慣從一個學科影響到另一個學科等，這些現象也屬於遷移的範疇。

遷移現象之所以存在，是因為客觀事物本身是相互聯繫又相互制約的。頭腦中反映客觀事物的知識經驗及由此而形成的能力、態度等也必然是相互聯繫、相互影響的。學習遷移過程就是在分析和抽象活動基礎上，找出先前學習的經驗和當前學習的新課題之間的共同本質屬性的聯繫的過程。

二、學習遷移的類型

學習遷移有多種類型，根據不同的分類標準結合已有的研究，主要有以下幾種分類。

（一）依據遷移的內容

從遷移的內容上可以分為知識、動作技能、習慣態度等類型。如知識領域的遷移，指學生學習了數學的基礎知識，有助於物理、化學中有關數量關係、方程式的理解；動作技能領域的遷移，指學會彈鋼琴的技能有利於手風琴的學習；習慣態度領域的遷移，指對學習精益求精的態度可以使人對其他工作也持此種態度。

（二）依據遷移的情境

從遷移的情境上分為自遷移、近遷移和遠遷移。如果個體所學習的經驗影響著相同情境中的任務操作，則屬於自遷移（self-transfer），自遷移經常表現為原有經驗在相同情境中的重複。近遷移（near-transfer）即把所學的經驗遷移到與原初的學習情境比較相近的情境中，如學習英語的方法運用到學習德語中。如果個體能將所學的經驗遷移到與原初學習情境極不相似的其他情境中時，即產生了遠遷移（far-transfer），如學習英語、法語的方法用到學習數學等不相似的學習情境。

（三）依據遷移發生的範圍

從遷移發生的範圍可以分為具體遷移和一般遷移。具體遷移（specific transfer）也稱特殊遷移，是指某種學習的內容只向特定範圍內容發生遷移，也就是將學習中習得的具體的經驗遷移到另一種學習中去，或經過某種要素的重新組合遷移到新情境中去，如學習的數學知識只對特定數量關係遷移。

一般遷移（general transfer）也稱普遍遷移、非特殊遷移，指某種學習的內容向廣泛範圍學習的遷移。一般而言，這種遷移多發生在學習態度、技巧、策略、方法以及習得的一般原理等方面，如對學習的認真態度可以廣泛地遷移到所有的工作、生活當中去。

（四）依據遷移的效果

從遷移發生的效果可以分為正遷移、負遷移和零遷移。正遷移（positivetran sfer）即是一種學習對另一種學習起積極的促進作用，表現為個體對新學習內容具有積極的心理準備狀態，從事某一活動所需要的時間或練習次數減少，學習效率相應提高。加涅把正遷移又分為橫向遷移和縱向遷移，如數學對物理學的影響是橫向遷移；縱向遷移往往是不同難度學習之間的相互影響，如學習三角形原理對學習直角三角形原理理解的影響。負遷移（negative transfer）是指一種學習對另一種學習起消極的干擾或抑制作用。常表現為產生僵化的思維定式，缺乏靈活性、變通性，使某項學習活動難以順利進行，學習效率低下。例如先學習彈電子琴，然後再學習彈鋼琴，已學會的彈電子琴指法對學習彈鋼琴的干擾就是學習負遷移的具體表現。零遷移（zero transfer）是指兩種學習之間不存在直接的相互影響，有時也稱為中性遷移。許多經驗之間存在著各種直接或間接的關係，但由於多種原因，個體未能意識到經驗間的內在聯繫，不能主動地進行遷移，使某些經驗處於惰性狀態，表現為零遷移，這一現象應引起重視。

（五）依據遷移的順序

從遷移中先後學習發生影響的方向，可以分為順向遷移和逆向遷移。先前學習對以後學習的影響稱之為順向遷移（forward transfer）。普通心理學的學習對後面學習發展心理學、教育心理學等其他學科產生影響，這就是順向遷移。通常所說的「舉一反三」、「觸類旁通」就屬此類。逆向遷移是後來的學習對以前學習的影響，使原有的知識經驗結構得以充實、修正、重組或重構等稱之為逆向遷移（backward transfer）。英語學習對之前漢語學習的影響就是一種逆向遷移。

在學習過程中，順向遷移與逆向遷移是相互聯繫、密切進行的。不論是順向遷移還是逆向遷移，對學習起促進作用的就是正遷移，起干擾或抑制作用的則是負遷移。學習時，我們不僅要期望順向正遷移，而且還要期望逆向正遷移。

表12-1　遷移的類型

	順向遷移	逆向遷移
正遷移	已掌握的知識、技能對新學習的知識、技能的積極影響。	新學習的知識、技能對已掌握的知識、技能的積極影響。
負遷移	已掌握的知識、技能對新學習的知識、技能的消極影響。	新學習的知識、技能對已掌握的知識、技能的消極影響。

三、學習遷移的作用

凡是有教育的地方就會有遷移，從來不存在相互間不產生影響的學習。而且，學生把學到的知識應用到新的學習中或以後的生活和工作中也是教育和教學的根本目的之一。因此，可以說遷移在學校教育教學乃至學習者的人生發展中都發揮著重要作用。其作用突出表現在以下幾方面。

（一）正遷移是有效學習的標誌

遷移的目的是使學習者的認知結構、技能、行為習慣、態度等複合心理機制發生改組和整合。遷移從效果上分為正遷移和負遷移，正遷移是一種學習對另一種學習產生積極的影響，而負遷移則產生消極影響。產生積極影響的正遷移能使學生運用合適的心理機制順利解決問題，從而幫助學生獲得全面的知識，促進學生成長。

（二）遷移對於提高解決問題的能力具有直接的促進作用

遷移不僅是針對學習知識，更主要的是針對訓練技能。當學習者在一個新的學習情境中或遇到新的學習內容時，不會呆板地去做而是運用教師在教學實踐中教給的學習策略、學習態度、學習內容及學習方法等，靈活性地學習知識內容和解決各種問題。

（三）遷移是習得的經驗得以概括化、系統化的有效途徑，是能力與品德形成的前提條件

學習的最終目的不是將知識經驗儲存於頭腦中，而是要應用於各種不同的實際情境中，解決現實中的各種問題。只有透過廣泛的遷移，原有的經驗才能夠得以改造，才能夠概括化、系統化，從而廣泛、有效地調節個體的活動，解決實際的問題。學習者將知識內容的學習透過有效的遷移形成穩定的心理調節機制，促進個體能力的提高、品德的形成。遷移是各種能力與品德轉化的前提條件。

（四）遷移規律為學習者、教育工作者以及有關的培訓人員提供指導

應用有效的遷移原則，學習者可以在有限的時間內學得更快、更好，並在適當的情境中主動、準確地應用原有的經驗，防止原有經驗的僵化。教育工作者以及有關的培訓人員在進行教學和培訓系統的設計時，在教材的選擇與編排、教學方法的確定、教學活動的安排、教學成效的考核等方面利用遷移規律，有助於加快教學和培訓的進程，有助於明確行為目標導向，有助於提高教學效率。

複習鞏固

1. 什麼是學習遷移？

2. 學習遷移在個體發展中具有哪些作用？

第二節 學習遷移的理論

自從有了學習活動以來，學習遷移現象就一直為人們所關注，不同的研究者從不同的理論角度對遷移進行了一系列的研究，並提出了眾多有關遷移的理論。

第十二章 遷移與學習

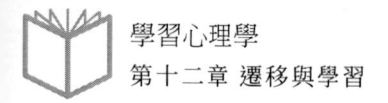

一、學習遷移的傳統理論

（一）形式訓練說

遷移理論中最早的學說是形式訓練說。形式訓練說主張遷移要經歷一個「形式訓練」過程才能產生，該理論源於德國心理學家克里斯提安·沃爾夫（Christian Wolff，1679～1754）創立的官能心理學。沃爾夫在1743年出版的《理性心理學》一書中，認為人的心是由若干不同的基本能力，如記憶、注意、推理、意志等官能組成的。心的各種成分（官能）是各自分開的實體，分別從事不同的活動，如利用記憶官能進行記憶和回憶；利用思維官能從事思維活動。各種官能可以像肌肉一樣透過練習增強力量（能力）。這種能力在各種活動中都能發揮效用。同時，一種官能的能力改造，也無形中加強了其他所有的官能。該理論認為，學校教育中知識學習遠不如訓練官能那麼重要。

（二）共同要素說

詹姆士（W.Jammes，1890）認為記憶能力不受訓練的影響，記憶的改善不在於記憶能力的改善，而在於方法的改善。繼詹姆士之後，桑代克（E.L.Thorndike）和伍德沃斯（R.S.Woodworth，1869～1962）以刺激—反應的聯結理論為基礎，提出了學習遷移的相同要素說，認為學習中訓練某一官能未必能使它的所有方面都得到改善，只有當兩個機能的因素中有相同的要素時，一個機能的變化才會改變另一個機能，即才會發生遷移（E.L.ThorndikeR.S.Woodworth，1901）。例如已學會解「602-376=？」這道題的學生會把這一知識加以遷移，所以也能解「503-376=？」這道題。然而這就產生了一個問題，即情境中應含有怎樣的要素以及它們如何相似，才能認為情境是相同的？例如，在減法計算中，數字是否需要數位相同？能夠解「42-37=？」這道題的學生，並不一定能夠解「7428-2371=？」這道題，儘管前一個問題包含在後一個問題之中。這樣就對「相同元素」概念提出了質疑。而且，即使有相同元素存在，學生也必須認識到它們，如果學生認為情境之間不存在共同性，就不會發生任何的遷移。基於此，將相同要素說改

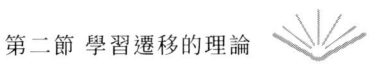

為共同要素說，即認為兩種情境中有共同成分時可以產生遷移，遷移是非常具體的並且是有條件的，需要有共同的要素。

(三) 概括說

賈德（C.H.Judd，1908）認為，先期學習 A 中所獲得的東西之所以能遷移到後期學習 B 中，是因為在學習 A 時獲得了一般原理，這種一般原理可以部分或全部運用於 A、B 之中。根據這一理論，兩個學習活動之間存在的共同成分，只是產生遷移的必要前提，而產生遷移的關鍵是學習者在兩種活動中概括出它們之間的共同原理，即在於主體所獲得的經驗類化。所以賈德的遷移理論又稱為「概括化理論」。該理論認為遷移的實質是學習者對兩種學習活動共同因素進行概括化的結果——學習原理、法則的應用和轉遷，還認為學習者概括能力隨年齡的增長而增長。

賈德在 1908 年所做「水下擊靶」的實驗是概括化理論的經典實驗（見圖 12-1）。他以五年級和六年級學生作受試者，分成兩組。對實驗組 A 只講解簡單的光學折射原理，對實驗組 B 除教給光學折射原理之外，還教給水愈深所看到的水中的靶子的實際位置距離相差愈大的原理。對控制組不進行任何提示。首先在水深 12 英吋處進行實驗，結果，教過和未教過折射原理的學生成績相等。因為所有的學生都要學會使用標槍，理論的說明不能代替練習。接著改變條件，把水下 12 英吋的靶子移到水下 4 英吋處，這時兩組差異明顯表現出來。結果表明，提示原理具有重要的效果作用，而且提示愈詳細，效果愈好。從各組改善率的比較來看，特別是在實際應用中掌握原理的意義比單純地作為知識學習原理更為有效。為什麼條件改變了（水下 12 英吋處的靶子移到了水下 4 英吋處）這兩組的差異明顯地表現出來了：沒有瞭解折射原理的學生，表現出極大的混亂，錯誤繼續發生；而學過折射原理的學生，則適應了水下 4 英吋的條件呢？賈德在解釋時認為，理論曾把有關的全部經驗（水外的、深水的和淺水的經驗）組成了完整的思想體系，學生在理論知識的背景下理解了實際情況後，就能利用概括了的經驗，去迅速解決需要按實際情況做分析和調整的新問題（C.H.Judd，1908）。

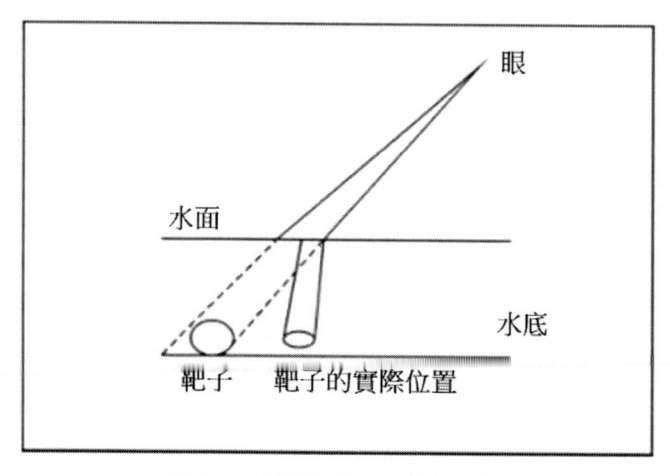

圖12-1　賈德的「水下擊靶」實驗

（四）關係轉換說

　　關係轉換說是格式塔心理學家 W. 苛勒（W.Koler，1929）提出的遷移觀點。他主張遷移的關鍵點，不取決於是否存在共同要素，也不取決於對原理的掌握，而是取決於能否理解要素間形成的整體關係，能否理解原理與實際事物之間的關係。他認為「頓悟」關係是學習遷移的決定因素，也就是說，遷移不是由兩個學習情境具有共同成分、原理而自動產生的某種東西，而是學習者突然發現兩個學習經驗之間存在的關係的結果。學習者所遷移的是頓悟——即兩個情境突然被聯繫起來的意識。苛勒在 1929 年用小雞和一個 3 歲幼兒作為受試者進行實驗支持了上述觀點。他讓受試者在兩張紙中的一張下面找到食物。一張是淺灰色的，另一張是深灰色的。食物放在深灰色紙的下面，受試者學會在深灰色紙下取得食物。當受試者學會這個訓練課題後，改變實驗條件，用一張更灰紙代替原來深灰色的那張紙，而用深灰色紙代替原來淺灰色紙，並將食物仍然放在更灰的紙下讓受試者再取食物。小雞的實驗表明，它們對新刺激的反應為 70%，對原來的刺激的反應為 30%，兒童受試者則不變地從更灰色紙下取得食物，即對新刺激的反應為 100%。（轉引自：韓進之，1989）可見，關係轉換說更強調個體的作用。與賈德在射靶實驗中強調的概括化原理相反，關係轉換說認為，靶的位置、水的深度、射擊的方法以及光的折射原理等整體相關的知覺之間的關係才是重要的。

（五）學習定式說

學習定式是哈洛（Harry F. Harlow，1905～1981）提出並用以解釋頓悟現象的一個概念，考慮的是學習方法的遷移問題。哈洛認為：「學習情境的多樣化決定我們的基本人格特徵，並在使某些人變成會思考的人中起重要作用。這些情境是以同樣的形式多次出現的。不應以單一的學習結果，而應以多變但類似的學習課題的影響所產生的變化來理解學習。」學習定式既反映在解決一類問題或學習一類課題時的一般方法的改進（學會如何學習）上，也反映在從事某種活動的暫時準備狀態（準備動作效應或預熱效應）中。學習定式的這兩個方面都影響作業的變化。

練習一類課題有助於類似課題的學習，這一現象首先是在實驗室用無意義音節進行研究發現的。渥德（L.B. Ward）早在 1937 年報告：受試者在記憶數列無意義音節時，前面的練習影響後面的記憶，記憶速度越來越快。哈洛 1949 年的研究也發現類似的現象。在哈洛的實驗中給猴子呈現由兩個刺激物組成的配對刺激（一個是圓柱體，另一個是圓錐體）。在一種刺激物（圓柱體）下面放有食物；在另一種刺激物（圓錐體）下面不放任何東西。實驗開始後，猴子偶然拿起一個刺激物進行觀察，遇到食物隨即攝取。如此訓練 6 次以後，再給猴子呈現另外兩個刺激物組成的配對刺激，仍然在其中一個刺激物下面放有食物，另外一個刺激物下面不放任何東西，猴子經過上述同樣的 6 次辨別學習實驗，然後再換另外兩個配對刺激進行上述實驗，如此進行下去。雖然不斷地變換刺激物，但猴子選擇放有食物刺激的正確反應的百分比快速地上升。這說明，猴子在前幾次的辨別學習中學會了選擇的方法，或者說形成了學習的定式，並將學會的方法或形成的定式運用到以後的學習中，使學習效果得到提高。（轉引自：韓進之，1989）

由於早期的遷移理論缺乏科學的知識分類觀，試圖在動作技能及簡單的聯想學習研究的基礎上尋找人類學習的一般規律，必然造成研究結果的不一致性及應用上的侷限性。

二、學習遷移的當代理論

在過去的近二十年中，隨著認知心理學研究的不斷深入，知識分類的思想已基本上被廣大的教育及心理學研究者所認同和接受，在知識分類思想這一前提下探討遷移的內在機制及其規律逐步成為遷移理論研究的主旋律，並由此出現了以訊息加工心理學和認知心理學為基礎的新的學習遷移觀。傳統的知識分類大多以社會需要為原則，以邏輯為基礎。在最近 20 年來，隨著訊息加工心理學的崛起，提出了一個新的以心理學為基礎的知識分類觀。目前心理學家大多同意將認知領域的知識分為兩大類：陳述性知識（declarative knowledge）和程序性知識（procedural knowledge）。前者是用於回答「世界是什麼」的問題；後者是用於回答「怎麼辦」的問題。程序性知識又被分為兩個亞類：一類透過練習，其運用可以達到相對自動化的程度，很少或不需要受意識控制，稱為「智慧技能」；另一類一般是受意識控制，其運用很難達到自動化程度，稱為「認知策略」。上述三種知識無論是在知識的表徵、獲得，還是在知識的提取和應用上都存在一定差別。針對以上不同知識類型，心理學家分別提出了以下三種學習的遷移理論。

（一）認知結構遷移理論

奧蘇貝爾認為原先的遷移模式在有意義學習中仍然適用，但先前的學習不只是 A，還應該包括過去經驗，即累積獲得的、按一定層次組織的、適合當時學習任務的知識體系，而不是最近經驗的一組刺激—反應的聯結。在有意義學習與遷移中，過去經驗的特徵不是指前後兩個課題在刺激和反應方面的相似程度，而是指學生在一定知識領域內認知結構的組織特徵，諸如清晰性、穩定性、概括性、包容性等（祁小梅，2004）。

在學習課題 A 時得到的最新經驗，並不是直接同課題 B 的刺激—反應成分發生相互作用，而只是由於它影響原有的認知結構的有關特徵，從而間接影響新的學習或遷移。在一般的課堂學習中，並不存在孤立的課題 A 和課題 B 的學習，學習 A 是學習 B 的準備和前提；學習 B 不是孤立的，而是在同 A 的聯繫中學習。因此，在學校學習中的遷移，很少有像在實驗室條件下嚴格意義的遷移。這裡，學習遷移所指的範圍更廣，而且遷移的效果主要不是指

運用一般原理於特殊事例的能力（派生類屬學習的能力），而是指提高了相關類屬學習、總括學習和並列結合學習的能力。

生活中的心理學

《矽及其化合物》的教學

師：今天我們來學習新內容《矽及其化合物》。我們知道矽與碳是同一族，二者的單質及其化合物在性質上有很多相似之處，掌握好碳及其化合物的性質，對於學好矽及其化合物非常有利。那麼碳的相關知識掌握得怎樣呢？請大家填表，並討論。

生：（填表，短暫討論，順利回答出碳及其化合物的有關性質。）

師：其實學習新知識有兩條途徑：一是「獲知」，就是從別人或書本上獲取現成的知識；另一種是「推知」，就是依據事物間的聯繫，從舊知推得新知。那麼，大家想用哪一種方法來學習今天這節課呢？

生：（齊答）推知。

師：那好，給大家一個自己學習的機會，下面根據提示填表。

生：從同學的發言中出現爭議，二氧化碳與二氧化矽、碳酸與矽酸的物理性質是否相似？

師：實踐是檢驗真理的唯一標準，請看（拿出一塊白色石子），這是石英石，也就是書上說的二氧化矽，它與二氧化碳的物理性質一樣嗎？

生：（概括其物理性質。）師：非常好！那麼矽酸的性質與碳酸是否相同呢？大家請看6名同學所做的矽酸製備實驗。

生：（6名學生分別從教室不同位置站起來，分組完成實驗。當看到矽酸是白色膠狀沉澱，而非氣泡生成時，學生驚呼起來。）

師：請大家從看到的現象中概括出矽酸的物理性質填入表內。

生：（推測方程式，分析正誤。）

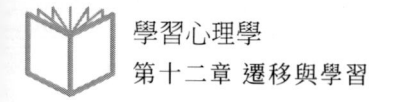

師：點明矽及其化合物與碳及其化合物性質的不同。

生：（推測並配平方程式，分析其應用價值。）

師：大家還想進一步瞭解矽及其化合物在自然界中的存在情況及其用途嗎？

……

教師就這樣根據學生舊有的知識經驗不斷設問，促進學生不斷思考解決新問題。

（二）產生式遷移理論

遷移的產生式理論是由訊息加工心理學家安德森（J.R.Anderson）提出的。該理論認為先後兩項技能學習產生遷移的原因是前後兩項技能之間產生式的重疊，重疊越多，遷移量越大。他和辛格利（Singley）設計的用不同計算機文本編輯程序學習的實驗，證實了他的遷移理論。實驗中的受試者為打字熟練的祕書人員，分三組：A 組在學習編輯程序（被稱為 EMACS 編輯器）之前，先根據已經做好標記的文本練習打字；B 組先練習一種編輯程序，後練習 EMACS 編輯器。C 組為控制組，從第一天起至最後一天（即第六天）一直學習 EMACS 編輯器。學習成績以每天嘗試按鍵數量為指標，因為受試者按鍵越多，說明他們出現錯誤需要重新按鍵數越多（因受試者打字熟練，其錯誤不可能是打字造成的）。錯誤的下降說明掌握文本編輯技能水準提高，圖 12-2 為實驗結果。控制組每天練習 3 小時 EMACS 編輯器，前 4 天成績顯著進步，至第 5 和第 6 天維持在相對穩定水準。A 組先練習打字，共 4 天，每天 3 小時，第 5 和第 6 天練習 EMACS 編輯器的成績同控制組第 1 和第 2 天的成績相似，打字對編輯學習未產生遷移。B 組前 4 天練習一種文本編輯程序，每天練習 3 小時，在第 5 和第 6 天練習 EMACS 編輯器時，成績明顯好於 A 組。這說明第一種文本的練習對第二種文本學習產生了顯著遷移。

安德森認為，在打字和文本編輯之間沒有共同的產生式，而在兩種文本編輯之間有許多共同的產生式，這是導致兩組遷移效果不同的最重要原因。為了進一步證實重疊的產生式導致遷移這一思想，安德森又仔細比較了兩種

行編輯器和一種全屏編輯器之間的學習遷移情形。受試者先學習 A 種行編輯器，再學習 B 種行編輯器，結果節省時間 95%。先學習行編輯器，再學習全屏編輯器，結果節省時間 60%（J.R.Anderson，1993）。

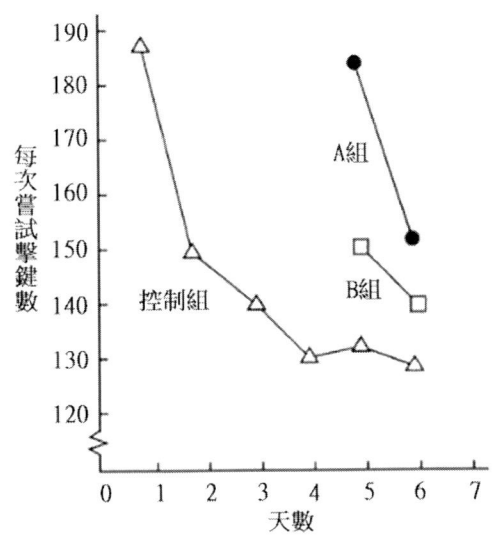

圖12-2　三組被試學習EMACS編輯器的成績

　　最後，研究者為三種編輯器創造一種產生式規則模型，然後計算它們之間共有的產生式數量。研究者應用這一數量對遷移的程度做出預測，然後用預測數量與實際觀察到的遷移數量進行比較。結果表明，預測的遷移量和實際測量到的遷移量有很高的一致性。兩項任務共有的產生式數量決定遷移水準，因此要注重基本概念原理和規則的學習，以便為後續學習做準備。為了實現有效遷移，對先前的學習內容進行反覆充分的練習是很有必要的。雖然該理論的研究仍停留在計算機模擬階段，但在實際教學中仍具有明顯的應用價值。

（三）認知策略遷移理論

　　心理學家們發現學習者的自我評價是影響策略遷移的一個重要因素。加泰勒（Ghatala）等人對自我評價與策略遷移的關係進行了實驗研究，正式

實驗分三個階段進行：第一階段，研究者不教任何記憶策略，讓兒童自己記憶配對名詞並進行回憶測驗，其目的是確定兒童的基線水準。第二階段，將受試者兒童分成兩個等組，其中一組學習精加工策略，另一組採用數名詞中的字母數的策略幫助記憶。顯然前一種策略的記憶效果好，後一種策略的記憶效果差。第三階段，所有兒童接受相同的指導語：可以選擇自己希望的任何方法來記憶呈現的材料。學完以後要求回憶學過的材料。為了測量兒童在第三階段是否繼續使用先前習得的策略，研究者問兒童在學習每一配對名詞時用了什麼策略和為什麼選擇該策略，以確定他們是否意識到策略的用途。而且，把前兩次學習的配對詞再呈現給兒童，問他們什麼時候記得多和為什麼會記得多，這樣進一步確定兒童對策略作用的意識程度（陳秀麗，2003）。

表 12-2 列出了採用不同學習策略的受試者平均回憶配對詞的百分數，由此得出如下結論。第一，在實驗第二階段，學習了精加工策略的兒童，回憶成績顯著高於採用數字母策略的兒童。到實驗的第三階段，雖然未要求應用精加工策略，但在第二階段接受精加工策略訓練的兒童繼續應用這一策略，其回憶成績仍然很高。但是接受數字母策略訓練的兒童，在第三階段放棄了這一策略，而又未學習精加工策略，所以記憶成績普遍低。第二，三種不同策略評價方式（策略—用途評價、策略—情感評價和無評價）對直接回憶或近遷移成績未產生明顯影響。

表12-2　不同訓練組的平均回憶配對的百分數

	訓　練　條　件		
	策略—用途組	策略—情感組	控制組
第一階段：精加工	39.5%	37.1%	31.9%
數字母	36.5%	36.2%	29.0%
第二階段：精加工	98.6%	96.7%	97.1%
數字母	19.0%	19.0%	9.5%
第三階段：精加工	92.4%	89.0%	79.5%
數字母	42.9%	29.5%	29.0%

　　為了考察兒童對策略—用途進行評價是否產生長遠影響，在第三階段研究之後，又對兒童進行追蹤研究。兒童對他們為什麼選擇某一策略的回答表明，受到策略—用途評價訓練的兒童更傾向於解釋選擇某策略的原因是為了提高記憶效率，見表 12-3。

表12-3　在實驗第三階段兒童說出選擇不同策略理由的人數百分比

訓練條件	理　由		
	記憶	開心	容易
精加工策略：策略—用途組	100%	0.0%	0.0%
策略—情感組	0.0%	90.5%	9.5%
控制組	0.0%	71.4%	28.6%
數字母策略：策略—用途組	76.2%	0.0%	23.8%
策略—情感組	4.8%	52.1%	42.8%
控制組	4.8%	28.6%	66.6%

　　在實驗結束後第一週和第九週分別用新的配對詞對受試者進行了兩次延後測驗。結果表明，策略—用途組的成績明顯優於策略—情感組。在第一週測驗時，前者有 90% 的兒童在新的學習材料中運用精加工策略，後者僅有 57% 的兒童；在第二次延後測驗中，前者的人數為 100%，後者只有 50%。這一結果表明，經過策略的有效性自我評價訓練的兒童能長期運用訓練過的

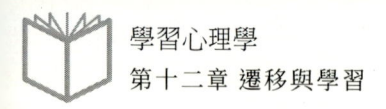

策略,並能遷移到類似的情境中,而在其他訓練條件下,策略訓練僅有短期的效果。

擴展閱讀

基於網路學習社區的學習遷移策略體系

——教師專業發展的新路徑

進行基於網路學習社區的學習遷移策略體系包括:學習者與學習需要分析系統、空中教室、E-mail 群、Line 群、BBS、Blog 群、教師專用學習軟件系統等。

1. 學習者與學習需要分析系統

在進行正式學習之前,為學習者提供一份材料(問卷或試卷等),學習者填完提交之後,系統將會自動分析、提供分析結果並提出學習建議。學習者可以根據分析的結果和提供的建議選擇自己的主攻方向、主攻課堂、發展目標等,然後選擇一定的課程。

2. 空中教室

空中教室主要是講授法的教與學的方式,為學習者提供認知方面的知識教學。空中教室可採用異地同時方式(例如中央電大空中授課方式);也可採用異地異時方式。

3. E-mail 群

學習社區中的每一個居民都具有個人的電子信箱,為了便於非同時在線的溝通與交流,信箱可以傳遞音樂、影片、文本、圖片等文件。社區居民將其他居民的 E-mail 地址列入地址簿。電子信箱可滿足居民的接收與發送的需求,當然對訊息也可以群發。

4. Line 群

在 Line 群中,可以進行實時傳遞音樂、影片、文字、圖片等文件;可以進行影片、音樂和文字聊天;也可以在「共享」中進行上傳和下載文件,

完成分享群中的資源。同時，Line 中還具有豐富的表情、主題、音樂、影視和遊戲等項目向使用者提供。在 Line 群中，可以每個人發表自己的觀點，其結果都顯示在這個 Line 群上，也可以加其中的居民為好友進行單獨交流。當然，Line 也可異時傳遞文本訊息。

5.BBS

BBS（Bulletin Board Service，公告牌服務）是 Internet 上的一種電子訊息服務系統。它提供一塊公共電子白板，居民可使用 BBS 上傳和下載文件，發文章，閱讀文章，互相交流觀點，進行評價等。有研究者認為中國網路學習社區的主要表現形式就是 BBS，可見 BBS 在網路學習社區中的地位。

6.Blog 群

教師部落格是教育部落格（edublog）中的一種，是各年級各學科的教師利用互聯網新興的「零壁壘」的部落格（blog）技術，以文字、多媒體等方式，將自己日常的生活感悟、教學心得、教案設計、課堂實錄、課件等上傳發表，超越傳統時空侷限（課堂範疇、講課時間等），促進教師個人隱性知識顯性化，並讓全社會可以共享知識和思想。部落格網認為，隨著教師部落格的大規模普及，將在傳統基於課堂教學的「教堂式教育模式」之外，催生出真正開放的「集市式教育模式」，推動人類教育事業的進步。

7. 教師專用學習軟件

教師專用學習軟件是指專門為教師專業發展而開發的，為教師專用的學習軟件，包括網路聯機學習和異步學習兩種，主要是為教師營造一個虛擬的、與現實接近的環境，因此，遷移的功能更強，更有利於教師的學習與成長。

8. 監控與評價

基於網路學習社區的學習遷移系統體系的教師專業發展監控與評價包括兩種：基於社交交互的監控與評價和基於內容交互的監控與評價。社交交互即教學中的人際交互，是發生在教師—學生、學生—學生之間的訊息交流。常見的活動類型包括在線提問、答疑、諮詢等。內容交互又稱教學交互，是學習者與學習資源之間的交流，其活動類型主要圍繞學習者對學習資源的處

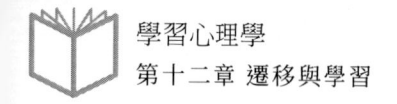

理和加工（瀏覽、查詢、註解、分析），學習環境則採用反饋、提問、序列編排等控制手段予以支持。

隨著網路技術的發展，對網路學習社區的監控和評價應朝著智慧化和人性化的方向發展，即自動跟蹤記錄每一位社區成員在社區內的活躍值（包括論壇新帖數、回帖數、參與聊天次數、答辯和提問的次數等），並結合學習者本人的研究任務提交給數據庫進行綜合，形成階段性或總結性的評價資料，提交給組織者備案，並在網頁上自動形成下一階段的計劃和任務，幫助社區成員理清思路。這對於維持高水準的交互活動具有重要意義。

複習鞏固

1. 簡述共同要素說。

2. 簡述學習遷移的當代理論有哪些。

第三節 促進學習遷移的條件與方法

一、學習遷移的影響因素

遷移現象在學習中比較普遍，但它的產生並不是無條件的。探討影響學習遷移的因素，對促進正遷移、防止干擾，提高教學效果，具有十分重要的作用。影響學習遷移的主要因素有以下幾個方面。

（一）客觀因素

1. 學習材料的性質

兩種學習材料具有相同或相似的成分有利於遷移。先前的學習同後來的學習之間所包含的共同要素越多，遷移也就越容易產生。共同要素是遷移的基本條件之一。學習材料的相似性包括本質特徵的相似或非特徵的相似，本質特徵是與最終的結果和目標實現有關的特徵，如原理、規則或事件間的關係等；非本質特徵的相似即表面特徵的相似，如某些具體事例的內容等就是表面特徵。若本質特徵的相似性同表面特徵的相似性非常明顯，學習者就容易提取相關訊息，產生遷移。另外，學習材料具有良好的組織結構，有利於

遷移的發生，這是因為良好的材料組織結構可以簡化知識，給學生提供便利獲得新知識的途徑。

2. 學習情境的相似性

情境是促成學習遷移的關鍵要素之一，情境包括物理和社會背景，如教師提供的教學和支持、其他學生的行為以及內在於這些背景的標準和期望等。遷移涉及兩種情境，即學習情境和遷移情境，而現實中這兩種情境總是存在一些差異，所以學生不容易將學校的學習遷移到課堂之外的生活中。因此，設計學習情境與遷移情境，增強其相似性，有利於學生利用有關線索促進遷移的發生。目前，中國基礎教育課程改革倡導教育回歸學生生活，可以看作是為學生提供相似的學習遷移情境。

3. 知識經驗的概括水準

知識經驗的概括水準是影響知識遷移的重要因素之一。原有的知識經驗概括水準越高，遷移的可能性也越大，效果也就越好。反之，知識經驗的概括水準越低，遷移的範圍就越小，效果也就越差。正是由於這一點，在教育實際中人們十分強調基本原理、基本概念的學習，這些原理、概念抽象程度高，適用範圍廣泛，遷移效果明顯，學生掌握之後可以用來解決大量的類似或同類課題。

4. 教師的指導

遷移不僅發生在知識學習領域，在學習態度、學習目的、學習方法等方面均存在遷移。因此教師對學生遷移的指導也應從對學生的學習內容、學習方法、學習目的和學習態度等方面展開。其中學習目的和學習態度的指導對遷移有重要影響。因為學習態度是一種較穩定的心理反應傾向，形成良好的學習態度是一項長期性和複雜性的工作，但學習態度一旦形成將從對學生知識學習的影響擴展到生活、工作的方方面面。正確的學習方法的獲得需要教師有效的指導，幫助學生學會學習、學會解決問題比簡單地獲取知識重要得多。所以，學習方法的獲得也是一種能力的習得，這種能力有利於促進正遷移的發生。因此，教師在教學過程中，有意識地引導學生發現不同的知識之

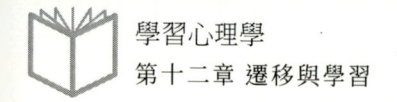

間或情境之間的共同性，啟發學生進行概括，指導學生運用已學到的原理、知識去解決具體問題，要求學生將所有的知識「舉一反三」，這些都有利於促進積極遷移的產生。

（二）主觀因素

1. 對材料的理解程度

現代認知理論主張有意義學習，強調理解對於知識的保持和應用的作用。一般來說，真正理解了的東西，不論它如何改變，人們總能認識它。因此理解程度直接影響到有關知識的應用和遷移。在有意義學習中，同化論的核心是理解並完滿解決問題。透過對知識之間上下位關係的認識，學生在認知結構的適當地方找到其位置，從而達到理解。同化論的這種觀點可以用來幫助我們引導學生加深對所學內容的認識水準，這有助於學生所學知識的廣泛遷移。

2. 學習者的概括能力

蘇聯心理學家魯賓斯基主張，遷移的基礎在於概括。他認為，在解決問題時，為了實現遷移，必須把新舊課題聯繫起來並包括在統一的分析綜合活動中。可見，魯賓斯基更強調課題類化在學習遷移中的作用。

學習遷移作為一種能力，不是自然而然實現的。需要學習者具有一定的能力，主要是分析和概括能力。學習的遷移過程，主要是要求學習者依據已有的經驗去辨認當前的新問題，把當前的課題納入已有經驗的系統中去，實現知識、技能的同化或順應，從而實現遷移。這是一個分析綜合、抽象概括的過程。教學實踐表明，學業成績優異的學生往往都是學習能力強，基礎知識全面而紮實，並能自覺進行遷移，順利地將知識技能運用到新的情境中解決實際問題。學生學習的概括能力越高，遷移就越容易；分析能力越強，產生遷移的可能性就越大，否則就越小。因此，只有提高分析能力的水準，才能更好地進行學習遷移。布魯納所提倡的基本概念和原理的教學有助於提高學生的概括水準，這也是他強調加強結構教學的道理所在。

3. 學生的認知結構

教材是學生學習的基本材料，教材基本結構的科學性有助於學習的遷移。布魯納認為，基本結構的概念包括學科的基本知識結構和學習態度、學習方法兩方面。掌握學科的基本結構不僅便於學生對教學內容的理解和記憶，而且有利於學習遷移。「掌握事物的結構，就是使用許多別的東西與它有意義地聯繫起來的方式去理解它」。他主張要給學生提供好的教材結構，它可以簡化知識，給學生提供便於獲得知識的途徑，有利於遷移。奧蘇伯爾接受並深化了布魯納的思想，他認為，現有的知識經驗受原有認知結構的影響，在有意義學習中，學習遷移是使原有認知結構與新學習知識發生交互作用的過程，原有認知結構可利用性、可辨別性、穩定性是影響學習遷移的關鍵因素。因此，將學習內容的最佳知識結構以最佳的方式呈現給學生，使其形成良好的認知結構並最終優化為各種能力，是促進學習積極遷移的重要條件。

4. 認知技能與策略

遷移過程是透過複雜的認知活動實現的，除了情境相似性、知識的結構性等影響因素外，獲得科學的認知技能與策略對遷移的實現至關重要。有時學習材料有共同因素，或已有知識經驗的概括程度也比較高，可是學習者對新的學習內容卻仍然不能實現遷移，原因是學習者雖然掌握了有關的知識，但沒有掌握解決遷移中問題的認知技能和策略。在客觀影響因素中，教師指導學生獲得正確的學習方法、學習態度等，在這一過程中學習者最終將教師指導的學習方法、態度內化進自身的認知結構中，並透過高級的心理機制，形成合理的技能和策略。

5. 定式作用

定式也稱心向，它是指先於一定活動而指向活動對象的一種動力準備狀態，它決定著同類後繼心理活動的趨勢。定式這個概念最早是由德國心理學家繆勒（G.E.Müller）和舒曼（F.Schumann）於1889年在概括重量錯覺實驗的基礎上提出來的。20世紀50年代前後，以烏茲納捷（Д.Н.узнадзе）為代表的格魯吉亞心理學家們對定式進行了大量的實驗研究，在此基礎上形成了定式理論。該理論認為，一定的心理活動所形成的準備狀態影響或決定

著同類後繼的心理活動的趨勢，即人的心理活動的傾向性是由預先的準備狀態所決定的。心理學家盧欽斯（A.S.Luchins）透過實驗證明在學習過程中定式可能促進學習遷移，也可能干擾學習，產生負遷移。為了排除定式的消極影響，盧欽斯認為，可採取兩種辦法：

①請固守一種方法處理問題的人說出為什麼要這樣做，然後讓他來考慮是否有其他的方法可用；

②如果嘗試無結果，可稍停一會兒。這樣可能打破某些特殊的定式，從而提出新觀點或找到解決問題的新途徑和新方法。

從主體方面看，學習者要順利實現遷移，還必須克服干擾，充分發揮主觀能動性提高學生把新舊知識聯繫起來的積極性。當對學習活動具有積極的心向和態度時，便會形成有利於學習遷移的心境，這樣他便有可能將已知的知識與技能積極主動地運用到新的學習中去，找出其間的聯繫，學習遷移可能在不知不覺中發生。反之，學習態度消極，則不會積極主動地從已有的知識經驗中尋找新知識的連接點，學習遷移就難以發生。

二、促進學習遷移的方法

根據上述遷移理論及已有研究，教師可透過如下方式促進學生學習的遷移。

（一）科學合理地選編教材與教學內容

根據學習遷移規律的要求，應把各門學科中具有廣泛遷移價值的成果作為教材的主要內容。教材選擇要突出學習材料的共同要素，突出學習材料的內在聯繫、學習材料的組織結構和應用價值。教材選編時還要考慮學生的知識經驗水準、智力狀況及年齡特徵等。同時，教材的選編與教學內容的編排都要隨著社會文化的發展而不斷變化更新。

教材內容如果編排得好，遷移的作用就能得到充分的發揮，教學中就省時省力；如果編排不好，遷移的效果就小。依據學習遷移規律和影響學習遷移的因素，編排教材要做到使教材結構化、一體化、網路化。結構化是指教

材內容的各構成要素具有科學、合理的邏輯聯繫，能體現出事物的各種內在聯繫。一體化是指教材的各構成要素能整合成為具有內在聯繫的整體。一體化教材要防止各種教材中各組成要素之間的相互割裂、支離破碎，以及互相干擾、機械重複。網路化是一體化的引申，指教材各要素之間上下左右、縱橫交叉聯繫，要溝通、突出各種知識、技能的聯絡點，以利於學習遷移。

（二）確立明確而具體的教學目標

教學目標是教學活動的導向，是學習評價的依據。有了科學合理的教材，在實際教學過程中，在每個新的單元教學之前確立具體的教學目標，使學生明確學習目的，是促進學習遷移的重要前提。將學生獲得紮實的基礎知識和基本技能作為教學的首要目標，因為知識之間、技能之間的共同要素是產生學習遷移的重要客觀條件，學生掌握了紮實的基礎知識和基本技能，就為新知識和新技能的順利學習提供有利的條件。

（三）靈活地選擇教學方法，促進學生遷移的發生

教學中教師根據教學內容、教學目標要求、學生年齡特點及認知水準等，靈活地選擇適合的教學方法以幫助學生全面、精確、深刻地分析與理解不同學習材料。對學習材料進行系統的掌握與理解，可以幫助學生在學習中巧妙地實現積極遷移，避免消極遷移或零遷移。在教學過程中發揮遷移的作用，還要求合理進行教學設計，主要包括兩個方面：一是總體方面，即整體安排，先學什麼，後學什麼，學習的先後程序要確定；二是個體方面，即每個單元、每一節課的教學程序的安排。有效的教學設計有利於學生從整體上理解知識，最終實現遷移。

（四）指導並鼓勵學生正確運用學習策略

教師在合理運用教學方法促進學生掌握知識與技能的同時，還要指導學生掌握相應的學習策略和方法。教學中應積極培養學生的獨立分析、概括問題的能力，使其能自主地覺察到事物之間的內在聯繫，善於掌握新舊知識、新舊課題的共同特點，這樣利於知識和技能的遷移。學生的概括能力越強，越能反映同類事物間的共同特點和規律性聯繫，就越有利於遷移的產生。當

學生用其他學科的知識來解決某一學科的問題時，應予以鼓勵。如果哪位教師對學生說：「我都被搞糊塗了，我們在講歷史知識，而你卻在談論地理知識。」那肯定會在學生掌握知識的過程中產生負遷移的效果。

（五）加強學習活動的多樣性，增加知識應用機會

學習者在學習中採用的方法或感受到的刺激越是多樣，就越有助於該學習的遷移。反之，刺激越單一呆板，就越難以產生遷移作用。原學習活動中刺激的多樣性，能增加它與新學習之間相似或相關的可能。例如，語言學習採用多讀、多聽、多寫、多比較的方法，會有利於鞏固和擴大知識、形成技能。

同時，教學中要課內和課外練習配合，提供應用機會。知識的應用與遷移關係十分密切，將所學的知識用於解決同類或類似課題，既是檢驗學生對知識的理解、保持以及遷移的手段，同時知識的應用還可以提高學生的遷移能力。如果學生能夠順利解決問題，那麼實質上就實現了知識的遷移，人們正是透過知識的應用而實現知識遷移的。課外活動應儘量與課內學習相配合，課內學習要有充分應用於課外的機會。課外活動的安排，不論其為教學性的或是娛樂性的，都應配合課內的學習，使課外活動能從課內學習獲得助長。同樣課內的學習應有充分應用與練習的機會，適量與適度的家庭作業與課外作業，使學習有練習與應用的機會。指定課外作業應注意不受課本練習題的拘束，允許學生有新的發現或新的應用途徑；教師應細心查對學生練習或應用的結果，並可做適當的獎懲。

（六）重視學生的心理狀態，避免負遷移的發生

除了增加學校對學生的吸引力外，教師還可以透過反饋和歸因控制等方式培養學生積極進取的學習態度，使學生形成關於學習和學校的積極態度。在每次學習前，也應注意幫助學生形成良好的心理準備狀態，避免不良情緒、反應定式等消極心態產生的消極遷移。教師應多鼓勵學生，讓他們相信自己的實力，努力地從現有的知識網路中去找尋與新問題的連接點，以創造出遷移產生的條件。

鑑於定式作用的雙重性，在教育實踐中，就要求教師既要培養學生解決類似問題的心向，又要引導學生在遇到用習慣方法難以解決有關問題時，積極地從其他角度來思考。只有這樣，才能充分地利用定式作用，提高遷移的效果。

複習鞏固

1. 影響學習遷移的因素有哪些？

2. 教師在教育教學實踐中如何利用學習遷移理論促進學生學習的遷移？

本章要點小結

學習遷移概述

1. 學習之間的相互影響被稱為遷移，是一種學習對另一種學習的影響，也就是學生已獲得的知識經驗、認知結構、動作技能、學習態度、策略和方法等，與新知識、新技能的學習之間所發生的影響。

2. 學習遷移有多種類型，根據不同的分類標準可分為以下幾類：從遷移的內容上可以分為知識、動作技能、習慣態度等類型；從遷移的情境上分自遷移、近遷移和遠遷移；從遷移發生的範圍可以分為具體遷移和一般遷移；從遷移發生的效果可以分為正遷移、負遷移和零遷移；從遷移中先後學習發生影響的方向，可以分為順向遷移和逆向遷移。

3. 學習遷移的具體作用體現為：正遷移是有效學習的標誌；遷移對於提高解決問題的能力具有直接的促進作用；遷移是習得的經驗得以概括化、系統化的有效途徑，是能力與品德形成的前提條件；遷移規律為學習者、教育工作者以及有關的培訓人員提供指導。

學習遷移的理論

1. 學習遷移的傳統理論有形式訓練說、共同要素說、概括說、關係說、學習定式說。

2. 將認知領域的知識分為兩大類：陳述性知識和程序性知識。程序性知識又被分為兩個亞類：智慧技能和認知策略。

3. 學習遷移的當代理論有認知結構遷移理論、產生式遷移理論和認知策略遷移理論。

促進學習遷移的條件與方法

1. 影響學習遷移的因素有：

（1）客觀因素包括學習材料的性質，學習情境的相似性，知識經驗的概括水準，教師的指導。

（2）主觀因素包括對材料的理解程度，學習者的概括能力，學生的認知結構，認知技能與策略，定式作用。

2. 教師在教育教學實踐中可透過以下方法促進學生的遷移：科學合理地選編教材與教學內容；確立明確而具體的教學目標；靈活地選擇教學方法，促進學生遷移的發生；指導並鼓勵學生正確運用學習策略；加強學習活動的多樣性，增加知識應用的機會；重視學生的心理狀態，避免負遷移的發生。

關鍵術語

學習遷移 正遷移 負遷移 零遷移 順向遷移 逆向遷移 認知結構遷移理論 產生式遷移理論 認知策略遷移理論

選擇題

1. 學習原有知識對新學習的影響屬於（ ）

A. 逆向遷移 B. 負遷移 C. 順向遷移 D. 正遷移

2. 提出經驗類化理論，強調概括化的經驗或原理在遷移中的作用的是（ ）

A. 奧蘇伯爾 B. 桑代克 C. 賈德 D. 格式塔心理學

3. 學過高等數學後有利於初等數學的進一步理解和掌握，這屬於（ ）

A. 順向正遷移 B. 逆向正遷移 C. 順向負遷移 D. 逆向負遷移

4. 兩種學習間發生的相互干擾、阻礙的遷移稱為（ ）

A. 正遷移 B. 負遷移 C. 橫向遷移 D. 縱向遷移

5. 認知結構遷移理論的提出者是（ ）

A. 桑代克 B. 賈德 C. 奧蘇貝爾 D. 布魯納

6. 桑代克提出的學習遷移理論是（ ）

A. 形式訓練說 B. 經驗泛化說 C. 相同要素說 D. 關係轉換說

7. 從遷移的觀點來看，「溫故而知新」屬於（ ）

A. 順向負遷移 B. 逆向負遷移 C. 逆向正遷移 D. 順向正遷移

8. 會講英語的人學習德語，學得比其他人快，這是屬於（ ）

A. 正遷移 B. 負遷移 C. 縱向遷移 D. 逆向遷移

9. 下面的四個成語或俗語中屬於典型的正遷移現象的是（ ）

A. 舉一反三 B. 聰明過人 C. 思維敏捷 D. 物以類聚

10. 遷移的實質是（ ）

A. 新舊經驗的整合過程 B. 新舊知識的同化

C. 新舊知識的順應 D. 新舊知識的重組

實踐操作

請你對周圍 2～3 位教師的教學進行觀察和分析，總結他們在日常教學中都運用了哪些學習遷移理論，採用了哪些措施來促進學生的學習遷移。

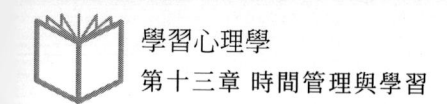

第十三章 時間管理與學習

1930 年，著名的學者胡適先生發表了一篇關於時間的演講。

他希望畢業同學「珍惜時間，不要拋棄學問」。他說：

「達爾文一生多病，不能多做工，每天只能做 1 小時的工作。你們看他的成績！每天花 1 小時看 10 頁有用的書，每年可看 3600 多頁書，30 年讀 11 萬頁書。

諸位，11 萬頁書可以使你成為一個學者了。可是每天看 3 種小報也得費你 1 小時的功夫，四圈麻將也得費你 1 小時半的光陰。看小報呢？還是打麻將呢？還是努力做一個學者呢？全靠你們自己選擇！

易卜生說：你的最大責任就是把你這塊材料鑄造成器。學問就是鑄器的工具。拋棄了學問便是毀了你自己。再會了，你們的母校眼睜睜地要看你們 10 年之後成什麼器。」

……

關於「時間就是效率」、「時間就是金錢」、「時間就是生命」、「一寸光陰一寸金，寸金難買寸光陰」之類的描述，我們每個人都可以脫口而出，但是我們做得究竟怎樣呢？怎樣才能夠做得更好呢？這涉及時間管理與學習的相關問題，也是本章關注的主題。

第一節 時間管理概述

一、時間和時間管理

對於時間的測量，天文授時已經達到了「皮秒——Picosecond」[1 秒（s）=1×1012 皮秒（ps）] 的程度，物理學也已經達到了很高的程度。學習心理學比較關注平衡時間之間的差異及更高程度地利用時間，以充分發掘時間帶來的資源。

人們對於時間的瞭解和利用是從計算時間開始的，而其中以中國古代的計時工具為代表：太陽鐘和機械鐘兩類。太陽鐘是以太陽的投影和方位來計時，分別以土圭、圭表、日晷為代表，但是由於地球軌道偏心率以及地球傾角的影響，依託太陽的計時方式存在一定的不足，所以機械鐘應運而生，其代表有水鐘、香篆鐘、沙漏。

目前，關於時間的基本國際單位是秒（second），其計算標準是以銫 133 原子基態的兩個超精細能級間躍遷對應的輻射的 9192631770 個週期的持續時間為標準。

1905 年，愛因斯坦提出了狹義相對論：空間和時間隨著物質形式和運動狀態的改變而改變，空間和時間的特性是相對的，隨著物質運動的速度變化而變化。狹義相對論預測一個具有相對運動的時鐘的時間流逝比另一個靜止的時鐘的時間流逝慢。1971 年，物理學家哈菲爾（Joe Hafele）與基廷（Richard Keating）將高度精確的原子鐘放在飛機上繞著世界飛行，然後將讀到的時間與留在地面上完全一樣的時鐘做比較。結果證實：在飛機上的時間流逝得比實驗室裡的慢。據愛因斯坦的理論，當移動的速度越快，時間流逝速度越慢，當移動速度達到光速的一半時，時間約慢 13%。

愛因斯坦透過計算時間的同時性和時間間隔，設定其運動高速程度，把握其相對性，提出了所謂的「鐘慢效應」──即運動速度超過光速的時候，時間速度的參照系將放大，進而減緩，以至於出現負數，而並非時間倒流。

2004 年，當代偉大的科學家史蒂芬·威廉·霍金（Stephen William Hawking）發布了對於時間研究的里程碑作品《時間簡史》，他認為：時間的本質在於其隨宇宙的變化而變，是宇宙事件秩序的計量。

綜合各方研究，我們發現時間具有以下四項獨特性：

1. 供給毫無彈性

時間的供給量是固定不變的，在任何情況下不會增加也不會減少，每天都是 24 小時，所以我們無法開源。

2. 無法蓄積

時間不像人力、財力、物力和技術那樣能被積蓄儲藏。不論願不願意，我們都必須消費時間，所以我們無法節流。

3. 無法取代

任何一項活動都有賴於時間的堆砌，這就是說，時間是任何活動所不可缺少的基本資源。因此，時間是無法取代的。

4. 無法失而復得

時間無法像失物一樣失而復得，它一旦喪失，則會永遠喪失。花費了金錢，尚可賺回，但倘若揮霍了時間，任何人都無力挽回。

根據以上時間的特點，我們發現時間是人類在科學研究的基礎上對於物體運動發展的一種賦值——準確的物理及心理賦值，不同學科都從不同角度和不同層次觀察和研究著時間，在心理學領域，我們關注於如何更好地安排及管理時間。

二、時間管理

（一）時間管理概述

時間管理（Time Management）是對時間的利用和統籌使用：基於有效利用時間的角度，對於時間進行科學的分配和使用是現代人社會性格的一個重要標誌。

Lakein（1973）是最早定義時間管理概念的一個學者，他認為時間管理需要採取如下步驟：首先，限定要實現的目標，並按照相對重要性來排列目標；其次，要明確達到這些目標要完成什麼任務（或階段），這些任務（或階段）也要按照相對重要性進行排列；最後，要計算可利用的時間，並制訂使用方案或列表來細化任務進行執行，且始於最重要的任務。這個方案或列表將會有助於追蹤進步。

史蒂芬·柯維將時間管理學的研究分為四個階段,並依據從農業革命演進到工業革命,再到資訊革命的演變過程,透過每一個時期人們進行時間管理的方式不同進行了典型的劃分。

第一代時間管理理論是備忘型的:一方面順其自然,一方面也會追求時間的安排,例如何時寫報告、開會等,其主要特色是紙條或備忘錄。你必須隨身帶著備忘錄,並常常翻看是否有什麼事情沒有做。

第二代時間管理理論強調「規劃與準備」,特色是行事曆和記事簿,講求的是效率、個人責任、制定合適的目錄、事先規劃、安排將來的行程。其主張必須先制訂時間表,記錄應做的事,表明應完成的期限,註明開會的日期,甚至把所有的資料都輸入電腦,反映出時間管理已經注意到規劃未來的重要性。

第三代是目前正流行、講求優先順序的觀念——其管理理論是以效率為主旨的時間管理學。首先必須花點時間明白自己的價值觀:「我要的是什麼?」,隨後制訂短、中、長期目標,將目標與計劃置於價值觀之上。其理論的核心觀點是價值觀與目標的綜合,而這點正是目前正在流行的講求優先順序、以效率為主旨的管理學定律:將有限的時間精力加以分配,爭取最高效率,在最短的時間內做較多的事。從某方面講,這一代時間管理法在提高生活效率上貢獻較多,在行事規劃、確定優先順序、澄清價值觀、設定目標等方面都有了一定的進步。但是人們發現,以效率為主旨的第三代時間管理理論不能滿足尋求事業、家庭與社會生活平衡的需要。

第四代時間管理理論主張關鍵不在於時間管理而在於個人管理,其理論核心在於側重於先做重要的事,而非急迫的事。強調以原則為重心,配合個人對使命的認知,兼顧重要性與緊迫性。第四代時間管理理念的突出特點是從根本上否定「時間管理」這個名詞,主張關鍵不在於時間管理,而在於個人管理,與其著重於對時間與事務的安排,不如把重心放在維持產出與產能的平衡上。

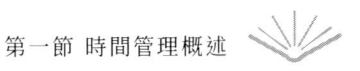

（二）時間管理的理論模型

心理學領域中時間管理的理論模型主要涉及時間估計和認知、時間洞察力、時間管理與時間管理傾向，以及時間精神病理學，還包括時間認知的腦機制研究等。布里頓（Britton）、馬坎（Macan）等首先從心理學的角度對時間管理和時間管理行為進行了理論和實證的探索，開始了心理學領域對時間管理的實證研究，並取得了重要進展。透過大量實證研究，心理學者提出了三個有關時間管理的理論模型，分別是布里頓和格林（BrittonGlynn，1989）的時間管理認知模型、馬坎等（1990，1994）的時間管理過程模型、黃希庭和張志杰（2001）的時間管理傾向模型。

1. 時間管理認知模型

布里頓和格林的時間管理認知模型側重於從訊息加工的角度把時間管理看作是心理管理的一個方面，把人的時間管理與計算機操作系統進行類比，重點關注對時間管理的認知，明確自己的時間意識和時間重要性。

在時間管理認知模型中，時間管理劃分為相互關聯的總體、中間和個體水準的三個成分（或層次）。總體水準的成分包括選擇目標和子目標，並排列這些目標的優先次序；中間水準的成分包括來源於目標的任務或子任務，並排列這些任務的優先次序；個體水準的成分包括制定時間安排和個人任務的執行。如，根據優先目標的任務計劃和時間安排就可能完成這些目標。

2. 時間管理過程模型

馬坎提出的時間管理過程模型強調設置目標和優先級、任務執行機制（時間安排、列表）和組織傾向，這與布里頓和格林的理論模型類似，兩者存在很多共同點：時間計劃行為（如設置目標、排列目標／任務的優先級和時間安排）和態度（如，整潔有序和組織傾向）是彼此相關的。如一個有很強的有序傾向的人也會較多顯示目標設定和任務計劃行為。

馬坎繼承和發展布里頓和格林的理論模式，提出了自己的可知覺的時間控制的時間管理過程模型。按照該模型，可知覺的時間控制是時間行為和時間態度的直接結果，而這點是實際存在的，並稱之為「可知覺的時間控制」。

可知覺的時間控制被認為是作為一個高級的潛在的心理因素來調節時間行為和態度的關係，同時也作用於時間管理行為而影響個體的工作壓力、軀體緊張、工作滿意感和成績之間的關係。

3. 時間管理傾向模型

黃希庭和張志杰（2001）提出的時間管理傾向模型從人格傾向的角度對時間管理進行了系統研究，其理論模型為：每個人在時間管理上具有穩定的人格特徵，而這種人格特徵透過時間運用方式所表現出來，並稱之為時間管理傾向。

時間管理傾向既是個體對時間的態度、計劃和利用等人格認知特點，也是個體對時間的價值觀和行為傾向，是一種具有多維度、多層次結構的人格特徵，由此產生的時間管理傾向三維結構模型認為：時間管理傾向由時間價值感（社會取向和個人取向）、時間監控觀（設置目標、計劃、優先級、時間分配和反饋性）和時間效能感（時間管理效能和時間管理行為效能）三個維度構成，其中時間價值感是指個體對時間的功能和價值的穩定的態度和觀念，包括時間對個人的生存與發展以及對社會的存在與發展的意義的穩定態度和觀念，它通常是充滿情感，從而驅使人朝著一定的目標行動，對個體駕馭時間具有動力或導向作用。時間價值感是個體時間管理的基礎；而時間監控觀是個體利用和運籌時間的能力和觀念，它體現在一系列外顯的活動中，例如在計劃安排、目標設置、時間分配、結果檢查等一系列監控活動中所表現出的能力及主觀評估；最終涉及的時間效能感，則是指個體對自己駕馭時間的信念和預期，反映了個體對時間管理的信心以及對時間管理行為能力的估計，它是制約時間監控的一個重要的因素。因此，時間價值感、時間監控觀和時間效能感分別是價值觀、自我監控和自我效能在個體運用時間上的心理和行為特徵，即時間維度上的人格特徵。

（三）時間管理的測量

心理學家陸續提出了大量關於測量時間管理及時間管理傾向的工具，其中比較著名的就包括：時間經驗問卷和時間結構問卷、時間管理行為量表、時間管理量表等。

1. 時間經驗問卷和時間結構問卷

魏斯曼（1973）認為，個體體驗和利用時間的特有方式在可評價和測量的維度上變化很大，這些差異是與人格特徵相關的。他據此研製的《時間經驗問卷》（Temporal Experience Questionnaire，TSQ）包含四個因素：近期的時間壓力、長期的個人定向間利用、個人不一致性，並透過這四個因素將相應人格成分和特徵對時間管理進行了分類研究。

費瑟和柏德對時間結構進行了界定，即時間結構是指個體知覺自己的時間使用的有結構和目的的程度，並在1983年編制了《時間結構問卷》（Time Structure Questionnaire），又進一步地提出了四種劃分因素：約會、定向、結構、常規行為。而在1988年的後續修訂研究中，費瑟和柏德進一步地提出了五個因素：目的感、有結構的常規行為、當前定向、有效組織、堅持性。

2. 時間管理行為量表

馬坎設計出《時間管理行為量表》（Time Management Behavior Scale，簡稱TMB）來評價作為時間管理構想關鍵的時間管理行為。TMB分為五個因素：設置目標和優先級、機制-計劃和安排、時間的自覺控制、混亂傾向，在實際量表中，轉化為4個主要因素進行考慮，分別是：

因素1是指設置一個人想或需要實現的目標，並區分為達到這些目標的各種任務的優先次序。

因素2是指與管理時間有關的典型行為，如列表或計劃。

因素3反映了一個人相信他能夠影響如何花費時間的程度。

因素4是指在工作區和計劃處理中混亂的一般嗜好。

3. 時間管理量表

布里頓和特塞爾（1991）依據布里頓和格林的可知覺的時間控制理論模型編制了《時間管理量表》（Time Management Questionnaire，簡稱TMQ），透過短期計劃、時間態度和長期計劃三個因素的設定對學生的時間管理進行了量化研究。

在該量表中三個因素的具體含義分別是：短期計劃涉及需要在一天或一週之內要計劃的條目；時間態度得分高，表明這些學生的時間被建設性地使用，而且他們感到掌握著自己時間花費的方式；長期計劃得分高的學生似乎是從相對較寬的視窗來思考事情的。他們設定整個季度的目標，追蹤日曆上的重要日期，在考試還沒有來臨的時候就複習材料，並不等到完成主要任務的最後一刻。

4. 職業時間管理量表

2000 年，比斯瓦斯透過對職業經理人和大學教師進行的系列研究編制的《職業時間管理量表》主要用於測量專業人員採用的時間管理策略，擁有 26 個條目，涉及六個因素：時間規劃、目標闡述、優先級、協調、避免濫用檢查和聚焦。

隨後，尼爾森也根據相應的研究編制了七維度的時間管理量表，分別是：問題解決／目標設置、提醒、不浪費時間、快樂活動/休息、組織、授權、可預測的日常事務。

5. 青少年時間管理傾向量表

黃希庭等認為，時間管理傾向是個體在運用時間方式上所表現出來的心理和行為特徵，具有多維度多層次的心理結構，其編制的《青少年時間管理傾向量表》（Adolescence Time Management Disposition Scale，簡稱 ATMD），共包括 44 個題項，由三個分量表構成：時間價值感（社會取向和個人取向的時間價值感）、時間監控觀（設置目標、計劃、優先級、時間分配和反饋性）和時間效能感（時間管理效能和時間管理行為效能）三個維度構成（黃希庭，張志杰，2001），可以有效評鑑青少年時間管理傾向。

複習鞏固

1. 簡述時間管理的理論模型有哪些。

2. 時間管理及時間管理傾向的工具有哪些？

第二節 時間管理方法與技巧

一、時間管理對於學習的影響

（一）時間管理是如何起作用的

研究表明，對時間控制的知覺能力較強的學習者，其學業成績往往優良，兩者呈正相關。在馬坎的時間管理過程模型（如圖 13-1）中，時間管理和成績、緊張、工作滿意感等結果變量之間的關係由時間知覺中的時間控制因素來調節。也就是說，時間管理不是成績的直接前提，而是有助於個人建立結構和獲得控制感，這會積極影響成績和滿意感，並降低緊張和壓力反應。

在後續研究中，很多學者認為：時間管理行為透過時間知覺中的控制因素來間接影響工作滿意度，而且每種時間管理行為都與時間知覺中的控制因素有關，只是產生的效果不同而已。其中，設置優先級和組織傾向與時間知覺中的控制因素呈正相關，而參與時間管理機制卻與時間知覺中的控制因素呈負相關。這說明，制訂計劃和時間表實際上會導致一些人幾乎體驗不到對時間的控制，這就類似於透過記錄和制訂時間表給人們提供反饋，對於沒有滿足所有他們時間需求的人來說，沒有完成表上的任務或錯過時間表中的約會可能導致他們知覺到他們幾乎沒有控制他們的時間。

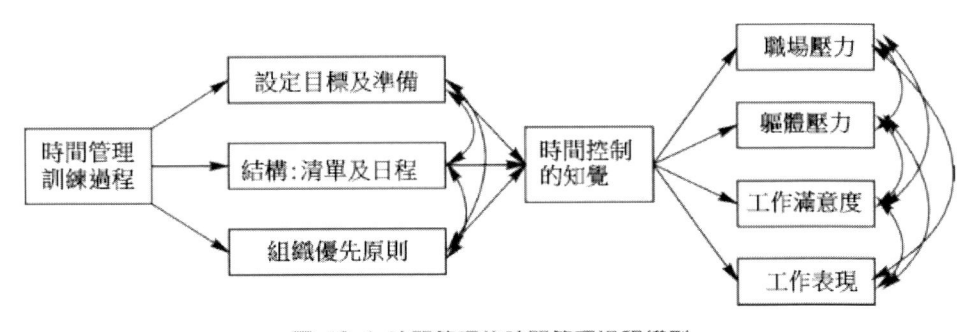

圖 13-1 時間管理的時間管理過程模型

美國心理學家魏特尼（C.E.Weintein）於 1978 年編制的《學習策略測驗》（Learning and Study Strategies Inventory，LASSI）經過多次篩選與修訂，在 1984 年發展成為目前包括 10 個分量表共 77 個題目的測量工具，

並在美國建立了全國常模。其中第三個分量表是時間管理量表。主要用於測查學生合理計劃和有效使用學習時間的情況。

通常，在該量表上得分低，表明這些學生合理計劃和有效使用學習時間的情況差，他們需要加強對自己學習負責的重要性的認識，需要學習如何正確客觀地瞭解自己的個性特點、學習生活習慣，需要學會如何處理分心、走神、懶惰等問題，從而學會建立切合實際的學習目標，制訂出有效合理的學習時間表來，在此基礎上，促成學習計劃的實施，學習目標的達成。

（二）透過時間管理提高學習效率的一般建議

多項研究表明，人的學習能力和時間分布具有極高的相關性價值。傳統校園教學過程中很多學習者都有這樣的體會：有些人平時學習並不是很刻苦，甚至很愛玩，但學習成績總是名列前茅；另一些同學則相反，儘管學習很用功，經常挑燈夜戰，但成績總是提上不去。為什麼會產生這種現象呢？研究證明，最主要的原因在於學習效率不同，其根源在於學習者是否能做好時間管理。

如何透過時間管理提高學習效率？

1. 有時間管理的意識

根據相關的時間管理理論及模式，有效管理時間一般應遵循以下四條基本原則：

（1）制訂翔實可行的計劃，提高學習的效率；

（2）利用好空閒時間，杜絕時間的浪費；

（3）事事抓住今天，不要把今天的事情拖到明天去辦；

（4）進行時間統計，檢驗自己的時間花得是否合理。

2. 根據生理規律，合理安排學習時間

參照解剖學和神經學相關理論，人體在白天機體能力較強，記憶力強，思維活躍；而由於生理遺傳、社會環境等諸因素的制約，在夜間人在這些方

時間管理的計劃階段、執行階段和結束階段中所體現出來的特徵，初步把時間管理自我監控分為三個階段七個維度，分別是計劃階段（計劃性、合理性）、執行階段（自覺性、開放性、堅持性）、結束階段（評價性、反思性）（見圖 13-2）。

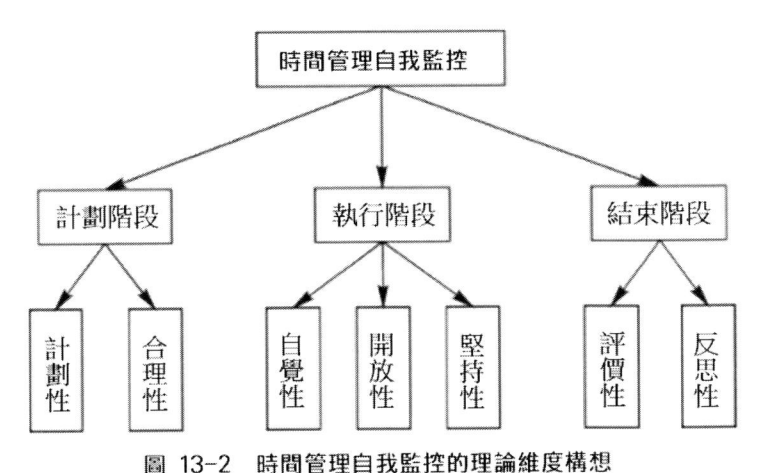

圖 13-2　時間管理自我監控的理論維度構想

時間管理自我監控各維度的具體含義如下：

計劃性：指學生主動而積極地去制訂時間計劃，包括短期計劃和長期計劃。

合理性：指制訂的計劃具有合理性，涉及目標定向、個人定向、時間估計、優先級、時間分配等。

自覺性：指學生能夠自覺地執行自己制訂的時間計劃，主要涉及學生在執行計劃中不拖拉、有責任感、能自我提醒、有目標意識、學會拒絕、不隨意更改計劃等方面的自覺性。

開放性：指學生在執行時間計劃過程中具有開放靈活包容的態度和方法。主要涉及學生能調整和完善計劃、利用零碎時間、學習時間管理經驗、接受他人幫助等方面。

堅持性：指學生能堅持完成自己制定的時間計劃，主要涉及學生能克服困難、堅持完成時間計劃等方面。

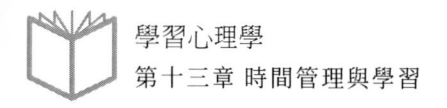

評價性：指學生對計劃完成情況的評價。

反思性：指學生對整個時間管理過程的反省和對未來時間管理的期望。

三、GTD 時間管理策略及方法

GTD 是「Getting Things Done」（儘管去做）的縮寫，是由效率管理專家戴維·艾倫（DavidAllen）開創的一套較為完整的個人時間管理系統，其是一種簡單、高效的方式，方便使用者輕鬆地達到富有生產力的新境界：既高效地處理工作上的事務，又能品味生活的快樂。

GTD 的精妙功效在於以簡單易行的方法，將引起注意的一切訊息，分門別類、清晰明確地保存在一個完整的系統中，系統地進行管理和回顧，時間管理者清楚地掌握工作重點，根據所處的環境和時刻，採取最高效能的行動方案。

GTD 的時間管理原則主要是要人們認清主要的目標和價值觀，為工作賦予了先後次序、意義和方向。

GTD 的基本方法：收集、整理、組織、回顧與行動五個步驟。

其核心理念為：記錄下來你要做的事，然後整理安排。

（一）收集

收集就是規整併計劃實現的未盡事宜，並將其統統羅列出來，放入指定的文件框中，是把所有在腦海裡浮現出來的訊息（任務，想法，項目等等）記錄到隨身攜帶的小本子上（或者任何適合你的工具），把你的工作從大腦裡面清出來，記錄在可以看到的地方。

記錄小提示：在紙上或其他設備裡記錄下工作時，應注意安排優先級，思考你的工作哪一項優先級最高。

收集的流程

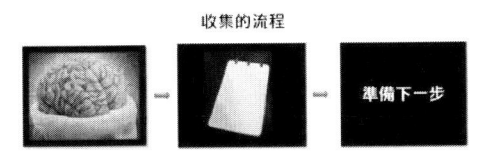

- 把任務從大腦裡清出來
- 填入收集的設備裡(紙、Onenote、GoogleNotebook)
- 準備下一步的處理

圖 13-3 收集的流程

(二) 整理

收集只是將訊息整理，當訊息列入文件庫之後，就需要定期或不定期地進行整理，將待解決訊息按是否可以付諸行動進行區分整理，對於不能付諸行動的訊息，可以進一步分為參考進行、日後可能需要處理以及垃圾幾類，而對可行動的內容再考慮是否可在兩分鐘內完成，如果可以則立即行動完成它，如果不行對下一步行動進行組織。

「整理」的操作要求涉及三點重要的內容：

1. 不把任何訊息放回收集箱，處理完一件任務就打一個對勾；

2. 如果任何一項工作需要做，就馬上執行去做或者委託別人完成，或者將其延期；

3. 否則就把它存檔或刪除，或是為它定義合適的目標與情境，以便下一步執行。

(三) 組織

「組織」應該是 GTD 中最關鍵的一點。

「組織」主要分為對下一步行動的組織與對備份訊息的組織。下一步行動的組織一般可分為：等待處理清單、將來處理清單、下一步行動清單。等待處理清單主要是記錄那些委派他人去做的工作；將來處理清單則是記錄延遲處理且沒有具體的完成日期的未來計劃等等；而下一步行動清單則是具體的下一步工作，而且如果一個項目涉及多步驟的工作，那麼需要將其細化成具體的工作。

GTD 最大的不同在於其對行動進行詳細的細化，比如按照地點、時空等因素將時間管理的相關因素分別記錄，進而明確並且強調只有在這些地方才可以執行的行動，進而以標的物形式，強化對於訊息的歸類，並強化標的物在訊息負載上的重要性，當看到標的物的時候，就可以一目瞭然地知道應該做哪些工作。

（四）回顧

在時間管理理論中，回顧造成評估的重要作用，同時也和行動同時發生，但是在行動的時候，一般需要每週進行回顧與檢查，透過回顧及檢查所有清單並進行更新，可以確保 GTD 系統的運作。

例如，在回顧的同時可以對未來一週的工作進行計劃及微調。

1. 等待處理清單主要是記錄那些委派他人去做的工作，比如有封郵件問這件事由誰負責，可轉交處理，如果你是主管，可安排下屬去做。

2. 將來處理清單則是記錄延遲處理且沒有具體的完成日期的未來計劃等。

3. 下一步處理清單則是具體的下一步工作。而且如果一個任務涉及多步驟的工作，那麼需要將其細化成具體的項目。

（五）行動

現在你可以按照每份清單開始行動了，在具體行動中可能會需要根據所處的環境、時間的多少、精力情況以及重要性來選擇清單以及清單上的事項來行動。

四、其他時間管理的方法

（一）六點優先工作制

著名的效率大師艾維利在向美國托拉斯鋼鐵公司提供諮詢時提出了類似於心理學量表中五點排序方法的「六點優先工作制」，在進行任務管理及時

間管理的時候，可以進行優先化排序，從而使這家公司用了 5 年的時間，從瀕臨破產一躍成為當時全美最大的私營鋼鐵企業。

「六點優先工作制」要求把每天要做的事情按重要性排序，分別從「1」到「6」標出 6 件最重要的事情。每天一開始，先全力以赴做好標號為「1」的事情，直到它被完成或被完全準備好，然後再全力以赴地做標號為「2」的事，依此類推……

艾維利認為，一般情況下，如果一個人每天都能全力以赴地完成 6 件最重要的大事，那麼，他一定是一位高效率人士。

透過這次諮詢，艾維利獲得了 2.5 萬美元諮詢費，故管理界將該方法喻為「價值 2.5 萬美元的時間管理方法」。

(二) 帕累托原則

抓住最重要的事情，明確時間管理的重點在哪兒，用最少的時間創造最大的價值，這便是著名的帕累托原則。

19 世紀義大利經濟學家帕累托提出：生活中 80%的結果幾乎源於 20%的活動。比如，是那 20%的客戶給你帶來了 80%的業績，可能創造了 80%的利潤，世界上 80%的財富是被 20%的人掌握著，世界上 80%的人只分享了 20%的財富。

因此，要把注意力放在 20%的關鍵事情上。

根據帕累托原則，時間管理者應當首先對要做的事情進行區分並進行如下的排序：

1. 重要且緊急（比如救火、搶險等）——必須立刻做，馬上做，不能延緩。

2. 緊急但不重要（比如其他人急切的要求或者無關人員的請求等）——只有在優先考慮了重要的事情後，再來考慮這類事。人們常犯的毛病是把「緊急」當成優先原則。其實，許多看似很緊急的事，拖一拖，甚至不辦，也無關大局。

3. 重要但不緊急（比如學習、做計劃、與人談心、體檢等）——只要是沒有前一類事的壓力，應該當成緊急的事去做，而不是拖延。

4. 既不緊急也不重要（比如娛樂、消遣等事情）——有閒工夫再說。

根據帕累托原則，用最少的時間處理最核心的問題，這點將有效地提高時間管理者的工作水準和工作效率。

（三）麥肯錫 30 秒電梯理論

有沒有嘗試過二分鐘演講？在時間管理者看來，時間非常短暫，但是需要做的事情卻非常多，該如何去處理呢？

作為世界三大諮詢公司，麥肯錫公司曾經得到過一次沉痛的教訓：當該公司的諮詢人員完成業務諮詢的時候，項目負責人在電梯間裡遇見了對方的董事長，該董事長問麥肯錫的該項目負責人：「你能不能說一下現在的結果呢？」由於該項目負責人沒有準備，而且即使有準備，也無法在電梯從 30 層到 1 層的 30 秒鐘內把結果說清楚。最終，麥肯錫失去了這一重要客戶。從此，麥肯錫要求公司員工凡事要在最短的時間內把結果表達清楚，凡事要直奔主題、直奔結果。

麥肯錫認為，一般情況下人們最多記得住一二三，記不住四五六，所以凡事要歸納在 3 條以內。這就是如今在商界流傳甚廣的「30 秒鐘電梯理論」或稱「電梯演講」。而這點，在時間管理之中，需要時間管理者明確自己的重點，並把有效的時間用在重要的事情上。

（四）莫法特休息法

如何提高工作效率，並在工作間歇提高休息的效率？在多任務需要同時進行或者連續進行的時候，時間管理者常常面對著肌體疲勞或者精神疲勞。

《聖經新約》的翻譯者詹姆斯·莫法特曾經在自己的書房之內擺放了三張書桌：第一張擺著他正在翻譯的《聖經》譯稿；第二張擺的是他的一篇論文的原稿；第三張擺的是他正在寫的一篇偵探小說。當面對這麼多工作的時候，該如何進行休息呢？

莫法特的休息方法就是從一張書桌搬到另一張書桌，繼續工作。

在農業種植上，人們發現連續幾季在同一片土地上種植同樣的作物，其土地的肥力就會下降，進而會影響到後續作物的生長，導致地力衰竭。出現這種情況的根源在於同一種作物吸收的是同一類養分，長此以往，土壤疲憊，自然恢復能力降低，影響地力。

人的腦力和體力類似於地力，如果每隔一段時間就變換不同的工作內容，就會產生新的優勢興奮灶，而原來的興奮灶則得到抑制，這樣人的腦力和體力就可以得到有效地調劑和放鬆。

根據這點，莫法特休息法便產生了：

1. 有計劃地使用時間。不會計劃時間的人，等於計劃失敗。

2. 目標明確。目標要具體、具有可實現性。

3. 將要做的事情根據優先程度分先後順序。80%的事情只需要20%的努力。而20%的事情是值得做的，應當享有優先權。因此要善於區分這20%的有價值的事情，然後根據價值大小，分配時間。

4. 將一天從早到晚要做的事情進行羅列。

5. 要具有靈活性。一般來說，只將時間的50%計劃好，其餘的50%應當屬於靈活時間，用來應對各種打擾和無法預期的事情。

6. 遵循你的生物鐘。你辦事效率最佳的時間是什麼時候？將優先辦的事情放在最佳時間裡。

7. 做好的事情要比把事情做好更重要。做好的事情，是有效果；把事情做好僅僅是有效率。首先考慮效果，然後才考慮效率。

8. 區分緊急事務與重要事務。緊急事往往是短期性的，重要事往往是長期性的。給所有羅列出來的事情定一個完成期限。

9. 對所有沒有意義的事情採用有意忽略的技巧。將羅列的事情中沒有任何意義的事情刪除掉。

10. 不要想成為完美主義者。不要追求完美，而要追求辦事效果。

11. 巧妙地拖延。如果一件事情，你不想做，可以將這件事情細分為很小的部分，只做其中一個小的部分就可以了，或者對其中最主要的部分最多花費 15 分鐘時間去做。

12. 學會說「不」。一旦確定了哪些事情是重要的，對那些不重要的事情就應當說「不」。

13. 獎賞自己。即使一個小小的成功，也應該慶祝一下。可以事先給自己許下一個獎賞諾言，事情成功之後一定要履行諾言。

需要特別說明的，莫法特休息法並非由莫法特提出，而是根據莫法特的故事，經過其及後續的時間管理者陸續提出的。

複習鞏固

1. 時間管理自我監控的階段和維度有哪些？
2. 學習時間管理的方法有哪些？
3. 簡述 GTD 的基本方法。

本章要點小結

時間與時間管理

時間的四個特點是供給毫無彈性，無法蓄積，無法取代，無法失而復得。

時間管理的理論模型有：時間管理認知模型，時間管理過程模型，時間管理傾向模型等。

時間管理及時間管理傾向的工具有：時間經驗問卷，時間管理行為量表，時間管理量表，職業時間管理量表，青少年時間管理傾向量表。

時間管理與學習

對時間控制的知覺是與學業成績呈正相關的，時間管理就是個人的自我管理，重點是對自我的思想和行為進行監控。時間管理是一個動態的連續過

程，包括對時間的計劃階段（計劃性、合理性）、計劃的執行階段（自覺性、開放性、堅持性）和結束階段（評價性、反思性）的調控。

GTD 即「Getting Things Done」（儘管去做），具體做法可分成收集、整理、組織、回顧與行動五個步驟。

6 點優先工作制要求把每天所要做的事情按重要性排序，分別從「1」到「6」標出 6 件最重要的事情，先全力以赴做好標號為「1」的事情，直到它被完成或被完全準備好，然後再全力以赴地做標號為「2」的事，依此類推……

單項選擇題

1. 下列維度中，不屬於 ATMD 量表的是（　）

A. 時間價值感 B. 時間監控觀 C. 時間態度 D. 時間效能感

2. 下列維度中，不屬於 BrittonTesser（1991）時間管理量表的是（　）

A. 短期計劃 B. 時間規劃 C. 時間態度 D. 長期計劃

3. 下列維度中，不屬於 GTD 執行階段的時間過程是（　）

A. 自覺性 B. 開放性 C. 堅持性 D. 反思性

4. 在 GTD 時間管理模式中最關鍵的一點是（　）

A. 收集 B. 整理 C. 組織 D. 回顧

多項選擇題

1. 黃希庭和張志杰提出的時間管理傾向模型中，時間價值感主要包括（　）

A. 社會取向 B. 個人取向

C. 時間管理效能 D. 時間管理行為效能

E. 目標闡述

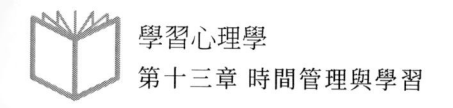

2. 根據時間管理傾向模型，為了有效做好時間監控，應當注意的步驟有（　）

A. 設置目標　B. 計劃

C. 優先級　D. 分配和反饋

E. 社會取向

3. 首先從心理學的角度對時間管理和時間管理行為進行了理論和實證的探索的學者是（　）

A. 布里頓　B. 馬坎　C. 魏特尼　D. 霍金　E. 魏斯曼

思考題

如何選擇一種適合自己的時間管理方式及方法？

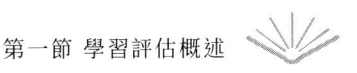

第十四章 評估與學習

為了比較學習的自我評估對大學生英語寫作能力的作用。在某大學同一專業的兩個班，心理工作者對其中一個班進行檔案袋教學和常規教學相結合，另一個班則只進行常規教學，且教學的內容完全一樣。

在檔案袋教學中，心理研究者主要採用兩封信（寫作檔案袋執行之初寫前信，反映寫作中的不足和制定寫作目標；寫作檔案袋執行後期寫後信，總結進步與不足，設定新目標），反思與自我評價記錄（正視作品中的不足以做前進目標，同時看到自己的進步）和會談記錄（老師與同學對其作品的建議與意見）三項來進行。

最後的研究結果顯示，經過檔案袋教學的班級比只接受常規教學的班級，英語寫作水準有了明顯的提升。由此可見，評估在學習中具有舉足輕重的作用。

第一節 學習評估概述

自我評估是學生評價自己的學習狀態，並透過獲得的訊息自我確認、調整今後的學習和活動。其在教育評估中的重要性，表現在自我評估活動的地位與作用。人們對自我評估的地位與作用的認識是隨著人們對教育評估研究與實踐的深入，而逐漸認識的。

在開展教育評估實踐時，人們對教育評估作用的認識有一定的侷限性，如相當一部分人比較重視教育評估為決策者提供訊息和資料的作用，即強調教育評估為決策服務。這是從總體的角度對教育評估作用的認識，而個體上對教育評估作用的認識，則強調教育評估要給被評估對象分等排隊。誠然，這些認識並沒有錯，教育評估確實具有決策性，給被評對象適當地加以分等，對教育活動會造成一定的促進作用。但需要指出的是如果為分等或為排隊而開展評估活動，就會出現很多問題，特別是在以改進工作為目的的評估活動中，所出現的負面效應就十分明顯，教育評估實踐也證明了這一點。事實上，在八十年代中後期，對教育評估的作用還不十分瞭解的情況下，一些評估活

動過分強調分等排隊,很容易使被評對象產生諸多憂慮,產生防禦心理,在評估活動中產生牴觸情緒,甚至不合作,提供虛假訊息等,這就嚴重影響了評估活動的效果,使教育評估的信度和效度降低。因而,如何避免這些不利的影響,提高評估的信度和效度,實現評估的預期目的等問題就擺到了人們的面前。為瞭解決這些問題,一方面,他們試圖從指標體系入手,提高指標體系的科學性,使之更加符合實際,包括指標權重的確立,科學的量化方法等。另一方面,轉換角度去重新審視這些問題,即評估者站在被評估對象的角度,來看待教育評估活動。由於看問題的角度不同,從而獲得了不同的認識,評估研究與實踐使人們認識到:只有被評對象積極參與,熱情支持教育評估活動,才能實現教育評估的目的,教育評估活動才能收到較好的效果。

隨著對教育評估作用認識的不斷深化,人們對自我評估作用的認識也在不斷深入。人們逐漸認識到自我評估在調動被評對象的積極性,緩解被評對象的防衛心理,診斷教育活動中所存在的問題,改進教育工作等諸多方面,能收到較好的效果。因此,學習者的自我評估逐漸受到重視。

一、學習的自我評估的含義及功能

自我評估是學習者依據一定的標準,對自己的學習做出分析和判斷,並對自身學習進行反饋和調節的活動。這裡的評估並不是隨意性的、主觀性的評估,而是要依據一定的標準。評估標準主要是指預先制定的學習目標和要求。學生評估自己的學習狀態,並透過獲得的訊息自我確認,調整今後的學習和活動。學習的自我評估是指在連續不斷地學習活動中,對照學習目標對自己的學習行為和效果做出價值判斷,以此作為依據來調控和優化其學習活動。自我評估能力又被稱為元認知或監測。元認知是對認知過程的認知和透過計劃、監控和評估等方法對認知過程進行調整或自我控制,分為「認知性知識」(對於人們一般性的或對於自己的認知的知識、關於問題的知識、關於方法的知識)和「元認知性活動」(認知監測、認知控制)。根據實施監控的對象和主體的非一致性,元認知監控又可分為自我監控和外部監控。其中,自我監控是學習者對自己學習所進行的計劃、調節、反思和評價的過程,是自主學習最關鍵的過程,其自我監控的能力培養是漫長而複雜的。外部監

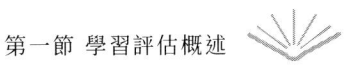

控主要來自教師的督促、批評和鼓勵、任務、要求、同伴的監督和評價。自我監控和外部監控在學生的自主學習過程中同時存在，隨著學生自身素質的提高，其自我監控能力得到提升，外部監控的比重也將逐步降低。

學習的自我評估實質上是指學習主體對自己學習意識和行為的反思和調控。透過自我評估，提高了學生的學習主動性，轉變了教師的角色，使其從領導者變成指導者、引導者甚至是朋友，讓學生感覺到他們的選擇得到了教師的尊重，同時也讓教師瞭解到學生的需求和興趣，從而最大限度地滿足學生的興趣，提高學習效率。透過教師的鼓勵，同學們會不自覺地使用自我評估方法並積極地掌握它，同時對自身的學習給予肯定的評價。自我評估使學生能更加積極地參加課堂教學活動，也逐漸認識到老師的地位和從前不一樣了，已經從領導者變成指導者、協助者。在老師的指導下，認識到自己在學習過程中的優點和不足。

強調學習的自我評估對於激發學生的學習動機，提高學生對學習的自我調節和控制能力，對於學生主體意識的培養以及個性的健康發展，對於學習現狀的改善都具有十分重要的意義。尤其是隨著當代訊息技術在教育教學領域中的迅速普及，學生的學習模式和評價模式面臨著嚴峻的挑戰，但也為學生的自主學習與自我評估創造了極其有利的條件與環境。自我評估具有以下功能：

（一）自我鑑定的功能

學習評估的鑑定是指學習者根據評估標準認定、判斷自身在這一階段的學習過程中合格與否、優劣程度、水準高低等實際價值的功效和能力。鑑定功能是學習自我評估的基本功能，其他功能都是在這個功能的基礎之上實現的，只有瞭解自身才能改變自身。「鑑定」首先是「鑑」，即仔細審查自身，才能「定」結論，科學的鑑定應該在事實判斷之後才做價值判斷。

由此可見，學習的自我評估只有透過評估自身目標的達到程度，確切地瞭解自己對評估目標的差距，有針對性地進行調整、改變，明確自己的努力方向。

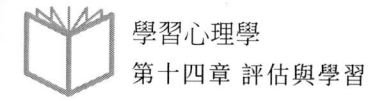

（二）自我導向的功能

學習的自我評估導向功能是指評估本身所具有的引導自身朝著理想目標前進的功效和能力，這是由評估標準的方向性決定的。在學習的評估中，對自身所做的任何價值判斷，都是根據一定的評估目標、評估標準進行的。這些評價的目標、標準、指標，對學習者本人來說，發揮「指揮棒」的作用，為努力確定方向。學習者對照標準，對所蒐集到的重要訊息進行整理、處理和分析就會發現，哪些方面有長進，需要加以鞏固和發展，哪些地方不足，有待於改進和提高。

（三）自我反饋的功能

評估，從本質上說是一種訊息反饋機制。透過評估，有目的地、系統地蒐集各方面的訊息，並透過訊息處理對評估對象做出價值判斷，從而不斷調節現狀與目標之間的距離，以期有效地逼近預定的目標。而自我評估的這種功能有其突出的特點：自我評估相比他人評估，一方面對自我更瞭解，認識更深刻，並對學習活動更熟悉；另一方面自我評估受時空限制少，心理障礙也小。因而所收集的訊息較全面、真實、可靠，從而更有利於發揮評估的反饋調節功能。學習者依據評估結果，調整自己的學習態度、學習計劃，改變自己的學習方法，確定自己的學習重點，不斷促使自己校正目標，向理想的目標邁進。

（四）自我激勵的功能

心理學研究成果表明，激勵是貫穿於人的需要滿足的整個過程中，它直接影響著人的行動。個體積極性的源泉是需要，動機是需要的動態表現形式。學習的動機作用可分為：以學生自身的興趣和需要為基礎的內部動機作用和從外部人為地施加的外部動機作用。透過評估的反饋訊息可引起下一步學習活動的積極性的變化，這就是一種外部動機作用。在個人因素很強的學習活動中，更重視內部動機作用的功能。

這主要體現兩個方面：一是目標激勵，指一個目標的實現激勵著自身朝下一個目標努力；一是業績激勵，指當自己的業績被他人和社會認定時，自

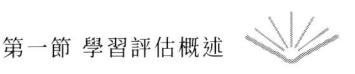

己內心的喜悅對自身的發展發揮激勵作用。因此，要以崇高的目標和情感要求，不斷給自己施加壓力，激勵自己的進步，以建立一種內在激勵機制。

學習者透過及時的自評反饋訊息，發現學習中的不足，它就成為調節學習活動的指路「燈塔」，在教師和同伴的鼓勵和幫助下激發自身努力學習的動力。當覺得學習有成效時，學習者會從精神上產生動力，感到滿足，增強信心，激發更高的學習熱情。學習的自我評估伴隨學習過程的始終，對學生行為的塑造有著非常大的作用。它可使學習者學會善於觀察自己，根據已定的目標考察自己的學習活動，養成隨時評估自己學習活動的習慣。

（五）自我調節的功能

學習的自我評估的調節功能是指透過評估對自身學習活動進行調節的能力。這種功能表現在兩個方面：一是透過評估調節自己學習的進度和目標。例如，透過評估，學生自身認為已經達到既定目標並能達到更高目標時，就要將目標提高，將進程相對地加快；如果覺得自己幾乎沒有可能達到目標時，就要將目標調低，進程放慢，符合自身的實際情況。總之，要使自己根據自身情況朝目標前進，避免發生達到目標者停滯不前、達不到目標者沮喪氣餒的情況。學習者透過評估瞭解自己的長處和短處，明確努力方向及改進措施，以實現自我調節。

二、學生學習自我評價的理論依據

從哲學的角度看，人類活動的目的是認識世界、改造世界，而其中最困難也最關鍵的是認識自我、改造自我，如何真正成為自己本身的主人——自由的人，這就涉及自我評估的問題。正如柏拉圖所說的：「最先和最後的勝利是征服自我，只有科學地認識自我，正確地設計自我，嚴格地管理自我，才能站在歷史的潮頭去開創嶄新的人生。」

現代心理學家、教育學家十分強調自我評估在教學以及學生學習和發展中的作用。美國心理學家林格倫認為，學習任務的最有效形式，是那些具有某種內在反饋的形式。這種反饋不需要教師經常干預學習，換句話說，當學生為了看到他是在怎樣進步和決定他下一步該做什麼，而能夠檢查他自己的

表現時，就可以更好地促進學習。在缺乏某種強化時，學習是不可能發生的。但是如果我們的目標是鼓勵獨立和自我教育，那麼我們應當力爭創造出那種具有自我強化潛能的學習環境。美國心理學家、教育學家布魯納在解釋其教學的反饋原則時特別強調學生對學習結果的檢查，認為這是使學生的學習動機產生於學習過程本身的一個重要條件。同時，他還指出，教師必須採取使學習者最後能自行把矯正機能接過去的那種模式，否則，教學的結果勢將造成學生跟著教師轉的掌握方式。蘇聯合作教育學家阿莫納什維利也十分強調培養學生評價自己學習的能力，認為只有能夠對自己的活動做出正確評價的人，才能稱得上是獨立、自主的人。

近十幾年來，教育心理學領域十分重視元認知的研究。美國心理學家弗拉維爾於20世紀70年代提出元認知的概念。他認為元認知就是對認知的認識，其實質是學習者對自己的學習活動的反思和調控。元認知包括三個方面的內容：一是元認知知識，它是對認知活動的個體、任務、策略的知識；二是元認知體驗，即與元認知活動相伴隨的情感體驗；三是元認知監控，即對自己的認知活動積極地定向、調節、矯正，以期達到預期的目標。元認知研究主要關注的是人類認識的自我調控問題。近年來興起自我調節學習的研究更是把自我評價看成是自我調節的一個重要組成部分。例如，齊默曼認為，當學生在元認知、動機和行為三方面積極參與到自己的學習中，其學習就有了某種程度的自我調節，也就是自主的學習：在元認知方面，自我調節學習的學生能夠對學習過程的不同階段進行計劃、組織、自我指導、自我監控和自我評估。

現代教育認為學生是學習活動的主體，教育應尊重學生、信任學生，培養學生學習的自覺性、積極性，促進每個學生的全面發展。現代教育評估主張把被評者的自我評估作為整個評估過程的預評估階段，注重將被評估者自我評估的意見與評估者的檢查、評價有機地結合起來。而且外部（教師、同伴、家長等）的評價最終還是要透過學生的自我評價起作用。

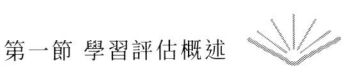

三、學習自我評估的特點和原則

（一）評估活動的特點

學習的自我評估是學生依據一定的學習目標和標準，對自身的學習活動進行系統的調查，並評定其價值和優缺點以求改進的過程。學習的自我評估是學生對自身諸方面所進行的評估，有其自身的特點，但它是教育評估的一個重要方面，也與教育評估有著共同的特點：

1. 質量標準的綜合性

教師不承擔全部評價的責任，而是鼓勵兒童逐漸參與對他自己的實踐成果做自我評價。由於現代教育目標的綜合性（德智體全面發展）和學生的學習質量指標的多維性，因而學習質量標準具有整體、綜合、多項的特點。

2. 質量檢查的模糊性

學習活動是一個連續性和動態性的過程。質量檢查只能把檢查時段視作靜態，靜態的結果和動態的學習活動實際相比，結果只能是近似性、模糊性的；而且由於影響學習活動的內在及外在因素難以絕對控制，隨機因素複雜，學習質量具有不確定性。由於質量檢查的模糊性，因而不可能全用確切的數字表述，在確定具體指標和檢測指標實現情況時，有的可以數量化，有的只能確定大致範圍和程度界限，用等級化來表示。

3. 質量評估的延時性

教育系統是一個延時系統。所謂延時系統是指該系統所取得的工作效果不是即時能表現出來，而是要經過一段時間才能表現出來的。這種延時性，對每一門課程來說，時間的常數是不同的；而對於整個教育過程來說則更大，不僅要透過在校的學生質量檢查，而且更要由社會用人單位來評估。

4. 自我評估的差異性

由於學生各自的條件和品質不同，生活經驗和經歷不同以及個性差異，因而自我評估的能力也不同，每個人自我評估的自覺性、主動性、正確性和穩定性等方面具有個性差異。

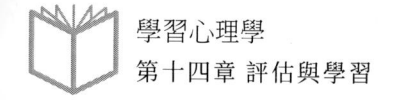

（二）自我評估應遵循的原則

評估活動是一種有目的、有計劃的系統性活動。儘管自我評估是人們對自身諸方面所進行的評估而有它的不同的特點，但評估活動本身已經構成了有規範性的活動，有其自身的準則和要求。

1. 目的性

所謂目的性原則是指在進行自我評估時必須有明確的目的。目的性原則是由教育活動本身的性質所決定的。教育是一種有目的、有計劃培養人、教育人的活動，評估活動是教育的一個重要部分。目的性原則要求自我評估不能偏離教育目標，這是因為教育目標是評估目標的根本依據，評估目標是教育目標的具體體現。自我評估的根本目的是為了提高學習質量，優化學習行為和學習品質，提高教育目標的實現水準。因此，學生的自我評估應該在教育目標的指導下，正確地處理好評估內容與指導內容的關係，使評估目標與指導目標相統一，使自我評估活動與教育、教學活動有機地結合起來進行，為實現教育目標服務。

目的性原則還要求學生透過自我評估確定學習目標，建立自我評估的指標體系，規劃自己的奮鬥目標和努力方向。在自我評估過程中，要緊緊依據學習目標來衡量和評估自己的學習活動和學習成果，並把評估結果與預定的學習目標相比較，以此作為依據來調控自己的學習活動，克服學習活動對目標的偏差，使學習活動保持穩定、健康地發展，以形成一種自我激勵和自我約束機制。

2. 科學性

科學性是評估活動的生命所在。科學性原則要求評估活動必須盡可能客觀地、嚴格地按照科學規律辦事，抓住反映事物的本質特徵和主要因素，體現教育客觀規律的基本要求和發展趨勢。

客觀性是科學性的基本保證。科學性原則要求自我評估必須採取實事求是的態度，盡可能客觀地反映出自己的真實情況，不加任何美化、修飾和掩蓋。自我評估的結論應以事實判斷為基礎，在對學習活動的狀況和結果的客

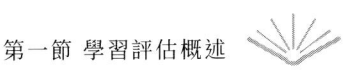

觀測量、檢驗和描述的基礎上進行客觀地分析，以求得出一個真實、準確的評估結論。

科學性是反映事物本質的。作為科學的評估活動應該能反映出事物的基本面貌和規律，反映出事物各組成部分的結構和聯繫，具有相對完整性。但是由於學生個人的思維方式、知識結構與專業素質、能力與特長、心理品質與個性差異以及個人經歷等都不同，因此要使自我評估對每一個學生都有特定的意義，除了遵循評估活動的基本要求和基本原則外，一定要突出每個學生的特殊性、典型性和差異性。在評估過程中，學生要充分考慮自己所處的特定環境，並根據自己的具體情況來評估自己以及學習活動，要充分反映和體現自己的特長和學習活動的特色，並致力於透過評估尋找出最適合自己實際情況的，而且能更有效地發揮自己長處的學習方式。

科學性原則是把評價對象作為一個複雜的動態系統。在這運動狀態下研究問題的產生和形成過程，並指出進一步發展的趨勢。學習活動是一個具有連續性和發展性的動態過程；同時它又具有週期長、遲效性的特徵。因此，學生在自我評估中，不能采取形而上學的做法，對自己及其學習活動進行孤立的、片面的靜態分析與評定。這樣做不利於準確地把握和瞭解自己在學習活動中存在問題的根源和內在實質及其演變過程，也不能正確地評價自己有關方面的發展變化幅度和努力程度。學生應將自己的認識及活動的整個過程做動態分析。透過充分闡述自己及學習活動起始狀況以及原定目標與設想、在學習活動中認識到的問題和自己的不足以及自己在克服不足與解決問題方面付出的努力，自己所取得的成就與今後要達到的改進目標和方向等來判斷自己思想認識的提高、學習能力的發展和努力的程度，鑒定自己掌握學習規律的水準。

3. 診斷性

評估，在本質上是具有診斷的功能。在評估整個過程中貫穿著診斷。評估過程也就是診斷過程。因此，診斷性原則要求客觀地收集評估資料，並對此進行具體分析，做出科學的診斷，發揮診斷結果的反饋作用。

學生自我評估的一個重要目的是調整、改進、創造更加適合自己的學習方式。為此，它不僅需要透過評估鑒定和總結學習效果和學習，更需要評估造成診斷作用，及時發現在學習活動各個環節中存在的問題，以求改進。學習的自我評估不同於一般的個人總結，僅僅把注意力放在鑒定或評定自己的學習成績與一般優缺點上，而是著眼於對決定自己所取得的學習成就的原因、條件和基礎等因素的尋求和探討上，透過對影響學習活動效率和成就數量、質量的有關方面或因素進行診斷性分析，找出產生問題的原因，為改進學習活動，提高自己的思想、素質和能力水準提出明確的目標和方向。

4. 可行性

可行性原則是指教育評估中，評估對象具有可比性、指標體系具有可測性、評估工作具有簡易性，保證評估活動可行、有效。

根據可行性原則要求，自我評估在自我的縱向比較和與他人的橫向比較上應具有可比性，不僅能反映學習活動的本質特徵和主要因素，而且能將細小的差別區分出來。例如，這學期同上學期相比是否有進步，表現在哪裡；和同學相比又如何，能否區分出來。自我評估以定性分析評定為主，也要注意儘量採用一些量化指標幫助更精確地刻畫或描述事物。因此，在評估指標體系所規定的內容時儘量透過測量或觀察而獲得明確的結果。可行性要求自我評估全力抓住決定和影響達到學習目標的主要因素，盡可能用較少的指標、較簡易的方法滿足評估的實際需要，使評估活動簡易和可行。

除了上述四條原則外，還需要強調自我評估的再評價問題。從心理學的角度來看，人們對自身的認識，常常會存在一些偏差。因此，在可能的情況下，需要對自我評估的結果進行再評價，尤其在剛剛開展自我評估的初期，要防止因評估失誤或結論錯誤，造成自以為是或自暴自棄，甚至導致決策錯誤等副作用的產生。再評估基本上是驗證性質或扶植性質的。再評估應根據一定的原則要求及其他一些標準，對自我評估過程的科學性、客觀性和嚴密性，對評估結論的準確性、典型性和效用性進行鑒定，以幫助學生逐步熟悉，並掌握自我評估的方法。

立 2～3 級指標體系來表徵，如對學生的學習能力的評價，可以建立以下四個指標體系，並運用這四個指標進行綜合評價。

使各項指標的內容具體化，即要對一定的要求和一定的水準做出明確的概括，提出具體標準。如對閱讀能力可具體概括成以下三點：

（1）領會教材，查閱參考書，工具書和累積資料的能力；

（2）對所閱讀的材料進行綜合評估的能力；

（3）閱讀上自我啟動、調節和控制的能力。

（三）實施評估，蒐集訊息

實施評估的主要任務是透過各種有效的途徑和方式蒐集準確的訊息資料。按照評估指標體系中規定的內容和要求，收集、彙總反映自身基本情況的資料。這些資料包括透過各種類型的測驗而得到的量化資料，如學習成績的提高幅度、成績的分布情況、掌握知識的深度和廣度，消化知識的效率水準以及創造性運用知識的成果等有關指標數據；也包括自己對學習活動的設想、努力程度和實現學習目標的成效進行評估和描述。

（四）對評估資料的處理、解釋和利用

這是評估過程的最後一步。透過各種有效的手段對蒐集來的訊息資料進行各種統計處理，從而做出判斷和分析。對評估結果的解釋主要有以下三種方法：

1. 相對解釋法

又稱為相對評估方法。所謂相對評估是指在團體內以自己所處的地位同他人相比較而進行的評估。相對評估所參照的標準是建立在評估對象所在的團體中，把個人的學業成績與團體其他成員的學業成績相比較，從而明確自己所處的相對地位，以達到在全體成員中評估學習成果的目的。不過這種比較不論是在個人之間還是在團體之間進行，都必須堅持等質的條件。否則，即使勉強地進行，其價值也是不大的。為此，一般採用標準分數進行評價。

經過轉換後的標準分數都服從均數為 0，標準差為 1 的標準正態分布。這樣，標準分數 Z 就既具有了絕對零點，又具有了等值單位，這兩者是合理的測量所必須具備的基本要素。標準分數 Z 實質上是以標準差為單位，表示一個原始分數在團體中所處地位的相對量。Z 值可正可負：當 Z 為正值時，表示該生這門課程的成績在平均水準之上；Z 為負值時，則表明該生的成績在平均水準之下。

相對評估應用面較廣，適用於各科教學的學習成績評估。透過相對比較，每個學生都可以客觀地瞭解自己在團體中所處的地位。這是相對評估的突出優點。但是，它也有很大的缺點。相對評估的結果只表示學生在團體中所處的地位，並不表示其實際的水準；而且這種相對評估方法也容易降低客觀標準。

2. 絕對解釋法

又稱為絕對評估方法。所謂絕對評估是根據既定學習目標的實現程度而進行的評估。絕對評估所參照的標準是建立在評估對象所在團體之外的客觀標準，即學習目標。這個標準應反映國家對教育課程的要求。在評估中，將某個學生（或某一班，某一年級）的成績與既定的學習目標相對照比較，進行優與劣的認定，從而判斷完成目標的程度。

絕對評估的標準是比較客觀的。如果評估是準確的，那麼評估之後，每個學生可以明確自己與客觀標準的差距，從而可以激發學生積極上進。但是，所謂的客觀標準很難做到絕對客觀，易受教師和評估者主觀的影響。同時，絕對評估過於注重標準，而容易忽視學生的個體差異。

3. 個體內差異解釋法

又稱為個體內差異評估方法，所謂個體內差異評估是根據個人的智力、興趣、態度、環境、努力與進步程度等情況，將所取得的學習成績用來分析判斷。使用個體內差異評估法有兩種情況：一是把學生的過去和現在進行比較。例如，某同學過去學習是為了分數而學習，現在是為掌握知識而學習，說明該同學學習目的端正了。另一種情況是把學生的幾個側面進行比較，考

查其所長或所短。例如，評估某同學英語學習的情況可以從聽、說、讀、寫、語法和詞彙等幾個方面來考察，考察後可以發現該同學在哪方面較好，哪方面較差。

個體內差異評估的優點是充分照顧了個性的差異，能把個人的長處、短處顯示出來，有助於發揮評估的診斷作用，可以考察過去和現在的進步狀況。但是，評估是按一定的價值原則進行的判定。個體內差異評估，由於既不與客觀標準比較，又不與他人比較，缺乏客觀性，而且很容易使學生坐井觀天，自我滿足。所以，一般來說個體內差異評估常常與相對評估或絕對評估結合起來運用。

二、學習的自我評估的內容

（一）知識掌握的自我評估

在學習新知識之前，應自評一下自己是否具備一定的知識。學習之後，可依據美國心理學家布魯姆對認知的分類，從記憶、領會、應用、分析、綜合等方面來評估自己對知識的學習情況。將知識點與目標得分製成簡易圖表就可一目瞭然地知道自己學習上的優勢和不足。此外，還可以從以下幾個方面分析自己的情況：是否清楚基本概念的內涵和外延？是否能將新學知識與舊知識聯繫起來？能否對所學知識舉一反三、觸類旁通？能否在實際條件下靈活運用所學知識？

（二）學習動力的自我評估

學習動力有內在動力和外在動力之分，自我評估表要對內在動力進行分析、判斷。包括：

(1) 學習目標是否正確？有無長遠目標和近期目標？

(2) 對學好各門功課是否充滿信心？

(3) 對所學功課是否具有濃厚的興趣？

(4) 學習態度是否勤奮、認真？

(5) 是否有主動進取的精神？

(6) 有無戰勝學習困難的勇氣和毅力？

(7) 學習情緒是否穩定、持久等。

(三) 學習策略的自我評估

學生對學習策略的自我評估主要包括：

(1) 是否有計劃地安排學習活動？

(2) 能否妥善安排學習時間？

(3) 能否正確利用各種資料？

(4) 能否與同學老師合作學習？

(5) 是否有預習的習慣？

(6) 能否集中精神聽課？

(7) 能否及時複習當天的功課並完成作業？

(8) 對發回的試卷是否能認真分析原因，擬定補救措施？

(9) 是否有錯題集？是否給自己出檢測題？

(10) 能否排除有關干擾，保證學習活動的順利進行？

(11) 能否選擇並採用合適的方法？

(12) 能否總結或借鑑他人好的學習方法？

(13) 對學習或做事常反思嗎？

(四) 學習能力的自我評估

學習能力的評估常從以下幾個方面進行：

(1) 獲取訊息的能力，包括感知能力、閱讀能力、蒐集資料的能力。

(2) 加工、應用、創造訊息的能力，包括記憶能力、思維能力、表達能力（口頭的、文字的）、動手操作能力、創造能力等。

解程度，也可以測量自己的觀點和論證的清晰性、表現出來的批判意識和批判能力以及內容的新穎性等。

（5）學習日誌。學生自己收集和留下有關學習活動的相關資料。

（6）科學實驗。結合教學過程要求學生操作實驗設備直接去感知事物的一種綜合性的評估方法，不僅有助於發展學生的高層次認知技能，而且給他們提供了直接感知和體驗事物的機會，從而促進動作技能、心智技能和問題解決能力的全面發展。

3. 表現性自我評估的實施

表現性自我評估的實施一般包括以下幾個步驟：

第一，確定評估的目的。評估目的是確定要評估自己哪些方面的進展和表現，從而為確定相應的活動類型和標準奠定基礎。如想考察自己對問題的辯證思考和評判性思考能力，則可考慮採用小論文或者口頭報告。

第二，設計任務。也就是具體考慮採用什麼樣的任務來達到表現性自我評估的目的。

第三，確立評估的標準。這應該是相對比較難的一個步驟，是進行自我評估的依據。

（二）檔案袋評估法

隨著多元化評估理論的盛行，檔案袋評估法逐漸成為一種重要的記錄自己成長和進步的方法。

1. 什麼是檔案袋評估法

檔案袋（portfolio），在英文中有「代表作選輯」的意思。檔案袋評估法是有目的地彙集自己的作業和作品，以展示自己在一個或幾個領域學習中的進步與成就。它必須包括內容選擇過程中的自身參與、選擇的指南、評估的標準以及自我反思的證據。

與其他評估方法不同的是，檔案袋中的基本內容是學生的作品，學生透過觀看自己的作品評價自己的發展；學生作品的收集是有目的、有計劃的，而檔案袋要給學生提供發表意見和對自己作品進行反思的機會；檔案袋是一個隨時間進程而不斷生長的活的作品集，是對人的成長發展過程的一種直觀、生動的記錄，學生自己在創造、生成個人檔案袋的過程中能夠清晰地看到自己的成長足跡，感受到自己的持續進步，減輕了紙筆測驗常有的個人之間橫向比較所帶給人的競爭和焦慮；檔案袋評估法直接反映了學生當前的狀態和變化的歷程，成為向家人、老師展示學習成果以及家長和老師瞭解自身的非常有效的方式；同時檔案袋評估法能夠使學生有效積極地參與評價，成為評價的一部分。

2. 檔案袋的類型

展示型的檔案袋，主要收集能夠反映個人所取得的成就的材料，如自己的最佳作品、自己的代表性作品、自己的獲獎證書、獎章等。過程型檔案袋，主要收集反映不同時間階段的個人表現的材料，其中不僅有自己最滿意的作品，也有最初的、不太成熟的作品，如一篇文章的初稿、修改稿和定稿都可以收集在檔案袋中。

3. 檔案袋的構成

檔案袋中通常包括以下幾個方面的內容：封面，包括自我介紹和對自己學習過程與進步的總結；目錄；內容，包括必選內容和可選內容，必選內容是每個學生都有的，提供了評估的基礎，可選內容反映了學生自身的獨特性，學生既可以選擇自己最好的作品，也可以選擇有問題的作品並分析原因；日期，每個作品都應記錄時間；作品的初稿和修改稿；反思（可以出現在不同階段），包括對自己個別作品的反思和對整個檔案袋的反思。對個別作品的反思可涉及以下問題：我透過這個作業學到了什麼，我哪些方面做得好，我為什麼選擇這件作品，在這個作業中，我還要提高什麼，我對我的表現感覺怎樣，存在哪些方面的問題。

（三）非認知領域的評估法

除了對自己的學習成效和認知發展進行評估外，在多元評估觀的影響下，往往還需要對學生的非認知領域進行相應的評估。在學習的自我評估中還應較多考慮非智力因素的評估，主要就是對自己學習興趣、學習態度、學習熱情、學習習慣、自學能力與學習方法、注意力、意志力等的評估。評估的方法既有傳統的學生自評，也可以有教師參與的綜合性評定。

除此之外，還可以對自身的特長進行評估，這種評估主要是對自己在各種活動中的表現進行評估，包括禮儀與交往、家庭與理財、健美與健身、科學與生活、休閒生活指導等。通常要求學生定期組織各種競賽和展示，根據自己實際參加各類活動的成績和表現情況做出記錄。

四、如何看待評估

（一）正確把握自我與他人的比較

學習者可從自我與他人的比較中瞭解自己、評估自己。例如在課堂學習中，學習者應有意識地對教師的講析、同學的發言從評估角度、評估方法、評估觀點、評估依據等方面做一番對照，看看別人在哪一點上比自己站得高、看得遠、講得透，注重他人思考問題的方式，以此來評估自己的思維方法有哪些需要調整和改進的地方。

（二）確定適合自己的學習目標

學習者應學會根據學習任務的要求，確定適合自己的學習目標。所確定的學習目標最好是近期的、具體明確的、能夠完成的，以便於目標的實現。而且，學習者應確定恰當的自我期望值，既不能過高，也不能過低。

（三）注重對學習過程進行小結與總結

要經常檢查自己的思想、言行，學習者應透過自己檢查作業、分析考試情況、回顧自己的學習過程、總結經驗教訓等，認識自己的學習情況，實事求是地、科學地分析評估自己，逐步養成自我評估的習慣。例如，學習者完成作業後自己檢查作業，找出錯誤並加以訂正；同時做自我評估，談談滿意

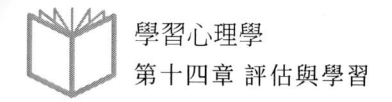

什麼，不滿意什麼以及為什麼。此外，透過自我分析，確定自己在最近階段自我完善的計劃、任務和目標。

（四）進行正確的歸因

學習者在完成某項學習任務後，往往要對學習的結果（成功或失敗）及其原因進行解釋，這就是歸因。而學習者的歸因方式會影響其後續的學習態度、學習行為。那種怨天尤人（把失敗原因歸之於客觀因素）、自暴自棄（認為自己能力差，太笨，不是讀書的料，無論怎樣努力都無濟於事）的態度都是不可取的。學習者應客觀分析影響成敗的原因，學會先從自己內部找原因，並儘量找出自己可以控制的原因，進行改正和調節，以期達到自己的學習目標。

長期以來，學生學習的自我評估是學校教育中和學生學習中的一個薄弱環節。人們往往注重教師對學生學習的評估，注重以教師和成績為主導的終結性評估方式，習慣於單憑考試成績衡量學生的學習情況，而學生沒有評估的權利，忽略了學生的主觀能動性和積極創造性，使學生處於「一考定終身」的被動狀態，並不能全面、綜合的反映學生的發展情況。然而，不同的評估立場、方法和結果的使用會對學生的發展產生不同的影響，進入21世紀以來，中國的教育改革在如火如荼地進行，作為教育過程中的重要一環，評估所具有的指導、反饋和調節功能為越來越多的人所感受和認識。正確地認識、恰當地把握、有效地運用學習評估，促進學生主動參與、自主監控學習，成為教育改革目標中不可忽視的環節。

擴展閱讀

學生檔案袋評價記錄表（一）

我的學習收穫：

自我評價：

同學評價：

我的反思：

單項選擇題

1. 下列不屬於學習策略的自我評估內容的是（ ）

A. 學習態度是否勤奮認真 B. 有計劃安排學習時間

C. 及時複習功課 D. 是否採用合適的方法

2. 下列評估方法不屬於表現性評估法的是（ ）

A. 角色扮演 B. 口頭報告 C. 科學實驗 D. 檔案袋評估

3. 元認知研究主要關注的問題是人類認識的（ ）

A. 自我導向 B. 自我鑒定 C. 自我調控 D. 自我激勵

多項選擇題

1. 科學看待評估的觀點是（ ）

A. 正確把握自我與他人的比較 B. 確定適合自己的學習目標

C. 注重對學習過程進行小結與總結 D. 進行正確的歸因

E. 滿足政府的需要

2. 自我評估的功能有（ ）

A. 自我鑒定 B. 自我導向

C. 自我反饋 D. 自我激勵

E. 自我調節

3. 自我評估應遵循的原則有（ ）

A. 目的性 B. 科學性

C. 診斷性 D. 可行性

E. 自我評估的再評價

4. 學習的自我評估和教育評估的共同特點有（ ）

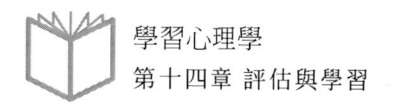

A. 質量標準的綜合性 B. 自我評價的統一性

C. 質量檢查的模糊性 D. 質量評估的延時性

E. 自我評估的差異性

5. 對評估資料的解釋的方法有（ ）

A. 相對解釋法 B. 權威解釋法

C. 絕對解釋法 D. 群體解釋法

E. 個體內差異解釋法

複習鞏固參考答案

第一章

第1節

1. 學習可分為廣義的學習和狹義的學習。廣義的學習，指個體由於經驗而引起的心理和行為的相對持久的變化。狹義的學習是指人類的學習，是人在與他人交往的基礎上，以語言為中介，能動地掌握社會和個體經驗的過程。

2. 以掌握間接經驗為主；具有組織性和計劃性；在有指導的條件下進行；具有明確的目的性。

3. 言語訊息的學習、智慧技能的學習、認知策略的學習、態度的學習和運動技能的學習。

第2節

1. 學習觀是個體對知識和學習的一套認識論信念系統，它涉及對知識性質、學習性質、學習過程和學習條件等維度的直覺性認識。通俗地講，即是對學習的認識與看法。

2. 創新的學習、自主的學習、建構的學習、終身的學習和社會化的學習。

3. 分工合作，密切配合，各自盡力，社會互動，團體歷程。

第3節

1. 口語報告法，又稱為出聲思維、報告語記錄，即讓受試者在執行某任務的過程中利用出聲言語進行思考，使思維過程以外部言語的形式顯化，來反映其思維過程。

2. (1) 學習與知識建立於各種觀點之上；(2) 學習是一種將不同專業節點或訊息源連接起來的過程；(3) 學習可能存在於非人的工具設備中；(4) 持續學習的能力比當前知識的掌握更重要；(5) 促進持續學習，需要培養與保持各種連接；(6) 看出不同領域、理念與概念之間聯繫的能力至關重要；

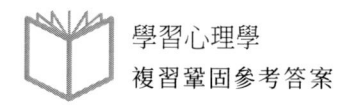

（7）流通（精確的、最新的知識）是所有關聯主義學習活動的目的；（8）決策本身是一種學習過程。

選擇題

1.C 2.D 3.C 4.A

第二章

第 1 節

1. 學習是一種漸進的嘗試與錯誤的過程，隨著錯誤反應逐漸減少、正確反應逐漸增加，終於形成穩固的刺激—反應的聯結，即 S-R 之間的聯結。

2. 經典條件反射理論認為學習的實質是透過經典條件反射作用的建立，形成刺激與反應（S-R）之間聯結的過程。操作條件反射理論認為學習的實質是有機體在某種情境中自發做出的某種行為由於強化而提高了該行為在這種情境中發生的概率，即形成情境與反應的聯繫。

3. 主要有兩條途徑：一是參與性學習或直接經驗學習；第二是替代學習或間接經驗學習。

4. 觀察學習是指個體透過對他人的行為及其強化性結果的觀察，從而獲得某些新的行為反應，或已有行為反應得到修正的過程。班杜拉認為人的社會行為和思想不僅受直接經驗的影響，而且更多受觀察學習的影響。

第 2 節

1. 就是讓學生獨立思考，改組材料，自行發現知識，掌握原理、原則。「發現不限於尋找人類尚未知曉的事物，確切地說，它包括用自己頭腦親自獲得知識的一切方法。」發現學習能提高學生智慧潛力，能激發學生的內在學習動機和濃厚的學習興趣，培養學生獨立思考，發展創造性思維。

2. 學習材料本身必須具有邏輯意義；學習者具有同化新知的有關觀念；學習者必須具有有意義學習的心向（認知內驅力、自我提高內驅力、附屬內驅力）；學習者使新舊知識相互作用。

第 3 節

1. 奧蘇貝爾的有意義學習強調新舊知識之間的聯繫，只涉及認知領域，不涉及個人意義，被羅杰斯稱為只是一種「在頸部以上」發生的學習。

人本主義的有意義學習關注的是學習內容與個體之間的關係，強調學習中對個人潛能的發揮、情感、態度、價值觀的影響和培養。

2. 人本主義理論強調師生關係中的信任、真誠、互相尊重、移情作用和交往的效用。教師是學生潛能發揮，充分發展的促進者，教師要提供學習手段，由學生自己決定怎樣學習。教學中，教師是顧問，學生有問就問，教師能答則答。教師只參加討論，不指導不控制。此即「非指導學習」，方法是：要在課堂中創造一種接受的氣氛；教學圍繞著發展學生個人和小組的目標而進行；在「非指導性教學」中，教師的角色應不斷變化。

第 4 節

1. 答：相同點：學習者主動進行複雜的訊息加工活動。不同點：認知主義強調在學習相同知識的過程中，學習者進行相同的訊息加工活動。

建構主義強調學習者訊息加工活動的獨特性，以及學習的新舊知識之間的雙向建構性。

2. 建構主義認為教學必須把兒童現有的知識經驗作為新知識的生長點，引導兒童從原有知識經驗中「生長」出新的知識經驗。由於原有知識經驗背景的差異，學生之間對問題的理解具有差異性。教學要增進學生之間的合作以促進學習。學習必須要考慮在學生已有經驗基礎上建構，必須重視學生帶入學習情景的學習目的與已有觀念。倡導教師指導下的學生中心教學思想，認為教師是學生知識建構的幫助者、促進者和支持者，學生是知識建構的主體。

選擇題答案

1.D 2.A 3.A 4.D 5.A 6.B 7.A 8.B 9.A 10.C

學習心理學 複習鞏固參考答案

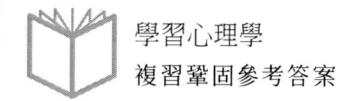

第三章

第 1 節

1. 神經元可分為胞體、突起（樹突、軸突）兩部分，具有接受、傳導和加工訊息的功能。

2. 突觸前膜（發出訊息的神經元末梢表面）、突觸間隙、突觸後膜（接受訊息的神經元的胞體或樹突的表面），這三個結構共同構成突觸。神經衝動到達神經元軸突末梢，釋放其包裹的神經遞質，神經遞質是能使突觸後膜產生興奮或者抑制。

3. 中樞神經系統（CNS）和周圍神經系統（PNS）。中樞神經系統由腦和脊髓內的全部神經元組成，主要功能為接受、處理、解釋和儲存來自外界的感受訊息。周圍神經系統包括軀體神經和自主神經兩部分，主要功能是中樞神經系統的訊息輸入和輸出。

4. 透過生物反饋技術的訓練，人或動物卻可以獲得對內臟活動的控制能力。

5. 如果突觸在突觸後神經元被啟動時也處於啟動狀態，突觸將被增強。

第 2 節

1. 大腦會呈現兩半球在功能上的分化。

2. 人的行為發展具有明顯的階段性，當行為發展到某階段時，只有在適當的環境刺激下該行為才會出現，若此期缺少適當的環境刺激，則這種行為就很難再出現。

3. 腦可以被環境或經驗所修飾，具有在外界環境和經驗的作用下不斷塑造其結構和功能的能力。

4. 科學用腦；睡得好，學得好；越運動，越聰明；戒除菸酒；減少壓力。

選擇題答案

1.C 2.D 3.A 4.B

第四章

第 1 節

1. 感覺是人腦對直接作用於感覺器官的客觀事物的個別屬性的反映。知覺是人腦對直接作用於感覺器官的客觀刺激物的整體的反映。

2. 感覺適應、感覺對比和感覺後像。

3. 知覺的基本特徵有選擇性、恆常性、理解性和整體性。

4. 錯覺是錯誤的知覺,是在特定條件下產生的對客觀事物歪曲的知覺。

第 2 節

1. 觀察力是構成智力的一個重要組成部分,是一種有意識、有目的、有組織的知覺能力。

2. 確立觀察目的;制訂觀察計劃;培養濃厚的觀察興趣;培養良好的觀察方法;掌握豐富的知識;遵循感知的客觀規律,培養觀察力;堅持是觀察力提高的法寶。

3. 關注律,協同律,組合律,活動律,對比律,差異律,強度律。

單項選擇題

1.A 2.A 3.B 4.D 5.C 6.D

多項選擇題

1.ABCD 2.ABCDE 3.ABCD 4.ABC 5.ABCD 6.BCDE

第五章

第 1 節

1. 指向性和集中性。

2. 注意的種類一般分為無意注意、有意注意及有意後注意,其功能有選擇功能,保持功能,調節功能。

411

3. 注意的範圍、注意的穩定性、注意的分配、注意的轉移。

第 2 節

1. 交替法，誘導法，發問法，轉換法，刺激法，暗示法。

2. 加深或加強學生對從事某項活動的目的、意義的理解；教師需要合理地組織教學活動；引導和教會學生自我控制；關注興趣愛好，動手動腦結合；排除外界的干擾抗分心。

選擇題答案

1.C 2.D 3.A 4.A

第六章

第 1 節

1. 識記、保持、回憶和再認。

2. 感覺記憶、短時記憶和長時記憶。

3. 動機性遺忘理論，提取失敗理論，干擾理論，痕跡衰退理論。

4. 短時記憶的編碼方式因記憶材料經驗的不同而相應變化；短時記憶的容量有限，為 7±2 組塊；短時記憶的加工方式是複述；短時記憶的提取有平行同步檢索，還有系列全掃描、系列自動中斷掃描。

第 2 節

1. 保證足夠的休息時間；強調動機的作用；合理規劃記憶材料和時間間隔，避免相似材料之間的干擾；強化對自己記憶特點的認真探索；教師要依據學生的記憶特點，因材施教。

2. 強化有目的的識記，深化對識記材料的理解程度，強調多種感官協同參與識記活動，重視整體識記與部分識記的結合。

3. 及時複習，適當的過度學習，使用多樣化的複習方法，嘗試回憶與反覆識記相結合，合理分配複習時間，巧用集中複習和分散複習。

4. 同學之間相互交流，獲取他人有效的記憶方法創造性地為自己所用。

單項選擇題答案

1.B 2.C 3.C 4.A 5.D

多項選擇題答案

1.ABCE 2.BCDE 3.BCD 4.ABCDE

第七章

第 1 節

1. 思維是借助語言、表象或動作實現的，對客觀事物的概括和間接的認識，是認識的高級形式。它能揭示事物的本質特徵和內部聯繫，並主要表現在概念形成和問題解決的活動中。思維的特徵有：概括性、間接性、對經驗的改組。

2. 分析與綜合，比較，抽象與概括。

第 2 節

1. 問題表徵，思維定式，功能固著，醞釀效應，知識經驗，動機和人格。

2. 創造性思維激發的技術有：智力激勵法，檢查表技術，卡片式智力激勵法，特徵列舉法，形態分析法，分合法。

單項選擇題答案

1.D 2.A 3.B 4.A 5.B 6.A 7.C

多項選擇題答案

1.ABCDE 2.ABCD 3.ABCDE 4.ABC 5.ABD 6.BCDE 7.ABDE 8.CDE

第八章

第 1 節

1. 加德納採取社會生活中多方面心智活動來代表智力的觀點，至今已歸納出八種智力：語言智力、邏輯—數理智力、視覺—空間智力、音樂智力、身體—運動智力、社交智力、自省智力、認識自然的智力。該多元智力理論超出傳統智力測驗的定義，極大地豐富了智力的範疇，並且對新型的智力測驗和教學實踐產生了重大影響。

2. 遺傳和環境均對智力發展產生影響，兩者相互制約又相互依存，共同作用。遺傳給了智力發展的潛能，而環境讓這種潛能轉化為現實。智力的有些方面遺傳作用更大些，而有些方面又是環境影響更明顯些。針對智力發展更需要思考的是該如何採取措施促使個體智力潛能最大化。

第2節

1. 觀察的目的性訓練，觀察的準確性訓練，觀察方法的訓練，觀察重點的訓練，觀察累積的訓練。

2. 問題解決能力的訓練，推理能力的訓練，思維品質的訓練。

3. 激發學習動機，加強情感教育，良好性格及意志品質的養成。

4. （1）認知技能的學習。包括觀察力、記憶力、思維能力的培養，這是智力發展的基礎。（2）元認知技能的學習。學習方法和策略的習得使得智力活動效率更高。（3）非智力因素方面的培養。動機、情感、意志、品德、價值觀等這些非智力因素也影響著智力活動水準。

選擇題答案

1.B 2.A 3.B 4.D 5.C

第九章

第1節

1. 在心理學中想像通常指人對頭腦中的表象進行加工和改造，從而形成新形象的過程，它是一種高級的認知活動。

2. 根據想像活動是否具有目的性和計劃性，可以把想像分為無意想像和有意想像。根據有意想像的新穎性、獨立性和創造性程度的不同，可以把有意想像分為再造想像和創造想像。

3. 想像具有預見、補充個體知識經驗、替代和調節機體某些生理活動等功能。

第2節

1. 儲存表象、累積語詞、豐富知識、發展聯想。

2. 豐富學生的表象儲備、擴大學生的知識經驗、想像力訓練、引導學生積極幻想。

多項選擇題答案

1.ACDE 2.ABCE 3.ABCD 4.ABCD 5.ABCDE 6.ABCDE

第十章

第1節

1. 動機是推動人從事某種活動，並朝一個方向前進的內部動力，是為實現一定目的而行動的原因。

2. 學習動機是發動維持個體的學習活動，並使之朝向一定目標的內部動力機制，是直接推動學生學習的內部動因。

第2節

1. 缺乏動機，強度不足，傾向偏差。

2. 表揚應針對學生的良性行為；教師應明確學生的何種行為值得表揚，應強調導致表揚的那種行為；表揚應真誠，體現教師對學生成就的關心；表揚應針對學生投入適當的努力，且將來還有可能成功；學生喜歡這項任務，努力並受到表揚。

選擇題答案

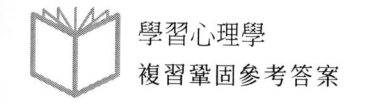

1.C 2.A 3.D 4.D 5.A

第十一章

第 1 節

1. 情緒體驗的維度有強度、緊張度、快感度和複雜度四個維度。

2. 情緒是適應生存的心理工具，是激發心理活動和行為的動機，是心理活動的組織者，是人際交流的重要手段。

3. 快樂，憤怒，悲傷和恐懼。

4. 道德感、理智感和美感。

第 2 節

1. 意志的心理結構主要包括目標、抱負水準、衝突與矛盾心理、自信心。

2. 堅定的目的性、獨立性、堅定性、果斷性和自制力等。

3. 採取決定階段和執行決定階段。

單項選擇題答案

1.A 2.B 3.D 4.B 5.B

單多項選擇題答案

1.ACDE 2.ACD 3.ABDE 4.ACD 5.ABCDE 6.ADE 7.ABCE

第十二章

第 1 節

1. 學習之間的相互影響被稱為遷移，是一種學習對另一種學習的影響，也就是學生已獲得的知識經驗、認知結構、動作技能、學習態度、策略和方法等，與新知識、新技能的學習之間所發生的影響。

2. 正遷移是有效學習的標誌；遷移對於提高解決問題的能力具有直接的促進作用；遷移是習得的經驗得以概括化、系統化的有效途徑，是能力與品

德形成的前提條件；遷移規律為學習者、教育工作者以及有關的培訓人員提供指導。

第 2 節

1. 桑代克和伍德沃斯認為學習中訓練某一官能未必能使它的所有方面都得到改善，只有當兩個機能的因素中有相同的要素時，一個機能的變化才會改變另一個機能，即才會發生遷移。即使有相同元素存在，學生也必須認識到它們，如果學生認為情境之間不存在共同性，就不會發生任何的遷移。基於對相同要素說的質疑，將其改為共同要素說，即認為兩種情境中有共同成分時可以產生遷移，遷移是非常具體的、並且是有條件的，需要有共同的要素。

2. 有認知結構遷移理論、產生式遷移理論和認知策略遷移理論。

第 3 節

1. 客觀因素包括：學習材料的性質、學習情境的相似性、知識經驗的概括水準、教師的指導。主觀因素包括：對材料的理解程度、學習者的概括能力、學生的認知結構、認知技能與策略、定式作用。

2. 合理地選編教材與教學內容；確立明確而具體的教學目標；靈活地選擇教學方法，促進學生遷移的發生；指導並鼓勵學生正確運用學習策略；加強學習活動的多樣性，增加知識應用的機會；重視學生的心理狀態，避免負遷移的發生。

選擇題答案

1.C 2.C 3.B 4.B 5.C 6.C 7.D 8.A 9.A 10.D

第十三章

第 1 節

1. Britton Glynn 的時間管理認知模型；Macan 的時間管理過程模型；黃希庭和張志杰的時間管理傾向模型。

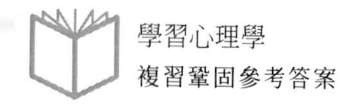

2. 時間經驗問卷、時間管理行為量表、時間管理量表、職業時間管理量表、青少年時間管理傾向量表。

第 2 節

1. 三個階段七個維度，分別是計劃階段（計劃性、合理性）、執行階段（自覺性、開放性、堅持性）、結束階段（評價性、反思性）。

2. 有時間管理的意識；根據生理規律，合理安排學習時間；根據學習內容合理安排時間；充分利用零星時間；提高有效時間的利用效率；合理作息時間，自我減壓。

3. 收集、整理、組織、回顧與行動五個步驟。

單項選擇題答案

1.C 2.B 3.D 4.C

多項選擇題答案

1.AB 2.ABCD 3.AB

第十四章

第 1 節

1. 自我評估是學生評價自己的學習狀態，並透過獲得的訊息自我確認，調整今後的學習和活動。

2. 自我鑒定、自我導向、自我反饋、自我激勵、自我調節。

3. 目的性、科學性、診斷性、可行性以及再評估。

第 2 節

1. 確定學習自我評估的目的；分析評估目標；實施評估，蒐集訊息；對評估資料的處理、解釋和利用。

2. 知識掌握的自我評估，學習動力的自我評估，學習策略的自我評估，學習能力的評估。

3. 表現性自我評估、檔案袋評估法、非認知領域的評估。

4. 正確把握自我與他人的比較，確定適合自己的學習目標，注重對學習過程進行小結與總結，進行正確的歸因。

單項選擇題答案

1.A 2.D 3.C

多項選擇題答案

1.ABCD 2.ABCDE 3.ABCDE 4.ACDE 5.ACE

國家圖書館出版品預行編目（CIP）資料

學習心理學 / 陳小異, 王洲林 主編. -- 第一版.
-- 臺北市：崧燁文化, 2019.07
　　面；　公分
POD 版

ISBN 978-957-681-885-1(平裝)

1. 學習心理學

176.34　　　　　　　　　　　　　108010158

書　　名：學習心理學
作　　者：陳小異, 王洲林 主編
發 行 人：黃振庭
出 版 者：崧燁文化事業有限公司
發 行 者：崧燁文化事業有限公司
E-mail：sonbookservice@gmail.com
粉絲頁：　　　　　網址：
地　　址：台北市中正區重慶南路一段六十一號八樓 815 室
8F.-815, No.61, Sec. 1, Chongqing S. Rd., Zhongzheng Dist., Taipei City 100, Taiwan (R.O.C.)
電　　話：(02)2370-3310 傳　真：(02) 2370-3210
總 經 銷：紅螞蟻圖書有限公司
地　　址：台北市內湖區舊宗路二段 121 巷 19 號
電　　話：02-2795-3656 傳真：02-2795-4100　　網址：
印　　刷：京峯彩色印刷有限公司（京峰數位）

　本書版權為西南師範大學出版社所有授權崧博出版事業股份有限公司獨家發行電子書及繁體書繁體字版。若有其他相關權利及授權需求請與本公司聯繫。

定　　價：650 元
發行日期：2019 年 07 月第一版
◎ 本書以 POD 印製發行